La guerra de los chips

PENÍNSULA

La guerra de los chips

La gran lucha por el dominio mundial

Chris Miller

Traducción de Àlex Guàrdia Berdiell

PENÍNSULA

Título original: *Chip War. The Fight for the World's Most Critical Technology*

Primera edición: septiembre de 2023
Primera edición en esta presentación: febrero de 2026

Ediciones Península,
Diagonal 662-664
08034 Barcelona
edicionespeninsula@planeta.es
www.edicionespeninsula.com

REALIZACIÓN PLANETA - fotocomposición
Depósito legal: B. 233-2026
ISBN: 978-84-1100-450-3

Printed in Spain - Impreso en España

Certificado PEFC
Este libro procede de bosques gestionados de forma sostenible y fuentes controladas
PEFC/14-38-00305
www.pefc.es

A Liya

Índice

Parte III
¿ADIÓS A LA SUPREMACÍA?

Parte IV
EL RESURGIR DE ESTADOS UNIDOS

Parte V
¿CIRCUITOS INTEGRADOS PARA UN MUNDO INTEGRADO?

Parte VI
¿DESLOCALIZAMOS LA INNOVACIÓN?

Parte VII
EL DESAFÍO CHINO

Parte VIII
ENTRE LA OBLEA Y LA PARED

El elenco

Morris Chang: fundador de Taiwan Semiconductor Manufacturing Company (TSMC), el fabricante de chips más importante del mundo; previamente, alto ejecutivo en Texas Instruments (TI).

Andy Grove: ex director general y presidente de Intel durante los ochenta y los noventa; conocido por sus formas agresivas y su buena mano resucitando a Intel; autor de *Sólo los paranoides sobreviven*.

Pat Haggerty: presidente del consejo de TI; estuvo al frente de la compañía cuando se especializó en el sector de la microelectrónica y empezó a fabricar componentes para el Ejército de EE. UU.

Jack Kilby: coinventor del circuito integrado en 1958; histórico trabajador de TI; ganador del Premio Nobel.

Jay Lathrop: coinventor de la fotolitografía, el proceso para fabricar transistores con agentes químicos especializados y fotones; antiguo empleado de TI.

Carver Mead: catedrático del Instituto de Tecnología de California (Caltech); asesor de Fairchild Semiconductor e Intel; visionario de la tecnología.

Gordon Moore: cofundador de Fairchild Semiconductor e Intel; creador de la ley de Moore en 1965, con la que predijo que el número de transistores por chip se duplicaría cada dos años.

Akio Morita: cofundador de Sony y coautor de *The Japan That Can Say No*; durante los setenta y los ochenta fue un emblema de la patronal japonesa en el plano internacional.

Robert Noyce: cofundador de Fairchild Semiconductor e Intel; coinventor del circuito integrado en 1959; conocido como el Alcalde de Silicon Valley; primer líder del SEMATECH.

William Perry: estuvo en el Pentágono entre 1977 y 1981 y fue secretario de Defensa entre 1994 y 1997; defendió el uso de los chips para fabricar armas de precisión.

Jerry Sanders: fundador y director general de AMD; el vendedor más estrafalario de Silicon Valley; fue muy crítico con las prácticas comerciales japonesas de los noventa (a su modo de ver, desleales).

Charlie Sporck: al mando de la fabricación de Fairchild Semiconductor, impulsó la deslocalización del montaje de chips; luego fue director general de National Semiconductor.

Ren Zhengfei: fundador de Huawei, el gigante chino de las telecomunicaciones y del diseño de chips; su hija Meng Wanzhou fue arrestada en Canadá en 2018 por infringir la ley de EE. UU. e intentar evadir las sanciones impuestas por los estadounidenses.

Glosario

ARM: empresa británica que cede a los diseñadores el derecho a usar su arquitectura del conjunto de instrucciones, una serie de reglas básicas que determinan el funcionamiento de un chip. La arquitectura ARM es la más común en los dispositivos móviles y poco a poco está creciendo en el mercado de los ordenadores y los centros de datos.

Chip, también llamado circuito integrado o semiconductor: pequeña pieza de material semiconductor, normalmente silicio, con millones o miles de millones de transistores microscópicos grabados en él.

CPU o unidad central de procesamiento: tipo de chip de uso general que ejecuta la mayor parte de los cómputos realizados por ordenadores, teléfonos y centros de datos.

DRAM o memoria dinámica de acceso aleatorio: uno de los dos grandes tipos de chips de memoria, usado para almacenar datos de forma provisional.

EDA o automatización de diseño electrónico: una serie de programas especializados que se usan para diseñar la distribución de los millones o miles de millones de transistores en un chip, y también para simular su operación.

FinFET: nueva estructura de transistores tridimensionales usada por primera vez en la década de 2010 para controlar mejor el funcionamiento de los componentes a medida que su tamaño decrecía hasta la escala nanométrica.

GPU o unidad de procesamiento gráfico: chip pensado para el procesamiento en paralelo y, por consiguiente, útil para los gráficos y las aplicaciones de inteligencia artificial.

Chip lógico: procesador de datos.

Chip de memoria: chip que recuerda datos.

NAND o flash: el segundo gran tipo de memoria, empleada para el almacenamiento de datos a largo plazo.

Fotolitografía o litografía: proceso de transferir luz o luz ultravioleta a través de unas máscaras con motivos, de tal modo que los fotones entran en contacto con las fotorresinas para imprimir patrones en las obleas de silicio.

RISC-V: arquitectura cada vez más habitual por el hecho de ser libre y gratuita, a diferencia de la ARM y la x86. El Gobierno de EE. UU. financió parte del desarrollo de RISC-V, pero ahora la arquitectura se ha extendido en China porque no debe pasar por los controles a la exportación de Estados Unidos.

Oblea de silicio: pieza circular de silicio de alta pureza, normalmente con un diámetro de ocho o doce pulgadas, en la que se imprimen los chips.

Transistor: especie de interruptor eléctrico diminuto que se enciende (crea un uno) o se apaga (un cero), con lo que genera los unos y ceros que sustentan todos los cálculos digitales.

x86: la arquitectura más común en ordenadores y centros de datos. Intel y AMD son las dos grandes empresas que fabrican estos chips.

Prefacio

El 6 de diciembre de 2022, el presidente Joe Biden inauguró la Fab 21, la nueva fábrica de chips que TSMC va a abrir en Phoenix, Arizona, e hizo estas declaraciones: «Quiero dar las gracias a todo TSMC, y especialmente a Morris Chang». La empresa iba a abrir su primer centro de producción avanzado fuera de Taiwán y los directores generales de sus principales clientes —como Tim Cook, de Apple, y Lisa Su, de AMD— estuvieron en la ceremonia para mostrar su apoyo al aumento de la capacidad productiva de chips en Estados Unidos. Como dijo Biden, «la fabricación norteamericana ha vuelto, amigos. La fabricación norteamericana ha vuelto».

El propio Chang acudió al acto acompañando al director general de TSMC, Mark Liu, y en sus declaraciones a la prensa dio una interpretación un poco diferente: «La globalización está en las últimas, y el librecambio también», afirmó en referencia a los cambios geopolíticos: «Mucha gente sigue anhelando su regreso, pero no creo que se produzca».[1]

En el sector no había nadie que estuviera en mejor posición para entender los cambios que se estaban produciendo. Chang había iniciado su andadura en Texas Instruments cuando la empresa se dedicaba sobre todo a fabricar microelectrónica para el Ejército estadounidense. Fue un pionero de los sesenta, abriendo fábricas de ensamblaje en países como Taiwán. De hecho, fue él quien ideó el modelo productivo de «fundiciones» para separar el diseño de la fabricación, fundando en el proceso una empresa colosal. Chang era el eslabón más importante de las intrincadísimas cadenas de suministro que conectaban Estados Unidos, Taiwán y China, y era una pieza clave en la fulgurante carrera armamentística y la competencia geopolítica que estaban tensionando a esas cadenas.

La visita de Biden a Arizona coincidió con un anuncio de TSMC: la empresa iba a triplicar su inversión en el estado hasta los 40.000 millones de dólares y prometía fabricar chips de tres nanómetros en una planta que, en principio, pensaba abrir sus puertas en 2026.[2] En la ceremonia, Chang tildó de «sueño» la planta de Arizona, y eso que nunca se había mostrado muy entusiasmado con el proyecto.[3] En abril de 2022 había confesado a unos periodistas que la empresa había invertido en Arizona «acuciada por el Gobierno de EE. UU.», y habló sin tapujos: «Yo me había retirado cuando se tomó la decisión. Por lo tanto, fue una decisión del presidente actual».[4]

Según explicó Chang, su aparente escepticismo respecto a Arizona se debía a la experiencia previa de TSMC invirtiendo en Estados Unidos. En 1997, Chang había abierto una pequeña planta en Washington llamada Wafertech, que fue un gran fiasco: «Al principio era un sálvese quien pueda. Las sorpresas se sucedían». Incluso hoy, la fábrica afronta costes un 50 por ciento superiores a los de plantas equiparables de Taiwán. Por eso, en abril de 2022 Chang declaró que cualquier intento de EE. UU. de aumentar su fabricación interna sería un «ejercicio carísimo y estéril». Aunque enseguida matizó sus palabras: «Asumiendo que no haya guerra. Honestamente, si hay guerra en el estrecho de Taiwán, me parece que Estados Unidos tendrá problemas más graves que los chips».[5]

Sin embargo, en Estados Unidos había cada vez más miedo a un conflicto bélico. A principios de 2022, Vladímir Putin había dejado a los estadounidenses con un palmo de narices lanzando una invasión de tomo y lomo en Ucrania. Decenas de miles de efectivos cruzaron la frontera, cazas rusos empezaron a bombardear ciudades y sus misiles destruyeron infraestructura clave. Mucha gente había sido ingenua pensando que una guerra convencional a gran escala en Europa era imposible. Muchos otros habían dado por sentado que los poderes fácticos de Rusia eran demasiado corruptos y tenían en demasiada estima sus yates anclados en la Costa Azul para arriesgarse con una pugna por uno de los países más pobres de Europa. En Occidente, la predisposición de Putin a sumir a su país en una sangrienta guerra y a su economía en una dura crisis, siempre en nombre de un nacionalismo vesánico basado en mitos históricos, causó estupor. La tesis de que los dictadores eran políticos racionales obsesionados con sus propios interese empezaba a derrumbarse, o al menos a tambalearse.

De repente, las estratagemas del presidente chino Xi Jinping asustaban más. Al fin y al cabo, el poder militar de China no dejaba de crecer. El Ejército Popular de Liberación ya estaba probando misiles hipersónicos, para sorpresa del Pentágono,[6] y China estaba aumentando su arsenal nuclear. El 3 de agosto de 2022, la portavoz de la Cámara de Representantes, Nancy Pelosi, visitó Taiwán, como habían hecho otros portavoces antes que ella, y se reunió con el presidente taiwanés Tsai Ing-wen y con Morris Chang. China respondió con virulentas declaraciones y con un simulacro bélico de bloqueo a la isla.

Parece que Chang le dijo a Pelosi que cualquier tentativa de EE. UU. de fabricar más chips propios estaba condenada al fracaso.[7] El Gobierno de EE. UU. discrepaba. Seis días después de la visita de Pelosi, el presidente Biden ratificó la Chips and Science Act (Ley de Chips y Ciencia), que el Congreso aprobó con una mayoría amplia de los dos partidos. Se iban a destinar 52.000 millones de dólares para incentivar la fabricación en Estados Unidos y se asignarían decenas de miles de millones más a futuras investigaciones de ciencia e I+D. En el comunicado de prensa, la Casa Blanca prometía que la legislación iba a «reducir costes», «crear empleo» y «fortalecer las cadenas de suministro». Todo muy debatible. El motivo por el que el Congreso aprobó la ley era más simple: disponer de capacidad adicional de fabricación fuera de Taiwán y de China por si acaso estallaba la guerra.

Los 52.000 millones de dólares en incentivos públicos son un gran aliciente para las nuevas inversiones. El Departamento de Comercio prevé gastar 39.000 millones en subvenciones directas a la fabricación a través de una serie de ayudas y avales que pueden compensar el coste desorbitado de abrir nuevas plantas. Además, la ley reserva más de 12.000 millones para crear un centro nacional de semiconductores y otras iniciativas para fomentar la I+D del sector.

Además de la financiación, el Gobierno de EE. UU. está preparando nuevas sanciones. La Chips Act incluía una disposición que prohibía a cualquier compañía que recibiera dinero del programa invertir en instalaciones ubicadas en China, exceptuando las plantas de chips de baja tecnología. La mayoría de los grandes fabricantes internacionales habían tenido plantas o centros de montaje en China; no solo firmas asiáticas como Samsung o TSMC, sino también gigantes estadounidenses como Micron e Intel. El Gobierno quería coaccionarlos para que escogieran entre China y Estados Unidos.

Al cabo de dos meses, el 7 de octubre, la presión se intensificó cuando la Administración Biden anunció una ristra de controles nuevos a la exportación de chips a China. Los controles tenían dos finalidades: detener los progresos de China con la inteligencia artificial limitando su compra de GPU de alta gama y limitar su capacidad para fabricar circuitos integrados. Según reveló el consejero de Seguridad Nacional con

Biden, Jake Sullivan, en un discurso pronunciado unas semanas antes del anuncio, su objetivo era «conservar una ventaja lo más cómoda posible» con los chips de última generación: «Antes, nuestra filosofía era ir ajustando la capacidad: solo teníamos que seguir un par de generaciones por delante. Pero ese no es el clima estratégico en el que nos encontramos ahora».

Para entrenar a los sistemas de IA y lograr que un ordenador pueda determinar, por ejemplo, si una peluda criatura cuadrúpeda ladra o maúlla, hacen falta chips de última generación llamados GPU. El líder mundial en el diseño de GPU es la norteamericana Nvidia, seguida muy de cerca por AMD. Varias empresas chinas diseñan esos chips, entre las que destaca Biren, pero su cuota de mercado es testimonial al lado de sus rivales estadounidenses. Todos esos chips se tienen que fabricar con procesos muy vanguardistas, con lo que el acceso a las fábricas de TSMC y Samsung deviene un cuello de botella crucial. Los nuevos controles a la exportación impedían transferir a China aquellas GPU que superaran cierto nivel de rendimiento, así que Nvidia no podía seguir vendiendo sus chips más punteros en el país asiático y Biren no podía externalizar a TSMC la fabricación.

En segundo lugar, para que China siguiera dependiendo de la importación de chips de última generación, la Administración Biden endureció los controles y prohibió la transferencia de máquinas producidas en EE. UU. y usadas para fabricar procesadores de menos de 16 nanómetros, un tipo de chip que TSMC empezó a producir en 2013.[8] También se fijaron umbrales de rendimiento parecidos para los chips de memoria. Los fabricantes líderes de China, como SMIC, la fundición de chips lógicos más grande del país, e YMTC, que estaba a punto de lograr una capacidad tecnológica puntera en la memoria NAND, están encontrando dificultades tremendas para obtener las herramientas que necesitan.

En tercer lugar, a las empresas chinas de maquinaria, que se habían llegado a considerar futuras rivales de ASML o Applied Materials, se les impusieron nuevos límites para adquirir tecnología norteamericana. Los ciudadanos de Estados Unidos y los titulares de la Green Card (el documento que te identifica como residente de pleno derecho) ya no podían trabajar en ciertas firmas chinas de semiconductores. Con la cantidad de ejecutivos chinos que habían estudiado o trabajado en el país occidental, había muchas personas que cumplían ese criterio. Un análisis de *The Wall Street Journal* identificó a 43 ejecutivos de empresas chinas de semiconductores que se verían afectados por la prohibición, además de muchos empleados de perfil más bajo.[9] Sin el conocimiento o la maquinaria estadounidense (por ejemplo, las herramientas para depositar películas extremadamente finas de material), la capacidad de China para colocarse en la vanguardia productiva en un futuro próximo está más en el aire que nunca.

La combinación de la Chips Act con los nuevos controles a la exportación aceleró muchísimo la bifurcación que ya estaba produciéndose en las cadenas de suministro. La inversión extranjera en la industria china se ha frenado casi en seco. Las firmas extranjeras que todavía tienen plantas en el país asiático, como TSMC o la coreana SK Hynix, necesitan licencias del Gobierno de EE. UU. para introducir cualquier equipamiento moderno en sus instalaciones. Y tampoco pueden salirse del trazado de la Chips Act. El hecho de que varios países estén hablando de poner trabas a la inversión exterior —nuevas reglas que examinarían las inversiones en la industria china— es un elemento disuasorio más para plantearse siquiera la posibilidad de hacerlo.

Es más, en fases posteriores del proceso de fabricación, las empresas de electrónica están reestructurando sus cadenas de suministro. Durante muchos años, los fabricantes de ordenadores y teléfonos inteligentes se movieron por fiabilidad y precio. Ahora deciden dónde invertir pensando en la política y la seguridad. HP, el fabricante de portátiles y servidores, está valorando México como alternativa a China en cuanto a centro productivo. Apple está trasladando más fases del montaje de iPhones, AirPods y MacBooks a Vietnam y la India. Algunos analistas estiman que, en 2025, una cuarta parte de la producción del iPhone podría ocurrir fuera de China, cuando hoy es casi cero. Y lo más trágico para el país asiático es que, antes de 2024, Dell habrá retirado todos los chips fabricados allí. El aumento del coste de la mano de obra y las interrupciones provocadas por las políticas de «COVID cero» han facilitado que se vaya fabricando cada vez menos equipamiento tecnológico en China, pero el motivo principal es que, a diferencia de Morris Chang, esas empresas no tienen la confianza de que no vaya a haber una guerra en Asia.

En Estados Unidos, la Chips Act ha suscitado más anuncios de nuevas plantas de semiconductores. TSMC no es ni mucho menos la única firma no estadounidense que ha anunciado nuevas fábricas. Samsung está considerando abrir una nueva en Texas. GlobalWafers, una firma taiwanesa que fabrica obleas de silicio puro, tiene pensado construir una nueva sede de 5.000 millones de dólares en Texas. Y ASML está ampliando sus instalaciones en Connecticut.

Por su parte, los fabricantes estadounidenses también han anunciado una pila de nuevas plantas. Micron ha prometido abrir una de 20.000 millones de dólares cerca del histórico centro productivo de IBM en el estado de Nueva York, al que se han prometido otros 20.000 millones para ponerlo al día. Intel asegura que invertirá una suma parecida en una nueva planta en Ohio. Y Texas Instruments, Wolfspeed y GlobalFoundries también tienen nuevos planes de inversión.

Por supuesto, no todas estas fábricas nuevas son el resultado de la Chips Act. Algunas se habrían construido igualmente. Y prometer 20.000 millones de dólares de inversión mediante un comunicado de prensa tampoco garantiza que se termine desembolsando ese dinero. La cronología de esos proyectos se mide en muchos años, y las condiciones del mercado y las prioridades pueden cambiar. Con todo, salta a la vista que los incentivos productivos de la ley se traducirán en la apertura de más fábricas.

Eso ha inquietado a otros países con industrias de chips importantes. La UE ha respondido con su propia ley, que promete decenas de miles de millones de euros en financiación, aunque todavía no han trascendido los detalles del plan. En Corea, el Gobierno prevé una nueva ronda de incentivos fiscales para competir con la Chips Act. El Gobierno japonés ha fundado una nueva compañía llamada Rapidus, con un modelo de negocio único consistente en producir tiradas más modestas de chips de última generación. Y en Taiwán, el debate político ha tratado sobre si las inversiones de TSMC en Arizona, Japón y otros enclaves «menoscabará» la industria clave del país; aunque, considerando las capacidades únicas de la empresa —y que la producción más puntera de TSMC seguirá en Taiwán—, el riesgo se ha exagerado.

En verdad, la mayor amenaza a la industria taiwanesa sigue siendo China. Y el Ejército de Taiwán no es el único que debe temer a Pekín. Los fabricantes de chips también. Muy pronto los controles a la exportación de EE. UU. impedirán a las firmas chinas fabricar chips de última generación, pero el país tiene todas las herramientas necesarias para producir otros menos potentes. Además, el Gobierno de China ha prometido en los últimos años enormes cantidades para su industria, el grueso de las cuales se ha destinado a abrir fábricas de chips de gama baja. Si suponemos que China adquiere gran parte de esa capacidad, lo cual parece probable, aunque no seguro, inundará el mercado de poco valor.

Para países como Estados Unidos, el excedente de chips de baja tecnología sería inofensivo, ya que el país tiene deslocalizada la fabricación y no produce muchos de esos semiconductores. Pero Taiwán sí. Por más que TSMC suela obtener la mayoría de los ingresos de sus nodos más avanzados, producir chips de 3 o 5 nanómetros vale un riñón. Toda la maquinaria y las instalaciones son nuevas y se tienen que pagar. Por eso, TSMC aún produce chips que fueron lo más hace veinte años. Las máquinas necesarias para fabricarlos fueron adquiridas hace décadas y, en consecuencia, están totalmente amortizadas, como diría un contable. Dicho de otra forma, a las firmas taiwanesas no les cuesta mucho fabricar circuitos integrados de gama baja, por lo que venderlos les resulta muy rentable. Si las firmas chinas logran hacerse con una cuota importante de ese mercado gracias a las ayudas públicas, que permiten precios imposiblemente bajos, los fabricantes taiwaneses tienen las de perder.

Evidentemente, no está claro que China siga vertiendo miles de millones en su industria. La decisión de priorizar el sector allá por 2014 fue política, y en Pekín podrían empezar a soplar nuevos vientos políticos que cambien las prioridades. Las empresas chinas han conseguido varias victorias de peso, como la producción de lógica avanzada de SMIC o los impresionantes diseños de GPU de Biren. Pero casi todos sus avances importantes se han topado con una nueva traba a la exportación de Estados Unidos. Por consiguiente, la lucha por la autosuficiencia en los semiconductores ha escalado en la lista de objetivos estratégicos de Pekín, pero también se ha vuelto mucho más complicada y costosa. La duda que se cierne sobre el sector, por lo tanto, es cómo responderá China a la última escalada en la guerra de los chips: agachando las orejas o doblando su apuesta.

Introducción

El 18 de agosto de 2020, el destructor USS Mustin[1] penetró en el estrecho de Taiwán y apuntó hacia el sur con su cañón Mk45, emprendiendo una misión en solitario: la de cruzar el estrecho y poner de relieve que esas aguas internacionales no eran controladas por China, al menos por el momento. Mientras el buque avanzaba rumbo sur, una fuerte brisa del sudoeste barrió la cubierta. Las sombras que dibujaban las nubes altas en el agua parecían extenderse hasta las lejanas metrópolis costaneras de Fuzhou, Xiamen, Hong Kong y los demás puertos que salpican el litoral sur de China. A lo lejos, al este, se levantaba la isla de Taiwán. Su extensa costa, llana y densamente poblada, servía de preludio para las elevadas cumbres ocultas tras las nubes. A bordo del USS Mustin, un marinero con gorra de la Armada y máscara quirúrgica alzaba los prismáticos y escudriñaba el horizonte. El mar estaba repleto de cargueros comerciales que transportaban productos de las fábricas asiáticas a los consumidores de todo el mundo.

En una oscura sala del USS Mustin, varios marineros estaban sentados frente a una serie de pantallas vivamente coloridas en las que aparecían datos de aviones, drones, navíos y satélites. Con ellas monitorizaban los movimientos que tenían lugar en el Indopacífico. Los radares del puente de mando suministraban información a los ordenadores del barco. En cubierta había preparadas 96 celdas de lanzamiento, cada una de ellas capaz de escupir misiles y abatir con precisión aeronaves, buques o submarinos a docenas de kilómetros de distancia, por no decir cientos. En diversas crisis de la Guerra Fría, el Ejército de EE. UU. había amenazado con usar indiscriminadamente su arsenal nuclear para defender Taiwán. Ahora lo hace con la microelectrónica y los ataques de precisión.

Mientras el USS Mustin navegaba por el estrecho vanagloriándose de su armamento informatizado, el Ejército Popular de Liberación chino anunciaba su réplica: varios ejercicios con fuego real alrededor de Taiwán. Un periódico controlado por Pekín lo llamó «operación de reunificación por la fuerza».[2] Sin embargo, en ese día concreto el alto mando chino no estaba tan preocupado por la Armada de EE. UU. como por la oscura regulación del Departamento de Comercio, la llamada Entity List, que limitaba la transferencia de tecnología estadounidense al extranjero. Antes, esa lista de empresas se había usado sobre todo para impedir la venta de armamento, como piezas de misiles y material nuclear. Pero ahora el Gobierno se había propuesto endurecer muchísimo la exportación de chips informáticos, muy utilizados tanto en armamento como en bienes de consumo.

El objetivo era Huawei, el gigante tecnológico de teléfonos inteligentes, equipamiento de telecomunicaciones, servicios en la nube y otras tecnologías avanzadas. El temor de Estados Unidos era que los productos de Huawei tenían un precio muy competitivo gracias, en parte, a las ayudas del Gobierno chino, con lo que la empresa acabaría por copar la red de telecomunicaciones de la siguiente generación. La supremacía de EE. UU. sobre la infraestructura tecnológica mundial podía quedar en entredicho y el peso geopolítico de China podía aumentar. Para contrarrestar esa amenaza, Estados Unidos prohibió a Huawei comprar chips informáticos avanzados fabricados con tecnología estadounidense.

La expansión global de la empresa se frenó en seco. Algunas líneas de productos eran imposibles de producir y los ingresos se desplomaron. Se estaba asfixiando tecnológicamente a un titán. Huawei se percató de que estaba en la misma situación que las demás empresas chinas: dependía fatalmente de recursos extranjeros para hacer los chips que sustentan la electrónica moderna.

Estados Unidos todavía posee un dominio absoluto sobre los chips de silicio que dan a Silicon Valley su nombre, aunque su posición se ha debilitado peligrosamente. En estos momentos, China invierte más dinero importando circuitos que importando petróleo. Los semiconductores se incrustan en dispositivos de toda clase, desde teléfonos móviles a frigoríficos, que China consume o exporta al resto del planeta. Los estrategas de salón teorizan sobre el dilema de Malaca chino, en alusión al principal canal por el que los buques saltan del océano Pacífico al Índico, y sobre la capacidad del país para acceder a reservas de crudo y otras materias primas durante momentos de crisis. Pero a Pekín le preocupa más un bloqueo medido en *bytes*, no en barriles. China está consagrando sus mentes más brillantes y miles de millones de dólares a intentar desarrollar su propia tecnología de semiconductores, todo con el fin de liberarse del estrangulamiento al que le somete Estados Unidos.[3]

Si Pekín se sale con la suya, dará un vuelco a la economía mundial y alterará el equilibrio de fuerzas militares. La Segunda Guerra Mundial se decidió por el acero y el aluminio y fue relevada por la Guerra Fría, decidida por las armas atómicas. La rivalidad entre Estados Unidos y China podría resolverse por el poder de computación. Los que trazan la estrategia en Pekín y Washington saben que toda la tecnología, desde el aprendizaje automático hasta los sistemas de misiles, pasando por los vehículos automatizados y los drones armados, requiere chips de última generación, conocidos más formalmente como semiconductores o circuitos integrados. Y su producción está en manos de un puñado de empresas.

Casi nunca pensamos en los chips, y eso que han perfilado el mundo moderno. La fortuna de los países depende ya de su poder de computación. La globalización tal y como la conocemos no existiría sin el sector de los semiconductores y sin los productos electrónicos que estos hacen posibles. La primacía militar de Estados Unidos nace principalmente de su destreza a la hora de usar militarmente los chips. El tremendo despegue asiático de los últimos cincuenta años se ha cimentado sobre una base de silicio, pues las economías en vías de crecimiento se han acabado especializando en la fabricación de chips y en el ensamblaje de ordenadores y móviles, posibles solo gracias a esos circuitos integrados.

En esencia, la informática son millones de unos y ceros. Todo el universo digital se basa en esas dos cifras. Todos los botones del iPhone, cada correo electrónico, fotografía y vídeo de YouTube, se expresan en último término como largas cadenas de unos y ceros. Pero esos números no existen realmente. Son expresiones de una corriente eléctrica encendida (un uno) o apagada (un cero). Un chip es una retícula de millones o miles de millones de transistores, diminutos interruptores eléctricos que se abren o se cierran para procesar esas cifras, recordarlas y convertir las sensaciones del mundo real, como son las imágenes, los sonidos y las ondas de radio, en millones y millones de unos y ceros.

Mientras el USS Mustin seguía rumbo sur, las fábricas y plantas de montaje de ambos lados del estrecho producían a toda máquina componentes del iPhone 12, cuyo lanzamiento estaba previsto para apenas dos meses después, en octubre de 2020. De lo que ingresa la industria de los chips, más o menos una cuarta parte proviene de los teléfonos; gran parte de lo que pagamos por un móvil nuevo se debe a los semiconductores de su interior.[4] Todas las generaciones de iPhone de la última década han funcionado con los procesadores más avanzados del mundo. En total, un teléfono móvil necesita más de doce semiconductores para operar la batería, el Bluetooth, el wifi, la red de telefonía móvil, el audio, la cámara, etcétera.

Apple no produce ni un solo chip. La mayoría los compra ya fabricados:[5] memorias de la japonesa Kioxia, chips de radiofrecuencia de la californiana Skyworks o chips de audio de Cirrus Logic, una compañía texana con sede en Austin. Apple diseña internamente procesadores de alta complejidad para que funcionen con el sistema operativo del iPhone. Pero el gigante californiano de Cupertino es incapaz de fabricar esos chips. Tampoco puede hacerlo ninguna compañía de Estados Unidos, Europa, Japón ni China. Actualmente, los mejores procesadores de Apple, probablemente los semiconductores más modernos del planeta, solo se pueden fabricar en un edificio de una compañía. Se trata de la planta más cara de la historia de la humanidad, una fábrica que el 18 de agosto de 2020 se encontraba a unos cuarenta kilómetros a babor del USS Mustin.[6]

Fabricar y miniaturizar semiconductores ha sido y es el mayor reto de ingeniería de nuestro tiempo. Por ahora no hay ninguna empresa que fabrique chips con mayor precisión que la Taiwan Semiconductor Manufacturing Company, más comúnmente llamada TSMC. En 2020, el mundo sufrió una retahíla de confinamientos por culpa de un virus con un diámetro de cerca de cien nanómetros, la milmillonésima parte de un metro. A la vez, la planta más moderna de TSMC, la Fab 18, estaba imprimiendo laberintos microscópicos de pequeños transistores, grabando patrones de menos de la mitad de lo que mide un coronavirus: una centésima parte de una mitocondria. TSMC replicaba el proceso a una escala sin parangón en la historia. Apple vendió más de cien millones de iPhone 12 y cada uno iba equipado con un procesador A14 con 11.800 millones de pequeños transistores.[7] Dicho de otra forma, en pocos meses la producción de la Fab 18 de TSMC superó con creces el trillón de transistores, un uno con dieciocho ceros detrás. ¡Y eso solo para uno de los doce chips que hay en un iPhone! El año pasado, el sector de los chips produjo más transistores que la suma de todos los bienes producidos por todas las demás compañías, en todos los sectores, a lo largo de toda la historia de la humanidad. No hay nada que ni se le acerque.

Hace apenas sesenta años, el número de transistores en un chip de última generación no era de 11.800 millones, sino de cuatro.[8] En 1961, al sur de San Francisco, una pequeña compañía llamada Fairchild Semiconductor anunció un nuevo producto: el Micrologic, un chip de silicio con cuatro transistores impresos. La empresa no tardó en dar con sistemas para meter una docena de transistores, y luego un centenar. En 1965, el cofundador de Fairchild Gordon Moore se percató de que el número de componentes que podían incrustarse en cada chip se estaba doblando año a año, a medida que los ingenieros aprendían a fabricar transistores más y más pequeños. Esa predicción, que la capacidad de procesamiento de los chips iba a crecer exponencialmente, se bautizó como ley de Moore y llevó a su autor a profetizar la invención de dispositivos que en 1965 parecían cuando menos futuristas: «relojes de pulsera electrónicos», «ordenadores domésticos» e incluso «equipamiento de comunicación personal y portátil». En 1965, Moore imaginó el futuro y predijo una década de crecimiento exponencial, aunque ese impresionante progreso se ha prolongado durante más de medio siglo. En 1970, la segunda compañía fundada por Moore, Intel, sacó un chip de memoria capaz de recordar 1.024 trocitos (bits) de información. Costaba unos veinte dólares, cerca de dos centavos por bit.[9] Hoy, con ese dinero te puedes comprar un lápiz de memoria capaz de almacenar miles de millones de bits.

Ahora, cuando oímos hablar de Silicon Valley pensamos automáticamente en redes sociales y empresas de *software*, más que en el material que dio nombre al valle. Pero internet, la nube, las redes sociales y el mundo digital en su totalidad no existirían si los ingenieros no hubieran aprendido a controlar hasta el movimiento más insignificante de los electrones que recorren las placas de silicio. Las grandes tecnológicas no serían una realidad si el coste de procesar y recordar unos y ceros no hubiera disminuido mil millones de veces a lo largo de los últimos cincuenta años.

En cierta medida, esta explosión tan increíble ha sido posible gracias a brillantes científicos y físicos ganadores del Nobel. Pero no todos los inventos dan pie a que aparezca una nueva gran empresa, ni todas esas empresas encienden la mecha de un nuevo sector que transforma el mundo. Los semiconductores se propagaron en nuestra sociedad porque las compañías trazaron nuevas técnicas para fabricar millones de ellos, porque una serie de ambiciosos directivos se rompieron los cascos para reducir su coste y porque varios emprendedores con imaginación idearon nuevos usos para ellos. La historia de la ley de Moore pertenece tanto a los físicos e ingenieros eléctricos como a los expertos de fabricación, los especialistas en la cadena de suministro y los directores de *marketing*.

La zona del sur de San Francisco no fue bautizada como Silicon Valley hasta los sesenta. Sus municipios fueron el epicentro de esa revolución porque supieron combinar los avances científicos con conocimientos de fabricación y una mentalidad empresarial visionaria. En California había un montón de ingenieros formados en aeronáutica y radio en Stanford o Berkeley, y el Ejército estadounidense, decidido a afianzar su superioridad tecnológica, no escatimó en gastos a la hora de invertir. Aun así, la cultura californiana tuvo un papel igual de importante que cualquier estructura económica. La gente que emigró de la Costa Este, de Europa o de Asia para crear el sector de los chips suele hablar del mundo de infinitas posibilidades que la llevó a mudarse a Silicon Valley. Para los ingenieros más capaces y los emprendedores más sagaces del mundo, simplemente no había lugar más apasionante.

Cuando nació la industria de los chips, se afianzó firmemente en Silicon Valley. La cadena de suministro actual necesita componentes de muchas ciudades y países, pero casi todos los chips siguen teniendo algún vínculo con Silicon Valley o se producen con herramientas diseñadas y fabricadas en California. Gracias a su reservorio inagotable de capital científico, alimentado por las ayudas públicas a la investigación y reforzado por la capacidad para birlar a los demás países sus mejores científicos, Estados Unidos cuenta con el conocimiento básico para hacer realidad el progreso tecnológico. Sus entidades de capital riesgo y sus bolsas han aportado el capital que las nuevas empresas necesitan para constituirse y crecer, y han condenado cruelmente a muerte a las compañías que no funcionaban. Entretanto, el mercado de consumo de EE. UU., el más grande del mundo, ha impulsado un crecimiento que ha financiado décadas de I+D en nuevos tipos de chips.

Los demás países han sido totalmente incapaces de seguir el ritmo, pero algunos se las han apañado para integrarse hasta lo más hondo de las cadenas de suministro de Silicon Valley. Europa posee islotes sueltos de conocimiento, sobre todo a la hora de producir las máquinas herramienta necesarias para fabricar chips y diseñar arquitecturas. Los Gobiernos asiáticos de Taiwán, Corea del Sur y Japón han luchado a brazo partido por hacerse un lugar subvencionando compañías, financiando programas de formación, devaluando sus monedas e imponiendo aranceles a los chips importados. Esta estrategia ha generado ciertas aptitudes que ningún otro país puede replicar, pero si han logrado todo eso ha sido asociándose con Silicon Valley, apoyándose en los recursos, los programas y los clientes estadounidenses. Por su parte, las empresas de chips más sólidas de Estados Unidos han creado cadenas de suministros multinacionales que reducen los costes y generan el conocimiento necesario para seguir cumpliendo con la ley de Moore.

Gracias a esa ley, podemos engastar semiconductores en todos los dispositivos informáticos; y en la era del internet de las cosas, eso significa que están presentes en casi todos los dispositivos que existen. Incluso productos centenarios como el automóvil ya suelen llevar chips de mil dólares. La mayor parte del PIB mundial se genera con dispositivos que llevan semiconductores. Para un producto que hace setenta y cinco años no existía, es una progresión extraordinaria.

En agosto de 2020, mientras el USS Mustin surcaba el estrecho de Taiwán, el planeta empezaba a percatarse de que necesitaba los semiconductores y de que todos dependemos de Taiwán, un país que fabrica un tercio de los chips del mundo.[10] De hecho, la taiwanesa TSMC produce casi todos los procesadores más avanzados.[11] Cuando la COVID-19 hizo su brusco acto de aparición, también provocó un cortocircuito en el sector. Algunas fábricas cerraron durante un tiempo. La compra de chips para automóviles se hundió y la demanda de chips para ordenadores y centros de datos se disparó, porque todo el mundo se preparó para el teletrabajo. Y, de repente, una serie de incidentes sucedidos a lo largo de 2021 agravaron el caos: un incendio en una planta japonesa de semiconductores; ventiscas en Texas, epicentro de la fabricación de chips en EE. UU.; y una nueva oleada de confinamientos causados por el coronavirus en Malasia, donde se ensamblan y se prueban muchos chips. De golpe, muchos sectores alejados de Silicon Valley sufrieron una trágica escasez de chips. Grandes fabricantes de automóviles como Toyota o General Motors tuvieron que cerrar sus plantas durante semanas porque no podían comprar los semiconductores que necesitaban.[12] La escasez de los chips más simples que uno pueda imaginar obligó a cerrar fábricas en las antípodas del mundo. Parecía un signo perfecto del fracaso de la globalización.

En Estados Unidos, Europa y Japón, los políticos llevaban décadas sin darle muchas vueltas al tema de los semiconductores. Al igual que el resto de los mortales, pensaban que los buques insignia de la tecnología eran los motores de búsqueda o las redes sociales, no las obleas de silicio. Cuando Joe Biden y Angela Merkel preguntaron por qué habían cerrado las plantas automovilísticas de sus países, obtuvieron por respuesta una intrincada y enmarañada diatriba que aludía a las cadenas de suministro de los semiconductores. Un chip puede estar diseñado con modelos de una empresa de capital japonés y con sede en el Reino Unido llamada ARM, por un equipo de ingenieros en California e Israel y usando un programa de Estados Unidos. Cuando se completa el diseño, se envía a una planta en Taiwán, que adquiere obleas de silicio de alta pureza y gases nobles de Japón. Los motivos se imprimen en el silicio con algunas de las máquinas más precisas del mundo, capaces de medir, grabar y depositar capas de materiales de apenas unos átomos de grosor. Esas herramientas son producidas principalmente por cinco empresas: una neerlandesa, una japonesa y tres californianas. Sin ellas, los chips serían casi imposibles de hacer. Entonces el semiconductor se encapsula y se prueba, normalmente en el sudeste asiático, antes de mandarlo a China para instalarlo en un móvil u ordenador.

Si se interrumpe cualquiera de los pasos del proceso de producción, se pone en riesgo el suministro internacional de nuevos procesadores. Llegada la era de la inteligencia artificial, se suele decir que los datos son el nuevo petróleo. Pero nuestra auténtica limitación no es la disponibilidad de datos, sino la capacidad de procesarlos. El número de semiconductores que pueden almacenar y procesar datos es finito, y producirlos es tremendamente complejo y terriblemente caro. Así como el petróleo se puede comprar a muchos países, nuestra producción de chips tiene que pasar por varios cuellos de botella: herramientas, agentes químicos y programas que muchas veces son producidos por unas cuantas empresas, y en ocasiones solo por una. No hay otra actividad económica que dependa tanto de tan pocas compañías. Taiwán produce el 37 por ciento de todos los chips nuevos, dos empresas coreanas producen el 44 por ciento de los circuitos de memoria[13] y la neerlandesa ASML fabrica el cien por cien de las máquinas de litografía ultravioleta extrema (UVE) del mundo, sin las cuales los chips de última generación serían un castillo en el aire. Al lado de esas cantidades, el 40 por ciento de mercado que ostenta la OPEP sobre la producción mundial de crudo parece ridículo.

Esta red global de empresas produce un billón de chips al año a escala nanométrica. Es un triunfo de la eficiencia y un terrible punto débil. Los estragos de la pandemia solo son un atisbo de lo que podría hacerle un solo seísmo bien situado a la economía mundial. Taiwán se encuentra sobre una falla que en 1999, no hace ni dos días, sufrió un terremoto de 7,3 en la escala de Richter. Fue una suerte que la producción solo tuviera que detenerse un par de días, pero solo es cuestión de tiempo hasta que otra sacudida golpee Taiwán. También podría haber un terremoto devastador en Japón, un país propenso a ese fenómeno que produce el 17 por ciento de los chips del planeta, o en Silicon Valley, que, aunque hoy fabrica pocos circuitos, crea maquinaria crucial en plantas que descansan sobre la falla de San Andrés.

Pese a todo, el seísmo que más amenaza al suministro actual de semiconductores no es el roce entre placas tectónicas, sino la colisión de grandes potencias. China y Estados Unidos luchan por la hegemonía y tanto Washington como

Pekín están obcecados en controlar el futuro de la informática. Resulta espeluznante saber que ese futuro depende de un islote que Pekín considera una provincia rebelde y que Estados Unidos ha prometido defender con la fuerza.

Los lazos entre las industrias de chips estadounidense, china y taiwanesa son complejos a más no poder. No hay mejor ejemplo de ello que la persona que fundó TSMC, una empresa que, hasta 2020, tenía como sus dos mayores clientes a la estadounidense Apple y a la china Huawei. Morris Chang nació en la China continental; creció en la Hong Kong pos Segunda Guerra Mundial; estudió en Harvard, el MIT y Stanford; ayudó a crear la industria norteamericana de chips mientras trabajaba en Texas Instruments (TI) en Dallas; tuvo una acreditación de seguridad[14] de alto secreto para desarrollar dispositivos electrónicos para el Ejército de EE. UU.; y convirtió Taiwán en la capital mundial de la fabricación de semiconductores. Algunos estrategas especializados en política exterior de Pekín y Washington sueñan con desvincular el sector tecnológico de ambos países. Pero no es fácil desentrañar la red internacional tan eficiente que hilvanó gente como Chang, compuesta por diseñadores, proveedores de agentes químicos y fabricantes de máquinas herramienta.

A menos que algo estalle, claro está. Pekín nunca ha descartado la posibilidad de invadir Taiwán para reunificar la isla con la superpotencia. Pero no haría falta nada tan aparatoso como una invasión anfibia para torpedear la economía mundial por medio de los semiconductores. Un mero bloqueo parcial de las fuerzas chinas podría tener gravísimas consecuencias. Un solo ataque con misiles contra la planta más avanzada de TSMC podría provocar fácilmente cientos de miles de millones de dólares en daños, si tenemos en cuenta las demoras en la producción de teléfonos móviles, centros de datos, automóviles, redes de telecomunicaciones y otras tecnologías.

Ligar la economía mundial a la suerte y al vaivén de uno de los pulsos políticos más peligrosos del planeta parecerá un error de históricas proporciones. Ahora bien, la concentración de fábricas de última generación en Taiwán, Corea del Sur y otros países del este asiático no tiene nada de accidental. Fue una serie de decisiones deliberadas de representantes y altos ejecutivos la que creó la cadena de suministro actual, situada en la otra punta del mundo. Los fabricantes buscaban mano de obra económica y se sintieron atraídos por el gran número de trabajadores baratos de Asia. Los ejecutivos y las grandes empresas de la región usaron la deslocalización de las plantas de montaje para aprender y acabar domesticando las tecnologías más avanzadas. Para los especialistas en política exterior de Washington, las complejas cadenas de suministro de semiconductores eran una buena noticia porque permitían atar a Asia a un mundo encabezado por Estados Unidos. La demanda inexorable de eficiencia impuesta por el capitalismo obligaba a reducir costes y fusionar empresas para reestructurar sectores. El ritmo constante de innovación tecnológica que sustenta la ley de Moore requería cada vez materiales, máquinas y procesos más complejos que solo podían proporcionarse o financiarse vía los mercados internacionales. Y nuestra demanda colosal de chips no hace más que aumentar.

Este libro es producto de una investigación en archivos históricos de tres continentes, desde Taipéi hasta Moscú, y de más de cien entrevistas a científicos, ingenieros, directores generales y funcionarios públicos. Mi tesis es que los semiconductores han definido el mundo en el que vivimos y han perfilado la política internacional, la estructura de la economía mundial y el equilibrio de fuerzas militares. Pero este dispositivo tan sumamente moderno tiene una historia compleja y controvertida. Su desarrollo no ha sido fruto solo de la actuación de empresas y consumidores, sino también de ambiciosos Gobiernos y de sus *casus belli*. Para entender cómo nuestro mundo llegó a estar definido por trillones de transistores y un manojo de empresas irreemplazables, tenemos que empezar remontándonos a los albores de la edad del silicio.

PARTE I

LOS CHIPS DE LA GUERRA FRÍA

I

Del acero al silicio

Los soldados japoneses describieron la Segunda Guerra Mundial como una «lluvia de acero». Claramente esa fue la vivencia de Akio Morita, un joven y estudioso ingeniero nacido en el seno de una familia de prósperos mercaderes de sake.[1] Morita se salvó por los pelos de ir al frente, siendo destinado a un laboratorio de ingeniería de la Armada nipona. Pero los vientos de acero también arrasaron su hogar; los bombarderos norteamericanos B-29 Superfortress azotaron sin cuartel las ciudades de Japón, destruyendo buena parte de Tokio y de otros centros urbanos. Como si no fuera suficiente con la devastación, el bloqueo propagó la hambruna y obligó al país a tomar medidas desesperadas. Cuando terminó la contienda, los hermanos de Morita estaban siendo adiestrados como pilotos kamikaze.

Al otro lado del mar de la China Oriental, Morris Chang vivió toda su infancia acompañado del sonido de los disparos y de las alarmas antiaéreas.[2] Chang pasó sus años de adolescencia huyendo de las unidades japonesas que arrasaron China. Se mudó a Cantón, a la colonia británica de Hong Kong, a la capital china durante la guerra, Chongqing, y volvió a Shanghái una vez derrotados los japoneses. Pero la guerra no acabó entonces, porque las guerrillas comunistas prolongaron su lucha contra el Gobierno chino y las fuerzas de Mao Tse-tung marcharon sobre Shanghái al cabo de poco tiempo.

Morris Chang volvió a convertirse en refugiado y tuvo que escapar a Hong Kong por segunda vez.

Budapest se encontraba en las antípodas, pero Andy Grove experimentó la misma lluvia de acero que barrió Asia.[3] Andy, entonces conocido como András Gróf, sobrevivió a las sucesivas invasiones que sufrió Budapest. El Gobierno húngaro de extrema derecha trataba a los judíos como los Grove como ciudadanos de segunda, pero, cuando estalló la guerra en Europa, su padre fue llamado a filas y tuvo que luchar con los aliados húngaros de los nazis contra la Unión Soviética, hasta que se le declaró desaparecido en combate en Stalingrado. En 1944, los nazis invadieron el país que en teoría era su aliado, enviando columnas de tanques a Budapest y anunciando que iban a deportar a los judíos como Grove a campos de exterminio de escala industrial. Grove todavía era un muchacho, pero al cabo de unos meses volvió a ser testigo del ruido atronador de la artillería cuando el Ejército Rojo entró en la capital y «liberó» su país, violando a la madre de Grove e instaurando un Gobierno títere brutal en el lugar del de los nazis.

La Segunda Guerra Mundial fue una guerra de desgaste de perfil industrial. Imaginaos incontables columnas de tanques, bandadas de aviones, miles de toneladas de bombas caídas del cielo, convoyes de buques abarrotados de camiones, vehículos de combate, derivados del petróleo, locomotoras, vagones, armas de artillería, munición, carbón y acero. Estados Unidos se frotó las manos: la guerra industrial era una pugna que podía ganar. En Washington, los economistas de la War Production Board medían el rendimiento en términos de cobre y hierro, neumáticos y crudo, aluminio y hojalata. Estados Unidos tradujo el poder fabril en poder militar.

Estados Unidos fabricó más tanques que todas las demás potencias del Eje juntas, más buques, más aviones y el doble de armas de artillería y ametralladoras. De los puertos estadounidenses partieron convoyes llenos de productos industriales que cruzaron el Atlántico y el Pacífico para suministrar material crucial al Reino Unido, China, la Unión Soviética y los demás aliados. La guerra la ganaron los soldados de Stalingrado y los marineros de Midway. Pero las fuerzas de combate se produjeron en los astilleros Kaiser de EE. UU. y en las plantas de montaje de Michigan.

En 1945, las emisoras de radio de todo el mundo anunciaron que la guerra por fin había concluido. En las afueras de Tokio, el joven ingeniero Akio Morita se vistió de uniforme para oír el discurso de rendición del emperador Hirohito. Prefirió escucharlo solo y no acompañado de los otros oficiales navales, a fin de no sentirse presionado para cometer el haraquiri.[4] Al otro lado del mar de la China Oriental, Morris Chang celebró el fin de la guerra y la derrota de Japón recuperando rápidamente su disoluta vida de tenis, cine y partidas de cartas con amigos.[5] En Hungría, Andy Grove y su madre salieron a gatas de su refugio antiaéreo, aunque sufrieron tanto durante la ocupación soviética como durante la propia guerra.

La Segunda Guerra Mundial se decidió por la producción industrial, pero ya se intuía que las nuevas tecnologías estaban transformando las reglas de la fuerza militar. Las grandes potencias habían fabricado miles de aviones y tanques, pero también habían construido laboratorios de investigación que inventaron nuevos dispositivos, como cohetes y radares. Cuando las dos bombas nucleares destruyeron Hiroshima y Nagasaki, se especuló mucho con que una nueva Edad Atómica reemplazara la era del carbón y el acero.

En 1945, Morris Chang y Andy Grove estaban en primaria y eran demasiado jóvenes para cuestionarse temas como la tecnología o la política. Akio Morita, en cambio, ya tenía más de veinte años y había consagrado los últimos meses de la contienda a desarrollar misiles termodirigidos.[6] Japón estaba muy lejos de poder utilizar en la guerra misiles guiados, pero el proyecto permitió a Morita atisbar el futuro. Seguramente las guerras no iban a ser ganadas por remachadores de una cadena de montaje, sino por armas capaces de identificar objetivos y maniobrar por sí solas. La idea parecía pura ciencia ficción, pero Morita sabía de ciertos avances en el cálculo electrónico que permitirían a las máquinas «pensar» y resolver problemas matemáticos como la suma, la multiplicación o la raíz cuadrada.

Cabe señalar que la idea de usar dispositivos para el cálculo no era nada nueva. El *Homo sapiens* ha usado los dedos para contar desde el momento en que aprendió a sumar. Los antiguos babilonios inventaron el ábaco para manejar grandes cifras, y durante siglos la gente multiplicó y dividió moviendo cuentas de un lado al otro de ese bastidor de madera. A finales del siglo XIX y principios del XX, con el auge de las grandes burocracias gubernamentales y empresariales, empezamos a necesitar legiones de «ordenadores» humanos, oficinistas provistos de bolígrafo, papel y, en ocasiones, simples calculadoras mecánicas: comptómetros que podían sumar, restar, multiplicar, dividir y calcular la raíz cuadrada básica de los números.[7]

Estas computadoras con patas y pulmones eran capaces de tabular nóminas, registrar ventas, recopilar resultados del censo y analizar datos sobre incendios y sequías a fin de determinar económicamente las pólizas de seguros. Durante la Gran Depresión, la WPA estadounidense trató de encontrar trabajo a oficinistas desempleados con el Proyecto Tablas de Multiplicar. En un edificio de oficinas de Manhattan, se distribuyó a cientos de ordenadores humanos en hileras de pupitres y se les puso a tabular logaritmos y funciones exponenciales. El proyecto culminó con la publicación de veintiocho volúmenes de resultados de funciones complejas, con títulos como *Tables of Reciprocals of the Integers from 100,000 Through 200,009* [Tablas de recíprocos de los números enteros del 100.000 al 200.009], 201 páginas repletas de tablas con cifras.

Los grupos organizados de calculadoras humanas dejaban entrever el radiante futuro del cálculo, pero también se percibía la limitación de usar mentes para el cómputo. Aun ayudando al cerebro con calculadoras mecánicas, los humanos trabajaban a paso de tortuga. Para usar los resultados del Proyecto de Tablas Matemáticas había que hojear páginas y páginas de veintiocho volúmenes hasta encontrar el resultado de un logaritmo o exponente específico. Cuantos más cálculos necesitabas, más páginas tenías que pasar.

Y la demanda de computación seguía creciendo. Si antes de la Segunda Guerra Mundial ya se estaba invirtiendo en proyectos para crear computadoras mecánicas más potentes, la guerra no hizo sino acelerar la búsqueda de capacidad de cálculo. Las fuerzas aéreas de varios países diseñaron mirillas mecánicas para ayudar a los aviadores a dar con su objetivo. Los miembros de la tripulación metían la nave a la misma velocidad y altitud que el viento girando varios mandos, los cuales movían a su vez unas palancas metálicas que ajustaban los espejos. Esos mandos y palancas calculaban la altitud y el ángulo con mayor exactitud que el mejor de los pilotos, focalizando el visor mientras el bombardero se dirigía contra su objetivo. Pero había inconvenientes notorios. Había que dar a las mirillas varios valores e indicaciones y ellas solo devolvían un resultado: cuándo soltar la bomba. Si las mirillas se probaban en perfectas condiciones, eran más precisas que los pilotos que bombardeaban al tuntún. Pero cuando se usaron en los cielos de Alemania, solo un 20 por ciento de las bombas cayeron en un radio de 300 metros de su objetivo.[8] La guerra se decidió por la cantidad de bombas lanzadas y de proyectiles disparados, no por los mandos de los ordenadores mecánicos que intentaban guiar —generalmente en vano— esas bombas.

Para ser más precisos había que realizar más cálculos. Al final, los ingenieros empezaron a sustituir los engranajes mecánicos de los primeros ordenadores con cargas eléctricas. Los primeros ordenadores eléctricos usaban válvulas de vacío, una especie de bombillas con filamento de metal recubierto de cristal. La corriente que recorría el tubo se podía encender y apagar, con lo que realizaba una función parecida a la cuenta del ábaco que se movía de un lado al otro del bastidor. Cuando el tubo se encendía, se codificaba con un uno; cuando se apagaba, con un cero. Esos dos dígitos podían producir cualquier número usando un sistema de cálculo binario. Por consiguiente, teóricamente podían ejecutar muchos tipos de cálculos.

Las válvulas de vacío también permitían reprogramar los ordenadores digitales. Los engranajes mecánicos como los que había en una mirilla de bombardero solo podían realizar un tipo de operación aritmética, ya que cada mando estaba unido a una serie de palancas y engranajes. Las cuentas del ábaco estaban constreñidas por las barras en las que estaban colocadas. Por contra, las conexiones entre las válvulas se podían reorganizar, de modo que el ordenador realizaba diferentes cálculos.

Fue un paso adelante de la computación..., o lo habría sido, de no haber aparecido las polillas. Igual que las bombillas, las válvulas de vacío brillaban y atraían insectos, así que los ingenieros tenían que limpiarlas cada cierto tiempo.[9] Y también se fundían mucho. En 1945, la Universidad de Pensilvania fabricó la innovadora computadora ENIAC para el Ejército de Estados Unidos a fin de que calculara trayectorias de ataques con artillería. Tenía 18.000 válvulas de vacío[10] y, de media, se averiaba una cada dos días, con lo que toda la máquina se detenía y obligaba a los técnicos a devanarse los sesos para encontrar y reemplazar la pieza rota. La ENIAC era capaz de multiplicar cientos de números por segundo, más deprisa que cualquier matemático. Aun así, ocupaba una sala entera, puesto que cada una de sus 18.000 válvulas medía lo que un puño. Saltaba a la vista que era una tecnología demasiado voluminosa, lenta y poco fiable. Mientras los ordenadores siguieran siendo armatostes e imanes para bichos, solo serían útiles para aplicaciones muy concretas, como descifrar códigos, a menos que la ciencia hallara un interruptor más pequeño, rápido y barato.

2

El interruptor

William Shockley siempre lo había tenido claro: si algún día se descubría un interruptor mejor, sería gracias a un tipo de material llamado semiconductor.[1] Shockley nació en Londres y era hijo de un ingeniero de minas trotamundos. Aun así, creció rodeado de árboles fruteros en la tranquila ciudad californiana de Palo Alto. Era hijo único y estaba profundamente convencido de que era superior a la gente de su alrededor, y así se lo hacía saber a todo el mundo. Se licenció en el Caltech del sur de California y se doctoró en Física en el MIT antes de empezar a trabajar en los Bell Labs de Nueva Jersey, por aquel entonces una de las capitales universales de la ciencia y la ingeniería. Todos los que trabajaban con Shockley le consideraban odioso, pero también reconocían que era un físico teórico de talla mundial. Tenía tan buena intuición que, según uno de sus colaboradores, parecía ser capaz de ver los propios electrones correteando por el metal o enlazando átomos.[2]

Shockley se especializó en los semiconductores, unos materiales únicos. La mayoría de los materiales o bien permiten que la corriente eléctrica circule sin problema, como los alambres de cobre, o bien bloquean la corriente, como el vidrio. Los semiconductores no son así. Aislados, los semiconductores como el silicio y el germanio son como el vidrio, apenas conducen electricidad. Pero cuando les añadimos ciertos materiales y aplicamos un campo eléctrico, la corriente empieza a fluir. Si añadimos fósforo o antimonio a semiconductores como el silicio o el germanio, por poner un ejemplo, fluirá una corriente negativa.

Dopando materiales semiconductores con otros elementos, abrimos la puerta a nuevos dispositivos capaces de crear y controlar corrientes eléctricas. Sin embargo, dominar el flujo de electrones a través de semiconductores como el silicio o el germanio era un sueño lejano, pues sus propiedades eléctricas seguían siendo un misterio. Hasta finales de los cuarenta, y pese a todos los genios de la física reunidos en los Bell Labs, nadie sabía por qué las placas de material semiconductor se comportaban de formas tan desconcertantes.

En 1945, Shockley esbozó en su libreta la primera «válvula de estado sólido»,[3] en la que conectaría un trozo de silicio a una batería de noventa voltios. Su hipótesis era que, al colocar un trocito de material semiconductor como el silicio dentro de un campo eléctrico, los «electrones libres» almacenados en su interior serían atraídos hasta el borde de la placa. Si el campo eléctrico atraía suficientes electrones, el borde del material se volvería conductor como un metal, que siempre cuenta con grandes cantidades de electrones libres. En ese caso, empezaría a fluir corriente a través de un material previamente aislante.

Shockley no tardó en fabricar ese dispositivo. Aplicando y retirando el campo eléctrico, él esperaba conseguir que la pieza de silicio funcionara como una válvula que abriera y cerrara las compuertas a los electrones. Pero cuando hizo el experimento no detectó resultado alguno: «Nada apreciable. Qué misterioso». Lo cierto era que los instrumentos rudimentarios de los cuarenta eran demasiado imprecisos para medir la pequeña corriente que fluía por el material.

Al cabo de dos años, dos compañeros de Shockley en Bell Labs urdieron un experimento parecido con otro tipo de dispositivo. Si Shockley era orgulloso y aborrecible, sus colegas Walter Brattain, un físico experimental fantástico nacido en una granja ganadera del Washington rural, y John Bardeen, un científico formado en Princeton y la única persona en ganar dos veces el Nobel de Física, eran modestos y afables. Inspirados por las teorías de Shockley, Brattain y Bardeen, crearon un dispositivo que aplicaba a un bloque de germanio dos filamentos de oro, cada uno de ellos atado con alambres a una fuente de alimentación y a un trozo de metal. Los filamentos que tocaban el germanio estaban separados por menos de un milímetro. La tarde del 16 de diciembre de 1947, en los Bell Labs, Bardeen y Brattain encendieron el interruptor y lograron controlar la corriente que fluía por el germanio.[4] Las teorías de Shockley respecto a los materiales semiconductores quedaron ratificadas.

AT&T, la empresa matriz de Bell Labs, se dedicaba a la industria telefónica, no a la computación. A ese dispositivo, bautizado enseguida como transistor, se le vio sobre todo potencial para amplificar señales que transmitían llamadas telefónicas a través de su enorme red. Enseguida se supo que los transistores amplificaban la corriente, así que serían útiles en dispositivos como los audífonos y las radios, reemplazando las menos fiables válvulas de vacío, que también se empleaban para amplificar señales. Bell Labs tardó nada y menos en empezar a solicitar patentes para ese nuevo artilugio.

Shockley se puso hecho un basilisco cuando se enteró de que sus compañeros habían realizado un experimento que demostraba sus teorías, y se juró que iba a superarlos. Una Navidad se encerró en una habitación de hotel de Chicago durante dos semanas y se puso a idear diferentes estructuras de transistores basadas en su inigualable comprensión de la física de los semiconductores. En enero de 1948 había diseñado sobre el papel un nuevo tipo de transistor hecho con tres trozos de material semiconductor. Los dos pedacitos exteriores tendrían un excedente de electrones y el pedacito intercalado entre ellos tendría un déficit. Si se aplicaba una pequeña corriente en la capa intermedia del bocadillo, aumentaría mucho la corriente de todo el dispositivo. Esta conversión de una pequeña corriente en otra más grande emulaba el proceso de amplificación que había demostrado el transistor de Brattain y Bardeen. Pero Shockley empezó a intuir otros usos, parecidos a los de la «válvula de estado sólido» que había concebido en su día. Podía encender y apagar la corriente mayor manipulando la pequeña corriente aplicada al centro de ese transistor-bocadillo. Encendido, apagado. Encendido, apagado. Shockley había diseñado un interruptor.[5]

Cuando Bell Labs convocó una rueda de prensa en junio de 1948 para anunciar que sus científicos habían inventado el transistor, la mayoría no entendía por qué esos bloques conectados de germanio merecían un anuncio especial. *The New York Times* enterró la noticia en la página cuarenta y seis. La revista *Time* estuvo más acertada y anunció el descubrimiento bajo un titular que rezaba «Una pequeña neurona». Pero ni siquiera Shockley, que era poco dado a la modestia, podría haber imaginado que pronto se usarían miles, millones y miles de millones de esos transistores a una escala microscópica para sustituir al cerebro humano en las operaciones aritméticas.[6]

3

Noyce, Kilby y el circuito integrado

El transistor solo podría jubilar a la válvula de vacío si lograba simplificarse y venderse a gran escala. La teoría y la invención del transistor solo eran el primer paso; el siguiente reto era fabricarlo en masa. Brattain y Bardeen tenían poco interés por ganar dinero o producir en serie. Eran investigadores de pura cepa y, una vez galardonados con el Nobel, continuaron con su labor docente y experimental. En cambio, las ambiciones de Shockley fueron a más. No solo quería ser famoso, sino rico. A sus amigos les confesaba que ansiaba ver su nombre en *The Wall Street Journal*, y no únicamente en publicaciones académicas como *Physical Review*.[1] En 1955 fundó Shockley Semiconductor en el suburbio de Mountain View, en el área metropolitana de San Francisco. La empresa se asentó a una calle de Palo Alto, donde aún vivía su madre, ya bastante mayor.

Shockley quería fabricar los mejores transistores del mundo. No era un sueño descabellado, dado que AT&T, la propietaria de Bell Labs y de la patente del transistor, se prestaba a ceder la licencia del dispositivo a otras empresas a cambio de 25.000 dólares, una ganga si se tiene en cuenta que se trataba de la tecnología electrónica más novedosa del planeta.[2] Shockley supuso que los transistores se venderían bien, o al menos sustituirían a las válvulas de vacío usadas en el sector electrónico. Aun así, el tamaño del futuro mercado era un enigma. Todo el mundo coincidía en que era un avance tecnológico ingenioso basado en la física más novedosa, pero los transistores solo alzarían el vuelo si mejoraban las prestaciones de las válvulas o si eran más económicos de fabricar. Shockley iba a hacerse pronto con el Premio Nobel por sus teorías sobre los semiconductores, pero el método exacto para conseguir que esos transistores fueran prácticos y útiles era un dilema para los ingenieros, no para los físicos teóricos.

En un abrir y cerrar de ojos, los transistores empezaron a usarse en vez de las válvulas de vacío en las computadoras, pero el cableado de los miles de transistores creaba un auténtico nudo gordiano. Jack Kilby, ingeniero de Texas Instruments (TI), invirtió el verano de 1958 en su laboratorio texano a buscar la forma de simplificar el cableado.[3] Kilby era cordial y amable, un hombre curioso y tan brillante como humilde. Según lo recuerda un compañero de trabajo: «Nunca era exigente. Sabías lo que quería de ti y tú te partías el pecho para lograrlo». Según otro colega que solía disfrutar yendo de barbacoa con Kilby, era «el tipo más dulce que te puedas imaginar».

Kilby fue una de las primeras personas fuera de Bell Labs en usar el transistor. Su primera empresa, la Centralab de Milwaukee, pagó a AT&T por la licencia de esa tecnología.[4] En 1958, Kilby se marchó de Centralab para incorporarse a la unidad de transistores de TI. Con sede en Dallas, TI había sido fundada para producir equipamiento de ondas sísmicas que servía para ayudar a las petroleras a decidir dónde perforar. Durante la Segunda Guerra Mundial, la Armada de EE. UU. había instado a la empresa a construir sónares para detectar submarinos enemigos.[5] Acabada la guerra, los ejecutivos de la empresa repararon en que ese conocimiento electrónico también podía ser útil en otras aplicaciones militares, así que contrataron a ingenieros como Kilby para diseñarlos.

Kilby llegó a Dallas durante el período de vacaciones que la compañía solía imponer en julio, pero como no había meritado ningún día, se quedó solo en el laboratorio durante un par de semanas. Con tiempo suficiente para juguetear, estudió cómo reducir el número de cables necesarios para unir diferentes transistores. En vez de usar una pieza separada de silicio o germanio para fabricar cada transistor, pensó en enlazar múltiples componentes en la misma pieza de material.[6] Cuando sus compañeros de trabajo regresaron del parón veraniego, pensaron que la idea de Kilby era revolucionaria. Se podían incrustar varios transistores en una sola placa de silicio o germanio. Kilby llamó a su invento «circuito integrado», pero se terminó conociendo popularmente como chip porque los circuitos integrados se hacían a partir de una pieza cercenada de una oblea circular de silicio (en inglés, *chip* significa «astilla» y «cercenar»).

Más o menos un año antes, en la californiana Palo Alto, un grupo de ocho ingenieros que trabajaban en el laboratorio de semiconductores de William Shockley habían presentado su dimisión a su laureado caudillo. El nobel tenía un don para descubrir el talento, pero era un jefe horrendo. Era muy polémico y creó un clima tóxico que ahuyentó al extraordinario grupo de jóvenes ingenieros que había conformado. Esos ocho hombres abandonaron Shockley Semiconductor y fundaron su propia empresa, Fairchild Semiconductor, con capital semilla de un multimillonario de la Costa Este.[7]

Se suele atribuir a los ocho desertores el mérito de haber fundado Silicon Valley. Uno de los ocho, Eugene Kleiner, acabaría fundando Kleiner Perkins, una de las firmas de capital riesgo más grandes del mundo. Gordon Moore terminaría dirigiendo la división de I+D de Fairchild y acuñaría el concepto «ley de Moore» para describir el crecimiento exponencial en el número de transistores por chip. Pero el más destacado sería Bob Noyce, el líder de los «ocho traidores», un carismático y apasionado visionario de la microelectrónica que tenía un sentido de la intuición fantástico para saber qué avances técnicos se necesitaban para hacer los transistores más pequeños, baratos y fiables. Relacionar los inventos con oportunidades de negocio era justo lo que necesitaba una flamante empresa como Fairchild para dar con la tecla, y lo que necesitaba el sector de los chips para despegar.

Cuando se fundó Fairchild, la ciencia de los transistores no escondía grandes misterios, pero la fabricación presentaba un desafío titánico. Los primeros transistores comercializados consistían en una base de germanio con diferentes materiales dispuestos encima en forma de capas, dibujando una especie de mesa (elevación) como las que salpican el desierto de Arizona. Esas capas se conseguían recubriendo una parte del germanio con una gotita de cera negra. Luego se usaba un agente químico para grabar el germanio que no estaba recubierto por la cera y se extraía dicho material, lo cual dejaba una mesa sobre el germanio.

La desventaja del transistor con elevación era que impurezas como el polvo u otras partículas podían meterse en el dispositivo y reaccionar con los materiales que había en su superficie. Un compañero de Noyce, el físico y ávido alpinista suizo Jean Hoerni, descubrió que esa mesa no era necesaria si se lograba incrustar todo el transistor en el germanio, en vez de colocarlo encima. Urdió un método para fabricar todas las piezas del transistor sedimentando una capa protectora de sílice sobre una plancha de silicio, grabando luego los agujeros donde hacía falta y añadiendo los materiales adicionales. Con este método, los materiales no quedaban expuestos al aire ni a las impurezas que pudieran provocar desperfectos. Fue un gran avance en fiabilidad.

Varios meses más tarde, Noyce descubrió que el «método planar» de Hoerni se podía utilizar para grabar múltiples transistores sobre la misma pieza de silicio.[8] Kilby, a quien Noyce no conocía, había producido un transistor con elevación sobre una base de germanio y luego lo había conectado con cables; Noyce, por su parte, usó el proceso planar de Hoerni para grabar más de un transistor sobre el mismo chip. Como el proceso recubría el transistor con una capa aislante de sílice, Noyce podía instalar cables directamente sobre el chip depositando encima filamentos de metal que conducían la electricidad entre los transistores. Igual que Kilby, Noyce había producido un circuito integrado: varios componentes eléctricos en un solo fragmento de material semiconductor. ¡Pero en la versión de Noyce no había cabos sueltos! Los transistores estaban grabados en una única base de material. Los circuitos integrados desarrollados por Kilby y Noyce se bautizaron enseguida como semiconductores o, dicho llanamente, chips.

Noyce, Moore y sus colegas de Fairchild Semiconductor sabían que los circuitos integrados serían infinitamente más fiables que el enredo de cables que requerían el resto de los dispositivos electrónicos. Parecía mucho más fácil miniaturizar el diseño planar de Fairchild que los transistores estándares con elevación. Los circuitos más pequeños tampoco necesitarían tanta electricidad. Noyce y Moore empezaron a ver que la miniaturización y la eficiencia eléctrica eran una combinación imbatible. Al ser de menor tamaño y consumir menos energía, sus circuitos integrados se podrían destinar a nuevos usos. Eso sí, al principio el chip de Noyce era cincuenta veces más caro de fabricar que un dispositivo más simple con los componentes separados y conectados con cables.[9] Todo el mundo convenía en que el invento de Noyce era ingenioso, por no decir brillante. Solo necesitaba un mercado.

4

El despegue

Tres días después de que Noyce y Moore fundaran Fairchild Semiconductor, a las 20:55 horas, la respuesta a la pregunta de quién iba a pagar por sus circuitos integrados les pasó por encima, cruzando el cielo nocturno de California. El Sputnik, lanzado por la Unión Soviética, fue el primer satélite del mundo y orbitaba alrededor de la Tierra de oeste a este a una velocidad de casi 30.000 kilómetros por hora. El titular del *San Francisco Chronicle* fue «La "luna" rusa que da vueltas al mundo», plasmando el miedo de los estadounidenses a que ese satélite confiriera a los rusos una ventaja estratégica.[1] Para más inri, cuatro años más tarde la URSS asestó otro golpe sobre la mesa enviando a la primera persona al espacio, Yuri Gagarin.

En Estados Unidos, el programa espacial soviético provocó una crisis de confianza.[2] El control del cosmos tendría graves ramificaciones militares. EE.UU. pensaba que era la gran superpotencia científica del mundo, pero ahora parecía estar quedándose atrás. Washington lanzó un programa especial para ponerse al día expeditivamente con los programas de cohetes y misiles soviéticos, y el presidente John F. Kennedy prometió que su país mandaría al hombre a la Luna. Bob Noyce ya tenía un mercado para sus circuitos integrados: los cohetes.

El primer gran pedido de chips llegó de la NASA, que en los sesenta recibió un presupuesto desorbitado para enviar astronautas a la Luna. Estados Unidos se propuso el alunizaje y la NASA encomendó a los ingenieros del Instrumentation Lab del MIT que diseñaran el ordenador de navegación de la nave espacial Apolo. No cabía duda de que sería una de las computadoras más complicadas de la historia. Todo el mundo estaba de acuerdo en que los ordenadores con transistores eran mucho mejores que los de válvulas de vacío que habían descifrado códigos y calculado trayectorias de proyectiles durante la Segunda Guerra Mundial. Pero ¿en serio uno de esos dispositivos podía guiar la nave hasta la Luna? Un ingeniero del MIT calculó que, para satisfacer las necesidades de la misión Apolo, el ordenador tendría que ser tan grande como una nevera y consumiría más electricidad que la que teóricamente produciría la nave.[3]

El Instrumentation Lab del MIT recibió su primer circuito integrado de TI en 1959, exactamente un año después de que Jack Kilby lo hubiera inventado. Compró sesenta y cuatro chips por mil dólares a fin de probarlos para un programa de misiles de la Armada estadounidense. El equipo del MIT acabó por desechar el uso de los chips en ese misil, pero vio potencial en los circuitos integrados. Más o menos en la misma época, Fairchild empezó a comercializar sus propios chips Micrologic. En enero de 1962, un ingeniero del MIT animó así a un compañero suyo: «Comprad un buen puñado y comprobad si sirven para algo».[4]

Fairchild era una compañía totalmente nueva liderada por un grupo de ingenieros treintañeros sin experiencia previa, pero sus chips eran fiables y llegaban siempre a tiempo. En noviembre de 1962, Charles Stark Draper, el afamado ingeniero que dirigía el laboratorio del MIT, decidió apostar por los chips de Fairchild para el programa Apolo, calculando que un ordenador con los circuitos de Noyce sería un treinta y tres por ciento más pequeño y ligero que un ordenador de transistores sueltos.[5] También necesitaría menos electricidad. El ordenador que acabó llevando al Apolo 11 a la Luna pesaba 30 kilos y medía lo que un microondas actual, mil veces menos que el ENIAC de la Universidad de Pensilvania.

El MIT ensalzó el ordenador de navegación del Apolo como uno de sus grandes hitos, pero Bob Noyce sabía que eran sus chips los que permitían funcionar a la computadora. En 1964, Noyce ya presumía de que los circuitos del Apolo habían operado diecinueve millones de horas con solo dos errores, uno de los cuales provocado por un golpe externo al mover el ordenador. Con las ventas de chips al programa Apolo, la pequeña e incipiente Fairchild se transformó en una compañía de mil empleados. Si en 1958 sus ventas ascendieron a medio millón de dólares, dos años más tarde se habían disparado hasta los veintiún millones.[6]

Al producir cada vez más para la NASA, iba cayendo el precio para los demás clientes. Un circuito integrado que en diciembre de 1961 se vendía por 120 dólares, en octubre del año siguiente costaba quince.[7] La fe de la NASA en que los circuitos integrados guiaran a los astronautas hasta la Luna fue una fuente de validación importante. Los chips Micrologic de Fairchild ya no eran tecnología por probar; se usaban en el contexto más inhóspito y duro imaginable: el espacio exterior.

Fue una gran noticia para Jack Kilby y TI, y eso que sus chips solo desempeñaron un papel secundario en el programa. En la sede central de Dallas, Kilby y el presidente de TI Pat Haggerty estaban buscando un gran cliente para sus circuitos integrados. Haggerty era hijo de un telegrafista ferroviario y había nacido en un pueblecito de Dakota del Sur. Se había formado como ingeniero eléctrico y había trabajado desarrollando electrónica para la Armada estadounidense durante la Segunda Guerra Mundial. Desde el día en que llegó a TI en 1951, había puesto la mira en la venta de sistemas electrónicos al Ejército.[8]

Haggerty intuía que el circuito integrado de Kilby podía acabar usándose en todos los aparatos electrónicos de las Fuerzas Armadas.[9] También era un orador magnético. Según un veterano de TI, cuando predicaba a los empleados acerca del futuro de la electrónica, Haggerty parecía «un mesías dando el sermón de la montaña. Parecía capaz de predecir cualquier cosa».[10] A principios de los sesenta, EE. UU. y la URSS estuvieron al borde del enfrentamiento nuclear en varias ocasiones, primero por el control sobre la Berlín ocupada y luego durante la crisis de los misiles de Cuba. En esas circunstancias, no había mejor cliente para Haggerty que el Pentágono. Unos meses después de que Kilby creara el circuito integrado, Haggerty habló al Departamento de Defensa sobre el invento. Al año siguiente, el Avionics Lab de la Fuerza Aérea decidió subvencionar la investigación de chips de TI. Luego llegaron varios contratos modestos para productos militares. Dicho eso, Haggerty tenía los ojos puestos en una presa más suculenta.

En otoño de 1962, la Fuerza Aérea empezó a buscar un nuevo ordenador para guiar el misil Minuteman II, que arrojaría cabezas nucleares al espacio para que acabaran impactando contra la Unión Soviética.[11] La primera versión del Minuteman acababa de entrar en funcionamiento, pero pesaba tanto que, si se lanzaba desde los distintos silos esparcidos por el Oeste norteamericano, apenas llegaba a Moscú. El ordenador de navegación de a bordo era un armatoste esperpéntico con transistores sueltos. Las coordenadas del objetivo se introducían en el ordenador a través de una cinta BoPET agujereada.[12]

Haggerty prometió a la Fuerza Aérea que un ordenador con los circuitos de Kilby realizaría el doble de cálculos aritméticos y pesaría la mitad. Su idea era crear un ordenador con veintidós tipos diferentes de chips. Según él, varios circuitos integrados en silicio, de sesenta gramos de peso en total, podrían realizar el 95 por ciento de las funciones del ordenador. El 5 por ciento restante de *hardware*, que los ingenieros de TI todavía no sabían cómo concentrar en un solo chip, pesaba 16 kilos. Bob Nease, uno de los ingenieros a cargo de diseñar el ordenador, dijo esto de la decisión de usar circuitos integrados: «Todo se reducía al tamaño y al peso. La decisión estaba cantada».[13]

El contrato que se llevó TI para trabajar en el Minuteman II transformó su división de chips. Antes, TI había estado vendiendo unas tristes docenas de circuitos integrados, pero el miedo a la «brecha de los misiles» con respecto a la Unión Soviética se acabó traduciendo en miles de ventas. En un año, los envíos de TI a la Fuerza Aérea constituían el 60 por ciento de todo el dinero invertido en la adquisición de chips hasta la fecha. A finales de 1964, TI había proporcionado cien mil circuitos integrados al programa Minuteman. Y el 20 por ciento de todos los circuitos integrados vendidos en 1965 fueron al programa Minuteman.[14] La apuesta de Pat Haggerty de vender chips al Ejército estaba demostrando ser acertada. La única duda era si TI aprendería a producirlos en serie.

5

De morteros y de la producción en serie

Jay Lathrop llegó al aparcamiento de TI para su primer día de trabajo el 1 de septiembre de 1958.[1] El fatídico verano de 1958, el mismo que Jack Kilby consagró a jugar con sus cacharritos en los laboratorios de TI, estaba tocando a su fin. Lathrop se había licenciado en el MIT, donde había coincidido con Bob Noyce, y había trabajado en un laboratorio público en el que le mandaron diseñar una espoleta de proximidad con la que detonar automáticamente un proyectil de mortero de 81 milímetros encima del objetivo. Los transistores con elevación eran difíciles de miniaturizar y le estaban dando a Lathrop los mismos problemas que a los ingenieros de Fairchild. En ese momento, el proceso de fabricación pasaba por incrustar pegotes de cera con motivos concretos sobre porciones de material semiconductor. Luego se eliminaban las zonas descubiertas con agentes químicos específicos. Para fabricar transistores más pequeños se necesitaban pegotes de cera minúsculos, pero era complicado que esas gotitas no desdibujaran los patrones.

Observando uno de sus transistores por el microscopio, Lathrop y su ayudante, el químico James Nall, tuvieron una idea: con una lente microscópica, lo pequeño se podía ver más grande. Si daban la vuelta al microscopio, la lente haría que lo grande pareciera más pequeño. ¿Se podía usar una lente para coger un motivo grande e imprimirlo sobre el germanio grabando elevaciones en miniatura sobre las placas de material semiconductor? Kodak, la compañía de cámaras, vendía sustancias químicas llamadas fotorresinas que reaccionaban con la luz.

Lathrop bañó una placa de germanio con una fotorresina de Kodak que desaparecería al entrar en contacto con la luz, le dio la vuelta al microscopio y cubrió la lente con un motivo para que los fotones solo penetraran por un área rectangular. La luz entraba y dibujaba un rectángulo a través de la lente, mientras que el microscopio puesto del revés empequeñecía el paralelogramo proyectándolo sobre el germanio bañado en fotorresina. De ese modo, los rayos de luz creaban una perfecta versión en miniatura del motivo. Allí donde la luz tocaba la capa de material, la estructura química cambiaba y permitía su eliminación. El resultado era un agujero rectangular minúsculo, mucho más pequeño y preciso que cualquier pegote de cera. Lathrop no tardó en darse cuenta de que también podía imprimir los cables añadiendo una capa muy fina de aluminio para conectar el germanio con una fuente de alimentación externa.

Lathrop bautizó este proceso como fotolitografía, la impresión por medio de la luz. Produjo transistores mucho más pequeños que los que se habían podido fabricar hasta la fecha, de solo 0,25 centímetros de diámetro, y componentes de apenas 0,012 milímetros de altura. La fotolitografía permitió soñar con producir transistores diminutos en serie. Lathrop solicitó la patente de su técnica en 1957. Al son de las trompetas de una orquesta militar, le concedieron una medalla por su trabajo y le entregaron un premio de 25.000 dólares, que invirtió en un Nash Rambler familiar.

Pat Haggerty y Jack Kilby intuyeron enseguida que el proceso de fotolitografía ideado por Lathrop valía mucho más que el premio de 25.000 dólares que le había otorgado el Ejército. El programa de misiles Minuteman II necesitaba miles de circuitos integrados. Y la nave Apolo necesitaba decenas de miles más. Haggerty y Kilby dedujeron que los rayos de luz y las fotorresinas podían resolver el problema de la producción en masa, mecanizando y miniaturizando la fabricación de un modo impensable con la soldadura manual.

Pero para aplicar el método en TI hacían falta nuevos materiales y procesos. Las fotorresinas de Kodak no eran lo bastante puras para la producción en serie, así que TI compró sus propias centrifugadoras y volvió a tratar los agentes químicos provistos por la compañía de cámaras. Lathrop recorrió el país en tren en busca de «máscaras» con las que proyectar motivos precisos de luz sobre obleas de material semiconductor recubiertas de fotorresina. Al final concluyó que no existía ninguna compañía que comercializara máscaras lo bastante precisas, así que TI decidió fabricarlas por su cuenta. Las láminas de silicio que requerían los chips de Kilby tenían que ser de máxima pureza, más de lo que pudiera encontrarse en el mercado. Así que TI también empezó a producir sus propias obleas de silicio.

La producción en serie funciona cuando todo está tipificado. General Motors ensamblaba muchas piezas iguales en todos los Chevrolet que salían de sus plantas de montaje. Sin embargo, en el sector de los semiconductores, las empresas como TI carecían de las herramientas para saber si todos los componentes de sus circuitos eran idénticos. Los agentes químicos poseían impurezas que en ese momento eran imposibles de probar. Los agentes reaccionaban de forma inesperada con las variaciones de temperatura o de presión. Las máscaras a través de las cuales se proyectaba la luz podían contaminarse con partículas de polvo. Una sola impureza podía dar al traste con toda la producción de un dispositivo. El único método para mejorar era el ensayo y error, y TI organizaba miles de experimentos para evaluar la afectación de los cambios de temperatura, las mezclas químicas y los procesos de producción. Jack Kilby dedicaba todos los sábados a pasearse por los pasillos de TI para echar un ojo a los experimentos de sus ingenieros.[2]

La ingeniera de procesos de TI Mary Anne Potter estuvo haciendo test día y noche durante meses.[3] Potter fue la primera mujer licenciada en Física de la Texas Tech y fue contratada por TI para aumentar la producción de chips para el programa Minuteman. Solía trabajar en el turno de noche, de once a ocho de la mañana, y se encargaba de cerciorarse de que los experimentos avanzaban según lo previsto. Para recopilar datos, tenía que hacer experimentos durante días y días. Entonces realizaba análisis de regresión sobre los datos utilizando una regla de cálculo para obtener exponentes y raíces cuadradas, representándolos en un gráfico e interpretándolos. ¡Y todo eso a mano! Era un proceso lento y tedioso que requería de ordenadores humanos para calcular los números. Pero el ensayo y error era el único mecanismo del que disponía TI.

Morris Chang llegó a TI en 1958, el mismo año que Jay Lathrop, y se puso al frente de la línea de producción de transistores.[4] Había transcurrido casi una década desde que Morris había salido por piernas de Shanghái para escapar del avance de las tropas comunistas. Primero fue a Hong Kong y luego a Boston. Allí logró entrar en Harvard, donde fue el único alumno chino de primer curso. Tras un año estudiando a Shakespeare, empezó a inquietarse por sus perspectivas de futuro: «Había estadounidenses de origen chino trabajando en lavanderías, y otros en la restauración. A comienzos de los cincuenta, la única profesión de clase media realmente seria [...] a la que podía aspirar un norteamericano de origen chino era de perfil técnico». Chang decidió que la ingeniería mecánica parecía más prometedora que la literatura inglesa y se pasó al MIT.

Tras licenciarse, Chang empezó a trabajar para Sylvania, una gran empresa de electrónica con sede en las afueras de

Boston. Allí le encomendaron mejorar el rendimiento de fabricación; es decir, le pidieron que redujera el número de transistores defectuosos. Chang se pasaba el día estudiando y probando los procesos de Sylvania y, por las tardes, estudiaba el *Electrons and Holes in Semiconductors*, la biblia de la protoelectrónica de semiconductores. Después de tres años en Sylvania, Chang recibió una oferta para trabajar en TI y se mudó a Dallas, Texas; según él, «el país de los vaqueros» y la tierra de «los filetes a 95 centavos». Le pusieron al frente de una cadena de producción de transistores para ordenadores de IBM. A juzgar por sus palabras, era un tipo de transistor tan poco fiable que el rendimiento de TI era casi cero. Casi todos tenían imperfecciones que provocaban cortocircuitos o averías, con lo que había que desecharlos.[5]

Haciendo honor a su maestría como jugador de *bridge*, Chang abordó la fabricación de forma tan metódica como con su juego de naipes favorito. Al llegar a TI, comenzó a modificar sistemáticamente la temperatura y la presión a la que se combinaban los diferentes agentes químicos para comprobar qué mezclas daban mejor resultado. Su intuición analizando datos dejó con un palmo de narices a sus compañeros: «Cuando trabajabas con él, tenías que ir con pies de plomo. Se sentaba y se ponía a fumar de su pipa y te miraba a través de las bocanadas de humo». Los texanos que tenía a su cargo lo veían como «una especie de Buda». Tras el humo de tabaco se escondía una mente privilegiada. Según un colega suyo, «sabía tanto sobre física del estado sólido que podía abochornar a cualquiera». Tenía fama de ser un jefe intransigente, como recuerda perfectamente un subordinado suyo: «Morris daba unos rapapolvos diabólicos. Si nunca te cantó las cuarenta, es que no estuviste en TI».[6] Pero los métodos de Chang dieron sus frutos. En cuestión de meses, el rendimiento de su cadena de producción remontó hasta el 25 por ciento.[7] La mayor tecnológica de Estados Unidos, IBM, envió ejecutivos a Dallas para estudiar sus métodos.[8] Enseguida lo colocaron al frente de toda la división de circuitos integrados.

Igual que Chang, Noyce y Moore no veían límites al crecimiento de la industria de los chips, siempre y cuando fueran capaces de producirlos en serie. Noyce se enteró de que su compañero en el MIT Jay Lathrop, con quien había hecho montañismo en Nuevo Hampshire durante su doctorado, había dado con una técnica capaz de transformar la fabricación de transistores. Noyce se apresuró a contratar al compañero de laboratorio de Lathrop, el químico James Nall, para que perfeccionara la fotolitografía de Fairchild: «Si no dábamos con la tecla, la compañía estaba sentenciada».[9]

La mejora del proceso de fabricación de Fairchild recayó en ingenieros de procesos como Andy Grove. Grove había huido del régimen comunista húngaro en 1956 y había llegado como refugiado a Nueva York. Había conseguido entrar en un programa de doctorado de Berkeley y en 1962 había escrito a Fairchild para pedir una entrevista, pero le dieron largas. La carta de rechazo decía: «Nos gusta entrevistar a nuestros jóvenes una vez han acabado las entrevistas con todos los demás». Para Grove, la carta de Fairchild rezumaba «una condescendencia repugnante» y era un signo precoz de la prepotencia que acabaría caracterizando a Silicon Valley. Pero a medida que aumentó la demanda de semiconductores, la compañía se vio súbita y desesperadamente necesitada de ingenieros químicos. Un ejecutivo de Fairchild llamó a Berkeley y pidió una lista con los mejores alumnos del Departamento de Química. Grove ocupaba el primer lugar y fue convocado a Palo Alto para entrevistarse con Gordon Moore. Según el joven, «fue amor a primera vista».[10] Lo contrataron en 1963 y pasó el resto de su vida erigiendo la industria de los chips al lado de Noyce y Moore.

El Premio Nobel por inventar el transistor fue para Shockley, Bardeen y Brattain. Jack Kilby acabaría ganando el galardón por crear el primer circuito integrado; y si Bob Noyce no hubiera fallecido a los sesenta y dos años, habría compartido el reconocimiento con Kilby. Fueron inventos cruciales, pero la ciencia por sí sola no bastó para crear esa industria. La difusión de los semiconductores fue posible gracias a las ingeniosas técnicas de fabricación y a los físicos académicos. Las universidades como el MIT y Stanford cumplieron un papel vital para desentrañar los misterios de los semiconductores, pero la industria despegó únicamente porque los doctorandos de esas instituciones estuvieron años enteros puliendo los procesos para posibilitar la fabricación en serie. Si la patente de Bell Labs acabó dando lugar a un sector revolucionario, fue gracias a la ingeniería y la intuición, tanto como a las teorías científicas.

Shockley, ampliamente reconocido como uno de los mejores físicos teóricos de su generación, acabó desechando su sueño de hacer fortuna e inscribir su nombre en letras doradas en *The Wall Street Journal*. Su contribución a la concepción teórica del transistor fue importante. Pero fueron los ocho traidores y jóvenes ingenieros que abandonaron su empresa, así como un grupo similar de TI, los que convirtieron sus transistores en un producto útil, el chip, vendiéndolo al Ejército estadounidense a la vez que aprendían a producirlo en serie. Con esas ventajas y aptitudes, Fairchild y TI llegaron a mediados de los sesenta con un nuevo reto: transformar el chip en un producto de gran consumo.

6

«Quiero... hacerme... de... oro»

Los ordenadores de navegación de la nave Apolo y del misil Minuteman II fueron la plataforma de despegue para el sector estadounidense de los circuitos integrados. A mediados de los sesenta, el Ejército estaba incrustando chips en toda clase de armas, desde satélites a sónares, torpedos y sistemas de telemetría.[1] Bob Noyce sabía que los programas militares y espaciales habían sido vitales para el crecimiento inicial de Fairchild; en 1965, esas aplicaciones iban a usar «más del 95 por ciento de todos los circuitos producidos».[2] Con todo, siempre creyó en la existencia de un mercado civil todavía más grande, por más que a principios de los sesenta aún no existiera. Tendría que crearlo con sus propias manos, y eso significaba mantener un poco la distancia con el Ejército con tal de que fuera él, y no el Pentágono, quien marcara las prioridades de Fairchild a nivel de I+D. Noyce rechazaba la mayoría de los contratos de investigación de origen militar, procurando que la empresa nunca dependiera del Departamento de Defensa para más del 4 por ciento de su presupuesto de I+D. A la hora de valorar la labor de Fairchild, Noyce confesó en estricta confidencia: «Hay muy pocos directores de investigación en el mundo que realmente den el tipo, y normalmente no hacen carrera en el Ejército».[3]

Nada más salir de la escuela de posgrado, Noyce entró a trabajar para el fabricante de radios Philco, una empresa de la

Costa Este que contaba con una gran división financiada por el Departamento de Defensa. Allí fue testigo directo de cómo el Gobierno dictaba el rumbo de la I+D: «La dirección de la investigación corría a cargo de personas menos competentes». Noyce lamentaba el tiempo que perdía escribiendo informes de progreso para el Ejército. Como máximo gerente de Fairchild, una compañía creada con el capital aportado por el heredero de un fondo fiduciario, tenía margen para tratar al Ejército como cliente y no como jefe. Decidió invertir gran parte de la I+D de Fairchild al desarrollo de productos de gran consumo, en vez de productos militares. Según su lógica, la mayoría de los chips de cohetes o satélites también podían tener un uso civil. El primer circuito integrado producido para ser comercializado, usado en un audífono Zenith, se había diseñado originariamente para un satélite de la NASA.[4] Lo complicado iba a ser fabricar chips que la población civil pudiera pagar. Así como el Ejército no reparaba en gastos, los consumidores miraban mucho más el bolsillo. Lo más convincente era saber que el mercado civil era bastante más grande que los presupuestos más inflados del Pentágono durante la Guerra Fría. Según Noyce: «Vender la I+D al Gobierno era como coger tu capital riesgo y guardarlo en una cuenta de ahorros. El riesgo es el riesgo, y quien no se arriesga no pasa la mar».[5]

En Palo Alto, Fairchild Semiconductor estaba rodeada de empresas que suministraban al Pentágono material aeroespacial, armas, radios y radares. Aunque el Ejército compraba chips a Fairchild, el Departamento de Defensa se sentía más a gusto colaborando con grandes corporaciones que con hábiles empresas emergentes. Por consiguiente, el Pentágono no contaba con que Fairchild y otras compañías imberbes transformaran la electrónica tan rápido como lo hicieron. A finales de los cincuenta, un informe del Departamento de Defensa elogió al titán radiofónico RCA por impulsar «el programa de microminiaturización más ambicioso» del mundo, al mismo tiempo que despreciaba los esfuerzos de Fairchild señalando que solo destinaba dos científicos a su principal programa de circuitos. El Departamento de Defensa también manifestaba que el contratista Lockheed Martin, con una planta de investigación en Palo Alto, a cuatro calles de Fairchild, tenía a más de cincuenta científicos en su división de sistemas de microelectrónica, por lo que claramente estaba mucho más avanzado.[6]

Pero fue el equipo de I+D de Fairchild el que, dirigido por Gordon Moore, diseñó la nueva tecnología y, por si fuera poco, creó nuevos segmentos civiles. En 1965, la revista *Electronics* le pidió a Moore que escribiera un breve artículo sobre el futuro de los circuitos integrados. En él se predijo que, a lo largo de al menos una década, Fairchild doblaría anualmente el número de componentes que podían incrustarse en un chip de silicio. De ser así, en los circuitos de 1975 habría grabados 65.000 pequeños transistores, de forma que no solo tendrían mayor potencia de cálculo, sino que cada transistor saldría más barato. Con la reducción de los costes, se incrementaría el número de usuarios. Esta previsión de crecimiento exponencial del número de transistores acabaría conociéndose como la ley de Moore.[7] Fue la más grande predicción tecnológica del siglo.

Moore se dio cuenta de algo: si la capacidad de cada chip seguía aumentando exponencialmente, el circuito integrado revolucionaría la sociedad en muchos más aspectos que el de los cohetes y radares. En 1965, Defensa seguía financiando el 72 por ciento de todos los circuitos integrados producidos. Pero las prestaciones que pedían los militares también tenían su utilidad comercial. Según una publicación del sector: «La miniaturización y la resistencia son buenas para cualquier negocio».[8] Ante todo, los contratistas del Departamento de Defensa veían los chips como algo que podía reemplazar a la vieja electrónica en todos los productos de aplicación militar. Pero en Fairchild, Noyce y Moore ya estaban soñando con ordenadores y teléfonos móviles.

A comienzos de los sesenta, el secretario de Defensa Robert McNamara reformó las licitaciones del Ejército para reducir costes y provocó lo que algunos miembros de la industria electrónica llamaron la «depresión McNamara». En ese momento, el plan de Fairchild de democratizar el acceso a los chips pareció cosa de adivinos. La compañía fue la primera en ofrecer una línea entera de circuitos integrados estándares a clientes corrientes. Noyce también recortó drásticamente los precios apostando a que aumentaría mucho el mercado civil. A mediados de los sesenta, algunos chips de Fairchild que se habían vendido por 20 dólares cayeron hasta los dos dólares. Fairchild llegó a vender ciertos productos por debajo del precio de coste con la esperanza de convencer a más clientes para que los probaran.[9]

Gracias a la caída de precios, la empresa empezó a llevarse grandes contratos del sector privado. Si en 1957 se vendieron mil ordenadores en EE. UU., al cabo de una década eran 18.700. A mediados de los sesenta, casi todos esos ordenadores usaban circuitos integrados. En 1966, la empresa de informática Burroughs hizo una comanda de 20 millones de chips a Fairchild, más de 20 veces más de los que usó el programa Apolo. En 1968, la industria informática compraba tantos chips como el Ejército y Fairchild suministraba el 80 por ciento de ellos.[10] La reducción de precios de Bob Noyce dio sus frutos, pues creó un nuevo mercado para ordenadores de uso civil que disparó las ventas de chips durante décadas.[11] Al final, Moore confesó que los recortes en el precio habían sido tan innovadores como la propia tecnología de los circuitos integrados de Fairchild.

En las postrimerías de la década, y tras diez años de desarrollo, el Apolo 11 se sintió preparado para mandar el primer ser humano a la Luna gracias al ordenador de navegación concebido por Fairchild. Los ingenieros de semiconductores del valle californiano de Santa Clara habían sacado mucho jugo a la carrera espacial, ya que había sido un importantísimo primer cliente. Pero cuando se produjo el alunizaje, los ingenieros de Silicon Valley dependían mucho menos de los contratos de Defensa y de la NASA. Se enfrentaban a inquietudes bastante más terrenales. El mercado de los chips estaba en pleno auge. Ante el éxito de Fairchild, varios empleados clave decidieron saltar del barco y unirse a la competencia. El capital riesgo estaba invirtiendo masivamente en empresas emergentes que no pensaban en cohetes, sino en ordenadores para corporaciones.

En esos momentos, Fairchild aún estaba en manos de un multimillonario de la Costa Este que pagaba bien a sus empleados, pero que se negaba a darles la opción de adquirir acciones. Según él, regalar participaciones era como rendirse «gradualmente al socialismo».[12] Al final, incluso uno de los cofundadores de Fairchild como Noyce empezó a cuestionarse su futuro en la empresa. Todo el mundo buscó una salida y el motivo era evidente. Junto con los descubrimientos científicos y los nuevos procesos de fabricación, la fuerza motriz que impulsaba la ley de Moore era la posibilidad de ganar una fortuna. No hay más que remitirse a lo que expresó uno de los empleados de Fairchild en el cuestionario que rellenó cuando se fue de la empresa: «Quiero... hacerme... de... oro».[13]

Parte II

LOS CIRCUITOS DEL MUNDO AMERICANO

7

El Silicon Valley soviético

Un par de meses después de que Bob Noyce inventara el circuito integrado en Fairchild Semiconductor, llegó a Palo Alto un visitante inesperado. En otoño de 1959, pasados dos años del primer viaje del Sputnik alrededor de la Tierra, Anatoli Trutko, un ingeniero de semiconductores de la Unión Soviética, se instaló en la residencia Crothers Memorial Hall de la Universidad Stanford.[1] Aunque la Guerra Fría estaba en su punto álgido, las dos superpotencias acordaron iniciar un intercambio de estudiantes y Trutko fue uno de los alumnos elegidos por la URSS y examinados por el Departamento de Estado. Vivió un año en Stanford estudiando la tecnología más moderna de Estados Unidos con los científicos pioneros del país. Incluso estuvo en clases de William Shockley, que había dejado su empresa y estaba enseñando en la universidad. Tras una sesión, Trutko pidió al nobel que le firmara un ejemplar de su obra maestra *Electrons and Holes in Semiconductors*. «Para Anatole», firmó Shockley antes de leerle la cartilla al joven científico porque la Unión Soviética se negaba a pagarle los derechos de autor por la traducción al ruso de su libro de texto.

Fue extraño que EE. UU. permitiera a científicos soviéticos como Trutko estudiar los semiconductores en Stanford, sobre todo porque el país temía que la URSS lo atrapara en el sector de la ciencia y la tecnología. Aun así, la industria de la electrónica de todos los países miraba cada vez más a Silicon Valley, que marcaba el rumbo y el ritmo de innovación que el resto del mundo se veía obligado a seguir, incluidos los enemigos de Estados Unidos. Los soviéticos no le pagaron a Shockley por sus derechos de autor, pero entendieron el valor de los semiconductores, traduciendo su libro al ruso apenas dos años después de que fuera publicado. En 1956, los espías norteamericanos ya habían recibido órdenes de adquirir dispositivos semiconductores soviéticos para poner a prueba su calidad y analizar sus progresos. Según un informe de la CIA de 1959, EE. UU. solo estaba dos o cuatro años por delante de los soviéticos en términos de calidad y cantidad de transistores producidos.[2] Entre los primeros alumnos de intercambio soviéticos hubo varios agentes del KGB; fue algo que se sospechó en su momento, pero que no se confirmó hasta unas décadas después. El vínculo entre los intercambios y los objetivos industriales de los líderes soviéticos de Defensa era muy estrecho.

Igual que en el Pentágono, en el Kremlin sabían que los transistores y los circuitos integrados iban a transformar la fabricación, la computación y el poder militar. Desde finales de los cincuenta, la URSS había estado abriendo plantas de semiconductores por todo el país y había destinado sus mejores científicos a la creación de esa nueva industria. Para un joven ingeniero ambicioso como Yuri Osokin, costaba imaginar un encargo más apasionante.[3] Osokin pasó gran parte de su infancia en China porque su padre trabajaba en un hospital militar soviético en la ciudad de Dalian, en el litoral del mar Amarillo. Desde muy joven, Osokin destacó por su capacidad enciclopédica para recordar cosas curiosas, por ejemplo datos geográficos o cumpleaños de gente famosa. Al concluir el colegio, logró entrar en un gran instituto de Moscú y se especializó en los semiconductores.

Osokin fue enviado de inmediato a una planta de semiconductores de Riga repleta de recién licenciados de las mejores universidades del país. Allí le ordenaron fabricar dispositivos semiconductores para el programa espacial soviético y para el Ejército. El director de la planta le encomendó crear un circuito con múltiples componentes en la misma placa de germanio, algo nunca antes logrado en la Unión Soviética. Produjo su prototipo de circuito integrado en 1962. Osokin y sus compañeros de trabajo sabían que eran la punta de lanza de la ciencia soviética. Se pasaban el día en el laboratorio, y por la noche debatían sobre física del estado sólido. De vez en cuando Osokin desenvainaba la guitarra y cantaba junto a sus colegas. Eran jóvenes apasionados por su trabajo. La ciencia soviética iba viento en popa y varios satélites Sputnik de la URSS orbitaban sobre sus cabezas. Si Osokin dejaba el instrumento y elevaba la mirada hacia el cielo nocturno, podía incluso vislumbrarlos a simple vista.[4]

El líder soviético Nikita Jruschov estaba decidido a superar a Estados Unidos en todas las disciplinas, desde la producción de maíz hasta el número de satélites. El propio Jruschov se sentía más a gusto en el *koljós* que en los laboratorios de electrónica. No sabía nada sobre tecnología, pero estaba obsesionado con la idea de «atrapar y superar» a Estados Unidos, tal como propuso hacer en repetidas ocasiones. Alexander Shokin, vicepresidente primero del Comité Estatal de Radioelectrónica, dedujo que podía servirse del afán competitivo de Jruschov para conseguir más financiación para la microelectrónica. Un día le dijo al líder soviético: «Nikita Serguéievich, imaginad que un televisor se pudiera hacer del tamaño de una caja de cigarrillos».[5] He aquí la promesa del silicio soviético. «Atrapar y superar» a Estados Unidos parecía una posibilidad real. Igual que con otro campo en que los soviéticos habían atrapado a Estados Unidos, el de las armas nucleares, la URSS poseía un arma secreta: una red de espías.

Joel Barr era hijo de dos judíos rusos que emigraron a Estados Unidos huyendo de la opresión zarista.[6] Barr creció en la inopia en Brooklyn hasta que consiguió entrar en el City College de Nueva York para estudiar Ingeniería Eléctrica. Allí hizo buenas migas con un grupo de comunistas y empezó a simpatizar con sus críticas al capitalismo y su discurso de que la Unión Soviética era la mejor vía para plantar cara a los nazis. A través de sus contactos en el Partido Comunista conoció a Alfred Sarant, otro ingeniero eléctrico y miembro de la Liga Juvenil Comunista. Ambos dedicaron el resto de su vida a cooperar y trabajar por la causa comunista.

En los treinta, Barr y Sarant se incorporaron a la red de espionaje liderada por Julius Rosenberg, el infame espía de la Guerra Fría. Durante los cuarenta, Barr y Sarant trabajaron en el desarrollo de radares clasificados y otros sistemas militares en Western Electric y Sperry Gyroscope, dos pioneras tecnológicas estadounidenses. A diferencia de otros miembros de la red de Rosenberg, Barr y Sarant no descubrieron secretos sobre las armas nucleares, sino que recabaron información de primera mano sobre el uso de la electrónica en nuevas armas. A finales de los cuarenta, cuando el FBI empezó a destapar las redes de espionaje del KGB en Estados Unidos, Rosenberg fue juzgado y condenado a morir en la silla eléctrica junto con su esposa, Ethel. Antes de que el FBI pudiera atraparlos, Sarant y Barr huyeron del país y acabaron en la Unión Soviética.

Al llegar, les dijeron a los responsables del KGB que querían fabricar los ordenadores más potentes del mundo. Barr y Sarant no eran expertos en informática, pero en la Unión Soviética nadie lo era. Su condición de espías ya era un mérito admirado, y su halo les permitió acceder a recursos. A finales de los cincuenta, Barr y Sarant empezaron a fabricar su primer ordenador: el UM, que en ruso significa «pensamiento». Su trabajo llamó la atención de Shokin, el burócrata que dirigía la industria soviética de la electrónica, y juntos conspiraron para persuadir a Jruschov de que la URSS necesitaba una ciudad entera consagrada a producir semiconductores, con sus propios investigadores, ingenieros, laboratorios y plantas de producción. Antes incluso de que las ciudades de la península del sur de San Francisco acabaran conociéndose como Silicon Valley, un término que no se acuñó hasta 1971, Barr y Sarant ya habían soñado con fundar su propio valle en un suburbio moscovita.[7]

A fin de convencer a Jruschov para que fundara esa nueva ciudad de la ciencia, Shokin orquestó una visita del gran líder a la Oficina Especial de Diseño de la Industria Electrónica número 2 de Leningrado. Tras ese nombre pomposo y oficinesco, que patentizaba la escasa aptitud soviética para el *marketing*, se escondía un instituto pionero de la electrónica. La Oficina de Diseño estuvo preparando la visita de Jruschov durante semanas, e hizo un ensayo general el día anterior para cerciorarse de que todo iba como la seda. El 4 de mayo de 1962 llegó Jruschov.[8] Para dar la bienvenida al caudillo, Sarant se puso un traje oscuro a juego con sus gruesas cejas y se recortó pulcramente el bigote. Barr esperaba nervioso al lado de Sarant, con unas gafas metálicas sobre su cabeza, ya un poco pelada. Con Sarant a la cabeza, los dos exespías le mostraron a Jruschov las bondades de la microelectrónica soviética. El primer secretario probó una radio tan minúscula que le cabía en el pabellón auditivo y jugó con un ordenador simple capaz de imprimir su nombre. Sarant le confesó en privado a Jruschov que pronto los dispositivos semiconductores se usarían en el sector aeroespacial, la industria, el gobierno y la aviación, e incluso «para crear un escudo contra misiles nucleares». Después, él y Barr llevaron al máximo dirigente hasta un caballete con imágenes de una ciudad futurista dedicada exclusivamente a producir dispositivos semiconductores, con un rascacielos enorme de cincuenta y dos pisos en su eje.

Jruschov tenía gran debilidad por los proyectos megalómanos, sobre todo si podía agenciarse el mérito, así que secundó con entusiasmo la idea de construir una ciudad soviética para desarrollar semiconductores. Abrazó con euforia a Barr y a Sarant y les prometió todo su apoyo. Al cabo de unos meses, el Gobierno aprobó el proyecto para erigir una ciudad de semiconductores en las afueras de Moscú. Como explicó Jruschov a los demás líderes soviéticos: «La microelectrónica es un cerebro mecánico. Es nuestro futuro».[9]

En breve, la URSS inició las obras de Zelenogrado (en ruso, «ciudad verde»). Se diseñó para que fuera un paraíso de la ciencia. Shokin quería que fuera una sede científica perfecta, con laboratorios de investigación y plantas de producción, así como escuelas, guarderías, cines, bibliotecas y un hospital: todo lo que podría necesitar un ingeniero de semiconductores. Cerca del centro había una universidad, el Instituto de Tecnología Electrónica de Moscú, con una fachada de ladrillo diseñada a imagen y semejanza de los campus universitarios ingleses y norteamericanos. Por fuera era igual que Silicon Valley, aunque un poquito menos soleado.

8

«Copiadlo»

Más o menos cuando Nikita Jruschov estaba declarando su apoyo a la construcción de Zelenogrado, un estudiante soviético llamado Boris Malin volvió de un año de intercambio en Pensilvania con un pequeño artilugio en su equipaje: un SN-51 de Texas Instruments, uno de los primeros circuitos integrados vendidos en Estados Unidos. Malin era un hombre enjuto de pelo oscuro y ojos hundidos, y uno de los principales expertos de la Unión Soviética en dispositivos semiconductores. Se consideraba un científico, no un espía. Pero Alexander Shokin, el burócrata al mando de la microelectrónica soviética, creía que la URSS tenía que adquirir el SN-51 a cualquier precio. Por eso convocó a Malin y a otros ingenieros en su despacho, colocó el chip en la platina y miró por el ocular del microscopio. «Copiadlo —les ordenó—. Exactamente igual, sin ninguna diferencia. Os doy tres meses.»[1]

Si alguien acusaba a los científicos soviéticos de dedicarse a copiar avances extranjeros, respondían airadamente. Ellos sabían tanto de ciencia como los químicos y físicos norteamericanos. Según los alumnos de intercambio en EE. UU., en las clases de William Shockley podían aprender poco que no pudieran aprender también en Moscú.[2] Y era cierto que la URSS tenía algunos de los físicos teóricos más destacados del mundo. Cuando por fin Jack Kilby ganó el Premio Nobel de Física en el año 2000 por inventar el circuito integrado (por entonces, el coinventor Bob Noyce ya había fallecido), compartió el premio con un científico ruso llamado Zhores Alfiórov, que en los sesenta había investigado sistemas fundamentales para la producción lumínica con dispositivos semiconductores. El lanzamiento del Sputnik en 1957, el primer viaje espacial de Yuri Gagarin en 1961 y la fabricación del circuito integrado de Osokin en 1962 eran pruebas incontestables de que la Unión Soviética se estaba convirtiendo en una superpotencia científica. Incluso la CIA pensaba que la industria de la microelectrónica soviética estaba avanzando a pasos agigantados.

Hay que decir que la estrategia de calco de Shokin escondía un error fundamental. La copia fue una buena alternativa para fabricar armas nucleares, porque EE. UU. y la URSS solo crearon unas decenas de miles de cabezas durante toda la Guerra Fría. Pero en EE. UU., Fairchild y TI ya estaban aprendiendo a producir chips en serie. La clave para aumentar la producción era la fiabilidad, un baremo en el que se centraron fabricantes estadounidenses como Morris Chang y Andy Grove durante los sesenta. A diferencia de sus homólogos soviéticos, podían aprovechar los conocimientos de otras empresas que fabricaban lentes, agentes químicos, materiales purificados y otra maquinaria. Si no había ninguna empresa norteamericana capaz de echarles un cable, TI y Fairchild aún tenían Alemania, Francia o el Reino Unido, pues en todos esos países había industria de primera.

La Unión Soviética fundió y utilizó carbón y acero a mansalva, pero se quedó atrás en casi todos los tipos de fabricación.[3] La URSS podía producir en gran cantidad, pero no con calidad ni pureza, dos atributos cruciales para la fabricación masiva de chips. Además, los aliados occidentales prohibieron transferir a los países comunistas muchas tecnologías, incluidos los componentes semiconductores, a través del Comité Coordinador para el Control Multilateral de las Exportaciones.

Muchas veces, los soviéticos eludían las restricciones del comité creando empresas fantasma en las neutrales Austria o Suiza, pero era un método difícil de usar a gran escala. Así pues, las plantas soviéticas de semiconductores solían verse forzadas a trabajar con maquinaria menos sofisticada y materiales menos puros, con lo que producían menos chips funcionales.

El espionaje fue útil para Shokin y sus ingenieros, pero solo hasta cierto punto. Robando un chip no podías saber cómo se había hecho, igual que robar una tarta no te permite saber cómo se ha horneado. La receta era increíblemente complicada. Los alumnos extranjeros de intercambio que tenían a Shockley de profesor en Stanford podían llegar a ser físicos portentosos, pero eran los ingenieros como Andy Grove o Mary Anne Potter quienes sabían la temperatura a la que había que calentar ciertos agentes químicos o el tiempo durante el cual había que irradiar con luz las fotorresinas. En cada paso del proceso intervenía un conocimiento especializado que muy pocas veces se tenía fuera de la empresa. Y con mucha frecuencia esa clase de saber ni siquiera se plasmaba por escrito. Los espías soviéticos eran de los mejores en lo suyo, pero el proceso de producción de semiconductores entrañaba más detalles y conocimientos de los que podía robar el agente más hábil.

Además, el progreso era continuo y vertiginoso, siguiendo el ritmo estipulado por la ley de Moore. Por más que los soviéticos lograran copiar un diseño, adquirir los materiales y las máquinas y replicar el proceso productivo, necesitaban tiempo. Cada año, TI y Fairchild creaban nuevos diseños con más transistores. A mediados de los sesenta, los primeros circuitos integrados ya estaban obsoletos; eran demasiado grandes y consumían demasiada energía para valer nada. Comparados con casi cualquier tecnología, los semiconductores estaban avanzando a largas marchas. El tamaño de los transistores y la energía que consumían estaba cayendo, y la capacidad de cálculo que podía concentrarse por centímetro cuadrado prácticamente se doblaba cada dos años. No había ninguna tecnología que progresara tan deprisa, ni había un sector en el que robar el diseño del año anterior fuera una estrategia tan infructuosa.

Los líderes soviéticos no entendieron jamás por qué la estrategia de calco los condenaba a ir a remolque. Todo el sector soviético de los semiconductores funcionaba como un contratista de defensa: en absoluto secreto, con una dirección sumamente jerárquica, orientado a la producción de armas y muy servil, sin apenas margen para la creatividad. El proceso estaba «controlado exhaustivamente» por el ministro Shokin, según recuerda uno de sus subordinados. La copia era una mentalidad literalmente grabada en el sector; algunas máquinas incluso usaban las pulgadas en vez de los centímetros para replicar mejor los diseños norteamericanos, a pesar de que el resto de la URSS usaba el sistema métrico.[4] Gracias a la estrategia de calco, la URSS empezó varios años rezagada respecto a EE. UU. y nunca se puso a la misma altura.

Tal vez Zelenogrado pareciera un Silicon Valley sin luz solar. Tenía los mejores científicos del país y un costal de secretos robados. Pero los sistemas de ambos países no podían ser más diferentes. Mientras que los fundadores de las tecnológicas de Silicon Valley iban saltando de trabajo en trabajo y obtenían experiencia directa «en las propias plantas», Shokin cortaba el bacalao desde su oficina ministerial de Moscú. Yuri Osokin, entretanto, vivía en el anonimato en Riga, donde gozaba de un gran respeto entre sus compañeros, pero no podía hablar sobre su invento con nadie que no tuviera acreditación de seguridad.[5] Los jóvenes estudiantes soviéticos no escogían carreras como Ingeniería Eléctrica ni aspiraban a ser como Osokin, porque nadie sabía de su existencia. Para progresar laboralmente había que ser mejor burócrata, no diseñar nuevos productos ni identificar nuevos mercados. Los bienes de consumo civil fueron siempre un subproducto, pues la atención estaba eminentemente centrada en la producción militar.

Curiosamente, la mentalidad soviética de copiar al enemigo significaba que las vías de innovación en los semiconductores venían determinadas por Estados Unidos. Por lo tanto, una de las industrias más confidenciales y secretas de la URSS funcionaba como un anexo mal dirigido de Silicon Valley. Zelenogrado no era más que otra parada más de una red en vías de expansión global, una red que tenía a los fabricantes de chips norteamericanos en su centro.

9
El vendedor de transistores

En noviembre de 1962, el primer ministro japonés Hayato Ikeda conoció al presidente francés Charles de Gaulle en el esplendoroso Palacio del Elíseo y le hizo un pequeño regalo a su anfitrión: un radiorreceptor Sony. De Gaulle era amigo de los formalismos y del protocolo, un militar chapado a la antigua que se consideraba la personificación de la *grandeur* francesa. Ikeda, en cambio, pensaba que los votantes de su país eran materialistas puros y había prometido doblar sus sueldos en una década. El presidente declaró que Japón era una mera «potencia económica» y, una vez concluida la reunión, rezongó y dijo a un subordinado que Ikeda se comportaba como un «vendedor de transistores».[1] Al poco tiempo, sin embargo, el mundo entero miraba con envidia a Japón, ya que el buen hacer del país a la hora de vender semiconductores lo hizo mucho más rico y poderoso de lo que De Gaulle había podido imaginar.

Los circuitos integrados no solo conectaban componentes electrónicos de formas inéditas hasta entonces; también enlazaban países en una red que tenía a Estados Unidos en su núcleo. Los soviéticos se incorporaron sin pretenderlo a esa telaraña copiando los productos de Silicon Valley. Japón, en cambio, se integró voluntariamente a la industria de semiconductores norteamericana, en un proceso apoyado por la élite empresarial nipona y por el Gobierno estadounidense.

Cuando acabó la Segunda Guerra Mundial, en Estados Unidos hubo quienes sopesaron arrebatar a Japón su industria de alta tecnología como castigo por iniciar una guerra tan sangrienta. Pero un par de años después de la rendición el Departamento de Defensa de Washington adoptó una política oficial diferente: «El riesgo que entraña un Japón fuerte es preferible al de un Japón débil».[2] El Gobierno estadounidense trató de impedir que el país investigara en física nuclear, pero aparte de esa breve tentativa, apoyó el renacimiento nipón como potencia tecnológica y científica.[3] Lo difícil era ayudar al país a reconstruir su economía al mismo tiempo que se ataba al sistema abanderado por Estados Unidos. Convertir Japón en un país vendedor de transistores fue clave para la estrategia estadounidense de la Guerra Fría.

La invención del transistor llegó con cuentagotas al Japón ocupado a través de la autoridad militar estadounidense que gobernaba el país. Por aquel entonces, Makoto Kikuchi era un joven físico del Laboratorio Electrotécnico, una institución pública de Tokio en la que trabajaban algunos de los científicos más capacitados del país. Un día, su jefe lo llamó a su despacho con una noticia fascinante: unos científicos norteamericanos habían conectado dos agujas de metal a un cristal y habían conseguido amplificar la corriente.[4] Kikuchi supo que se había descubierto un dispositivo extraordinario.

En una ciudad bombardeada hasta las cenizas, era fácil sentirse aislado de los físicos más reputados del mundo. Pero en el cuartel estadounidense de Tokio los científicos japoneses podían consultar revistas como *Bell System Technical Journal*, *Journal of Applied Physics* y *Physical Review*, que publicaban los artículos de Bardeen, Brattain y Shockley. Era imposible encontrar esas publicaciones en el Japón de posguerra. Kikuchi afirmó: «Hojeaba las revistas y cada vez que veía las palabras *semiconductor* o *transistor* me daba un vuelco el corazón».[5] Al cabo de unos años, en 1953, Kikuchi conoció a John Bardeen. Coincidieron porque Bardeen viajó a Tokio para un congreso de la Unión Internacional de Física Pura y Aplicada, durante un septiembre tórrido y húmedo. El científico fue recibido con todos los honores y se quedó de piedra al ver la cantidad de gente que esperaba para sacarle una foto: «Nunca he visto tantos flases en mi vida», le escribió a su esposa.[6]

El mismo año que Bardeen aterrizó en Tokio, Akio Morita salió del aeropuerto de Haneda rumbo a Nueva York. Morita era el heredero de decimoquinta generación de una de las fábricas de sake más ilustres del país, y en su familia habían soñado siempre con que tomara las riendas del negocio. Su padre había querido que su hijo fuera el decimosexto Morita en dirigir la empresa, pero la vocación del muchacho por la electrónica y su licenciatura en Física apuntaban en otra dirección. Durante la guerra, es posible que sus conocimientos en física le salvaran la vida, pues fue enviado a un laboratorio de investigación en vez de al frente.

En el Japón de posguerra, el título de físico también le vino de perlas. En abril de 1946, cuando el país seguía en la miseria, Morita se asoció con un antiguo compañero llamado Masaru Ibuka para abrir una compañía de electrónica que enseguida bautizaron como Sony, del latín *sonus* ('sonido') y el término coloquial estadounidense *sonny* ('chaval'). Su primer producto fue una arrocera eléctrica y fue un chasco, pero su grabadora funcionó bien y se vendió mejor. En 1948, Morita leyó un artículo sobre el nuevo transistor de Bell Labs e intuyó su potencial en el acto. Según él, era un «milagro»[7] poder soñar con revolucionar los dispositivos de gran consumo.

Al llegar a Estados Unidos en 1953, Morita se quedó de una pieza al ver las tremendas distancias que había, los espacios abiertos y el extraordinario poder adquisitivo, sobre todo en comparación con la escasez que reinaba en la Tokio de posguerra. «Parece que este país tiene de todo», pensó Morita.[8] En Nueva York se reunió con ejecutivos de AT&T, que aceptaron concederle la licencia para producir transistores. Le dijeron que no esperara poder fabricar nada mejor que un audífono.

Morita sabía una cosa que Charles de Gaulle no: la electrónica era el futuro de la economía mundial y los transistores, que pronto iban a incrustarse en chips de silicio, conducirían al nacimiento de dispositivos inimaginables. Morita se dio cuenta de que los transistores eran más pequeños y consumían menos energía, así que reunían los requisitos para transformar la electrónica de gran consumo. Ibuka y él decidieron apostar el futuro de su empresa a la venta de esos dispositivos, y no solo en Japón, sino también en el mercado de consumo más rico del planeta: Estados Unidos.

El Gobierno japonés mostró su apoyo a la alta tecnología mandando al príncipe heredero a visitar un laboratorio de investigación radiofónica el mismo año que Morita fue a Bell Labs. El poderoso Ministerio de Comercio Internacional e Industria también quiso respaldar a las compañías de electrónica, pero su influencia fue ambivalente. El engranaje burocrático retrasó varios meses la solicitud de Sony de hacerse con la licencia del transistor de Bell Labs, alegando que era un «escándalo imperdonable»[9] que la empresa hubiera firmado un contrato con una firma extranjera sin el visto bueno del ministerio.

Sony tenía la ventaja de que los salarios en Japón eran más bajos, pero su modelo radicaba en última instancia en la innovación, el diseño de productos y el *marketing*. La estrategia de Morita de elegir la licencia no podía ser más distinta de la táctica soviética del calco. Muchos sellos japoneses eran conocidos por su implacable eficiencia productiva. Sony tenía un gran talento para identificar nuevos mercados y abarrotarlos de productos increíbles con la tecnología de circuitos más novedosa de Silicon Valley. Como decía Morita: «Nuestro plan es llevar la voz cantante ofreciendo a la gente nuevos productos, y no preguntándoles qué clase de productos desean. La gente no sabe qué posibilidades hay; nosotros sí».[10]

El primer superventas de Sony fue el radiorreceptor, como el que el primer ministro Ikeda regaló a De Gaulle. Unos años antes, TI había intentado vender radiorreceptores, pero, pese a tener la tecnología necesaria, había errado con su estrategia de precios y de *marketing* y había desechado el producto enseguida.[11] Morita vio una oportunidad y, en un visto y no visto, ya estaba fabricando miles y miles de dispositivos.

Con todo, los fabricantes como Fairchild seguían dominando la producción de circuitos integrados de última generación, usados, por ejemplo, en computadoras centrales de empresa. Durante los sesenta, las compañías japonesas pagaron sumas considerables por el derecho a usar propiedad intelectual estadounidense: a Fairchild le abonaban un 4,5 por ciento por cada chip vendido; a TI, un 3,5 por ciento; y a Western Electric, un 2 por ciento.[12] Los fabricantes norteamericanos estaban encantados de ceder su tecnología, porque las firmas japonesas parecían ir años por detrás.

La especialidad de Sony no era diseñar chips, sino idear productos para el gran consumo y personalizar la electrónica según sus necesidades. Las calculadoras fueron otro dispositivo de consumo transformado por las empresas japonesas. El presidente de TI Pat Haggerty había ordenado a Jack Kilby que creara una calculadora portátil con semiconductores en 1967. Pero en *marketing* no pensaron que una calculadora barata y portátil tuviera mercado, así que el proyecto se archivó. La japonesa Sharp Electronics opinó distinto y colocó chips producidos en California en una calculadora muchísimo más simple y barata de lo que nadie hubiera imaginado. Debido al éxito de Sharp, la mayoría de las calculadoras de los setenta fueron producidas por empresas japonesas. Más adelante, Haggerty se lamentó y dijo que, si TI hubiera encontrado antes una vía para comercializar productos con su propia marca, la empresa «podría haber sido la Sony de la electrónica de consumo».[13] Pero replicar la innovación de productos y el talento para el *marketing* de Sony resultó ser una misión tan imposible como replicar el conocimiento estadounidense en semiconductores.

La simbiosis surgida entre Estados Unidos y Japón necesitó de un delicado ejercicio de equilibrio. Cada país confiaba en el otro para obtener productos y clientes. En 1964, Japón había superado a EE. UU. en la producción de transistores sueltos, mientras que las empresas estadounidenses producían los chips más avanzados. Estas últimas creaban los mejores ordenadores mientras los fabricantes de electrónica como Sony y Sharp producían bienes de consumo que alimentaban la compra de semiconductores. En 1965, las exportaciones japonesas de productos electrónicos, compuestos por semiconductores y productos fabricados con ellos, sumaban 600 millones de dólares; un par de décadas después, esa cifra había subido hasta los 60.000 millones.[14]

Esta dependencia mutua no siempre fue fluida. En 1959, la Electronic Industries Association pidió ayuda al Gobierno para evitar que las importaciones japonesas pusieran en riesgo la seguridad nacional, también conocida como «sus ingresos».[15] Pero permitir a Japón desarrollar una industria de la electrónica fue parte de la estrategia durante la Guerra Fría, así que en los sesenta Washington no insistió mucho a Tokio con este tema. Más bien al contrario... Ciertas publicaciones como la revista *Electronics*, que teóricamente tendrían que haberse posicionado del lado de las empresas estadounidenses, manifestaron: «Japón es una piedra angular de nuestra política en el Pacífico. [...] Si no es capaz de entablar una relación comercial sana con el hemisferio occidental y con Europa, buscará sostén económico en otra parte»,[16] como la China comunista o la Unión Soviética. La estrategia de EE. UU. pasaba por dejar que Japón adquiriera tecnología y creara empresas vanguardistas. El presidente Richard Nixon llegó a señalar que «un pueblo con su historia no va a conformarse con fabricar radiorreceptores».[17] Había que abrirles la puerta, cuando no animarlos, a desarrollar tecnología más avanzada.

Los ejecutivos japoneses tenían las mismas ganas de que esa simbiosis cuajara. Cuando TI quiso ser el primer fabricante de chips extranjero en abrir una fábrica en Japón, la empresa se enfrentaba a un sinfín de escollos legislativos. Pero Morita, que era amigo de Haggerty, se ofreció a echar una mano a cambio de un porcentaje de los beneficios. Les dijo a los ejecutivos de TI que fueran a Tokio de incógnito, que facturaran en el hotel con nombres falsos y que no salieran para nada de la habitación. Morita fue al hotel en secreto y les propuso una entente: TI produciría los chips en Japón y Sony se ocuparía de los burócratas: «Nosotros os cubrimos las espaldas».[18] Los texanos pensaron que Sony estaba «saliéndose del redil», en sentido positivo.

Con la ayuda de Morita y tras muchas gestiones y bolsitas de té, la burocracia japonesa al fin concedió los permisos a TI para abrir una planta de semiconductores en el país. Fue otro golpe sobre la mesa de Morita, que le ayudó a convertirse en uno de los empresarios japoneses más ilustres a ambos lados del Pacífico. Para los estrategas de Washington a cargo de la política exterior, el mayor número de lazos comerciales e inversiones entre ambos países ligaba aún más a Tokio a Occidente. También fue una victoria para los líderes japoneses, entre ellos el primer ministro Ikeda, que logró su meta de doblar los ingresos nacionales dos años antes de lo previsto.[19] Gracias a emprendedores intrépidos del sector de la electrónica, Japón se ganó un nuevo asiento en la escena internacional. Ser vendedor de transistores te procuraba mucha más influencia de la que Charles de Gaulle hubiera podido imaginar jamás.

10

Las chicas del transistor

En la portada de *The Transistor Girls* [Las chicas del transistor], una novelucha australiana de 1964, se leía: «Su indumentaria era occidental, pero sus artes en el amor descendían de los antiguos placeres de Oriente».[1] El libro era una mezcolanza de gánsteres chinos, intrigas de cariz internacional y operarias de una cadena de montaje que «complementaban su sueldo con actividades nocturnas extracurriculares». La imagen en la cubierta de *The Transistor Girls* era la de una chica japonesa ligera de ropa, con la silueta de una pagoda al fondo. En la contracubierta aparecía una mujer entre otros símbolos orientales, pero con menos ropa aún.

Los primeros semiconductores fueron diseñados sobre todo por hombres, pero fueron las mujeres quienes los montaron. La ley de Moore predecía que el coste de la computación estaba a punto de desplomarse, pero para hacer realidad esa visión no solo había que reducir el tamaño de los transistores. También hacía falta más mano de obra, y más barata, a fin de producir los chips.

Muchos empleados de Fairchild Semiconductor se incorporaron a la empresa buscando hacer fortuna o debido a su pasión por la ingeniería. Charlie Sporck llegó a Fairchild tras salir por piernas de su anterior trabajo. Era un neoyorquino amante de los puros y obsesionado con la eficiencia.[2] En un sector lleno de científicos brillantes y visionarios de la tecnología, la habilidad de Sporck era exprimir la productividad de trabajadores y máquinas por igual. Fue solo gracias a gerentes como él que el coste de los ordenadores cayó al ritmo predicho por Gordon Moore.

Sporck estudió una ingeniería en Cornell antes de incorporarse a GE a mediados de los cincuenta, en la fábrica que esa empresa tenía en Hudson Falls, Nueva York. Allí le encomendaron mejorar la fabricación de condensadores y él propuso cambiar el proceso de la cadena de montaje. Pensaba que su nueva técnica incrementaría la productividad, pero el sindicato de la cadena de montaje de GE lo veía como una amenaza a su control sobre el proceso productivo. Los trabajadores se pusieron en pie de guerra, organizaron una manifestación contra Sporck y quemaron un retrato suyo. La dirección de la fábrica se apocó y prometió al sindicato que nunca iba a aplicar los cambios de Sporck.

«Al diablo»,[3] pensó él. Esa noche, al llegar a casa, se puso a buscar otro trabajo. En agosto de 1959, vio un anuncio en *The Wall Street Journal* para un puesto de jefe de producción en una pequeña empresa llamada Fairchild Semiconductor. Mandó una solicitud y, al cabo de poco, lo convocaron a Nueva York para una entrevista en un hotel de la avenida Lexington. Los dos empleados de Fairchild que lo entrevistaron acababan de darse un festín y estaban borrachos, y le ofrecieron el puesto de inmediato. Fue uno de los mejores fichajes de Fairchild. Sporck nunca había salido de Ohio, pero aceptó sin pensárselo y se presentó en Mountain View poco tiempo después.

Sporck recuerda llegar a California y descubrir, desconcertado, que la empresa «era casi lega en gestión laboral y sindical. Yo aporté esa competencia». Muchas compañías no habrían tachado de competente una estrategia patronal que culminara en la quema de fotografías de los directivos. Pero en Silicon Valley los sindicatos tenían poca fuerza y Sporck estaba decidido a que siguiera siendo así. Según Sporck, tanto él como sus colegas de Fairchild se oponían firmemente al sindicalismo. Él era un ingeniero práctico y pragmático, no la típica efigie de la represión antisindical. Su oficina era tan austera que la comparaban con un barracón militar. Estaba orgulloso de dar a la mayoría de sus empleados opciones para adquirir acciones, algo casi inaudito en las viejas empresas de electrónica de la Costa Este. Eso sí, a cambio exigía implacablemente a esos trabajadores que se comprometieran a maximizar su productividad.[4]

A diferencia de las compañías de electrónica de la Costa Este, cuyo capital humano solía estar compuesto mayormente por hombres, gran parte de las nuevas empresas de chips del sur de San Francisco tenían a mujeres en sus cadenas de montaje.[5] Ellas llevaban décadas trabajando en las líneas de producción del valle de Santa Clara, primero en las conserveras de fruta que impulsaron la economía californiana durante los veinte y los treinta, y luego en la industria aeroespacial durante la Segunda Guerra Mundial. En 1965, el Congreso decidió suavizar las leyes de inmigración y muchas mujeres de otros países se incorporaron al mercado laboral del valle.

Las empresas contrataban a mujeres porque podían pagarles menos y porque no eran tan propensas a exigir mejores condiciones laborales. Los jefes de producción también pensaban que tenían las manos más pequeñas, así que tenía que dárseles mejor el montaje y el testeo de los semiconductores terminados. En los sesenta, para pegar un chip de silicio a una pieza de plástico, primero había que mirar por un microscopio para colocar bien el silicio. Luego, el operario mantenía juntas las piezas y una máquina aplicaba calor, presión y vibración ultrasónica para enganchar el material a la base. Entonces se añadían los alambres de oro, también a mano, para permitir la entrada y salida de la electricidad. Por último, había que probar el chip conectándolo a un contador, otro paso que en ese momento solo podía hacerse a mano.[6] A medida que la demanda de productos fue creciendo, también se disparó la demanda de mano de obra capaz de montarlos.

En toda California, los ejecutivos del sector eran incapaces de hallar mano de obra barata suficiente. Fairchild cruzó todo Estados Unidos y acabó abriendo una planta en Maine, donde los trabajadores «odiaban los sindicatos», según Sporck, y otra en una reserva navaja de Nuevo México que proporcionaba beneficios fiscales. Pero incluso en las zonas más empobrecidas de Estados Unidos, los costes de la mano de obra eran considerables. Bob Noyce había invertido su propio dinero en una fábrica de ensamblaje de radios de Hong Kong, la colonia británica adyacente a la China comunista de Mao. Los salarios allí eran diez veces inferiores a los que se pagaban en Estados Unidos: unos veinticinco centavos por hora. Noyce propuso a Sporck ir a echar un vistazo y este se embarcó enseguida en un avión rumbo a Hong Kong.[7]

En Fairchild había recelos. «Los rojos están a las puertas —avisó alguien, mirando detenidamente a los miles de soldados del Ejército Popular de Liberación apostados en la frontera norte de Hong Kong—: Os pasarán por encima.» Pero la fábrica de radios en la que había invertido Noyce era un presagio de la oportunidad que se les presentaba. «La mano de obra china, las chicas que trabajan ahí, superaban todo lo imaginable», comentó uno de los compañeros de trabajo de Sporck. El personal de montaje hongkonés parecía el doble de rápido que el norteamericano y más «presto a tolerar la monotonía»,[8] indicó un ejecutivo.

Fairchild alquiló naves a una fábrica de sandalias de la calle Hang Yip, junto al viejo aeropuerto y en la mismísima bahía de Kowloon. Pronto apareció un enorme logotipo de Fairchild de varios pisos de altura sobre el edificio, iluminando los barquitos de madera que navegaban por el puerto de Hong Kong. Fairchild siguió fabricando sus obleas de silicio en California, pero empezó a mandar semiconductores a Hong

Kong para el montaje final. El primer año, 1963, la planta montó 120 millones de dispositivos de una calidad excelente. Gracias al bajo coste de la mano de obra, Fairchild pudo contratar ingenieros con experiencia para dirigir las líneas de producción, cosa que habría sido prohibitiva en California.[9]

Fairchild fue la primera empresa de semiconductores en deslocalizar el montaje a Asia, pero pronto siguieron sus pasos TI, Motorola y otras. En una década, casi todos los fabricantes de EE. UU. tenían plantas en el extranjero. Sporck empezó a mirar más allá de Hong Kong. Los sueldos de 25 centavos por hora eran diez veces inferiores a los que se pagaban en Estados Unidos, pero eran de los más altos de Asia. A mediados de los sesenta, los taiwaneses cobraban 19 centavos por hora; los malasios, 15; los singapurenses, 11; y los surcoreanos, solo 10.[10]

La siguiente parada de Sporck fue Singapur, una ciudad-Estado de mayoría étnica china cuyo líder, Lee Kuan Yew, había «prácticamente prohibido»[11] los sindicatos, como recuerda un veterano empleado de Fairchild. Poco después se abrió otra planta en Malasia, en Penang. La industria de los semiconductores se estaba globalizando décadas antes de que se oyera mencionar siquiera esa palabra, sentando las bases para las cadenas de suministro con origen en Asia que hoy conocemos.

Los ejecutivos como Sporck no apostaron adrede por la globalización. Si hubiera costado lo mismo, habrían seguido abriendo fábricas en Maine o California. Pero en Asia había millones de campesinos que buscaban trabajo en fábricas, de modo que los salarios eran bajos e iban a seguir siéndolo durante un tiempo. Para los estrategas de Washington, los trabajadores de etnia china de ciudades como Hong Kong, Singapur y Penang parecían el caldo de cultivo perfecto para la subversión comunista incitada por Mao Tse-tung. Para Sporck, eran el sueño capitalista: «En Silicon Valley tuvimos problemas con los sindicatos; en Oriente nunca tuvimos ninguno».[12]

11

Ataque de precisión

A principios de los setenta, a medio camino entre las plantas de semiconductores de Singapur y de Hong Kong, algunos empleados de TI acercaban la cabeza a la ventanilla del avión y miraban abajo, a las bocanadas de humo que se alzaban de los campos de batalla en las costas de Vietnam.[1] El personal de TI esparcido por Asia tenía la mente puesta en la fabricación de chips, no en la guerra. Pero muchos de sus compañeros en Texas no pensaban en otra cosa. El primer gran contrato de TI para proporcionar circuitos integrados había sido para misiles nucleares enormes como el Minuteman II, pero la guerra de Vietnam necesitaba otro tipo de armas. Durante las primeras campañas de bombardeos, como la operación Rolling Thunder, que se prolongó de 1965 a 1968, se arrojaron más de 800.000 toneladas de bombas, más de las que se lanzaron en el llamado teatro de la guerra del Pacífico a lo largo de toda la Segunda Guerra Mundial.[2] Pero toda esa potencia de fuego apenas hizo cosquillas al Ejército norvietnamita, ya que la mayoría de las bombas no llegaban a su objetivo.

La Fuerza Aérea sabía que tenía que ser más inteligente. El Ejército había probado varias técnicas para guiar misiles y proyectiles, desde el control remoto hasta el infrarrojo. Algunas armas resultaron ser útiles, como el misil Shrike, que se arrojaba desde un avión contra instalaciones de radar enemigas y que contaba con un sistema de navegación simple que dirigía el misil hacia la fuente de las ondas de radio. Pero había muchos sistemas de navegación que casi nunca funcionaban. Un estudio del Departamento de Defensa de 1985 concluyó que solo en cuatro ocasiones los misiles aire-aire pudieron abatir una nave enemiga fuera del campo visual.[3] Con limitaciones de ese calibre, era imposible que las bombas inteligentes decidieran jamás el devenir de una guerra.

La conclusión del Ejército fue que el problema de muchas de esas bombas fueron las válvulas de vacío. Los misiles antiaéreos Sparrow III que usaron los cazas estadounidenses en el espacio aéreo de Vietnam iban equipados con válvulas soldadas a mano. El clima húmedo del sudeste asiático, la tensión soportada durante el despegue y el aterrizaje y el desgaste por los combates provocaban averías frecuentes. El sistema de radar del misil Sparrow se estropeaba, de media, cada cinco o diez horas de uso. Según un estudio realizado tras la guerra, solo un 9,2 por ciento de los Sparrow lanzados en Vietnam dieron en su objetivo, dos tercios sufrieron una avería y el resto fallaron directamente.[4]

Pero el principal desafío al que se enfrentaban las fuerzas armadas en Vietnam eran los objetivos terrestres. Como indican los datos de la Fuerza Aérea, al comienzo de la contienda las bombas caían a unos 130 metros de su objetivo.[5] Así era casi imposible atacar a un vehículo con bombas. Weldon Word, un ingeniero de proyectos de TI de treinta y cuatro años, quería cambiar las cosas. Word tenía unos penetrantes ojos azules y una voz fuerte e hipnótica, y era el más indicado para concebir el futuro de las guerras. Acababa de concluir su año de servicio a bordo de un buque de la Armada, durante el cual estuvo recabando datos para un nuevo sónar desarrollado por TI. Fue una misión cansina y monótona, pero que puso de relieve la cantidad de datos que podían recoger los sistemas armamentísticos con los sensores e instrumentos adecuados. A mediados de los sesenta, Word ya estaba pensando en cómo aplicar la microelectrónica a los ataques para transformarlos. Los satélites y aviones incorporarían sensores que fijarían objetivos, los analizarían y guiarían los misiles hasta ellos, antes de confirmar su eliminación. Sonaba a ciencia ficción, pero TI ya producía los componentes necesarios en sus laboratorios.[6]

Los misiles balísticos intercontinentales para los que TI había fabricado chips planteaban un reto de navegación relativamente sencillo. Se lanzaban desde una posición fija en tierra, no desde un avión que volaba a cientos de kilómetros por hora mientras maniobraba para esquivar el fuego enemigo. Y los objetivos de esos misiles tampoco se movían. Incluso fenómenos atmosféricos como el viento afectaban muy poco, dado que los proyectiles se dejaban caer desde el espacio exterior a varias veces la velocidad del sonido. Sus ojivas eran tan grandes que, aunque se errara por un poquito, la devastación sería inmensa. Era mucho más fácil atacar Moscú desde Montana que acertar a un camión con una bomba arrojada desde un F-4 a 600 metros de altura.

Era un gran desafío, pero Word sabía que las mejores armas eran las «baratas y comunes»,[7] como explicó uno de sus compañeros. Así se aseguraba poder usarlas a menudo en el entrenamiento y en el campo de batalla. El diseño de la microelectrónica tenía que ser lo menos complejo posible. Cada conexión que había que soldar reducía la fiabilidad. Cuanto más simple fuera la electrónica, más fiable y eficiente sería el sistema.

Muchos contratistas de defensa intentaban vender costosos misiles al Pentágono, pero Word pidió a su equipo que fabricara armas tan baratas como un coche familiar normal.[8] Él buscaba un dispositivo simple y fácil de usar, que pudiera aplicarse enseguida a cualquier tipo de avión, que sirviera para todas las ramas militares y que los aliados de EE. UU. también pudieran adoptar rápidamente.

En junio de 1965, Word voló hasta la Base de la Fuerza Aérea Eglin de Florida, donde se vio con el coronel Joe Davis, el oficial al mando del programa para adquirir nuevo equipamiento para Vietnam. Davis aprendió a volar a los quince años y luego ingresó en el Ejército, para el cual pilotó cazas y bombarderos durante la Segunda Guerra Mundial y la guerra de Corea. Después comandó unidades de la Fuerza Aérea en Europa y el Pacífico. Sabía mejor que nadie qué clase de armas convenían para las misiones con cazas. Cuando Word llegó a su despacho, Davis abrió un cajón del escritorio y sacó una foto del puente de Thanh Hóa, una estructura metálica de 160 metros suspendida sobre el río Song Ma del norte de Vietnam. Había un montón de artillería antiaérea alrededor y Word y Davis contaron 800 hoyos en las cercanías del puente, todos ellos causados por bombas o cohetes norteamericanos que erraron en su objetivo. Docenas de bombas, o quizás cientos, habían acabado en el río y no habían dejado marca. Eso sí, el puente seguía incólume. Davis preguntó si TI podía hacer algo.[9]

Word pensó que TI podía hacer más precisas las bombas de la Fuerza Aérea con sus conocimientos en electrónica de semiconductores. La empresa no sabía nada sobre el diseño de bombas, así que Word comenzó con una bomba estándar: una M-117 de 340 kilos, de las que ya se habían arrojado en balde 638 sobre el puente de Thanh Hóa.[10] Añadió una serie de aletas para dirigir el vuelo de la bomba durante su caída libre y, por último, instaló un sistema de navegación simple con láser para controlar las aletas. Luego cogió una pequeña oblea de silicio, la dividió en cuatro cuadrantes y la colocó tras una lente. El láser daría en el objetivo y su reflejo atravesaría la lente hasta el silicio. Si la bomba se desviaba de su rumbo, un cuadrante recibiría más energía del láser que los demás y el circuito movería las aletas para corregir la trayectoria, procurando que el láser siempre estuviera fijo en la lente.

El coronel Davis concedió nueve meses y 99.000 dólares a TI para fabricar esa bomba guiada por láser, que gracias a su simple diseño pasó rápidamente los test de la Fuerza Aérea. El 13 de mayo de 1972, la aviación estadounidense lanzó 24 bombas sobre el puente, que hasta entonces había seguido en pie en medio de cientos de cráteres, como un monumento a la imprecisión de las tácticas de bombardeo de mediados de siglo. Esta vez, las bombas dieron en el blanco. Las nuevas armas de precisión impactaron contra docenas de puentes, nudos ferroviarios y otros puntos estratégicos. Con un mero sensor láser y un par de transistores, se había convertido en una herramienta precisa de destrucción un arma que, hasta entonces, no había acertado ni una vez en 638 lanzamientos.[11]

Al final, la guerra de guerrillas en el Vietnam profundo no pudo ganarse con bombardeos. La aparición de las bombas Paveway de TI coincidió con la derrota estadounidense. Cuando algunos líderes militares, como el general William Westmoreland, predijeron «zonas de combate controladas en tiempo real, o casi real», así como «el control automatizado de los disparos»,[12] mucha gente creyó detectar un deje de la misma arrogancia que había arrastrado a Estados Unidos a la guerra. Más allá de un puñado de teóricos militares e ingenieros eléctricos, casi nadie se dio cuenta de que Vietnam había sido una zona de pruebas perfecta para unas armas que enlazaban la microelectrónica y los explosivos de un modo que revolucionaría el arte de la guerra y transformaría el poder militar estadounidense.

12

La mano visible en la cadena de suministro

El ejecutivo de TI Mark Shepherd sirvió con la Armada en Asia durante la Segunda Guerra Mundial. Aun así, Morris Chang solía bromear con que su conocimiento de la región no pasaba de «los bares y las bailarinas».[1] Hijo de un policía de Dallas, Shepherd montó su primera válvula de vacío a los seis años[2] y desempeñó un papel crucial en la creación del negocio de semiconductores de TI, supervisando la división en la que trabajaba Jack Kilby cuando inventó el circuito integrado. Era ancho de espaldas y solía vestir camisas almidonadas, llevaba el pelo repeinado hacia atrás y sonreía anquilosadamente. Por fuera parecía justo el coloso de los negocios texanos que era. Y estaba dispuesto a abanderar la estrategia de TI de deslocalizar parte de su producción a Asia.

Chang y Shepherd visitaron por primera vez Taiwán en 1968, durante su gira por Asia en busca de una ubicación para una nueva planta de montaje de chips. Aquello acabó como el rosario de la aurora. Shepherd se enfadó porque le sirvieron un filete con salsa de soja, no como lo solían cocinar en Texas, y su primer encuentro con el poderoso y experto ministro de Economía de Taiwán, K. T. Li, terminó a gritos cuando el ministro afirmó que la propiedad intelectual era lo que usaban los imperialistas «para aprovecharse de los países subdesarrollados».[3]

Li no se equivocaba: Shepherd era un representante del imperio estadounidense. Pero a diferencia de los norvietnamitas, que estaban intentando expulsar a los occidentales de su país, Li terminó llegando a la conclusión de que Taiwán saldría ganando si estrechaba lazos con Estados Unidos. Ambos países habían firmado un tratado de alianza en 1955, pero las promesas de seguridad estadounidenses parecían difuminarse con la derrota en Vietnam. Desde Corea del Sur hasta Taiwán, Malasia o Singapur, los Gobiernos anticomunistas buscaban garantías de que no los dejarían en la estacada pese a retirarse de Vietnam. También querían atraer trabajo e inversión para compensar la insatisfacción económica que empujaba a parte de su población al comunismo. El ministro Li sabía que TI podía ayudar a Taiwán a matar dos pájaros de un tiro.

En Washington temían que la inminente caída de Vietnam del Sur, país apoyado por Estados Unidos, creara un efecto dominó en toda Asia. Según los responsables de estrategia exterior, las comunidades de etnia china de la región eran terreno abonado para el comunismo y podían caer una por una bajo su embrujo. La minoría china de Malasia, por ejemplo, conformaba el grueso del Partido Comunista. Y la clase trabajadora de Singapur, con los nervios siempre a flor de piel, era mayoritariamente de etnia china. Pekín necesitaba aliados y sondeaba a EE. UU. para ver si encontraba alguna debilidad.

Nadie acusó más la victoria comunista en Vietnam que el Gobierno de Taiwán, que seguía reivindicando su jurisdicción sobre toda China. Los sesenta habían sido buenos años para la economía taiwanesa, pero desastrosos para su política exterior. El dictador de la isla, Chiang Kai-shek, aún soñaba con reconquistar el país perdido. Sin embargo, el equilibrio de fuerzas había cambiado decisivamente en su contra. En 1964, Pekín probó su primera arma atómica y, al cabo de poco, probó un arma termonuclear. Si China tenía arsenal nuclear, Taiwán necesitaba más que nunca las garantías de protección de Estados Unidos. Pero la interminable guerra de Vietnam obligó a recortar las ayudas económicas para los aliados asiáticos, incluido Taiwán.[4] Fue una noticia pésima para un país tan dependiente del apoyo estadounidense.

K. T. Li había estudiado física nuclear en Cambridge. Había dirigido una acería y luego había liderado el desarrollo económico taiwanés durante las décadas de posguerra. Varios representantes como él empezaron a tramar un plan para ligar su economía a Estados Unidos, y los semiconductores fueron su piedra angular.[5] Li sabía que había muchos ingenieros taiwaneses-estadounidenses dispuestos a echar una mano. En Dallas, Morris Chang instó a TI a abrir una planta en Taiwán. Mucha gente asegura que Chang, nacido en la China continental, regresó a Taiwán, pero lo cierto es que 1968 fue el primer año en que fue a la isla. Desde que los comunistas se apoderaron de China, había vivido siempre en Estados Unidos. Aun así, dos de sus codoctorandos en Stanford eran de Taiwán y le convencieron de que el país era un buen lugar para las empresas y los salarios no subirían.[6]

Si el ministro Li empezó acusando a Mark Shepherd de imperialista, cambió de tono enseguida. Se dio cuenta de que su relación con TI podía transformar la economía de su país, creando una industria y aportando conocimiento tecnológico. Además, el montaje de electrónica atraería otras inversiones y ayudaría a Taiwán a producir más bienes de gran valor. Los estadounidenses empezaban a ser escépticos con sus campañas militares en Asia, así que Taiwán tenía que diversificar urgentemente sus nexos con el país occidental. EE. UU. podía no tener interés en defender Taiwán, pero igual sí lo tenía en defender TI. Cuantas más plantas de semiconductores hubiera en el país y más lazos económicos existieran con Estados Unidos, más seguro se sentiría Taiwán. En julio de 1968, una vez normalizadas las relaciones con el Gobierno taiwanés, el consejo de TI dio luz verde a la construcción de una nueva planta. En agosto de 1969, empezaron a ensamblarse los primeros dispositivos y en 1980 ya se habían enviado 1.000 millones de unidades.[7]

Taiwán no fue el único país en pensar que las cadenas de suministro de semiconductores podían aportar crecimiento económico y estabilidad política. En 1973, el líder singapurense Lee Kuan Yew confesó al presidente Nixon que contaba con que las exportaciones contrarrestaran las tasas de desempleo.[8] Con el apoyo del Gobierno local, TI y National Semiconductors abrieron plantas de montaje en la ciudad-Estado. Y muchos fabricantes siguieron sus pasos. A finales de los setenta, las empresas de semiconductores norteamericanas daban trabajo a decenas de miles de personas fuera de Estados Unidos, sobre todo en Corea, Taiwán y otros países del sudeste asiático.[9] Nació una nueva alianza internacional entre los fabricantes texanos y californianos, los autócratas asiáticos y los operarios generalmente de etnia china que poblaban muchas de las fábricas de Asia.

Los semiconductores modificaron de arriba abajo la economía y la política de los aliados de EE. UU. en la región. Las ciudades, antaño terrenos abonados para el radicalismo político, cambiaron gracias a los diligentes obreros de las plantas de producción, que estaban encantados de trocar el desempleo o la agricultura de subsistencia por un trabajo mejor pagado en una fábrica.[10] A comienzos de los ochenta, la industria de la electrónica representaba el 7 por ciento del PIB de Singapur y una cuarta parte de sus trabajos de manufacturación. De la electrónica producida, el 60 por ciento eran dispositivos semiconductores y, del resto, buena parte eran productos que necesitaban semiconductores. En Hong Kong, la fabricación de electrónica creó más puestos de trabajo que cualquier otro sector, exceptuando el textil. En Malasia, la producción de semiconductores se disparó en Penang, Kuala Lumpur y Melaka, y las fábricas dieron trabajo a gran parte de ese 15 por ciento de trabajadores que abandonaron el campo y se trasladaron a las ciudades durante los setenta y los ochenta. Esas grandes migraciones suelen provocar disensiones políticas, pero Malasia logró mantener su baja tasa de desempleo con muchos trabajos relativamente bien pagados en el sector del ensamblaje de electrónica.

De Corea del Sur a Taiwán, pasando por Singapur y Filipinas, el mapa de plantas de montaje de semiconductores se asemejaba bastante a un mapa de bases militares estadounidenses en Asia. Incluso cuando EE. UU. acabó reconociendo su derrota en Vietnam y retiró sus efectivos de la región, esas cadenas de suministro transpacíficas siguieron vivas. A finales de los setenta, los aliados asiáticos no estaban cayendo en el comunismo como fichas de dominó, sino que estaban más vertebrados en la economía estadounidense.

En 1977, Mark Shepherd regresó a Taiwán y volvió a verse con K. T. Li casi una década después de su primer encuentro. El riesgo de la invasión china todavía se cernía sobre Taiwán, pero Shepherd hizo una promesa al ministro: «Pensamos que ese riesgo está perfectamente compensado por la fortaleza y el dinamismo de la economía taiwanesa. TI permanecerá y seguirá creciendo en Taiwán».[11] La empresa tiene aún plantas en la isla y Taiwán, por su parte, se ha erguido como un socio insustituible de Silicon Valley.

13

Los revolucionarios de Intel

En 1968 soplaban vientos de revolución. Desde Pekín hasta Berlín y Berkeley, los radicales e izquierdistas parecían decididos a tumbar el orden establecido. La ofensiva del Tet de Vietnam del Norte puso a prueba los límites de la fuerza militar estadounidense. Aun así, fue el *Palo Alto Times* el que se adelantó a todos los grandes periódicos al publicar en su página seis el que, viéndolo a toro pasado, fue el suceso más revolucionario del año: «Los fundadores de Fairchild se van y forman su propia empresa de electrónica».[1]

La rebelión de Bob Noyce y Gordon Moore no se pareció en nada a las protestas del este de la Bahía, donde los estudiantes de Berkeley y los Panteras Negras organizaban violentos altercados y soñaban con abolir el capitalismo. Noyce y Moore se cansaron de no poder adquirir acciones de Fairchild y de las intromisiones de la sede central en Nueva York. Su aspiración no era destruir el orden mundial, sino rehacerlo.

Noyce y Moore se marcharon de Fairchild tan deprisa como habían abandonado la empresa de Shockley una década antes. Lo hicieron para fundar Intel, acrónimo de «Integrated Electronics». Pensaban que pronto los transistores serían el producto más barato jamás producido y que el mundo los consumiría a billones. Los humanos sacarían un gran provecho de los semiconductores, aunque acabarían dependiendo de ellos por completo. Si bien el mundo giraba cada vez más en torno a Estados Unidos, la articulación interna del país estaba cambiando. La era industrial tocaba a su fin. La economía mundial iba a depender de la habilidad para grabar transistores en el silicio y las pequeñas ciudades californianas como Palo Alto y Mountain View iban camino de ser las nuevas capitales del poder internacional.

Dos años después de su fundación, Intel lanzó su primer producto: un chip llamado DRAM, siglas en inglés de «memoria dinámica de acceso aleatorio». Hasta los setenta, los ordenadores no solían recordar datos con chips de silicio, sino con un dispositivo llamado *núcleo magnético*, un conjunto de anillos metálicos conectados por una rejilla de cables. Cuando se magnetizaba un anillo, se almacenaba como un uno; si no, como un cero. La maraña de alambres que enlazaba los anillos encendía o apagaba el magnetismo y leía si un anillo concreto contenía un uno o un cero. Pero la demanda de memoria en forma de unos y ceros estaba en pleno apogeo y los cables y anillos solo podían reducir su tamaño hasta cierto punto. Si se hacían más pequeños, los montadores que los hilvanaban a mano no podrían producirlos. Es por eso que los núcleos magnéticos no podían responder al aumento de la demanda de memoria.[2]

En los sesenta, ingenieros como Robert Dennard, de IBM, empezaron a concebir circuitos integrados capaces de «recordar» mejor que esos diminutos anillos metálicos. Dennard tenía una media melena oscura que se dejaba larga por debajo de las orejas y en la que luego trazaba un ángulo recto paralelo al suelo, lo cual le daba un aire de genio excéntrico. Este ingeniero propuso enlazar un pequeño transistor con un condensador, un dispositivo de almacenamiento en miniatura cargado (1) o no cargado (0). Con el tiempo, los condensadores tienen fugas, así que el científico pensó en cargar varias veces el condensador a través del transistor. El chip se llamaría DRAM o memoria dinámica de acceso aleatorio; lo de dinámica era por las repetidas cargas. Esos chips constituyen la esencia de la memoria informática hasta la fecha.

Un chip de DRAM funcionaba igual que las viejas memorias de núcleo magnético, almacenando unos y ceros con la ayuda de corrientes eléctricas. Pero en vez de usar cables y anillos, la DRAM se imprimía en el silicio. No había que tejer los chips a mano, así que se averiaban menos y se podían fabricar chips más pequeños. Noyce y Moore consideraron que su nueva compañía, Intel, podía coger la idea de Dennard e implementarla sobre un chip mucho más denso que el núcleo magnético. Solo había que echar un vistazo rápido al gráfico de la ley de Moore para saber que, mientras Silicon Valley fuera capaz de seguir reduciendo el tamaño de los transistores, la DRAM arrasaría en el mercado de memorias.

Intel quería dominar el sector de los chips de DRAM. Los chips de memoria no necesitan ser especializados, así que dos chips con el mismo diseño se podían usar en muchos tipos de dispositivos. Eso permitía producirlos en grandes cantidades. El otro gran grupo de chips, los que se encargaban de «computar» en vez de «recordar», se diseñaban específicamente para cada dispositivo, porque cada problema de computación era diferente. Las calculadoras no funcionaban igual que los ordenadores de navegación de los misiles, por ejemplo. Así pues, hasta los sesenta se usaron diferentes clases de chips lógicos. Dado que esa especialización aumentaba el coste, Intel optó por priorizar los chips de memoria, cuya producción en serie generaría economía de escala.

Pero Bob Noyce sentía debilidad por los rompecabezas y los desafíos de ingeniería. Acababa de recaudar millones de dólares prometiendo que su nueva empresa fabricaría chips de memoria, pero al cabo de poco decidió añadir otra línea de productos. En 1969, una empresa de calculadoras japonesa llamada Busicom contactó con Noyce para pedirle que diseñara una intrincada circuitería para su última calculadora. La calculadora portátil era el iPhone de los setenta, un producto con la tecnología informática más avanzada gracias a la cual se reducía el precio y se metía un potente pedazo de plástico en el bolsillo de cada persona. Muchas compañías japonesas fabricaban calculadoras, pero solían externalizar a Silicon Valley el diseño y la fabricación de los chips.

Para satisfacer la demanda de Busicom, Noyce recurrió a Ted Hoff, un ingeniero de voz melosa que se había incorporado a la empresa tras abandonar el estudio académico de las redes neuronales. El grueso de Intel eran físicos o químicos que analizaban el paso de los electrones a través de los chips, pero Hoff había estudiado la arquitectura de computadoras y pensaba en los semiconductores desde el punto de vista de los sistemas que alimentaban.[3] Busicom necesitaba doce chips diferentes con 24.000 transistores y una distribución personalizada. A Hoff le pareció que le estaban pidiendo la luna, porque Intel era una empresa pequeña e imberbe.

Sopesando sus opciones, Hoff se dio cuenta de que la informática presentaba una dicotomía entre la personalización de *software* y de circuitos lógicos. Como los chips se fabricaban siempre a petición del cliente y se proporcionaban circuitos especializados para cada dispositivo, los clientes no le daban muchas vueltas al *software*. Pero Intel estaba progresando mucho con los chips de memoria y preveía que cada vez los iba a hacer más y más potentes. Por ende, los ordenadores no tardarían mucho en adquirir la memoria necesaria para albergar programas complejos. En opinión de Hoff, acabaría siendo más barato diseñar un chip lógico estandarizado que, combinado con una memoria potente programada con diferentes tipos de *software*, pudiera calcular muchas cosas. Al fin y al cabo, Hoff sabía que no había nadie que fabricara chips de memoria más potentes que Intel.[4]

Intel no fue la primera empresa que valoró la opción de producir un chip lógico generalizado. Antes, un contratista de defensa ya había creado un chip muy parecido al de Intel para el ordenador a bordo de los cazas F-14. Sin embargo, la existencia de ese chip fue un secreto hasta los noventa. Intel sacó un chip llamado 4004 y lo anunció como el primer microprocesador del mundo; literalmente, la campaña de publicidad lo describió como «un ordenador microprogramable en un chip». Se podía usar en muchos dispositivos y supuso un antes y un después para la informática.[5]

En 1972, Bob Noyce interrumpió el cincuenta aniversario de bodas de sus padres para sacar una oblea de silicio y proclamar a su familia: «Esto va a cambiar el mundo».[6] De repente, la lógica general podía producirse en masa. La informática estaba en la antesala de su propia revolución industrial e Intel poseía las cadenas de montaje más pioneras del mundo.

Quien mejor entendía la revolución social que supondría la producción en serie de procesadores era un catedrático del Caltech llamado Carver Mead. Con sus ojos penetrantes y su perilla, parecía más un filósofo de Berkeley que un ingeniero eléctrico. Mead se hizo amigo de Gordon Moore justo después de la fundación de Fairchild. Moore había entrado a las bravas en el despacho de Mead en el Caltech y le había entregado un calcetín lleno de transistores Raytheon 2N706 para sus clases de ingeniería eléctrica.[7] Poco después le contrató como asesor, y durante muchos años el visionario universitario estuvo yendo cada miércoles a la sede de Intel en Silicon Valley. Gordon Moore fue quien esbozó el aumento exponencial de la densidad de transistores en su ilustre artículo de 1965; Mead, el que acuñó el término «ley de Moore».

En 1972, Mead predijo que en los siguientes diez años todas las facetas de la sociedad se automatizarían en mayor o menor medida. Como los chips se estaban volviendo más baratos y comunes, él pensaba que acabaría apareciendo «un pequeño ordenador en lo más recóndito de nuestro teléfono, nuestra lavadora o nuestro coche»: «En los últimos 200 años hemos multiplicado por cien nuestra capacidad para fabricar bienes y transportar personas. Pero en los últimos 20 años, el ritmo al que procesamos y recopilamos información ha crecido entre uno y diez millones de veces». Se acercaba una explosión del procesamiento de datos: «Tendremos poder de computación para parar un tren».[8]

Mead profetizaba una revolución de profundas consecuencias sociales y políticas. En ese nuevo mundo, la influencia recaería en personas capaces de producir procesadores y manipularlos con programas. Los ingenieros de semiconductores de Silicon Valley poseían los conocimientos especializados, las redes y los títulos de bolsa necesarios para estipular las reglas del futuro, reglas que el resto de la humanidad tendría que seguir. La sociedad industrial estaba dando paso a un mundo digital en el que se almacenarían y procesarían unos y ceros en millones de obleas de silicio esparcidas por doquier. Llegaba la era de los magnates de la tecnología. Según dijo Carver Mead: «El destino de la sociedad penderá de un hilo. El catalizador es la tecnología microelectrónica y su capacidad para meter más y más componentes en cada vez menos espacio». Fuera del sector informático, casi nadie entendió que el mundo estaba cambiando, pero los dirigentes de Intel sabían una cosa: si lograban incrementar drásticamente la oferta de procesadores, la sociedad daría un auténtico vuelco. En 1973, Gordon Moore afirmó: «Los verdaderos revolucionarios del mundo somos nosotros, no los jovencitos de pelo largo y barba que hace unos años incendiaban los institutos y universidades».[9]

14

La estrategia de compensación del Pentágono

Nadie sacó más provecho de la revolución de Noyce y Moore que una de las instituciones más emblemáticas y garantes del viejo orden: el Pentágono. Al llegar a Washington en 1977, William Perry se sintió «como un chiquillo en una tienda de caramelos». Para un emprendedor de Silicon Valley, ser subsecretario de Defensa para la Investigación y el Desarrollo Tecnológico era el «mejor trabajo del mundo». Nadie tenía más dinero para comprar tecnología que el Pentágono. Y casi nadie de Washington estaba tan profundamente convencido como Perry de que los microprocesadores y los chips de memoria podían transformar todas las armas y los sistemas del Departamento de Defensa.

Si Bob Noyce y Gordon Moore estaban haciéndose de oro pasando del Gobierno y vendiendo chips para calculadoras de consumo y computadoras centrales, Perry conocía todos los entresijos del Pentágono. Era hijo de un panadero de Pensilvania y había iniciado su andadura científica en Silicon Valley trabajando para Sylvania Electronic Defense Laboratories, una división de la empresa que contrató a Morris Chang una vez salido del MIT. En California, Sylvania encomendó a Perry que diseñara electrónica de alto secreto para vigilar los lanzamientos de misiles soviéticos. En otoño de 1962 fue uno de los diez expertos convocados urgentemente a Washington para analizar las nuevas fotos sacadas por los aviones de espionaje U-2, que demostraban que había misiles soviéticos en Cuba. Pese a su juventud, Perry ya era considerado uno de los grandes expertos del país en materia militar.[1]

Aunque su labor en Sylvania lo catapultó a las altas esferas de la estructura de Defensa estadounidense, Perry seguía viviendo en Mountain View. Eso sí, para un ingeniero rodeado de empresas emergentes, la vetusta Sylvania empezaba a antojársele burocrática y aburrida. Su tecnología se estaba volviendo obsoleta. Tanto sus productos civiles como los militares incluían válvulas de vacío, y eso que los fabricantes del valle llevaban tiempo fabricando circuitos integrados en masa. Perry conocía de primera mano los avances en la electrónica de estado sólido. Cantaba en el mismo coro de madrigales que Bob Noyce en Palo Alto. Por lo cual, e intuyendo la revolución que se estaba fraguando, en 1963 se independizó y fundó su propia empresa de diseño de dispositivos de vigilancia para el Ejército. Los chips de procesamiento que necesitaba se los compraba a su compañero del coro, el director general de Intel.[2]

Más tarde, Perry evocaría el clima que se respiraba en el soleado Silicon Valley, donde «todo era nuevo y posible». Pero, nada más llegar al Pentágono en 1977, el mundo le pareció un lugar mucho más funesto. Estados Unidos acababa de perder la guerra de Vietnam, y lo peor era que la Unión Soviética había recuperado casi toda la ventaja militar, según advertían analistas del Pentágono como Andrew Marshall. Marshall era de Detroit; un hombre bajito, calvo y de nariz aguileña que observaba el mundo con mirada inescrutable y unas gafas peculiares. Durante la Segunda Guerra Mundial había trabajado en una fábrica de máquinas herramienta y luego se había convertido en uno de los consejeros políticos más influyentes de la segunda mitad de siglo.[3] Marshall fue contratado en 1973 para fundar la ONA del Pentágono, una oficina encargada de valorar y prever el futuro de la guerra.

La triste conclusión a la que llegó Marshall fue que Estados Unidos había dilapidado su ventaja tras una década peleando sin sentido en el sudeste asiático. Marshall estaba decidido a recuperarla. El caso Sputnik y la crisis de los misiles de Cuba fueron mazazos para Washington, pero, además, a principios de los setenta los soviéticos ya habían fabricado suficientes misiles balísticos intercontinentales para cerciorarse de que bastantes armas atómicas sobrevivían a un hipotético ataque nuclear estadounidense y permitían responder con una cortina de fuego devastadora. Y lo más inquietante era que el Ejército soviético tenía muchos más tanques y aviones que ya estaban desplegados en posibles campos de batalla en Europa. En Estados Unidos había presiones para recortar el gasto militar y, hablando en plata, el país no podía seguir el ritmo de la Guerra Fría.

Los estrategas como Marshall sabían que la única respuesta a la ventaja numérica de los soviéticos era producir armas de mejor calidad. Pero ¿cómo? En 1972, Marshall ya dejó por escrito que su país tenía que sacar provecho de su «sustancial y sólida ventaja»[4] informática: «Una buena estrategia sería consolidar esa ventaja y cambiar las leyes de la guerra para sacarle partido». Pensaba en «una recopilación rápida de información», «un mando y control sofisticado» y «navegación terminal» para los misiles; imaginaba munición capaz de alcanzar objetivos con una precisión casi perfecta. Si el futuro de la guerra acababa derivando en un pulso de precisión, Marshall creía que los soviéticos morderían el polvo.

Perry sabía que la visión de Marshall sobre el futuro de la guerra sería posible muy pronto gracias a la miniaturización de los transistores. Estaba muy al tanto de la innovación en Silicon Valley, pues había usado chips de Intel en los dispositivos de su empresa. Buena parte del armamento usado en la guerra de Vietnam aún funcionaba con válvulas de vacío, pero los chips de las últimas calculadoras portátiles del mercado tenían un poder de computación inmensamente superior al de un viejo misil Sparrow III. Según Perry, si se incorporaban esos chips a los misiles, la fuerza militar estadounidense dejaría en evidencia a la soviética.

Los misiles guiados no solo compensarían la ventaja cuantitativa de la URSS; también forzarían a los soviéticos a responder con un programa desorbitadamente caro. Perry calculaba que Moscú necesitaría de cinco a diez años y entre 30.000 y 50.000 millones de dólares para desarrollar el escudo contra los 3.000 misiles de crucero norteamericanos que el Pentágono pensaba desplegar.[5] E incluso en ese caso, si todos los proyectiles se dispararan contra la URSS, solo se podrían destruir la mitad.

Era justo el tipo de tecnología que Andrew Marshall había estado buscando. Trabajando para el secretario de Defensa de Jimmy Carter, Harold Brown, Perry y Marshall instaron al Pentágono a invertir a raudales en las nuevas tecnologías: una nueva generación de misiles guiados con circuitos integrados, no con válvulas de vacío; una constelación de satélites capaces de emitir coordenadas geográficas a casi cualquier punto de la Tierra; y lo más importante, un nuevo programa para impulsar la nueva generación de chips y asegurar la ventaja tecnológica estadounidense.

Bajo el liderazgo de Perry, el Pentágono destinó recursos a nuevas armas que explotaban la primacía de EE.UU. en el campo de la microelectrónica. Se promovieron programas de armas de precisión como el Paveway, así como bombas guiadas de todo tipo, desde misiles de crucero hasta proyectiles de artillería. Los sensores y sistemas de comunicación también empezaron a progresar gracias a la miniaturización de los componentes electrónicos. Para detectar submarinos enemigos, por ejemplo, básicamente había que crear sensores precisos y someter la información detectada por estos a algoritmos cada vez más complejos. Según los expertos en acústica del Ejército, tendría que poderse distinguir una ballena de un submarino a muchos kilómetros de distancia.[6]

Las armas guiadas se hicieron más complejas. Los nuevos productos, como el misil Tomahawk, usaban sistemas de navegación mucho más sofisticados que el Paveway.[7] De hecho, empleaban un radioaltímetro para escanear el suelo y compararlo con los mapas de terreno preconfigurados en el ordenador del misil. De ese modo, el misil podía enderezarse solo si se desviaba. Esa clase de navegación se había concebido décadas antes, pero no fue una posibilidad real hasta entonces, cuando los chips fueron lo bastante potentes y pequeños para caber en un misil de crucero.

Las armas guiadas materializaban una tremenda innovación, pero su trascendencia sería aún mayor si pudieran compartir información. Perry ordenó un programa especial a la DARPA (Agencia de Proyectos de Investigación Avanzados de Defensa, por sus siglas en inglés) para averiguar qué pasaría si se integraban todos esos nuevos sensores, armas guiadas y dispositivos de comunicaciones. El plan era que el resultante Assault Breaker[8] (en castellano, «Rompeataques») dispusiera de un radar aéreo capaz de identificar objetivos enemigos y facilitar datos geográficos a un centro de procesamiento terrestre que los relacionaría con la información aportada por otros sensores. Los misiles terrestres se comunicarían con el radar aéreo y este los guiaría hasta el objetivo. Durante la caída, los misiles se abrirían como una bomba de fragmentación y cada uno de los componentes se dirigiría contra un objetivo.

Las armas guiadas estaban haciendo realidad la visión de la guerra automatizada, en la que el poder de computación se distribuía por sistemas individuales como nunca antes se había imaginado. Como dijo Perry durante una entrevista de 1981, si fue posible, fue solo porque Estados Unidos iba camino de «aumentar de diez a cien veces la densidad de los chips», cosa que dejaba entrever aumentos parecidos en la potencia de cálculo: «Ordenadores que hace apenas diez años necesitaban toda esta sala cabrán en un solo chip. [...] [Y desplegaremos] armas "inteligentes" a todos los niveles».[9]

El sueño de Perry era tan radical como los últimos inventos de Silicon Valley. ¿De verdad el Pentágono podía implementar un programa de alta tecnología? Cuando Perry dejó su cargo en 1981, al concluir el mandato de Carter, la prensa y el Congreso estaban arremetiendo contra su apuesta por los ataques de precisión. En 1983 se publicó una columna que decía: «Misiles de crucero: ¿arma mágica o quincalla?».[10] En otra se tachaban las tecnologías avanzadas de Perry de «chatarra inútil», denunciando las frecuentes averías y la pobre tasa de mortalidad de las armas supuestamente inteligentes como el misil Sparrow, operado por válvulas de vacío.

Para muchos, los avances informáticos en los que se asentaba la visión de Perry eran pura ciencia ficción. Muchas voces críticas asumían que la tecnología de los misiles guiados mejoraría poco a poco porque los tanques y aviones también cambiaban poco a poco. El progreso exponencial que dictaba la ley de Moore era insólito y difícil de comprender. Pero Perry no era el único que predecía esa mejora «de diez a cien veces». Intel prometía exactamente lo mismo a sus clientes. Enfurruñado, Perry decía que los congresistas que lo criticaban eran «luditas»[11] que simplemente no entendían lo rápido que estaban evolucionando los chips.

Incluso tras el adiós de Perry, el Departamento de Defensa siguió invirtiendo en chips y en armas con chips. Andrew Marshall prosiguió con su labor en el Pentágono, fantaseando ya con los nuevos sistemas que permitirían crear esos semiconductores de nueva generación. ¿Los ingenieros podrían hacer realidad el avance prometido por Perry? La ley de Moore predecía que sí, pero era solo una predicción, no una garantía. Y el mundo tampoco era como cuando se inventaron los circuitos integrados. La industria ya no estribaba tanto en la producción militar. Para empresas como Intel, lo primero eran los ordenadores corporativos y los bienes de consumo, no los misiles. Solo los mercados de consumo tenían el volumen suficiente para financiar los gigantescos programas de I+D que requería la ley de Moore.

A principios de los sesenta podía decirse que el Pentágono había creado Silicon Valley. Pero en diez años se había dado la vuelta a la tortilla. El Ejército perdió la guerra en Vietnam, pero la industria de chips ganó la paz subsiguiente. El resto de Asia, de Singapur a Taiwán y Japón, tendió más puentes con Estados Unidos a través de inversiones y cadenas de suministro cada vez más habituales. Todo el mundo estaba más conectado a la infraestructura innovadora de EE. UU., e incluso rivales como la URSS procuraban copiar los chips y las máquinas herramienta del país occidental. Por su parte, la industria había dado pie a una serie de nuevas armas que estaban cambiando de arriba abajo la manera en que el Ejército de EE. UU. iba a librar las guerras del futuro. El poder del país estaba mutando y la suerte de la nación dependía ya de Silicon Valley.

Parte III

¿ADIÓS A LA SUPREMACÍA?

15

La feroz competencia

«Desde que escribió ese artículo, ¡mi vida es un infierno!»[1] En esos términos se dirigió un comercial de chips a Richard Anderson, un directivo de Hewlett-Packard (HP) encargado de determinar qué chips cumplían con los estrictos baremos de HP. Los ochenta fueron calamitosos para la industria norteamericana de los semiconductores. Silicon Valley era el baluarte tecnológico mundial, pero las dos décadas de crecimiento fulgurante habían dado lugar a una crisis existencial: un pulso despiadado con Japón. El 25 de marzo de 1980 Anderson acudió a un congreso celebrado en el histórico Hotel Mayflower de Washington. Cuando le llegó el turno de palabra, el público aguzó los oídos, porque todos estaban intentando venderle sus chips. HP, la compañía para la que trabajaba, había inventado el concepto de *start-up* de Silicon Valley en los años treinta, cuando los posgraduados de Stanford Dave Packard y Bill Hewlett empezaron a explorar con equipamiento electrónico en un garaje de Palo Alto. En 1980, ya era una de las mayores tecnológicas de Estados Unidos y una de las principales compradoras de semiconductores.

La opinión de Anderson podía decidir el destino de cualquier empresa de semiconductores, pero él no se dejaba agasajar por los comerciales de Silicon Valley. Tímidamente, admitía: «A veces les dejo que me inviten a comer», pero todo el valle sabía que era el guardián del cliente más importante de casi todo el mundo. Su trabajo le confería una imagen general y panorámica del sector, incluida la situación económica de las diferentes empresas.

Además de las norteamericanas Intel y TI, algunas empresas japonesas como Toshiba y NEC ya estaban fabricando chips de memoria DRAM, aunque en Silicon Valley no se las tomaban muy en serio. Los fabricantes estadounidenses eran dirigidos por los padres de la alta tecnología. En broma, decían que Japón era el país del «clic, clic», el sonido que hacían las cámaras que los ingenieros usaban en los congresos para sacar fotos y poder copiar mejor las ideas de Estados Unidos.[2] El hecho de que las grandes firmas estadounidenses estuvieran enfrascadas en pleitos de propiedad intelectual con la competencia asiática se interpretaba como una prueba infalible de que Silicon Valley seguía llevando la delantera.

Pero Anderson no solo sentía deferencia por Toshiba y NEC, sino que decidió probar sus chips y vio que eran de una calidad muy superior a los de la competencia estadounidense. Según él, ninguna de las tres empresas japonesas registraba una tasa de averías superior al 0,02 por ciento durante las primeras mil horas de uso. La tasa más baja de las tres compañías norteamericanas era del 0,09 por ciento, así que sus chips se estropeaban 4,5 veces más. La peor empresa de EE. UU. fabricaba chips con una tasa de averías del 0,26 por ciento, un resultado más de diez veces peor que los japoneses.[3] Los chips estadounidenses de DRAM funcionaban igual y costaban lo mismo, pero fallaban mucho más. ¿Por qué habría que comprarlos, entonces?

El de los chips no era el único sector que estaba notando en la nuca el aliento de la competencia japonesa, que fabricaba productos de alta calidad con gran eficiencia. En los primeros años de posguerra, «fabricado en Japón» había sido sinónimo de barato. Pero los emprendedores como Akio Morita, de Sony, habían acabado con esa fama de bajos precios, ofreciendo productos de la misma calidad que los de cualquier rival estadounidense. Los radiorreceptores de Sony fueron el primer desafío digno a la primacía económica de EE.UU. Su éxito envalentonó a Morita y a sus compatriotas, que empezaron a soñar a lo grande. Sectores como el de la automoción o el acero también estaban encontrando una competencia intensa en Japón.

En los ochenta, la electrónica de consumo se había convertido en una especialidad japonesa. Sony llevaba la batuta lanzando nuevos productos y arrebatando mercado a sus rivales del otro lado del charco. Al principio, las empresas niponas consiguieron replicar los productos occidentales y fabricarlos mejor y más baratos. Algunos japoneses escurrían el bulto diciendo que se les daba genial la puesta en práctica, mientras que Estados Unidos tenía más habilidad para la innovación. Un periodista japonés escribió: «Nosotros no tenemos doctores como Noyce o Shockley», si bien es cierto que el país ya había empezado a dar varios ganadores del Nobel. Eso no quitaba que los líderes siguieran quitando hierro a los hitos científicos de su país, sobre todo cuando hablaban ante un público norteamericano. El director de investigación de Sony, el célebre físico Makoto Kikuchi, reconoció a un periodista norteamericano que en Japón no había tantos genios. En Estados Unidos, dijo, había una «élite extraordinaria», pero también «un montón» de personas «con una inteligencia inferior a la normal», y por eso Japón era mejor con la producción en serie.[4]

Los fabricantes de Estados Unidos se agarraron a un clavo ardiendo e, igual que Kikuchi, creyeron en su propia ventaja a nivel de innovación, pese a que había muchos indicios que la desmentían. La mejor prueba contra la tesis de que Japón «ponía en práctica» y no «innovaba» era el jefe de Kikuchi, el director general de Sony Akio Morita. Morita sabía que el calco era el camino a la mediocridad y a los escasos beneficios.

No solo urgía a sus ingenieros a fabricar las mejores radios y teles, sino a concebir productos totalmente nuevos.

En 1979, apenas unos meses antes de que Anderson subrayara los problemas de calidad de los chips norteamericanos, Sony presentó el Walkman, un reproductor portátil que revolucionó la industria musical y que llevaba cinco de los circuitos integrados más modernos de la empresa.[5] Los adolescentes de todo el mundo podían comenzar a llevar su música favorita en el bolsillo y escucharla gracias a circuitos integrados inventados en Silicon Valley, pero desarrollados en Japón. Sony vendió 385 millones de unidades del Walkman en todo el mundo y lo convirtió en uno de los dispositivos de consumo más populares de la historia.[6] Fue innovación en estado puro fraguada en Japón.

Durante la posguerra, Estados Unidos apoyó la transformación de Japón en un país vendedor de transistores. Las autoridades de la ocupación compartieron los conocimientos sobre el invento del transistor con los físicos japoneses, y los congresistas de Washington se cercioraron de que empresas como Sony tuvieran todas las facilidades para vender en el mercado estadounidense. El objetivo de convertir Japón en un país de capitalistas demócratas funcionó. Pero empezaba a aparecer gente que cuestionaba si había funcionado demasiado bien. La estrategia de favorecer a las empresas niponas parecía estar minando la ventaja económica y tecnológica de Estados Unidos.

Charlie Sporck, el ejecutivo contra quien habían protestado airadamente los trabajadores de la cadena de producción de GE, estaba fascinado y asustado por la productividad asiática. Tras estrenarse en el sector de los chips con Fairchild, Sporck pasó a dirigir National Semiconductor, que en ese momento era un gran productor de memorias. La competencia japonesa era muy eficiente y parecía decidida a llevarlos a la quiebra. Sporck se había ganado a pulso su fama de exprimir a los empleados de las plantas de montaje, pero la productividad nipona alcanzaba unos niveles inasequibles para cualquiera de sus trabajadores.

Sporck mandó un encargado y un grupo de operarios a Japón, donde estuvieron varios meses visitando plantas de semiconductores. Cuando regresaron a California, Sporck grabó una película sobre su experiencia. Según los recién llegados, los obreros japoneses eran «increíblemente corporativistas»: «El capataz anteponía los intereses de la empresa a los de su propia familia». En Japón, a los jefes no les daba miedo que alguien prendiera fuego a una imagen suya. Como dijo Sporck: «Era un relato bonito. Así todos nuestros empleados podían ver por qué la competencia era tan feroz».[7]

16

«En guerra con Japón»

«No voy a fingir que esta es una pelea justa —se quejaba el director general de Advance Micro Devices, Jerry Sanders—. No lo es.» Y Sanders no era precisamente profano en temas de peleas. A los dieciocho había estado al borde de la muerte después de una reyerta en el South Side de Chicago, donde creció. Su cuerpo fue encontrado en un contenedor y un cura llegó a administrarle la extremaunción, aunque salió milagrosamente del coma a los tres días. Al final encontró trabajo como comercial y publicista en Fairchild Semiconductor, donde coincidió con Noyce, Moore y Andy Grove antes de que estos se marcharan para crear Intel. Aunque la mayoría de sus compañeros eran humildes ingenieros, él no se cortaba un pelo: llevaba relojes caros y un Rolls-Royce. Cada semana iba desde el sur de California hasta Silicon Valley para trabajar. Según un compañero suyo, vivía allí porque él y su esposa solo se sentían como en casa en Bel-Air. En 1969, Sanders fundó su propia empresa de chips, AMD, y estuvo casi tres décadas enteras peleando en los juzgados con Intel por cuestiones de propiedad intelectual. «No puedo rehuir una lucha», le reconoció a un periodista.[1]

Según Charlie Sporck, que había encabezado la deslocalización de fábricas a Asia, «el sector era tremendamente competitivo e imperaba la ley de la selva».[2] Lo decía chocándose los puños para resaltar su aseveración. Los fabricantes estadounidenses se jugaban vanidad, patentes y millones de dólares, así que las riñas entre ellos solían derivar en lo personal, aunque todos tenían nichos en los que crecer. Ahora bien, la competencia japonesa parecía de otra pasta. Sporck pensaba que si Hitachi, Fujitsu, Toshiba y NEC salían airosos, trasladarían todo el sector al otro lado del Pacífico: «En GE trabajaba específicamente en el sector de los televisores. Ahora pasas por esa planta y sigue vacía. [...] Conocíamos los riesgos y no íbamos a permitir de ninguna manera que eso nos pasara a nosotros». Estaba todo en el aire: puestos de trabajo, fortunas, legados, orgullo. Sporck insistía en la misma idea: «Estábamos en guerra con Japón. Pero no con armas y munición; era una guerra económica por la tecnología, la productividad y la calidad».[3]

Para Sporck, las batallas internas de Silicon Valley se basaban en el juego limpio, mientras que las empresas de DRAM de Japón recurrían al robo de propiedad intelectual, al proteccionismo, a las subvenciones del Gobierno y a los bajos intereses. Sporck no iba muy desencaminado con lo del espionaje.

A las cinco de la madrugada de una fría noche de noviembre de 1981, el empleado de Hitachi Jun Naruse llegó al vestíbulo de un hotel de Hartford, Connecticut. Una vez allí, entregó a alguien un sobre con dinero y a cambio recibió un distintivo de «consultor». El consultor de la empresa Glenmar había prometido ayudar a Hitachi a obtener secretos industriales. Con ese distintivo, Naruse pudo entrar en una planta secreta de Pratt & Whitney, fabricante del sector aeroespacial, y sacar fotos del último ordenador de la firma.

Tras su reportaje fotográfico, el compañero de Naruse en la Costa Oeste, Kenji Hayashi, mandó una carta a Glenmar para proponer un «contrato de consultoría». El consejo de administración de Hitachi aprobó pagos por valor de medio millón de dólares a Glenmar para mantener el vínculo. Pero

Glenmar era una sociedad pantalla, y sus empleados, agentes del FBI. Al final arrestaron a los empleados de Hitachi y la noticia salió en la portada de la sección Negocios de *The New York Times*.[4] Como reconoció, avergonzado, un portavoz de la empresa: «Parece que Hitachi ha caído en la trampa».

Y no fue un caso aislado. Mitsubishi Electric también fue denunciada por algo similar. Las acusaciones de espionaje y alevosía contra Japón no afectaban solo al sector de los semiconductores y la informática. El conglomerado industrial Toshiba, que a mediados de los ochenta lideraba la producción internacional de DRAM, estuvo años y años haciendo frente a demandas que al final resultaron ser ciertas. Al parecer, la empresa vendía maquinaria a los soviéticos para ayudarles a fabricar submarinos más silenciosos.[5] No había un nexo directo entre el acuerdo para fabricar submarinos y la división de semiconductores de la compañía, pero muchos norteamericanos interpretaron el caso como una prueba más de la mala praxis japonesa.[6] Los casos corroborados de espionaje industrial eran pocos. Pero ¿indicaba eso que el robo de secretos desempeñaba un papel secundario en el milagro japonés? ¿O demostraba que a las empresas de ese país se les daba bien el espionaje?

Infiltrarse en la planta de un competidor era ilegal, pero ir controlando lo que hacía la competencia era una práctica normal en Silicon Valley. Era tan habitual como acusar a los demás de hurtar empleados, ideas y propiedad intelectual. A fin de cuentas, los fabricantes de EE. UU. estaban demandándose constantemente unos a otros. Por poner un ejemplo, Fairchild y TI estuvieron una década entera intentando resolver quién había inventado el circuito integrado, si Noyce o Kilby. También se estilaba contratar a los mejores ingenieros de los rivales, no solo con la esperanza de adquirir trabajadores experimentados, sino para averiguar los procesos productivos de la competencia. Noyce y Moore se habían marchado de

Shockley Semiconductor para fundar Fairchild y luego se fueron de esta para crear Intel, donde contrataron a docenas de empleados de Fairchild, como Andy Grove. Fairchild pensó en interponer una demanda, pero al final concluyó que sería difícil ganar un pleito contra los genios que habían creado la industria. Analizar e imitar a la competencia era clave para el modelo empresarial de Silicon Valley. ¿Acaso la estrategia japonesa era distinta?

Según Sporck y Sanders, las empresas de Japón también se beneficiaban de un mercado doméstico proteccionista. Esas compañías podían vender en EE. UU., pero Silicon Valley no conseguía penetrar en el mercado de Japón.[7] Hasta 1974 hubo cuotas en el número de empresas estadounidenses autorizadas para vender chips en el país. E incluso después de levantarse esos cupos se siguieron comprando pocos chips a Silicon Valley, a pesar de que Japón consumía una cuarta parte de los semiconductores del planeta, los mismos que empresas como Sony incrustaban en televisiones y videograbadoras vendidos en todo el mundo. Algunas grandes consumidoras japonesas de chips, como el monopolio nacional de telecomunicaciones NTT, compraban casi en exclusiva a proveedores nacionales. Era una decisión aparentemente empresarial, pero NTT era propiedad del Gobierno, así que la política también tenía algo que ver. La baja cuota de mercado de Silicon Valley en Japón costó a las empresas norteamericanas miles de millones de dólares en ventas.

El Gobierno japonés también subvencionaba a sus fabricantes. No sucedía como en EE. UU., donde las leyes contra el monopolio disuadían a las empresas de colaborar. El Gobierno nipón sí instaba a las compañías a hacerlo, y en 1976 creó un consorcio de investigación llamado VLSI, la mitad del presupuesto del cual salía de las arcas públicas.[8] En Estados Unidos alegaban que era un caso evidente de competencia desleal, aunque los 72 millones de dólares que invertía cada año ese programa en I+D eran más o menos lo mismo que invertía TI, y menos de lo que presupuestaba Motorola. Además, el Gobierno estadounidense también apoyaba decididamente el sector de los semiconductores, aunque la financiación de Washington se expresaba en subvenciones de la DARPA, la unidad del Pentágono que invierte en tecnologías no descubiertas y que ha tenido un papel crucial a la hora de financiar la innovación de los chips.

Para Jerry Sanders, la mayor desventaja de Silicon Valley era el elevado coste de financiación: «Los japoneses pagan por financiarse un 6 por ciento, tal vez un 7; yo pago un 18 por ciento... y eso si tengo suerte».[9] Construir plantas avanzadas costaba un riñón, así que los intereses eran considerables. Más o menos cada dos años surgía un nuevo chip de última generación que necesitaba nuevas plantas y nuevas máquinas. En los ochenta, los tipos de interés de EE. UU. llegaron al 21,5 por ciento, impulsados por el ahínco de la Reserva Federal en su lucha contra la inflación.

En cambio, las empresas japonesas de DRAM conseguían financiación a un precio muy inferior. Los fabricantes como Hitachi y Mitsubishi formaban parte de conglomerados colosales muy ligados a bancos que concedían préstamos desorbitados a largo plazo. Aunque las empresas no fueran rentables, los bancos las mantenían a flote prorrogando los plazos. En Estados Unidos, las entidades de crédito llevaban a las empresas a la bancarrota muchísimo antes.[10] La sociedad nipona estaba estructurada para generar ahorros a gran escala; la explosión de la natalidad durante la posguerra y el rápido arraigo del núcleo familiar con un solo hijo dieron lugar a un montón de hogares cuyos miembros de la mediana edad estaban obsesionados con ahorrar para la jubilación. La deplorable red de seguridad social era otro motivo para no gastar. Por su parte, las duras restricciones a los mercados bursátiles y a las demás inversiones hacían que la gente no tuviera muchas más opciones que meter los ahorros en cuentas bancarias. En consecuencia, los bancos tenían depósitos para dar y tomar y concedían préstamos con bajos tipos de interés porque tenían muchísima liquidez. Las empresas japonesas se endeudaban más que las estadounidenses, pero pagaban menos intereses.[11]

Con una financiación tan barata, esas compañías luchaban incansablemente por aumentar su cuota de mercado. Toshiba, Fujitsu y otras competían entre sí con ferocidad, pese a la imagen de cooperación que promulgaban algunos analistas estadounidenses. Pero como los préstamos de los bancos eran casi ilimitados, podían soportar las pérdidas mientras esperaban a que la competencia quebrara. A principios de los ochenta, las firmas japonesas invertían un 60 por ciento más que las estadounidenses en equipamiento productivo, aunque todos los miembros del sector afrontaban la misma competencia salvaje y casi nadie firmaba unos grandes beneficios. Los fabricantes de chips seguían invirtiendo y produciendo, haciéndose con una cuota de mercado cada vez mayor. Por esa razón, apenas cinco años después de que apareciera el chip de DRAM de 64K, Intel, la empresa que había inventado ese tipo de circuito integrado, tenía solo un 1,7 por ciento del mercado internacional de memoria dinámica, mientras que la cuota japonesa se dilataba más y más.[12]

Las empresas japonesas doblaron su apuesta por la producción de DRAM mientras Silicon Valley se veía expulsada. En 1984, Hitachi invirtió 80.000 millones de yenes en bienes de capital del sector de los semiconductores. Una década antes había invertido 1.500 millones. En Toshiba, el gasto aumentó de los 3.000 a los 75.000 millones; en NEC, de los 3.500 a los 110.000 millones. En 1985, los japoneses aportaban el 46 por ciento de todas las inversiones en semiconductores del mundo, mientras que los estadounidenses sumaban el 35 por ciento. En 1990, la balanza se había escorado todavía más y las empresas niponas representaban la mitad de la inversión internacional en plantas y equipamiento. Los directores generales de Japón iban abriendo nuevas fábricas porque los bancos estaban encantados de correr con los gastos.[13]

Los fabricantes del país asiático alegaban que no eran desleales. Las compañías de semiconductores de EE. UU. recibían muchas ayudas del Gobierno, sobre todo a través de contratos de Defensa. Y en verdad, las empresas consumidoras del país occidental, como HP, tenían pruebas evidentes de que los chips japoneses eran de mejor calidad. Así pues, durante los ochenta la cuota de mercado de Japón en la memoria dinámica creció año a año a expensas de la competencia norteamericana. El avance japonés parecía imparable, por muy apocalípticas que fueran las predicciones de los fabricantes norteamericanos. En poco tiempo, todo Silicon Valley acabaría en un estado moribundo, como el joven Jerry Sanders en el contenedor de South Side.

17

«Morralla»

El destrozo que provocó el gigante japonés en el sector tecnológico de Estados Unidos fue descomunal, y no solo en las empresas de DRAM. También sufrieron muchos de sus proveedores. En 1981 se solía destacar la GCA Corporation como una de las «empresas de alta tecnología más en boga» de EE. UU.[1] GCA estaba creciendo a toda velocidad con la venta del equipamiento que hacía posible la ley de Moore. En las dos décadas que habían transcurrido desde que el físico Jay Lathrop había dado la vuelta al microscopio para iluminar las fotorresinas e «imprimir» motivos en las obleas, el proceso de fotolitografía se había vuelto infinitamente más complejo. Lejos quedaban los días en que Bob Noyce recorría la autopista 101 de California en su desvencijado coche en busca de objetivos de videocámara para proveer al equipamiento improvisado de Fairchild.[2] Ahora, la fotolitografía era un negocio con todas las de la ley y, a comienzos de los ochenta, GCA iba líder destacada.

Aunque la fotolitografía se había vuelto mucho más precisa que cuando Jay Lathrop volteó su microscopio, los principios seguían siendo los mismos. La luz pasaba por las máscaras y lentes y proyectaba formas concretas en una oblea de silicio recubierta de fotorresinas. Allí donde tocaba la luz, los agentes químicos reaccionaban y permitían su eliminación, con lo que dibujaban una serie de hendiduras microscópicas sobre la oblea.

En esas ranuras se añadían nuevos materiales y se trazaban circuitos. La fotorresina se eliminaba con unos agentes químicos especiales, y al final quedaban unos patrones perfectos. Normalmente había que litografiar, depositar, grabar y pulir los materiales cinco, diez o veinte veces hasta que se terminaba de fabricar el circuito integrado. El resultado era una especie de tarta de cumpleaños geométrica. A medida que se miniaturizaban los transistores, todas las partes del proceso (desde los agentes químicos a las lentes, pasando por los láseres que alineaban perfectamente las obleas de silicio con la fuente de luz) se volvían más y más difíciles.

Los mejores fabricantes de lentes eran la alemana Carl Zeiss y la japonesa Nikon, si bien es cierto que Estados Unidos también tenía algunas empresas especializadas. PerkinElmer, un pequeño fabricante de Norwalk, Connecticut, había producido visores para bombarderos durante la Segunda Guerra Mundial y lentes para satélites y aviones espía durante la Guerra Fría. La compañía se dio cuenta de que podía utilizar esa tecnología en la litografía de semiconductores y creó un escáner de chips capaz de alinear una oblea de silicio y una fuente de luz litográfica con una precisión casi perfecta, algo crucial para iluminar el silicio exactamente como correspondía. La máquina desplazaba los fotones por la oblea como una fotocopiadora, exponiendo la oblea recubierta de fotorresina para pintarla (por así decirlo) con franjas de luz. El escáner de PerkinElmer creaba chips con componentes de casi un micrómetro de anchura, la millonésima parte de un metro.[3]

El escáner de PerkinElmer dominó el mercado de la litografía hasta finales de los setenta, pero en los ochenta había cedido ante el empuje de GCA, una compañía dirigida por Milt Greenberg, un exoficial de la Fuerza Aérea convertido en geofísico. Greenberg era un ambicioso genio, testarudo y mal hablado. Fundó GCA con un buen amigo de la Fuerza Aérea tras la Segunda Guerra Mundial con capital semilla de los Rockefeller. Formado como meteorólogo militar, Greenberg había sabido explotar su conocimiento atmosférico y sus conexiones en la Fuerza Aérea para llevarse contratos de Defensa. Entre otras cosas, había producido globos de gran altitud que medían parámetros y sacaban fotografías de la Unión Soviética.[4]

Greenberg no tardó en dar rienda suelta a sus ambiciones. El crecimiento del sector de los semiconductores demostró que la verdadera mina de oro estaba en el mercado de masas, no en los contratos especializados del Ejército. Greenberg pensaba que los modernos sistemas ópticos de su empresa, útiles para el reconocimiento militar, se podían utilizar en chips de uso civil. En un congreso de finales de los setenta, donde GCA estaba anunciando sus sistemas para fabricar semiconductores, Morris Chang, de TI, se acercó al estand de GCA y se puso a observar el equipamiento de la empresa.[5] Chang preguntó si, en vez de escanear la luz por la superficie de la oblea, el equipamiento podía moverse escalonadamente, exponiendo cada chip. Ese *stepper** sería mucho más preciso que los escáneres. Nadie lo había diseñado antes, pero los ingenieros de GCA se creyeron capaces de crear uno, proporcionando una calidad de imagen con mejor resolución y, por lo tanto, transistores más pequeños.

Al cabo de varios años, en 1978, GCA presentó su primer *stepper*.[6] Los pedidos llegaron a montones. Antes de ese aparato, GCA no había ingresado nunca más de 59 millones de dólares al año por sus contratos con el Ejército; ahora tenía el monopolio sobre una máquina de valor incalculable. Los ingresos de GCA escalaron hasta los 300 millones en menos que canta un gallo, y el precio de las acciones se disparó.[7]

Pero con el auge de la industria japonesa de chips, GCA empezó a perder su ventaja. Greenberg se creía un titán de las

* Traducible como *escalonador*. *(N. del T.)*

finanzas, pero pasaba más tiempo codeándose con los políticos que dirigiendo su negocio. Empezó a construir una nueva superplanta, apostando a que el apogeo de los semiconductores de principios de los ochenta se prolongaría indefinidamente. Los costes se fueron de madre. La gestión del inventario era terrorífica. Un empleado se encontró por sorpresa, olvidadas en un armario, lentes de precisión por valor de un millón de dólares. Circulaban rumores de que había ejecutivos que se compraban Corvettes con las tarjetas de crédito de la empresa. Uno de los socios fundadores de Greenberg reconoció que la compañía estaba llena de «manirrotos».[8]

Los excesos llegaron en muy mal momento. El sector de los semiconductores había sido siempre obstinadamente cíclico: subía cuando había mucha demanda y se desplomaba cuando no la había. No hacía falta ser ingeniero aeroespacial, y eso que en GCA había unos cuantos en plantilla, para saber que después del *boom* de los ochenta habría una caída. Pero Greenberg hizo oídos sordos. Según un empleado, «no quería que el departamento de *marketing* le dijera que la situación iba a dar un "vuelco"». Así que la compañía llegó muy descubierta a la crisis de los semiconductores de mediados de los ochenta. Entre 1984 y 1986, las ventas internacionales de equipamiento litográfico cayeron un 40 por ciento. Los ingresos de GCA se hundieron más de un 66 por ciento. Como recuerda un empleado: «Si hubiera habido un economista competente en la empresa, tal vez lo habríamos predicho. Pero no lo había. Teníamos a Milt».[9]

Con la crisis, GCA dejó de ser la única empresa que construía *steppers*. La japonesa Nikon había empezado aliándose con GCA, suministrando las lentes de precisión que necesitaba la empresa norteamericana. Pero Greenberg había decidido prescindir de Nikon y comprar su propio fabricante de lentes, la neoyorquina Tropel, que fabricaba objetivos para aviones espía U2, pero que tenía dificultades para producir todas las lentes de alta calidad que necesitaba GCA. La atención al cliente también se resintió. Según un analista, la actitud de la empresa era la de «comprad lo que hacemos y no nos molestéis». Incluso los empleados admitían que los clientes «estaban hasta las narices».[10] Su actitud era la de un monopolista, pero GCA había dejado de serlo. Cuando Greenberg dejó de comprar lentes a Nikon, la compañía nipona decidió elaborar su propio *stepper*. Adquirió una máquina de GCA y la sometió a ingeniería inversa. En poco tiempo, Nikon había superado a GCA en cuota de mercado.

En EE. UU., muchos achacaban a los subsidios japoneses que GCA hubiera perdido la voz cantante en el proceso litográfico. Es cierto que el programa VLSI impulsó a los productores de DRAM del país y ayudó a proveedores de equipamiento como Nikon. Las empresas estadounidenses y japonesas empezaron a lanzarse acusaciones sobre las supuestas ayudas desleales de sus respectivos Gobiernos y las relaciones comerciales se enquistaron. Pero la propia plantilla de GCA admitía que, si bien su tecnología era de primerísima calidad, la compañía no tenía mucha habilidad con la producción en serie. La fabricación de precisión era esencial; la litografía ya era tan exacta que una mera tormenta eléctrica podía cambiar la presión del aire y, por lo tanto, el ángulo en el que se refractaba la luz, cosa que distorsionaba las imágenes grabadas en los chips.[11] Para fabricar cientos de *steppers* al año, había que pasar revista a la fabricación y al control de la calidad. Pero la dirección de GCA estaba en otras cosas.

Muchos entendieron la crisis de GCA como una alegoría del apogeo de Japón y la caída en desgracia de Estados Unidos. Para algunos analistas, la decadencia productiva había nacido en el acero, luego había infectado al sector del automóvil y ahora estaba propagándose a las industrias de alta tecnología. En 1987, el economista del MIT y ganador del Nobel Robert Solow, que fue un pionero en el estudio de la productividad y el crecimiento económico, señaló que la industria de chips sufría de una «estructura inestable» en la que los empleados iban cambiando de una empresa a otra porque las organizaciones se negaban a invertir en su capital humano. El destacado economista Robert Reich se quejó de la cultura de Silicon Valley, repleta de «emprendedores de papel»[12] más preocupados por buscar fama y afluencia que por los avances técnicos. En las universidades de Estados Unidos, decía, «los programas de ciencia e ingeniería están en plena crisis».

La hecatombe de los fabricantes de DRAM estuvo un poco relacionada con el desplome en la cuota de GCA. Las empresas japonesas de DRAM, que estaban adelantando por la derecha a Silicon Valley, preferían comprar a los fabricantes de su propio país, con lo que beneficiaban a Nikon antes que a GCA. Pero la mayoría de los problemas de GCA tenían su origen en EE. UU.: un equipamiento pobre y una mala atención al cliente. Los expertos elaboraron complejas teorías para explicar por qué los grandes conglomerados de Japón eran mejores fabricantes que las pequeñas empresas emergentes de Estados Unidos. Pero la triste realidad era que GCA no escuchaba a sus clientes, mientras que Nikon sí. Las empresas que trataban con GCA la tildaban de «arrogante» y «pasiva»,[13] algo que nadie decía de la competencia japonesa.

A mediados de los ochenta, pues, los sistemas de Nikon eran mucho mejores que los de GCA, incluso cuando hacía sol. Las máquinas de Nikon eran bastante más rentables y se averiaban mucho menos. Por ejemplo, antes de que IBM hiciera la transición a los *steppers* de Nikon, esperaba que las máquinas pudieran funcionar 75 horas antes de estropearse y necesitar algún ajuste o reparación. De media, los clientes de Nikon usaban los productos de la empresa diez veces más horas: 750.[14]

Greenberg nunca encontró arreglo para GCA. Hasta el día en que lo echaron, no se percató de cuántos de los problemas de la compañía eran internos. Mientras volaba por el mundo buscando compradores y deglutiendo *bloody maries* en primera clase, los clientes pensaban que la empresa vendía «morralla». Los empleados se quejaban de que Greenberg debía dinero a Wall Street y estaba tan pendiente del precio de las acciones como del modelo de negocio. Para que los números a final del ejercicio cuadraran, la empresa se compinchaba con los clientes y mandaba una caja vacía con el manual del usuario en diciembre, pero no entregaba la máquina hasta el año siguiente. No obstante, la pérdida de mercado era imposible de camuflar. En 1978, las empresas estadounidenses, con GCA a la cabeza, controlaban el 85 por ciento del mercado internacional de equipamiento de fotolitografía. Una década más tarde, esa cifra había caído a la mitad y GCA no tenía ningún plan para revertir la situación.[15]

Greenberg echaba balones fuera y culpaba a los empleados. Según un subordinado suyo, despotricaba tanto que «se inventaba palabrotas». Otro recuerda la decisión de prohibir los zapatos de tacón alto, que Greenberg creía que estropeaban la moqueta. La tensión fue a más hasta que en recepción dieron con un código para comunicarse con la plantilla: para indicar que Greenberg seguía en el edificio, se encendía una luz del techo; y cuando se iba, se apagaba. Cuando no estaba, todo el mundo respiraba un poquito más tranquilo.[16] De todos modos, la empresa líder de la litografía estadounidense fue directa al abismo.

18

El crudo de los ochenta

Una fría tarde de primavera, Bob Noyce, Jerry Sanders y Charlie Sporck se encontraron en Palo Alto bajo un tejado de estilo oriental.[1] El restaurante chino Ming era un clásico de la restauración de Silicon Valley. Pero los grandes de las tecnológicas no se juntaron en Ming para disfrutar de su ilustre ensalada de pollo. Noyce, Sanders y Sporck habían iniciado su andadura profesional en Fairchild: Noyce era el mago de la tecnología; Sanders, el del *marketing*; y Sporck, el capataz que perseguía como un perro rabioso a los empleados para que trabajaran más rápido, más barato y mejor. Una década después eran directores generales rivales de tres de los mayores fabricantes de chips de Estados Unidos. Pero, ante el crecimiento del mercado japonés, decidieron que había llegado el momento de volver a reunir a la banda. Estaba en juego el futuro del sector estadounidense. Sentados a una mesa de un salón privado del Ming, trazaron una nueva estrategia para salvar el sector. Tras una década entera ignorando al Gobierno, posaron su mirada en Washington en busca de ayuda.

Como declaró Jerry Sanders: «[Los semiconductores son] el crudo de los ochenta; el pueblo que controle el crudo, controlará la industria electrónica».[2] Como director general de AMD, una de las mayores empresas de chips, Sanders tenía muchos motivos para decir que su producto revestía una enorme importancia estratégica. Pero ¿se equivocaba? A lo largo de los ochenta, el sector informático de EE. UU. fue expandiéndose sin descanso y los ordenadores se volvieron lo bastante pequeños y baratos para caber en casa o la oficina. Todas las empresas comenzaban a usarlos y todos necesitaban circuitos integrados. Igual que los necesitaban, ya en los ochenta, aviones, automóviles, grabadoras, microondas o el Walkman de Sony. Cada norteamericano medio tenía semiconductores en su casa y su coche, y muchos usaban docenas de chips al día. Eran como el petróleo: no se podía vivir sin ellos. ¿Acaso eso no los volvía estratégicos? Como nación, ¿Estados Unidos no debía tener miedo de que Japón se estuviera convirtiendo en «la Arabia Saudí de los semiconductores»?[3]

Con los embargos de petróleo de 1973 y 1979, muchos norteamericanos comprobaron los riesgos de confiar en la producción extranjera. Cuando los Gobiernos árabes redujeron las exportaciones de petróleo para castigar a EE. UU. por su apoyo a Israel, la economía se hundió en una terrible recesión, seguida por una década de estanflación y de crisis políticas. La política exterior del país puso su atención en el golfo Pérsico y en asegurarse sus provisiones de crudo. El presidente Jimmy Carter declaró la región «uno de los intereses vitales para Estados Unidos de América». Ronald Reagan desplegó la Armada para que escoltara los petroleros que entraban y salían del golfo. George H. W. Bush fue a la guerra con Irak, en parte, para liberar los yacimientos petrolíferos kuwaitíes. Cuando EE. UU. dictaminó que el petróleo era una materia prima «estratégica», sustanció esa premisa con fuerza militar.

Sanders no pedía que EE. UU. enviara la Armada a la otra punta del planeta para garantizar los suministros de silicio. Ahora bien, ¿el Gobierno no debería encontrar un modo de ayudar a sus empresas de semiconductores ahora que estaban con el agua al cuello? En los setenta, las compañías de Silicon Valley se habían olvidado del Gobierno y habían cambiado los contratos de Defensa por el mercado civil de ordenadores y calculadoras. En los ochenta, regresaron con el rabo entre las piernas a Washington. Después de cenar en el Ming, Sanders, Noyce y Sporck se unieron a otros directores generales y crearon la Semiconductor Industry Association (SIA) para presionar a Washington y conseguir respaldo para el sector.

Cuando Jerry Sanders describió los chips como «crudo», el Pentágono supo perfectamente lo que quería decir. En realidad, los chips eran aún más estratégicos que el petróleo. En el Pentágono sabían muy bien lo importantes que eran los semiconductores para la supremacía militar. Desde mediados de los setenta, cuando Bill Perry se puso al frente de la división de investigación e ingeniería del Pentágono, la estrategia del país había sido contrarrestar la ventaja convencional soviética de la Guerra Fría mediante la tecnología de los semiconductores. A las empresas de defensa se les había ordenado abarrotar sus últimos aviones, tanques y cohetes con el máximo número de chips posible, a fin de mejorar la navegación, la comunicación y el mando y control. A la hora de generar poder militar, la estrategia estaba yendo mejor de lo que nadie había creído posible. Nadie excepto Bill Perry.

Solo había un problema. Perry había asumido que Noyce y sus vecinos de Silicon Valley seguirían en la cúspide de la industria. Pero, en 1986, Japón había superado a Estados Unidos en número de chips producidos. A finales de la década, Japón aportaba el 70 por ciento del equipamiento litográfico mundial. El sector había sido inventado por Jay Lathrop en un laboratorio militar estadounidense, pero la cuota de mercado del país había caído al 21 por ciento. Citando a un miembro del Departamento de Defensa en declaraciones a *The New York Times*, la litografía es «algo que no podemos permitirnos perder, o acabaremos dependiendo totalmente de los fabricantes extranjeros para los productos más sensibles».[4] Pero si las tendencias de mediados de la década seguían igual, Japón dominaría el sector de la DRAM y llevaría a la quiebra a los principales productores estadounidenses. EE. UU. podía acabar dependiendo aún más de las máquinas herramienta y los chips extranjeros que del petróleo, incluso en pleno embargo árabe. De repente, las ayudas de Japón a la industria, generalmente acusadas de socavar a las firmas norteamericanas como Intel y GCA, parecían un problema de seguridad nacional.

El Departamento de Defensa reclutó a Jack Kilby, Bob Noyce y otras mentes privilegiadas del sector para que redactaran un informe sobre la revitalización de la industria. Noyce y Kilby estuvieron horas en los suburbios de Washington exprimiéndose el cerebro para encontrar soluciones y colaborando con expertos industriales de defensa y representantes del Pentágono. Kilby había trabajado codo con codo con el Departamento de Defensa durante largo tiempo, puesto que TI había sido un destacado proveedor de electrónica para armamento. IBM y Bell Labs también tenían vínculos estrechos con Washington. Pero, como lo expresó un experto en defensa, hasta entonces los líderes de Intel se habían presentado como los «vaqueros de Silicon Valley que no necesitaban la ayuda de nadie».[5] El hecho de que Noyce estuviera dispuesto a perder su tiempo con el Departamento de Defensa era una señal de lo seria que era la amenaza que afrontaba la industria, y del mazazo que podía suponer para el Ejército estadounidense.

El Ejército dependía más que nunca de la electrónica y, por ende, de los chips. Según un informe, cerca del 17 por ciento del gasto militar de los ochenta se destinaba a la electrónica, en comparación con el 6 por ciento invertido al concluir la Segunda Guerra Mundial. De los satélites a los primeros radares de alerta, pasando por los misiles autoguiados, todo dependía de los chips de última generación. El equipo del Pentágono resumió las ramificaciones en cuatro ideas que condensaban las conclusiones más importantes:[6]

- Las Fuerzas Armadas de EE. UU. dependen muchísimo de *la superioridad tecnológica.*
- *La electrónica* es la tecnología que más se puede explotar.
- *Los semiconductores* son la clave para liderar el sector de la electrónica.
- En poco tiempo, la defensa de EE. UU. *dependerá de fuentes extranjeras* para conseguir tecnología de vanguardia en el sector de los semiconductores.

Huelga decir que Japón era oficialmente un aliado en la Guerra Fría, al menos por el momento. Cuando EE. UU. había ocupado el país en los años inmediatamente posteriores a la Segunda Guerra Mundial, había redactado una carta magna que impedía la militarización. Pero ambos países firmaron un tratado de defensa mutua en 1951 y EE. UU. empezó a incentivar con cautela el rearmamento japonés, en su ansia por recabar más apoyo militar contra la URSS. Tokio consintió, pero limitó el gasto militar a cerca del 1 por ciento del PIB. Lo decidió así para calmar a los Estados vecinos, que recordaban con pavor el expansionismo nipón durante la guerra. Eso sí, como Japón no invertía mucho en armamento, tenía más dinero para destinar a otras cosas. En términos relativos, EE. UU. gastaba en defensa entre cinco y diez veces más. Japón ponía su acento en el desarrollo económico, mientras que EE. UU. arrimaba el hombro y lo defendía.

El resultado fue más espectacular de lo que nadie hubiera previsto. Japón pasó de verse denostado por ser un país de vendedores de transistores a ser la segunda economía más grande del mundo. Empezó a cuestionar el dominio industrial norteamericano en sectores cruciales para las Fuerzas Armadas. Washington llevaba tiempo exhortando a Tokio a que le permitiera contener el comunismo mientras Japón potenciaba su comercio exterior, pero esa división de tareas ya no parecía tan provechosa. La economía del país asiático había crecido a una velocidad sin precedentes y su destreza en la fabricación de alta tecnología amenazaba a la supremacía militar de Estados Unidos. El avance japonés pilló a todo el mundo por sorpresa. Según dijo Sporck al Pentágono: «Sería espantoso que sucediera lo mismo con los semiconductores que con el sector de los televisores o las cámaras. Sin semiconductores te conviertes en un país fantasma».[7]

19

Una vorágine mortal

En 1986, Bob Noyce le dijo a un periodista: «Estamos en una vorágine mortal. Dime un solo campo en el que Estados Unidos no se esté quedando atrás».[1] En sus momentos de mayor pesimismo, Noyce llegó a concebir la posibilidad de que Silicon Valley acabara como Detroit, con su industria estrella a merced de los garrotazos de la competencia extranjera. Silicon Valley mantenía una relación esquizofrénica con el Gobierno: tanto podía exigir que lo dejaran a su aire como pedir ayuda. Noyce personificaba esa contradicción. En sus inicios en Fairchild se dedicó a rehuir la burocracia del Pentágono mientras se beneficiaba de la carrera espacial con los soviéticos. Ahora creía que el Gobierno debía ayudar a la industria de los semiconductores, pero seguía temiendo que Washington pusiera trabas a la innovación. Los ochenta no eran como los días del programa Apolo: en esa década, el 90 por ciento de los semiconductores eran adquiridos por compañías y consumidores, no por el Ejército.[2] Para el Pentágono era difícil influir en el sector porque el Departamento de Defensa ya no era el cliente más importante de Silicon Valley.

Además, en Washington dudaban mucho de que las tecnológicas merecieran su ayuda. Al fin y al cabo, eran varios los sectores que estaban sufriendo por culpa de la competencia japonesa, desde las plantas de automóviles hasta las acerías. Los fabricantes de chips y el Departamento de Defensa estaban de acuerdo en que los semiconductores eran estratégicos. Pero muchos economistas afirmaban que no era fácil definir el término *estratégico.* ¿Los semiconductores eran más estratégicos que los motores de avión? ¿O que los robots industriales? Hay una cita muy conocida atribuida a un economista de la Administración Reagan: «*Chips* de patata, chips de ordenador... ¿qué diferencia hay? Solo son chips. Cien dólares de lo uno o cien dólares de lo otro siguen siendo cien».[3] Ese economista niega haber comparado jamás las patatas con el silicio, pero el argumento era lógico. Si las empresas japonesas podían producir chips de DRAM a un precio inferior, quizás EE. UU. hiciera bien comprándolos y embolsándose los ahorros de coste. En ese caso, los ordenadores norteamericanos serían más baratos y el sector informático progresaría más deprisa.

El apoyo a los semiconductores se dilucidó en los pasillos de Washington. Algo en lo que Silicon Valley y los economistas librecambistas estaban de acuerdo eran los impuestos. Bob Noyce testificó en el Congreso a favor de reducir el impuesto de plusvalía del 49 al 28 por ciento y abogó por flexibilizar las leyes financieras para que los fondos de pensiones pudieran invertir en empresas de capital riesgo.[4] Con esos cambios, el dinero empezó a llegar a raudales a las entidades de capital riesgo de Sand Hill Road. Luego, el Congreso reforzó los parapetos de la propiedad intelectual por medio de la Semiconductor Chip Protection Act (Ley de Protección de Chips Semiconductores), después de que varios ejecutivos de Silicon Valley, como Andy Grove, testificaran en sede parlamentaria y afirmaran que Japón estaba calcando productos y perjudicando la posición de EE. UU. en el mercado.

Pero tanto estaba aumentando la cuota japonesa en el sector de la DRAM que las bajadas de impuestos y los cambios en la propiedad intelectual parecían insuficientes. El Pentágono era reacio a apostar su tejido industrial de defensa al futuro impacto de la normativa de *copyright.* Los directores generales de Silicon Valley se unieron para pedir más ayudas. Según Noyce, pasó la mitad de la década de los ochenta en Washington. Jerry Sanders atacó «los subsidios, las ayudas, el tacticismo y el proteccionismo» que Japón había promovido: «Japón ha dado miles de millones en ayudas». Incluso cuando EE. UU. y Japón llegaron a un acuerdo para eliminar los aranceles de los semiconductores, Silicon Valley tuvo dificultades para vender más chips al país asiático. Quienes participaron en las negociaciones comerciales con Japón compararon las charlas con pelar una cebolla. Según uno de los negociadores estadounidenses: «Todo es una experiencia bastante zen», señalando que los debates acababan con interrogantes filosóficos del estilo de: «Pero bueno, ¿qué es una cebolla?». Las ventas de productos de DRAM a Japón apenas aumentaron.[5]

Espoleada por el Pentágono y presionada por el sector, la Administración Reagan decidió finalmente tomar cartas en el asunto. Incluso expartidarios del librecambismo, como el que fue secretario de Estado con Reagan, George Shultz, concluyeron que Japón solo abriría su mercado si Estados Unidos amenazaba con aplicar aranceles. La industria presentó una serie de quejas formales contra las compañías japonesas por vender circuitos integrados a pérdidas en el mercado estadounidense. Era difícil demostrar que esas empresas estaban vendiendo por debajo del coste de producción. Según las compañías de EE. UU., en Japón se pagaban míseros intereses; pero el país asiático respondió diciendo que los tipos de interés eran más bajos en su economía. Ambas partes llevaban algo de razón.

En 1986, con la amenaza de los aranceles flotando en el ambiente, Washington y Tokio llegaron a un pacto. El Gobierno japonés impondría cupos a las exportaciones de DRAM para limitar la cantidad de circuitos integrados que vendía a Estados Unidos. Al caer la oferta, aumentó el precio en todas partes excepto en Japón, en detrimento de los productores de ordenadores de Estados Unidos, que se contaban entre los grandes compradores de chips de Japón. El incremento de los precios fue positivo para los productores asiáticos, que siguieron dominando el mercado.[6] La mayor parte de los productores estadounidenses ya estaban a punto de abandonar el nicho. Así que, a pesar del acuerdo comercial, solo un puñado de compañías de EE. UU. continuaron fabricando DRAM. Las restricciones comerciales redistribuyeron los beneficios dentro del sector tecnológico, pero no lograron salvar a la mayoría de las empresas de chips de memoria.

El Congreso lanzó un último órdago. Una de las quejas de Silicon Valley era que el Gobierno de Japón financiaba y ayudaba a las empresas a coordinar sus proyectos de I+D. En el sector de la alta tecnología, mucha gente pensaba que Washington debía replicar esas tácticas. En 1987, un grupo de grandes fabricantes y el Departamento de Defensa crearon un consorcio llamado SEMATECH.[7] La industria aportaba la mitad de su presupuesto y el Pentágono, la otra mitad.

La idea básica del SEMATECH era que el sector necesitaba más colaboración para seguir siendo competitivo. Los fabricantes necesitaban mejor equipamiento y las empresas que producían ese material tenían que saber lo que buscaban los fabricantes. Los directivos de las empresas de equipamiento andaban con la mosca detrás de la oreja porque «empresas como TI, Motorola e IBM [...] no compartían su tecnología». Si no entendían la tecnología con la que estaban trabajando esas firmas, era imposible venderles nada. Por contra, los fabricantes se quejaban de la fiabilidad de las máquinas de las que dependían. Según la estimación de un empleado, a finales de los ochenta, el equipamiento de Intel solo funcionaba el 30 por ciento del tiempo por culpa del mantenimiento y las reparaciones.[8]

Bob Noyce se presentó voluntario para dirigir el SEMATECH. A efectos prácticos, ya se había marchado de Intel y había cedido las riendas a Gordon Moore y Andy Grove una década antes. Como coinventor del circuito integrado y fundador de dos de las principales empresas emergentes de EE. UU., tenía las mejores credenciales del sector. Nadie tenía su carisma ni sus contactos en Silicon Valley. Si alguien podía resucitar la industria, era la persona que presumía de haberla creado.

El SEMATECH liderado por Noyce era un poco Frankenstein. No era ni una empresa ni una universidad ni un laboratorio de investigación. Nadie sabía muy bien lo que se suponía que hacía. Al principio, Noyce intentó ayudar a las empresas de fabricación de equipamiento como GCA. Muchas de ellas tenían tecnología muy potente, pero no conseguían crear negocios sólidos ni daban con procesos de fabricación eficientes. SEMATECH organizaba seminarios sobre fiabilidad y habilidades de dirección y ofrecía una especie de máster en administración de empresas.[9] También comenzó a coordinar el plan de producción de las empresas de equipamiento y los fabricantes de chips. No tenía sentido que un fabricante preparara una nueva generación de tecnología si el equipamiento litográfico o de depósito no estaba al día. Y las compañías de equipamiento no querían lanzar nueva maquinaria a menos que los fabricantes fueran capaces de utilizarla. SEMATECH ayudaba a ambas partes a ponerse de acuerdo con sendos planes de producción. No era exactamente libre mercado, pero las mayores empresas de Japón habían dado con la tecla mágica coordinándose de este modo. Y tampoco es que Silicon Valley tuviera otra opción.

Noyce lo dio todo para salvar la industria litográfica de Estados Unidos. El 51 por ciento de la financiación del SEMATECH se destinaba a empresas de litografía. Noyce explicaba esa lógica sin rodeos: la litografía se llevaba la mitad del dinero porque causaba «la mitad de los problemas»[10] que afectaban a la industria. Era imposible fabricar semiconductores sin los recursos litográficos, y el único gran productor estadounidense estaba luchando por sobrevivir. Pronto el país dependería de las máquinas extranjeras. Testificando ante el Congreso en 1989, Noyce hizo estas declaraciones: «Seguramente, a SEMATECH se lo juzgue en gran medida por su éxito salvando a los fabricantes de *steppers* ópticos».

Era justo lo que esperaban oír los empleados de GCA, el moribundo fabricante de equipamiento litográfico de Massachusetts. Habían transcurrido cinco años desde que la empresa había inventado el *stepper* de obleas. La mala gestión y la desgracia habían hecho de GCA un actor secundario, muy rezagado respecto a las japonesas Nikon y Canon y la neerlandesa ASML. Pero cuando el presidente de GCA llamó a Noyce para pedir ayuda de SEMATECH, Noyce no se anduvo con medias tintas: «Estáis acabados», le dijo a Peter Simone.[11]

En la industria, poca gente creía en la recuperación de GCA. Intel, fundada por Noyce, compraba muchísimo a Nikon, la principal rival japonesa. Simone le propuso a Noyce que fuera a visitarlo un día con la esperanza de persuadirlo de que GCA aún era capaz de producir maquinaria de vanguardia. Noyce aceptó y, nada más llegar a Massachusetts, decidió adquirir el equipamiento más nuevo de GCA por valor de 13 millones de dólares.[12] Su plan era compartir los semiconductores hechos en Estados Unidos con fabricantes del mismo país y animarlos a comprar más cosas de allí.

SEMATECH apostó el todo por el todo y concedió a GCA contratos para producir equipamiento de litografía ultravioleta profunda, lo más nuevo del mercado. La empresa superó las expectativas e hizo honor a su antigua reputación de excelencia tecnológica. En poco tiempo, los analistas independientes del sector ya describían sus nuevos *steppers* como «los mejores del mundo». La empresa se llevó incluso un premio a la mejor atención al cliente, desembarazándose de su fama de mediocridad en ese ámbito. El *software* que utilizaban las máquinas de GCA era mucho mejor que el de la competencia japonesa. Un experto en litografía de TI que probó las últimas máquinas de GCA lo reconoció: «Se han avanzado a su tiempo».[13]

Pero GCA seguía sin contar con un modelo de negocio viable. Que te digan que te has avanzado a tu tiempo es bueno si eres un científico, pero no tiene por qué serlo si tienes una fábrica que quiere vender mucho. Los clientes ya se habían acostumbrado al equipamiento de competidores como Nikon, Canon y ASML. No querían arriesgarse con artilugios nuevos y desconocidos de una empresa de futuro incierto. Si GCA quebraba, igual a los clientes les costaba encontrar piezas de repuesto. A menos que pudiera convencerse a un gran cliente para firmar un contrato importante con GCA, la empresa caería en una espiral negativa hasta desaparecer. Entre 1988 y 1992 perdió 30 millones de dólares, a pesar de los 70 que recibió de SEMATECH. Ni siquiera Noyce pudo convencer a Intel, la compañía que había fundado, para que dejara de apostar por Nikon.[14]

En 1990, Bob Noyce, la principal baza de GCA en el SEMATECH, murió de un infarto tras darse su habitual chapuzón matutino. Había creado Fairchild e Intel, había inventado el circuito integrado y había comercializado los chips de DRAM y los microprocesadores que sustentan toda la informática moderna. Pero la litografía fue inmune a su magia. En 1993, la empresa matriz de GCA, General Signal, anunció que iba a vender o cerrar la compañía. Las agujas del reloj fueron avanzando hacia esa fecha límite autoimpuesta y no se encontró comprador. SEMATECH ya había desembolsado millones de dólares para financiar GCA y decidió cortar el grifo. La empresa lanzó una última súplica al Gobierno y los altos dignatarios de seguridad nacional sopesaron si rescatar a GCA sería positivo para la política exterior. Su conclusión fue que no había nada que hacer.[15] La compañía cerró sus puertas y vendió el equipamiento, sumándose a una larga lista de entidades aniquiladas por la competencia japonesa.

20

El Japón que sabe decir no

Tras vender electrónica a EE. UU. durante décadas y ganar un dineral, Akio Morita empezó a detectar «una cierta arrogancia»[1] en sus socios norteamericanos. En los cincuenta, cuando se hizo con la licencia del transistor, Estados Unidos era el país líder en tecnología. Desde entonces, las crisis se habían sucedido una detrás de otra. La catastrófica guerra de Vietnam, las tensiones raciales, el malestar social, la humillación del Watergate, una década de estanflación, una balanza comercial terriblemente negativa y la crisis industrial... Con cada golpe, el atractivo del país había ido disminuyendo.

En 1953, en su primer viaje al extranjero, Morita pensó que Estados Unidos era un país que «parecía tenerlo todo». Una vez le dieron un helado con una pequeña sombrilla de papel y el camarero le dijo: «Esta es de su país», una prueba humillante de lo atrasado que estaba Japón.* Sin embargo, en tres décadas la situación había cambiado por completo. En su primer viaje de los cincuenta, Morita había pensado que Nueva York era una ciudad glamurosa, mientras que ahora era peligrosa y estaba sucia, en quiebra.

* Las sombrillitas o los paraguas para cócteles y postres están hechos con papel de colores y palillos, pero muchas veces, a fin ahorrar costes, se introducen tiras de papel de periódico que indican el país donde se fabrica el producto. En general, se producían y se siguen produciendo en países asiáticos como China o Japón. *(N. del T.)*

En cambio, Sony era una marca internacional. Morita reescribió la imagen de Japón en el exterior. El país ya no era considerado un productor de sombrillas de papel para copas de helado. En ese momento fabricaba los bienes más avanzados del mundo. La familia de Morita poseía muchas acciones de Sony y se había hecho muy rica. Morita tenía una poderosa red de contactos en Wall Street y en Washington. Cultivaba el arte de la cena neoyorquina con tanta meticulosidad como un japonés aborda la ceremonia tradicional del té. Siempre que Morita pasaba por Nueva York, recibía en su casa a la flor y nata de la ciudad en su piso de la Ochenta y dos con la Quinta avenida, justo delante del Met. La esposa de Morita, Yoshiko, llegó a escribir un libro para explicar las costumbres de las veladas norteamericanas a los legos lectores japoneses, *My Thoughts on Home Entertaining*. Los kimonos, por ejemplo, no estaban recomendados: «Cuando todo el mundo va vestido más o menos igual, se realza la armonía».

A los Morita les gustaba disfrutar, pero esas cenas también encerraban un fin profesional. Cuando creció la tensión comercial entre EE. UU. y Japón, Morita se erigió como embajador espontáneo y se ofreció a explicar el cosmos japonés a los poderes fácticos de Estados Unidos. Era amigo de David Rockefeller y solía cenar con Henry Kissinger siempre que el ex secretario de Estado iba a Japón. Cuando el gigante de las inversiones Pete Peterson llevó a Morita al club de golf Augusta National, abarrotado de altos ejecutivos, se quedó de una pieza al ver que su acompañante los «conocía a todos». Y no solo eso, sino que Morita aprovechó para comer con todos sus conocidos durante la estancia: «Debió de comer unas diez veces al día durante el tiempo que estuvo allí».[2]

Al principio, Morita se dejó seducir por el poder y la riqueza de sus amistades. Pero, a medida que Estados Unidos fue encadenando crisis, el halo de hombres como Henry Kissinger o Pete Peterson empezó a desvanecerse. Su sistema nacional no funcionaba, a diferencia del japonés. En los ochenta, Morita intuyó los problemas profundos que acechaban la economía y la sociedad estadounidenses. Hacía tiempo que el país se consideraba un maestro para Japón, pero la balanza comercial negativa y la crisis de los sectores de alta tecnología hacían pensar que EE. UU. tenía mucho que aprender. La reflexión de Morita fue: «Así como Estados Unidos se ha afanado a crear abogados, [Japón] ha preferido crear ingenieros». Por si fuera poco, los ejecutivos del país estaban demasiado obcecados en «los beneficios anuales», no como los japoneses, que pensaban «a largo plazo». La relación entre la patronal y los trabajadores era jerárquica y «vetusta», y no se formaba ni se motivaba lo suficiente a los empleados de las plantas de producción. Para Morita, los norteamericanos tenían que dejar de protestar por el buen hacer de Japón. Era la hora de decir a sus amigos del otro lado del charco que el sistema japonés era mejor, y punto.[3]

En 1989, Morita puso negro sobre blanco sus impresiones en una recopilación de ensayos titulada *The Japan That Can Say No* [El Japón que sabe decir no]. Coescribió el libro con Shintaro Ishihara, un controvertido político de extrema derecha. En la universidad, Ishihara se había visto catapultado a la fama tras publicar una novela de alto contenido sexual titulada *La estación del sol*,[4] que fue galardonada con el premio literario más prestigioso de Japón para autores noveles. Esa fama, afianzada por sus diatribas despectivas contra la inmigración, le valió un escaño en la Cámara de Representantes por el Partido Liberal Democrático que ostentaba el poder. En sede parlamentaria, Ishihara hizo campaña para que Japón entrara en el tablero internacional y cambiara su Constitución, dictada por las autoridades estadounidenses durante la ocupación pos Segunda Guerra Mundial. Su voluntad era que Tokio creara un Ejército potente.

Morita decidió aleccionar a EE. UU. sobre sus crisis internas, y lo hizo eligiendo al coautor más provocador que cabía imaginar. El libro en sí era una recopilación de ensayos, varios de ellos redactados por Morita, y otros, por Ishihara. En general, los ensayos de Morita volvían a incidir en sus tesis sobre los defectos de las prácticas empresariales estadounidenses, aunque había capítulos, como el titulado «Americanos, más os vale perder esa arrogancia», que exhalaban un tono más agresivo del que estilaba Morita en las veladas en Nueva York. Incluso a alguien tan cortés como él le costaba esconder su opinión: el poder tecnológico de Japón le había valido un puesto entre las grandes potencias del mundo. Morita llegó a decir esto a un compañero nacido en Estados Unidos: «Militarmente, nunca podríamos derrotar a Estados Unidos; pero económicamente podemos superarlos y ser el país número uno».[5]

Ishihara nunca fue de los que se andaba con rodeos. Su primera novela era un relato sobre el desenfreno sexual, y su trayectoria política estuvo marcada por los peores instintos del nacionalismo japonés. Sus ensayos en *The Japan That Can Say No* instaban al país a declarar su independencia de los despóticos Estados Unidos, que llevaban demasiado tiempo dando órdenes a Japón. Uno de los textos de Ishihara proclamaba: «¡No claudiquemos ante las bravatas de Estados Unidos!». «¡Que alguien refrene a Estados Unidos!», declaraba otro. A la extrema derecha japonesa siempre le había sentado mal que su país fuera un actor secundario en un mundo liderado por Estados Unidos. Que Morita se prestara a escribir un libro con alguien como Ishihara fue una gran sorpresa para muchos norteamericanos, pues demostró que la clase capitalista alimentada por Washington aún ocultaba un peligroso nacionalismo latente. Desde 1945, la estrategia de EE. UU. había sido atar al país asiático por medio del intercambio de productos y tecnología. Akio Morita fue uno de los grandes beneficiados de las transferencias de tecnología y del libre mercado estadounidense. Si incluso él cuestionaba el papel líder de Estados Unidos, Washington se veía forzado a repensar la estrategia.

Para Washington, lo verdaderamente aterrador del libro no era que articulara un nacionalismo japonés extremo, sino que Ishihara había encontrado una forma de coaccionar a Estados Unidos. Japón no tenía por qué doblegarse a las exigencias de su aliado, porque Estados Unidos necesitaba sus semiconductores. Según el autor japonés, el Ejército norteamericano necesitaba los chips: «Tanto si hablamos de armas nucleares de medio alcance como de misiles balísticos intercontinentales, lo que garantiza la precisión de las armas son nada más y nada menos que los ordenadores compactos de alta precisión. Si no se usan semiconductores japoneses, no se puede certificar dicha precisión». Ishihara especuló con que Japón podía llegar a proporcionar semiconductores avanzados a la URSS, con lo que se alteraría el equilibrio militar de la Guerra Fría.

Según Ishihara: «Los semiconductores de un megabit, que representan el cerebro de los ordenadores, con cientos de millones de circuitos en una superficie de un tercio de la uña del meñique, solo se fabrican en Japón. [...] Japón produce casi el cien por cien de los semiconductores de un megabit. En estos momentos, nuestro país está más de cinco años por delante de EE. UU. en ese aspecto y la brecha no deja de ensancharse». Los ordenadores con chips japoneses eran: «cruciales para la fuerza militar y, por lo tanto, cruciales para el poder japonés. [...] En ese sentido, Japón es ahora un país muy importante».[6]

Y no era el único líder que adoptaba una actitud nacionalista provocadora. Un alto dignatario del Ministerio de Exteriores hizo la siguiente reflexión: «Los norteamericanos se niegan a reconocer que Japón ha ganado la carrera económica con Occidente». Kiichi Miyazawa, que pronto iba a ser primer ministro, señaló públicamente que la limitación a sus exportaciones de electrónica causaría «problemas en la economía estadounidense» y lanzó esta predicción: «La zona económica de Asia superará a la zona de Norteamérica». Según un catedrático japonés, el derrumbe de la industria y del sector de la alta tecnología significaba que el futuro de EE. UU. era el de «una gran potencia agraria, como una Dinamarca gigante».[7]

En EE. UU., *The Japan That Can Say No* levantó ampollas. La CIA lo tradujo y lo compartió extraoficialmente. Con tal de darlo a conocer, un inflamado congresista metió en el Acta del Congreso todo el libro, que en ese momento no se había publicado oficialmente en inglés. Decían las librerías que, en Washington, la gente estaba «perdiendo el oremus»[8] en busca de un ejemplar clandestino. Morita se puso de mil colores y solo autorizó la traducción oficial al inglés de los ensayos de Ishihara, sin sus aportaciones. En sus comentarios a la prensa dijo: «Ahora me arrepiento de haber colaborado en ese proyecto. Ha generado mucha confusión. Tengo la sensación de que los lectores estadounidenses no entienden que mis opiniones difieren de las de Ishihara. Mis ensayos, por llamarlos de algún modo, expresan mis opiniones, y los suyos, las suyas».[9]

Pero si el libro movió una cantera, no fue por sus premisas, sino por los hechos. EE. UU. se había quedado atrás con los chips de memoria. Si continuaba esa tendencia, los cambios geopolíticos serían inevitables. No hacía falta un *enfant terrible* ultraderechista como Ishihara para verlo; los líderes norteamericanos también percibían la tendencia. El mismo año en que Ishihara y Morita publicaron *The Japan That Can Say No*, el ex secretario de Defensa Harold Brown publicó un artículo que llegaba a muchas de sus mismas conclusiones. El título del texto era «La alta tecnología es política exterior»[10] y aducía que si la posición de EE. UU. en el sector de la alta tecnología se deterioraba, también estaba en peligro su posición en el mundo.

Para Brown, era bochornoso admitirlo. Él había sido el director del Pentágono que había contratado a Bill Perry en 1977 y le había concedido poderes para convertir los semiconductores y la informática en uno de los pilares del nuevo armamento básico. Brown y Perry consiguieron persuadir al Ejército de dar una oportunidad a los microprocesadores, pero no habían previsto que Silicon Valley dejara de llevar la batuta. Su estrategia dio sus frutos en términos armamentísticos, pero ahora muchas de esas armas dependían de Japón.

Brown reconoció que: «Japón es el país líder en los chips de memoria, que son claves para la electrónica de consumo. Los japoneses están recortando rápidamente la distancia con los chips lógicos y los circuitos integrados de aplicación específica». Japón también era pionero en algunas herramientas necesarias de fabricación, como el equipamiento litográfico. El mejor resultado para Brown era un futuro en el que Estados Unidos protegiera a Japón, pero con armas equipadas con tecnología nipona. Con la estrategia de transformar Japón en un vendedor de transistores, parecía que a EE.UU. le había salido el tiro por la culata.

Si Japón era una potencia tecnológica de primer orden, ¿se contentaría con un estatus militar de segundo orden? Si replicaba el éxito con la DRAM, el país iba a superar a Estados Unidos en casi todas las industrias importantes. ¿Por qué no iban a buscar también la supremacía militar? En ese caso, ¿qué haría Estados Unidos? En 1987, la CIA pidió a un equipo de analistas que realizaran una previsión del futuro de Asia.[11] Su conclusión fue que el dominio japonés en los semiconductores apuntaba a una nueva «Pax Nipponica», un bloque económico y político de Asia Oriental abanderado por Japón. El poder estadounidense en Asia se había asentado sobre el dominio tecnológico, el poder militar, el comercio y los vínculos de inversión que conectaban Japón, Hong Kong, Corea del Sur y los países del sudeste asiático. Desde aquella primera planta de Fairchild en la bahía hongkonesa de Kowloon, los circuitos integrados habían pasado a ser elementales para la posición de EE. UU. en Asia. Las empresas abrieron fábricas incluso en Taiwán, Corea del Sur y Singapur. Esos territorios estaban protegidos de las incursiones comunistas no solo por la fuerza militar, sino por la integración económica. La industria de la electrónica atrajo a los campesinos de la región, que abandonaron sus granjas —lugares donde la pobreza solía alimentar la lucha de guerrillas— para aceptar buenos trabajos ensamblando dispositivos para el consumo estadounidense.

Los norteamericanos que habían diseñado la cadena de suministro habían repelido con maestría a los comunistas, pero en los ochenta el principal beneficiado parecía haber sido Japón. La industria y la inversión extranjera se habían disparado. El papel de Tokio en la economía y la política asiáticas crecía inexorablemente. Si Japón era capaz de hacerse tan deprisa con el dominio del sector, ¿qué le impediría desbancar a Estados Unidos de su trono geopolítico?

Parte IV

EL RESURGIR DE ESTADOS UNIDOS

21

El rey de los chips crujientes

Jack Simplot solía decir que Micron fabricaba «los mejores artilugios del planeta». El multimillonario de Idaho no sabía gran cosa sobre los principios físicos del producto principal de su empresa, los chips de DRAM. El sector estaba a rebosar de doctorados, pero Simplot no había acabado el instituto. Su especialidad eran las patatas, como denotaba claramente el Lincoln Town Car que llevaba por las calles de Boise, en cuya matrícula lucía el texto «Mr. Spud»[1] («Sr. Patata»). Pero Simplot entendía el mundo de los negocios con una sagacidad que eludía a los más brillantes científicos de Silicon Valley. Mientras el sector sudaba para afrontar el desafío japonés, los emprendedores de sombrero y espuelas como él desempeñaron un papel fundamental para revertir la «vorágine mortal» identificada por Bob Noyce, dando un vuelco sorprendente a la situación.

El resurgir de Silicon Valley fue impulsado por nuevas empresas de poca monta y por dolorosas metamorfosis corporativas. Estados Unidos no superó a los gigantes japoneses de DRAM replicando lo que hacían, sino innovando. En vez de prohibir las importaciones, Silicon Valley deslocalizó aún más la producción a Taiwán y Corea del Sur para recuperar su ventaja competitiva. Mientras la industria recobraba fuerzas, la apuesta del Pentágono por la microelectrónica empezó a dar sus frutos, dado que se pusieron en funcionamiento armas como las de ningún otro país. El poder incomparable de EE. UU. durante los noventa y los dos mil surgió de su renovado dominio en los chips de ordenador, la tecnología esencial de nuestro tiempo.

Si hubiéramos pensado en todas las personas capaces de ayudar a la industria norteamericana de los chips, nunca habríamos mencionado a Jack Simplot. Simplot había construido su fortuna con las patatas, pues fue un pionero en el uso de máquinas para clasificarlas, deshidratarlas y congelarlas para hacer patatas fritas. No era la innovación a la que estaban acostumbrados en Silicon Valley, pero le bastó para llevarse un contrato multimillonario para vender tubérculos a McDonald's. En un momento dado, llegó a suministrar la mitad de las patatas que la empresa compraba para servir en sus restaurantes.

La empresa de DRAM por la que apostó Simplot fue Micron, una firma que al principio parecía abocada al desastre. Los gemelos Joe y Ward Parkinson fundaron Micron en el sótano de una clínica dental de Boise en 1978, el peor momento para crear una empresa de chips de memoria. Los japoneses estaban acelerando la producción de chips de alta calidad a un precio económico. El primer contrato de Micron fue para diseñar una memoria de 64K para una compañía texana llamada Mostek, pero, igual que los demás productores norteamericanos de DRAM, cayó derrotada por Fujitsu en el mercado. Al cabo de poco quebró Mostek, el único cliente de Micron. Ante la ofensiva sin cuartel de la competencia japonesa, AMD, National Semiconductor, Intel y otros adalides de la industria abandonaron la producción de DRAM. Ante un panorama de bancarrota y de miles de millones de dólares en pérdidas, parecía que todo Silicon Valley iba a quebrar. Los ingenieros mejor preparados de Estados Unidos iban a acabar friendo hamburguesas. Al menos el país seguía teniendo patatas fritas para dar y regalar.

Mientras Japón se apoderaba del mercado, los ejecutivos de las grandes compañías estadounidenses pasaban más y más tiempo en Washington, presionando al Congreso y al Pentágono. En cuanto vieron que Japón amenazaba cada vez más su posición, perdieron la fe en el librecambio y acusaron al país asiático de competencia desleal. Silicon Valley desmintió la tesis de que no hubiera diferencias entre un chip frito y un chip informático. En el valle californiano estaban convencidos de que sus chips merecían la ayuda del Gobierno porque eran estratégicos, mientras que las patatas no lo eran.

Para Jack Simplot, las patatas no tenían nada de malo. En Idaho, el argumento de que Silicon Valley merecía una atención especial no calaba mucho, porque era un estado con pocas tecnológicas. Micron sudó la gota gorda para recaudar fondos. Su cofundador, Ward Parkinson, había conocido a un empresario de Boise llamado Allen Noble mientras cruzaba penosamente un patatal lleno de lodo. Iba trajeado, en busca de un componente eléctrico averiado en un sistema de riego. Los hermanos Parkinson tiraron de ese hilo y consiguieron 100.000 dólares de capital semilla de Noble y de un par de sus amigos ricachones de Boise. Cuando Micron perdió su contrato para diseñar chips para Mostek y decidió fabricar sus propios semiconductores, los Parkinson necesitaron más dinero. Y decidieron recurrir al hombre más acomodado del estado, el Sr. Patata.[2]

La primera vez que los Parkinson se reunieron con Simplot fue en el Royal Café del centro de Boise. Con las axilas y el cuello de la camisa empapados, presentaron su plan al plutócrata patatero de Idaho. El magnate se quedó igual al oír hablar de transistores y condensadores; era el polo opuesto a los típicos inversores de capital riesgo de Silicon Valley. Con el tiempo, Simplot acabaría presidiendo de manera informal las reuniones del consejo de administración de Micron, celebradas cada lunes a las 5:45 de la mañana en el Elmer's, un restaurante de comida rápida que servía pilas de tortitas de mantequilla por 6,99 dólares.[3] Pero, mientras todos los titanes tecnológicos de California dejaban el sector de los chips de DRAM ahogados por la competencia japonesa, Simplot tuvo el instinto de ver que Ward y Joe Parkinson estaban entrando en el mercado en el momento más oportuno. Alguien como él, un agricultor que cosechaba tubérculos, entendió perfectamente que la competencia asiática había convertido el sector en un mercado de materias primas. Y Simplot había vivido suficientes cosechas para saber que el mejor momento para comprar una empresa de materias primas es cuando los precios tocan fondo y toda la competencia va a echar el cierre. Simplot decidió respaldar a Micron con un millón de dólares, y luego acabó invirtiendo varios millones más.[4]

Para los próceres de la tecnología, los paletos del Idaho profundo no tenían ni idea. L. J. Sevin, un exingeniero de TI convertido en un influyente inversor de capital riesgo, aseguró: «Sería horrible decir que los chips de memoria tienen los días contados. Pero es que tienen los días contados». En Intel, Andy Grove y Gordon Moore llegaron a la misma conclusión. TI y National Semiconductor anunciaron pérdidas y despidos en sus divisiones de DRAM.[5] *The New York Times* declaró que el futuro del sector era «aciago». Así las cosas, Simplot se metió de cabeza.

Los hermanos Parkinson perfeccionaron su imagen de pueblerinos. Se dieron a las largas anécdotas, que narraban yéndose por las ramas y con un leve acento provinciano. Pero lo cierto era que eran tan sofisticados como el fundador de cualquier tecnológica de Silicon Valley. Los dos habían estudiado en la Universidad de Columbia, tras lo cual Joe había trabajado como asesor jurídico para una empresa y Ward se había puesto a diseñar chips en Mostek. De ahí esa impostura de *rara avis* de Idaho.[6] Su modelo iba a arrasar un mercado del que las grandes empresas de chips estaban saliendo, así que tampoco iban a hacer muchos amigos en Silicon Valley, que aún estaba lamiéndose las heridas provocadas por la guerra con Japón.

Al principio, Micron se mofó de los intentos de Silicon Valley por obtener ayuda del Gobierno contra Japón. En un alarde de remilgo, la empresa se negó a unirse a la Semiconductor Industry Association (SIA), el grupo de presión creado por Bob Noyce, Jerry Sanders y Charlie Sporck. Según declaró Joe Parkinson: «Para mí, era evidente que tenían otras prioridades. Su estrategia era apartarse de todo lo que hicieran los japoneses. Los que llevan los pantalones en la SIA no cuentan con los japoneses. A mí me parece una estrategia derrotista».[7]

Micron optó por desafiar a los fabricantes asiáticos en su propio juego, pero recortando costes sin ningún miramiento. Al poco tiempo, la empresa se dio cuenta de que los aranceles podían irle bien y corrigió el rumbo, liderando la defensa de los impuestos a los chips importados de Japón. Acusaron a los productores de ese país de vender DRAM a pérdidas, cosa que perjudicaba a los productores domésticos. Simplot montó en cólera cuando se enteró de las políticas comerciales de Japón y del perjuicio que ocasionaban a sus ventas de patatas y chips de memoria: «Los aranceles que imponen a las patatas son desorbitados. Estamos pagando un riñón por exportar patatas. Los podemos superar en tecnología y producción. Van a morder el polvo. Pero están regalando esos chips. ¿Quiere saber por qué recurrimos al Gobierno? Pues porque la ley lo prohíbe».[8]

Era un poco irónico que fuera Simplot quien se quejara de que las empresas japonesas estaban bajando demasiado los precios. Fueran tubérculos o semiconductores, él siempre había dicho que una empresa solo necesitaba una cosa para triunfar: «Producir al coste más bajo el producto de mejor calidad». En todo caso, Micron tenía un don para reducir costes, un don que ninguna de las empresas de Silicon Valley o de Japón podía igualar. Uno de los primeros empleados de la compañía dijo que Ward Parkinson, el «prodigioso ingeniero y cerebro de la organización», tenía una habilidad especial para diseñar chips de DRAM con la máxima eficiencia. La mayor parte de la competencia estaba empecinada en hacer más pequeños los transistores y condensadores de cada chip, pero Ward se percató de que, si reducía el tamaño del propio chip, Micron podría meter más circuitos en cada una de las obleas circulares de silicio. Así, la fabricación resultaría mucho más eficiente. Ward se lo tomaba a broma: «Era de lejos el peor producto del mercado, pero también era de lejos el más barato de producir».[9]

Luego, Parkinson y sus primeros espadas simplificaron los procesos de fabricación. Cuantos más pasos hubiera, más tiempo se tardaría en fabricar cada chip y más margen habría para cometer errores. A mediados de los ochenta, Micron producía con menos pasos que la competencia, con lo que usaba menos equipamiento y podía reducir aún más los costes. Micron ajustó las máquinas litográficas compradas a PerkinElmer y ASML para que fueran más precisas de lo que los fabricantes pensaban que podían ser. Modificó los hornos para sacar 250 obleas de silicio por serie, en vez de las 150 habituales. Si en un paso del proceso podía embutir más obleas o reducir los tiempos de producción, el precio disminuía. Según un empleado de la época: «Íbamos aprendiendo sobre la marcha, [así que, a diferencia de los demás fabricantes,] no teníamos inconveniente en hacer cosas que nunca se habían dejado por escrito».[10] Los empleados de Micron destinaban a la reducción de costes más conocimientos en ingeniería que la competencia japonesa y norteamericana.

Si Micron priorizó tanto la reducción de costes fue porque no tenía alternativa. La verdad sea dicha, una pequeña empresa emergente de Idaho no podía encontrar clientes de ninguna otra forma. El metro cuadrado y la electricidad eran más baratos en Boise que en California o Japón, y eso fue de ayuda. Una razón era la energía hidroeléctrica de bajo coste. Aun así, sobrevivir tampoco era nada fácil. En un momento dado de 1981, la empresa llegó a tener tan poca liquidez que solo pudo asumir las nóminas de dos semanas. Al final salió a flote, pero en otra crisis al cabo de unos años se vio obligada a despedir a la mitad de su plantilla y bajar el sueldo al resto.[11] Desde el nacimiento de la empresa, Joe Parkinson había procurado que los empleados supieran que su supervivencia dependía de la eficiencia. Cuando los precios de la DRAM caían, incluso llegaba a apagar las luces de los pasillos por la noche para ahorrar en la factura de la luz. En la empresa creían que tenía una «manía» por ahorrar, y se notaba.

Los empleados de Micron no tenían más opción que mantener viva la empresa. En Silicon Valley, si quebraba quien te daba de comer, podías coger la ruta 101 y encontrabas trabajo en otro fabricante de chips u ordenadores. Pero Micron estaba en Idaho. Como confesó un empleado: «No teníamos otra cosa que hacer. O hacíamos DRAM, o sanseacabó». Según otro, la filosofía laboral «era la propia de gente obrera y muy trabajadora», una «mentalidad de taller clandestino». Otro de los empleados que llegó muy pronto a la empresa y sobrevivió a varias crisis temibles del mercado de DRAM manifestó: «El sector de los chips de memoria es una jungla despiadada».[12]

Jack Simplot nunca perdió la fe. Había sobrevivido a batacazos en todas las empresas que había tenido. No pensaba abandonar Micron a su suerte por los vaivenes del precio a corto plazo. Pese a entrar en el mercado en el mismo momento en que la competencia japonesa estaba en pleno apogeo, Micron sobrevivió y acabó encontrando su momento. A finales de los ochenta, la mayoría de los productores norteamericanos de DRAM salieron del mercado como alma que lleva el diablo. TI siguió fabricando chips, pero apenas le resultaba rentable y acabó vendiendo su división a Micron. La inversión inicial de Simplot de un millón de dólares se amplió hasta llegar a los 1.000 millones.

Micron supo competir con rivales japoneses como Toshiba y Fujitsu aumentando la capacidad de almacenamiento de cada generación de chips, y superándolos a nivel de costes. Los ingenieros de Micron no se quedaron atrás y, tal como hicieron el resto de las empresas de DRAM, torcieron las leyes de la física para hacer chips aún más densos y proporcionar los circuitos necesarios para los ordenadores personales. Pero la tecnología por sí sola no bastó para salvar el sector estadounidense de la DRAM. El negocio de dioses de la tecnología como Intel y TI no acababa de arrancar. Los ingenieruchos de Idaho dejaron sentados a los rivales de ambos lados del Pacífico con su creatividad y su habilidad reduciendo costes. Tras una década de vía crucis, la industria norteamericana de chips por fin se apuntó un tanto. Y si lo consiguió fue solo gracias a la astucia mercantil del mayor cultivador de patatas del país.

22

Intel y la innovación disruptiva

Andy Grove no se mordió la lengua ante el profesor más célebre de la Harvard Business School, Clayton Christensen: «No te voy a mentir, Clayton, soy un hombre ocupado y no tengo tiempo para leer sermones de académicos».[1] Al cabo de varios años, los dos aparecieron en la portada de la revista *Forbes*. Christensen medía dos metros y parecía una torre al lado de Grove, cuya generosa frente apenas alcanzaba el hombro de su compañero. Pero la intensidad de Grove eclipsaba la de toda la gente a su alrededor. Según el que durante mucho tiempo fue su mano derecha, era «un húngaro de armas tomar, que iba siempre a la yugular y gritaba a todo quisqui, les ponía en duda y les exigía tanto como podía».[2] Sobre todo fue la tenacidad de Grove la que salvó a Intel de la bancarrota y la convirtió en una de las empresas más rentables y potentes del mundo.

Christensen era conocido por su teoría de la «innovación disruptiva», un término que engloba todas esas nuevas tecnologías que dejan fuera de juego las empresas existentes. Con la crisis de la DRAM, Grove se dio cuenta de que Intel, que antaño había sido sinónimo de innovación, se enfrentaba a una gran amenaza. A principios de los ochenta, Grove era el presidente y dirigía las operaciones del día a día, pero Moore todavía tenía un papel destacado. Grove describió su filosofía como ejecutivo en su superventas *Sólo los paranoides sobreviven*:

«Tanto el miedo a la competencia como el miedo a la quiebra, el miedo a equivocarse y el miedo a perder pueden ser una gran motivación». Tras una larga jornada de trabajo, lo que motivaba a Grove a seguir rebuscando en su correspondencia o hablando por teléfono con sus subordinados era el miedo, el temor a no saber de alguna demora en los envíos o de algún cliente insatisfecho.[3] De puertas afuera, Andy Grove personificaba el sueño americano: un antiguo refugiado en la miseria que se había convertido en un prohombre de la tecnología. Tras la epopeya de Silicon Valley se escondía la vida de un exiliado húngaro desgarrado por la infancia vivida, marcada por su huida de los soldados soviéticos y nazis por las calles de Budapest.

Grove se dio cuenta de que el modelo de Intel de vender DRAM tenía los días contados. Los precios podían volver a subir, pero la empresa no recuperaría jamás su cuota de mercado. Los japoneses lo habían llevado al exterior de la pista. Ya solo quedaba frenar o estrellarse. Salir del mercado de DRAM parecía imposible. Intel había sido pionera en los chips de memoria y habría resultado humillante admitir su derrota. Según un trabajador, era como si Ford decidiera dejar de fabricar coches. Grove no veía cómo se podía renunciar a su identidad propia. En 1985 pasó muchas horas en el despacho de Gordon Moore en las oficinas de Intel de Santa Clara. Los dos se dedicaban a mirar por la ventana, al horizonte, donde atisbaban la noria del parque de atracciones Great America y esperaban que, al igual que hacían las cabinas de la atracción, el mercado de memorias acabara tocando fondo y empezara nuevamente su ascenso circular.[4]

Pero los pésimos números del sector eran imposibles de disimular. Intel nunca ganaría suficiente dinero con la DRAM para justificar nuevas inversiones. En cambio, la empresa era líder del pequeño mercado de microprocesadores, en el que Japón seguía a rebufo. Y un avance en ese campo permitía albergar cierta esperanza. En 1980, Intel se llevó un pequeño contrato de IBM, el gigante informático de EE. UU., para fabricar chips para un nuevo producto llamado «ordenador personal».[5] IBM contrató al joven programador Bill Gates para que escribiera el código del sistema operativo. El 12 de agosto de 1981, desde el gran salón del Waldorf Astoria, decorado con floridos patrones y gruesas cortinas, IBM anunció el lanzamiento de su ordenador personal.[6] 1.565 dólares por un ordenador aparatoso con un monitor gigantesco, teclado, impresora y dos disqueteras. Y con un pequeño chip de Intel dentro.

El mercado de los microprocesadores estaba llamado a crecer. Pero, según un subordinado de Grove, parecía inconcebible que las ventas pudieran superar a las de la DRAM, que constituía el grueso del mercado.[7] Para Grove, no había alternativa. Cuando Moore le dijo que quería seguir produciendo DRAM, él le preguntó: «Si nos echaran y el consejo contratara a un nuevo director general, ¿qué crees que haría?», a lo que Moore contestó agachando la cabeza: «Abandonaría el sector de memorias». Al final, Intel se lio la manta a la cabeza y entregó el mercado de DRAM a los japoneses para centrarse en los microprocesadores para ordenador. Para una empresa construida sobre la base de los chips de memoria, era una decisión valiente. En la teoría de Clayton Christensen, la «innovación disruptiva» parecía música celestial, pero, según Andy Grove, su aplicación práctica fue desgarradora y provocó «enfados, riñas y disensiones».[8] El malestar era evidente. La innovación tardaría años en dar sus frutos, si es que los acababa dando.

Mientras esperaba el resultado de su apuesta por el ordenador personal, Grove se dio a la paranoia con un entusiasmo casi insólito en Silicon Valley. La jornada de trabajo empezaba a las ocho en punto y el que fichaba tarde era amonestado en público. Si dos empleados tenían una disputa, se resolvía con una táctica que Grove llamaba «confrontación constructiva».[9] Su segundo de a bordo, Craig Barrett, solía jactarse de que la técnica predeterminada de Grove era «agarrar a la gente y darles en la cabeza con un mazo».

No era la cultura distendida por la que se conocía a Silicon Valley, pero lo cierto es que Intel necesitaba un sargento. Sus chips de DRAM padecían los mismos problemas de calidad que los de otros fabricantes norteamericanos. Cuando Intel había ganado dinero en el sector, fue porque rompió el mercado con un nuevo diseño, y no porque fuera un as de la producción en serie. Bob Noyce y Gordon Moore siempre habían antepuesto la primacía tecnológica. Pero Noyce admitía que «la aventura» empresarial siempre le gustó más que «el control».[10] Grove era un apasionado del control, y por ese motivo Gordon Moore lo fichó para Fairchild en 1963: para solucionar los problemas productivos. Cuando se fue a Intel siguiendo los pasos de Noyce y Moore, se le asignó el mismo cometido. Grove pasaría el resto de sus días analizando de pe a pa todos los procesos de la empresa y el negocio, azuzado por una molesta sensación de miedo.

En el plan de reestructuración de Grove, el primer paso fue despedir a una cuarta parte de la plantilla y cerrar sedes en Silicon Valley, Oregón, Puerto Rico y las Barbados. El segundo de Grove dijo que su superior solía pronunciarse en estos términos: «Por Dios, despide a esos dos, quema las naves, destruye el negocio». Era más despiadado y resuelto de lo que Noyce y Moore habrían podido ser jamás. El segundo paso fue conseguir que la fabricación funcionara. Él y Barrett empezaron a copiar incansablemente los métodos japoneses. Según un subordinado: «En esencia, Barrett cogió un [bate de] béisbol, se fue al taller y dijo: "¡Me cago en todo! Esos japoneses no nos van a hacer morder el polvo"». Obligaba a los directores de fábrica a ir a Japón y les decía: «Así es como se tiene que hacer».[11]

El nuevo método de fabricación de Intel se llamó *copy exactly!* (¡a calcarlo!). Cuando Intel determinaba que una serie de procesos productivos funcionaban mejor, se replicaban en las demás plantas de la empresa. Antes de eso, los ingenieros se habían enorgullecido de pulir los procesos. Ahora no se les pedía que pensaran, sino que imitaran. Uno de esos científicos aseguró: «Fue una enorme revolución cultural»; el estilo libre de Silicon Valley fue sustituido por el rigor fordista. Barrett admitió que la gente lo «tenía por un dictador», pero el método dio sus frutos: la rentabilidad de Intel creció bastante, ya que su equipamiento empezó a usarse de forma más eficiente y disminuyeron los costes. Todas las plantas empezaron a operar menos como un laboratorio de investigación y más como un mecanismo bien engrasado.[12]

Grove e Intel también tuvieron suerte. Algunos factores estructurales que habían beneficiado a los productores japoneses a principios de los ochenta empezaron a cambiar. Entre 1985 y 1988, el valor del yen se duplicó respecto al dólar, así que las exportaciones norteamericanas fueron más baratas. Durante la década, los tipos de interés en EE. UU. se desplomaron y redujeron la deuda de Intel. Por su parte, la texana Compaq Computer se introdujo por la fuerza en el mercado de ordenadores de IBM, llevada por el convencimiento de que, por muy difícil que fuera escribir sistemas operativos y crear microprocesadores, montar componentes en una caja de plástico era relativamente sencillo. Compaq lanzó sus propios ordenadores con chips de Intel y *software* de Microsoft a un precio muy inferior al de IBM. A mediados de los ochenta, Compaq y otras empresas estaban creando «clones» de ordenadores de IBM y vendiendo más productos que la propia IBM.[13] Cuando los ordenadores se introdujeron en todas las oficinas y en muchos hogares, los precios se hundieron. Salvo los ordenadores de Apple, casi todos los demás utilizaban chips de Intel y *software* de Windows, que se habían diseñado para funcionar como la seda conjuntamente. Intel llegó a esta nueva era con un cuasimonopolio del sector de los ordenadores personales.

La reestructuración de Grove fue un paradigma del capitalismo californiano. Grove asumió que el modelo de su empresa estaba acabado y decidió sacar directamente a Intel de su zona de confort abandonando el mismo sector de DRAM para el que había sido fundada. La empresa estableció un dominio en toda regla en el mercado de chips de ordenador, sacando una nueva generación cada uno o dos años, con transistores más pequeños y mayor potencia de procesamiento. Andy Grove creía que solo los paranoides sobreviven. Lo que salvó a Intel no fue tanto la innovación o el saber como su paranoia.

23

«El enemigo de mi enemigo»: el surgimiento coreano

Lee Byung-Chul podía sacar agua de las piedras. Nacido en 1910, solo un año después de Jack Simplot, inició su trayectoria empresarial en marzo de 1938. En ese momento, su Corea natal formaba parte del Imperio japonés, estaba en guerra con China y pronto lo estaría con Estados Unidos. Los primeros productos de Lee fueron las verduras y el pescado seco, que acumulaba en Corea y enviaba al norte de China para alimentar la máquina de guerra nipona. Corea era un lugar desolado y miserable sin industria ni tecnología, pero Lee ya soñaba con crear un negocio «grande, fuerte y eterno».[1] Consiguió hacer de Samsung una superpotencia de los semiconductores gracias a dos aliados clave: la industria norteamericana de chips y el Estado surcoreano. La estrategia de Silicon Valley de dar jaque a los japoneses pasaba especialmente por encontrar fuentes de suministro más baratas en Asia. Y Lee estimó que Samsung podía desempeñar sin problemas ese papel.

Corea del Sur estaba habituada a nadar entre peces más gordos. En 1945, siete años después su fundación, Samsung podría haber caído en completa desgracia tras la derrota japonesa en la Segunda Guerra Mundial. Pero Lee bailaba al son que le tocaban; el don de gentes con los padrinos políticos se le daba tan bien como la venta de pescado seco. Tendió puentes con los norteamericanos que ocuparon la mitad sur de Corea tras la guerra y ganó el pulso a los políticos que querían desarticular las grandes empresas como la suya. Incluso conservó sus activos cuando el Gobierno comunista de Corea del Norte invadió el sur, si bien es cierto que, cuando el enemigo se hizo momentáneamente con Seúl, un líder del Partido Comunista requisó su Chevrolet y no dudó en fardar de él recorriendo las calles de la capital ocupada.[2]

A pesar de la guerra, Lee expandió su imperio. Supo navegar con oficio por las bulliciosas aguas de la política surcoreana. Cuando el Ejército se hizo con el poder en 1961, los generales arrebataron a Lee sus bancos, pero mantuvo sus demás compañías intactas. Él incidía en que Samsung trabajaba para el bien de la nación y que ese bien nacional dependía de que la empresa lograra la excelencia. La primera parte del lema de la familia rezaba: «Un negocio al servicio del país».[3] Lee empezó a diversificarse. De comerciar con pescado y verduras, pasó a ofrecer azúcar, tejidos, abonos y servicios de construcción, banca y seguros. El despegue económico coreano de los sesenta y los setenta fue para él una prueba de que su empresa estaba al servicio de la nación. Sus adversarios advirtieron que en 1960 se había convertido en la persona más rica del país, y creían que su riqueza demostraba que el Estado y sus corruptos políticos estaban a su servicio.

Lee llevaba mucho tiempo queriendo entrar en el sector de los semiconductores. A finales de los setenta y principios de los ochenta, algunas empresas como Toshiba y Fujitsu se hicieron con el mercado de DRAM. Corea del Sur ya era un centro importante de montaje y encapsulado de chips fabricados en EE. UU. o Japón. Además, en 1966 el Gobierno de EE. UU. había financiado parcialmente la creación del Instituto Superior de Ciencia y Tecnología de Corea, y cada vez eran más los coreanos que se licenciaban en universidades prestigiosas de EE. UU. o que estudiaban en Corea bajo el amparo de profesores formados en el país aliado. Pero aun contando con una mano de obra cualificada, las empresas no conseguían saltar del ensamblaje básico a la fabricación de última tendencia. Samsung ya había realizado una tímida incursión en los semiconductores, pero no había sacado mucho provecho ni había producido tecnología avanzada.[4]

A principios de los ochenta, Lee vio que el viento empezaba a soplar en otra dirección. La competencia feroz de los ochenta entre Silicon Valley y Japón abrió una grieta. El Gobierno surcoreano se marcó los semiconductores como una prioridad. Valorando el futuro de Samsung, Lee viajó a California en la primavera de 1982 y visitó las instalaciones de Hewlett-Packard (HP). Allí cayó embelesado por la tecnología de la empresa. Si HP era capaz de convertir un garaje de Palo Alto en un gigante tecnológico, una compañía de pescado y verduras como Samsung también podría. Un empleado de HP le dijo que todo era «gracias a los semiconductores». También fue a inspeccionar una fábrica de ordenadores de IBM y se quedó estupefacto cuando le dijeron que podía sacar fotos: «En su fábrica se esconderán muchos secretos», le dijo al empleado que le acompañaba en la visita guiada, a lo que este respondió con un susurro: «No se pueden replicar solo observándolos».[5] En verdad, calcar el éxito de Silicon Valley era justo lo que se proponía Lee.

Para ello tendría que invertir millones y millones de dólares en maquinaria, y sin ninguna garantía de éxito. Era una apuesta arriesgada, incluso para él. Vaciló durante meses. Si salía mal, todo su imperio podía venirse abajo. Sin embargo, el Gobierno le comunicó que estaba dispuesto a echar una mano con la financiación. El Ejecutivo había prometido invertir 400 millones de dólares para desarrollar el sector de los semiconductores. Los bancos coreanos iban a seguir sus órdenes y también aportarían millones. Igual que aconteció en Japón, las tecnológicas coreanas no surgieron de garajes, sino de conglomerados colosales que obtuvieron créditos con intereses bajos y ayudas públicas. En febrero de 1983, tras una noche de nervios e insomnio, Lee cogió el teléfono y llamó al responsable de la división de electrónica de Samsung para anunciarle: «Samsung fabricará semiconductores». Le dijo que apostaría el destino de la empresa a esos materiales y proclamó que estaba dispuesto a invertir al menos 100 millones de dólares.[6]

Lee era muy astuto y contaba con la confianza ciega de su Gobierno. Dicho eso, la apuesta radical de Samsung por los chips no habría funcionado sin el apoyo de Silicon Valley. En California consideraron que la mejor forma de lidiar con la competencia de Japón era encontrar una fuente todavía más barata en Corea, mientras la I+D estadounidense focalizaba sus esfuerzos en productos de mayor valor que la democratizada DRAM. Para los fabricantes estadounidenses, por lo tanto, los arribistas coreanos podían ser buenos aliados. Como le dijo Bob Noyce a Andy Grove, «con los coreanos de por medio», la estrategia japonesa de «ofrecer productos a mitad de coste» no serviría para procurarles el monopolio global sobre la producción de DRAM. Noyce predijo que el hachazo para los fabricantes de Japón sería «mortal».[7]

Intel aplaudió el auge de los productores coreanos de DRAM. Fue una de las empresas de Silicon Valley que se asociaron con Samsung durante los ochenta, vendiendo chips manufacturados por la firma coreana bajo su propia marca. Intel calculaba que la amenaza japonesa sobre Silicon Valley disminuiría si se ayudaba al sector coreano de chips. Además, los costes y los salarios eran bastante más bajos que en Japón, o sea que las empresas coreanas como Samsung tenían la oportunidad de hacerse un hueco en el mercado aunque su fabricación no estuviera tan perfectamente engrasada como en el supereficiente Japón.

La tensión comercial entre EE. UU. y Japón también favoreció a las empresas coreanas.[8] En 1986, Washington amenazó con imponer aranceles si Japón no dejaba de vender

DRAM en su mercado por debajo del precio de coste. Ante eso, Tokio se comprometió a limitar las ventas de chips en EE. UU. y prometió no venderlos a un precio bajo. Gracias a eso, las compañías coreanas pudieron vender más DRAM a precios más altos. El plan de EE. UU. no era beneficiar a Corea, pero fue un alivio ver que alguien aparte de Japón producía los chips que necesitaban.

EE. UU. no solo aportó un mercado para los chips surcoreanos de DRAM; también proporcionó la tecnología. Los productores de Silicon Valley estaban al borde del abismo, de modo que no hubo muchas dudas a la hora de transferir tecnología de primerísima calidad a Corea. Lee propuso adquirir la licencia de un chip de DRAM de 64K de Micron, la necesitada empresa de memorias, y entretanto se hizo amigo de su fundador, Ward Parkinson. En Idaho estaban desesperados por ver algo de dinero, y aceptaron aunque eso significara que Samsung descubriría muchos de sus procesos. Como lo expresó el propio Parkinson: «Todo lo que hacíamos, lo hacía Samsung». Según el fundador de Micron, el capital que inyectó Samsung no fue «crucial [para la supervivencia de la empresa], pero casi». A algunos líderes de la industria, como Gordon Moore, les inquietaba que algunas empresas estuvieran tan desesperadas como para «deshacerse de recursos tecnológicos cada vez más valiosos». Pero era difícil creer que la tecnología de la DRAM fuera tan importante cuando la mayoría de los fabricantes de EE. UU. estaban casi en la quiebra. En general, en Silicon Valley estuvieron encantados de colaborar con empresas coreanas, de frenar el avance de los japoneses y de ayudar a transformar Corea del Sur en uno de los puntos neurálgicos de la fabricación internacional de memorias. Como lo expresó Jerry Sanders, la lógica era sencilla: «El enemigo de mi enemigo es mi amigo».[9]

24

«He aquí el futuro»

El renacer de la industria norteamericana de chips solo fue posible gracias a la paranoia de Andy Grove, la agresividad pendenciera de Jerry Sanders y el carácter aguerridamente *cowboy* de Jack Simplot. La testosterona y la competencia accionarial de Silicon Valley no se acercaban tanto a la economía estéril que aparecía en los libros de texto, sino a una lucha darwiniana por la supervivencia del más fuerte. Fueron muchas las compañías que hicieron agua, las fortunas que se perdieron y los empleados despedidos; de estos últimos, decenas de miles. Las empresas que pervivieron, como Intel y Micron, no salieron a flote gracias a sus dotes de ingeniería —que también fueron importantes—, sino a su habilidad para explotar su aptitud técnica y lucrarse en un sector ultracompetitivo, despiadado.

Pero el renacer de Silicon Valley no fue solo un relato de emprendedores intrépidos y de destrucción creativa. Aparte de esos nuevos titanes de la industria, hubo una nueva hornada de científicos e ingenieros que fraguaron un avance en la fabricación de chips, pensando en maneras nuevas y revolucionarias de usar el poder de procesamiento. Muchos de esos progresos ocurrieron gracias a la intervención del Gobierno, si bien es cierto que, por lo general, no fueron una realidad gracias a la todopoderosa mano del Congreso o de la Casa Blanca, sino gracias a la labor de organizaciones pequeñas y escurridizas como la DARPA, autorizadas para apostar sin reservas por tecnologías futuristas y para crear la infraestructura académica e investigadora que requerían esos envites.

El único problema de Silicon Valley en los ochenta no fue la competencia de Japón, que producía DRAM de alta calidad y bajo coste. La famosa ley de Gordon Moore predecía el crecimiento exponencial en el número de transistores por chip, pero ese sueño cada vez era más difícil de cumplir. Hasta la década de los ochenta, muchos circuitos integrados se habían diseñado siguiendo el mismo proceso que había empleado Federico Faggin para producir el primer microprocesador. En 1971, este trabajador de Intel estuvo medio año pegado a su mesa de diseño esbozando el prototipo con las herramientas más avanzadas de la empresa: una regla y lápices de colores. Luego, el diseño se cortaba en cinta roja de la marca Rubylith con una navaja. Con una cámara especial, se proyectaban los motivos labrados en Rubylith sobre una máscara, una placa de vidrio recubierta de cromo que replicaba a la perfección el dibujo de la cinta. Por último, la luz pasaba por la máscara y por una serie de lentes para proyectar una versión diminuta del patrón sobre la oblea de silicio. Tras meses de dibujos y grabados, Faggin acabó creando el chip.[1]

El problema era que los lápices y las pinzas bastaban para un circuito integrado con mil componentes, pero un chip con un millón de transistores necesitaba algo más sofisticado. ¿Os acordáis de Carver Mead, ese físico con perilla amigo de Gordon Moore? Mead estaba devanándose los sesos con este dilema cuando conoció a Lynn Conway, una experta en arquitectura de computadoras del centro Xerox PARC, donde se estaba desarrollando el concepto del ordenador personal con ratón y teclado.[2]

Conway no solo era una informática brillante. Todo el que hablaba con ella intuía que tenía una mente colmada de conocimientos en los campos más variopintos: desde la astronomía a la antropología, pasando por la historia de la filosofía.[3] Conway había llegado a Xerox en 1973 «por la puerta de atrás»,[4] según ella misma, después de que la echaran de IBM en 1968 por someterse a una operación de transición de género. Su sorpresa fue mayúscula al comprobar que los fabricantes de California eran más artistas que ingenieros. En sus mesas convivían herramientas de alta tecnología con simples pinzas. Los fabricantes producían motivos maravillosamente complejos en cada bloque de silicio, pero sus métodos de diseño no distaban de los que empleaban los artesanos de la Edad Media. La planta de fabricación de cada empresa disponía de una larga y complicada lista de instrucciones propia que estipulaba cómo había que diseñar los chips si se querían producir en esa fábrica concreta. Conway se había formado en arquitectura de computadoras y había aprendido a pensar desde el punto de vista de las instrucciones tipificadas que sustentan el funcionamiento de cualquier programa; por lo tanto, ese método le parecía incomprensiblemente arcaico.[5]

Conway se dio cuenta de que la revolución digital predicha por Mead necesitaba rigor algorítmico. Cuando un amigo en común le presentó a Mead, ambos se pusieron a hablar sobre cómo estandarizar el diseño de chips. ¿Por qué no programar una máquina para que diseñara circuitos?, se plantearon. Como declaró Mead: «Cuando eres capaz de escribir un programa para que haga algo, ya no necesitas la caja de herramientas de nadie; puedes diseñar la tuya».[6]

Al final, Conway y Mead trazaron una serie de «reglas de diseño» matemáticas y allanaron el camino para la automatización del diseño con programas informáticos. Gracias al método de Conway y Mead, los diseñadores no tenían que establecer la ubicación de cada transistor; podían simplemente consultar un repositorio de «piezas intercambiables» posibilitadas por su técnica. A Mead le gustaba equipararse con Johannes Gutenberg, cuya mecanización editorial había permitido que los escritores se centraran en escribir, y los impresores, en imprimir. Al cabo de poco, el MIT invitó a Conway a dar una asignatura sobre metodología de diseño de chips. Todos sus alumnos elaboraban sus propios diseños y luego los mandaban a una planta para fabricarlos. Pasadas seis semanas, y sin haber pisado nunca una planta, los jóvenes recibían chips plenamente funcionales por correo postal. Había llegado el momento Gutenberg.[7]

Nadie tenía más interés que el Pentágono en lo que pronto se conocería como la «revolución Mead-Conway». La DARPA financió un programa para que los investigadores universitarios enviaran diseños a las fábricas más pioneras. Pese a su fama de financiar armamento futurista, en lo tocante a los semiconductores la DARPA estaba igual de comprometida con la creación de infraestructura académica para que Estados Unidos tuviera diseñadores a montones.[8] La agencia también ayudaba a las universidades a adquirir computadoras avanzadas y organizaba talleres para que representantes del sector y académicos pudieran comentar los problemas de investigación con una buena copa de vino de por medio. A ojos de la DARPA, ayudar a las empresas y a las universidades a mantener viva la ley de Moore era crucial para que el país siguiera siendo un referente militar internacional.[9]

La industria también financió a las universidades para que estudiaran nuevas técnicas de diseño, y se creó la Semiconductor Research Corporation para conceder becas de investigación a entidades como la Carnegie Mellon y la Universidad de California en Berkeley. Durante los ochenta, un grupo de alumnos y profesores de esas dos universidades fundaron varias empresas que inauguraron un sector totalmente nuevo: el de las herramientas informáticas de diseño de semiconductores. Hoy, todas las empresas de chips utilizan herramientas de tres compañías de *software* fundadas y erigidas por exalumnos de esos programas financiados por la DARPA y la SRC.[10]

La DARPA también financió a investigadores dedicados a resolver un segundo desafío: encontrar nuevos usos para ese poder de procesamiento que no dejaba de crecer. Uno de esos científicos fue Irwin Jacobs, experto en comunicación inalámbrica. Jacobs provenía de Massachusetts, de una familia de cocineros, y había decidido seguir los pasos de sus padres en el sector de la restauración hasta que cayó embrujado por la ingeniería eléctrica. Su vida en los cincuenta estuvo dedicada a jugar con válvulas de vacío y calculadoras de IBM. En el máster que cursó en el MIT, estudió las antenas y la teoría electromagnética y decidió centrar su investigación en la teoría de la información, el estudio sobre el almacenamiento y el envío de información.[11]

La radio llevaba décadas transmitiendo señales inalámbricas, pero la demanda de comunicación sin hilos iba creciendo y el espectro no daba más de sí. Si querías una emisora en la frecuencia 99.5 FM, tenías que comprobar que no hubiera ninguna emitiendo en la 99.7; de lo contrario, tu emisión sería ininteligible por culpa de las interferencias. El mismo principio regía las otras formas de radiocomunicación. Cuanta más información se embutía en una franja concreta del espectro, menos espacio había para los errores provocados por señales confusas que rebotaban en los edificios e interferían unas con otras hasta llegar al receptor de radio.

En 1967, Andrew Viterbi, que había sido compañero de Jacobs en la Universidad de California en San Diego, ideó un complejo algoritmo para descodificar el entramado de señales digitales que resonaban por las ondas con ruido. El mundo científico lo alabó como una teoría excelente, pero el algoritmo parecía difícil de poner en práctica. Era poco plausible que las radios normales llegaran a tener la potencia suficiente para aplicar algoritmos complicados.

En 1971, Jacobs estuvo en un congreso de St. Petersburg, Florida, donde se reunieron expertos e investigadores de la teoría de la comunicación. Muchos catedráticos se habían rendido y habían concluido que su especialización académica, la codificación de datos en las ondas de radio, había llegado a su última frontera. La radiofrecuencia solo podía abarcar una cantidad limitada de señales; superado ese límite, resultaba imposible clasificarlas e interpretarlas. Los algoritmos de Viterbi sentaron una base teórica para meter más datos en el mismo espectro, pero no existía nada con el poder de computación suficiente para aplicar esos algoritmos a gran escala. El proceso de la transmisión aérea de datos parecía haber chocado contra un dique. Un profesor declaró que la codificación había «muerto».

Jacobs no podía estar más en desacuerdo. Se levantó de la última fila y, sosteniendo en lo alto un pequeño chip, dijo: «He aquí el futuro».[12] Jacobs sabía que los chips estaban mejorando tan deprisa que pronto podrían codificar miles de veces más datos en el mismo espacio del espectro. Como el número de transistores por pulgada estaba aumentando exponencialmente, la cantidad de datos transmisibles por una franja de radiofrecuencia también estaba llamada a dispararse.

Jacobs, Viterbi y varios colegas más fundaron una empresa de comunicaciones inalámbricas llamada Qualcomm (de los vocablos *quality*, «calidad», y *communications*, «comunicaciones»), asumiendo que el aumento de la potencia de los microprocesadores les permitiría introducir más señales en el ancho de banda existente. Al principio, Jacobs se llevó contratos de la DARPA y de la NASA para fabricar sistemas de comunicaciones espaciales. A finales de los ochenta, Qualcomm se diversificó y entró en el mercado civil, lanzando un sistema de comunicaciones por satélite para la industria del transporte con camión. Pero, en los noventa, usar chips para enviar grandes cantidades de datos por el aire seguía pareciendo un nicho pequeño.

Para un emprendedor y exprofesor como Irwin Jacobs, la financiación de la DARPA y los contratos del Departamento de Defensa fueron elementales para que sus flamantes empresas no se hundieran. Pero solo algunos de los programas públicos cuajaron. El plan de SEMATECH de salvar a la compañía líder en litografía fue un monumental fracaso, por ejemplo. Los esfuerzos del Gobierno fueron en balde cuando su propósito fue resucitar empresas en caída libre. No fue así cuando doblaron su apuesta por los puntos fuertes del país, aportando financiación para que los investigadores pudieran convertir ideas inteligentes en prototipos. Seguro que en el Congreso habrían saltado chispas si se hubiera sabido que la DARPA, que era ante todo una agencia de defensa, estaba organizando banquetes en honor de catedráticos de informática que se dedicaban a teorizar sobre el diseño de chips. Pero fueron iniciativas como esas las que permitieron empequeñecer los transistores, descubrieron nuevos usos para los semiconductores, animaron al público a comprarlos y financiaron la siguiente generación de transistores más pequeños. Por lo que respecta al diseño de los semiconductores, ningún país gozaba de un mejor clima de innovación. En las postrimerías de los ochenta, Intel anunció su microprocesador 486, un pedacito de silicio con 1,2 millones de interruptores microscópicos. Los chips con un millón de transistores eran finalmente una realidad, algo impensable a principios de los setenta, cuando Lynn Conway llegó a Silicon Valley.

25

La Dirección T del KGB

Vladímir Vetrov era un espía del KGB, pero su vida se asemejaba más a la de un personaje de Chéjov que a la de James Bond. Su labor en la agencia de inteligencia era burocrática, su amante no era ni por asomo una supermodelo y su esposa mostraba más afecto por sus cachorritos de *shih tzu* que por él. A finales de los setenta, la carrera y la vida de Vetrov habían llegado a un callejón sin salida. Aborrecía su trabajo de oficina y sus jefes lo ignoraban. Tampoco aguantaba a su mujer, que tenía una aventura con un amigo suyo. Para divertirse, se escapaba a su cabaña de madera en una aldea al norte de Moscú, un paraje tan rústico que no tenía ni electricidad. O simplemente se quedaba en la capital y bebía como un cosaco.[1]

Su vida no había sido siempre tan monótona. A principios de los sesenta había conseguido un apetitoso cargo en París, donde en calidad de «agente de comercio exterior» le habían encomendado recabar secretos de las industrias francesas de alta tecnología, en el marco de la estrategia de calco del ministro Shokin. En 1963, el mismo año en que la URSS fundó Zelenogrado, la ciudad de científicos de microelectrónica, el KGB constituyó una nueva división llamada Dirección T, con «t» de *tecnología*. Según un informe de la CIA, su misión era «adquirir equipamiento y tecnología occidental» y «perfeccionar la producción de circuitos integrados».[2]

A principios de los ochenta, el KGB tenía unos mil efectivos dedicados a robar tecnología extranjera. Cerca de trescientos trabajaban fuera de las fronteras y casi todos los demás operaban en la octava planta de la imponente sede del Comité en Moscú, en la plaza Lubianka, justo encima de la prisión y las cámaras de tortura de la época estalinista. Otros servicios de inteligencia soviéticos, como el militar GRU, también tenían espías consagrados a hurtar tecnología. Se dice que el Consulado soviético en San Francisco disponía de un equipo de 60 agentes dedicados a atacar las tecnológicas de Silicon Valley. O bien robaban chips, o bien los compraban en el mercado negro de ladrones como One Eyed Jack («Jack el Tuerto»), atrapado en California en 1982 y acusado de robar chips de una planta de Intel escondiéndolos en su chaqueta de cuero. Los espías soviéticos también chantajeaban a occidentales con acceso a tecnología pionera. Al menos un británico residente en Moscú y empleado por una empresa de informática del Reino Unido murió al *caerse* por la ventana de su rascacielos.[3]

El espionaje siempre fue indisociable de la política soviética de semiconductores. Es algo de lo que pueden dar fe los pescadores de Rhode Island que, en otoño de 1982, sacaron una extraña boya metálica del Atlántico Norte. No esperaban encontrar chips avanzados en la redada, pero cuando se envió la misteriosa boya a un laboratorio militar, se descubrió que era un dispositivo de escucha soviético con réplicas perfectas de los semiconductores de la serie 5400 de TI. Y cuando Intel sacó el microprocesador, el ministro Shokin cerró la unidad de investigación que estaba intentando producir un dispositivo similar y prefirió copiar los microprocesadores norteamericanos.[4]

Sin embargo, la estrategia era mucho más infructuosa de lo que parecían indicar las boyas de vigilancia. No era muy difícil hacerse con un par de chips nuevos de Intel, o incluso desviar un cargamento entero de circuitos integrados a la URSS, normalmente a través de sociedades ficticias de países neutrales como Austria o Suiza.[5] Pero, de vez en cuando, la contrainteligencia norteamericana desenmascaraba a los agentes soviéticos que operaban en terceros países, así que no era una fuente fiable de suministro.

Robar los diseños solo era útil si podían producirse a gran escala en la URSS. En los primeros años de la Guerra Fría, eso era complicado; en los ochenta, casi imposible. Como no dejaban de embutirse más y más transistores en los chips, cada vez era más difícil fabricarlos. El KGB pensaba que su campaña de pillaje era una fuente extraordinaria de secretos para sus fabricantes, pero tener un modelo de un nuevo chip no garantizaba que los ingenieros soviéticos pudieran producirlo. El KGB también empezó a robar equipamiento de fabricación. La CIA acusó a la URSS de haber comprado casi todo lo necesario para el proceso, incluidas 900 máquinas occidentales para preparar los materiales requeridos, 800 máquinas de litografía y grabado y 300 para dopar, encapsular y probar los chips.[6]

Pero las fábricas necesitaban el equipamiento completo y, cuando se estropeaban las máquinas, requerían piezas de repuesto. Algunas de esas piezas se podían producir en la propia URSS, pero eso generaba nuevos fallos e imperfecciones. El sistema de robo y calco nunca fue lo bastante fluido como para convencer a los altos cuadros militares de que el suministro de chips de calidad sería constante. Visto lo visto, decidieron minimizar el uso de la electrónica y los ordenadores en sus armas.

A Occidente le costó bastante reparar en la escala del expolio. La primera vez que el KGB mandó a Vetrov a París en 1965, la Dirección T era un misterio. Vetrov y compañía eran agentes secretos, a menudo empleados por el Ministerio de Comercio Exterior. Cuando los agentes visitaban laboratorios del extranjero, si hacían migas con sus ejecutivos e intentaban extraer los secretos de la industria, parecía que estuvieran desempeñando su humilde labor de funcionarios.

Las operaciones de la Dirección T podrían haber seguido siendo un secreto de Estado si Vetrov no hubiera decidido añadir suspense a su gris existencia nada más regresar a Moscú. A principios de los ochenta, su carrera estaba en un *impasse*, su matrimonio había fracasado y su vida se estaba yendo a pique. Él era un espía como James Bond, aunque con más horas de oficina y menos martinis. Decidió avivar la llama enviando una postal a un conocido suyo de París que, como sabía, tenía lazos con los servicios de inteligencia franceses.[7]

Al poco tiempo, Vetrov estaba transfiriendo docenas de documentos sobre la Dirección T a su enlace de Moscú. La Inteligencia francesa le bautizó con el nombre en código Farewell («adiós», en inglés). En total, se estima que facilitó miles de páginas de documentación vital del KGB, con lo que delató una burocracia gigantesca consagrada a robar secretos industriales de Occidente. Una de las prioridades eran los «microprocesadores avanzados», para cuya fabricación la Unión Soviética carecía no solo de ingenieros cualificados, sino también del *software* para diseñarlos y del equipamiento para producirlos. Los espías occidentales se quedaron atónitos al ver cuánta información robaban los soviéticos.[8]

En esas reuniones periódicas con los agentes franceses, Vetrov encontró un nuevo quehacer, pero no halló gratificación. Los franceses le daban regalos del extranjero para contentar a su amante, pero lo que realmente deseaba Vetrov era que su esposa lo quisiera. Perdió aún más el sentido de la realidad. El 22 de febrero de 1982, después de decir a su hijo que pensaba romper con su amante, Vetrov aparcó su coche en la ronda de circunvalación moscovita y se ensañó a cuchilladas con ella. Hasta que lo detuvo la policía, el KGB no descubrió que Vetrov había traicionado a su país y había proporcionado secretos de la Dirección T a agencias de espionaje occidentales.

Los franceses no dudaron en compartir la información de Vetrov con la CIA y otros servicios de inteligencia aliados. La Administración Reagan respondió con la operación Éxodo, que reforzó los controles de aduanas sobre la entrada y salida de tecnología. En 1985, el programa había requisado bienes por valor de unos 600 millones de dólares y había arrestado a cerca de mil personas. Pero en lo tocante a los semiconductores, cuando el Gobierno de Reagan afirmó que había conseguido detener la «hemorragia masiva de tecnología estadounidense hacia la Unión Soviética», seguramente exageró el efecto del endurecimiento de los controles. La estrategia de calco de la URSS fue una bendición para Estados Unidos, porque garantizó que los soviéticos fueran siempre rezagados. En 1985, la CIA realizó un estudio de los microprocesadores soviéticos y comprobó que el país enemigo producía réplicas perfectas de chips de Intel y Motorola. Pero siempre fue un lustro por detrás.[9]

26

«Armas de destrucción masiva», el efecto de la compensación

Como predijo el mariscal soviético Nikolái Ogarkov, «los sistemas de combate guiados de largo alcance y alta precisión, las aeronaves no tripuladas y los sistemas de control electrónicos cualitativamente nuevos» iban a convertir los explosivos convencionales en «armas de destrucción masiva».[1] Ogarkov fue jefe del Estado Mayor del Ejército soviético entre 1977 y 1984. En Occidente saltó a la fama en 1983, cuando abanderó la ofensiva mediática posterior al derribo accidental de un avión civil surcoreano por parte de la URSS. En vez de admitir el error, Ogarkov acusó a los pilotos de encontrarse en una «misión de inteligencia consciente y meticulosamente planificada» y declaró que el avión de pasajeros «se lo había buscado».[2] Con ese mensaje no iba a hacer muchos amigos en Occidente, pero seguramente no fuera algo que le quitara el sueño, dado que su objetivo vital era preparar la guerra con Estados Unidos.

Al comienzo de la Guerra Fría, la URSS había seguido el paso de EE. UU. en la carrera por desarrollar las tecnologías básicas: se hizo con cohetes potentes y con un arsenal nuclear formidable. Pero el músculo estaba agachando las orejas ante el cerebro. En cuanto a los chips de silicio que sustentaban ese nuevo bastión de poder militar, la Unión Soviética había quedado rezagada sin solución. Así decía un popular chiste soviético en los ochenta: «¿Se saben ese del representante del

Kremlin que declara con toda la pompa: "Camarada, ¡hemos creado el microprocesador más grande del mundo!"?».

A principios de los ochenta, la Unión Soviética llevaba una clara ventaja en los parámetros tradicionales, como el número de tanques o de tropas.[3] Pero Ogarkov no lo veía del mismo modo: la calidad estaba superando a la cantidad y él estaba obsesionado con la amenaza que planteaban las armas de precisión estadounidenses. Cuando encontraba a cualquiera dispuesto a escucharlo, Ogarkov señalaba que, junto con los mejores sistemas de vigilancia y comunicación, la capacidad de acertar contra objetivos a cientos o incluso miles de kilómetros estaba generando una «revolución tecnicomilitar».[4] Lejos quedaban los días de Vietnam, en que los misiles Sparrow de válvulas de vacío erraban el 90 por ciento de las veces. La URSS tenía muchos más tanques que Estados Unidos, pero Ogarkov sabía que en poco tiempo sus tanques serían infinitamente más vulnerables en un conflicto.

La estrategia de compensación de EE. UU. estaba dando sus frutos y la Unión Soviética no sabía cómo responder.[5] No poseía la electrónica miniaturizada ni el poder de computación que producían los fabricantes norteamericanos y japoneses. Zelenogrado y las demás plazas soviéticas eran incapaces de seguir el ritmo. Mientras Perry animaba al Pentágono a creer en la ley de Moore, los defectos de la fabricación soviética llevaban a los diseñadores de armamento a limitar todo lo posible el uso de la electrónica compleja. En los sesenta, esa había sido una táctica viable, pero en los ochenta esa reticencia a seguir el ritmo del progreso en microelectrónica condenaba el armamento soviético a la «imbecilidad», cuando las armas de EE. UU. estaban aprendiendo a pensar. Estados Unidos había instalado un ordenador de navegación con chips de TI en el misil Minuteman II a principios de los sesenta, pero el primer ordenador soviético de esa clase no se probó hasta 1971.[6]

Habituados a la pobre calidad de su microelectrónica, los diseñadores soviéticos proponían intrincadas soluciones alternativas. Incluso los conceptos matemáticos que alimentaban los ordenadores de navegación eran más simples, a fin y efecto de no sobrecargarlos. Por lo común, el misil balístico soviético se configuraba de forma que siguiera una trayectoria específica hacia su objetivo, y el ordenador ajustaba el proyectil para que volviera a la ruta preprogramada en caso de desviarse. En los ochenta, los misiles estadounidenses ya calculaban su propia trayectoria.[7]

A mediados de la década, la teoría oficial estimaba que el flamante misil MX de Estados Unidos caía en un radio de 110 metros de su objetivo la mitad de las veces. Según los cálculos de un exrepresentante soviético de Defensa, un misil ruso de más o menos el mismo calibre, el SS-25, caía de media a unos 360 metros. Para los estrategas militares de la Guerra Fría y su tétrico razonamiento, una diferencia de cientos de metros era abismal. Destruir una ciudad era relativamente sencillo, pero ambas superpotencias querían poder acabar con el arsenal nuclear respectivo. Incluso las ojivas necesitaban dar más o menos en el blanco para desarticular un silo de estructura reforzada. Si suficientes proyectiles impactaban de forma directa en su objetivo, uno de los bandos podría llegar a desbaratar la fuerza nuclear rival en un primer ataque por sorpresa. Según las estimaciones soviéticas más pesimistas, un primer ataque nuclear de EE. UU. durante los ochenta podría haber desactivado o destruido el 98 por ciento de sus misiles balísticos intercontinentales.[8]

La URSS no tenía margen de error. Su Ejército contaba con dos sistemas más para lanzar ataques nucleares contra el enemigo: bombarderos de largo alcance y submarinos nucleares. La mayoría creía que los bombarderos eran la peor opción, porque se podían detectar por radar poco después de su despegue y se podían abatir antes de que lanzaran sus armas nucleares. Los submarinos nucleares de EE. UU., en cambio, eran casi indetectables y, por ende, invencibles. Los soviéticos no eran tan fiables, porque EE. UU estaba aprendiendo a aplicar la informática para hacer mucho más precisos sus sistemas de detección.

Lo difícil de encontrar un submarino es desentrañar la cacofonía de ondas sonoras. El sonido rebota en el lecho marino y forma diferentes ángulos. Su refracción acuática depende de la temperatura o de la presencia de bancos de peces. A comienzos de los ochenta, EE. UU. ya reconocía públicamente que había instalado sensores submarinos en el Illiac IV, una de las supercomputadoras más potentes y la primera en usar chips de memoria fabricados por Fairchild. El Illiac IV y varios centros de procesamiento se conectaban vía satélite a una gama de sensores colocados en buques, aviones y helicópteros para detectar los submarinos soviéticos, que eran muy difíciles de esconder.[9]

Cuando Ogarkov hizo números, llegó a la conclusión de que la ventaja de EE. UU. en términos de precisión, radares antisubmarino, vigilancia y mando y control, propiciada siempre por los semiconductores, abría la puerta a un ataque por sorpresa que ponía en riesgo la supervivencia del arsenal nuclear soviético. Se suponía que las bombas atómicas eran el último recurso, pero el Ejército comunista se veía «considerablemente inferior en armas estratégicas».[10]

Los altos mandos también temían una guerra convencional. Anteriormente, los analistas militares habían pensado que la superioridad de los soviéticos en número de tanques y tropas les confería una ventaja decisiva en la guerra. Pero la bomba Paveway estrenada en Vietnam se había complementado con una hornada de nuevos sistemas de navegación. Los misiles de crucero Tomahawk eran capaces de penetrar bien adentro de la URSS. En los planes de defensa soviéticos se palpaba el miedo a los misiles de crucero convencionales y a los bombarderos furtivos norteamericanos, que podían desactivar el control sobre las fuerzas nucleares. Estaba amenazada la supervivencia misma del Estado soviético.[11]

El Kremlin quería revitalizar la industria de la microelectrónica, pero no sabía cómo. En 1987, el líder Mijaíl Gorbachov fue a Zelenogrado y clamó por una «mayor disciplina»[12] laboral en la ciudad. En parte, Silicon Valley había encontrado la fórmula gracias a la disciplina, como evidenciaban la obsesión de Charlie Sporck por la productividad y la paranoia de Andy Grove. Sin embargo, la disciplina por sí sola no bastaba para resolver los problemas básicos del país comunista.

Un problema era el mar de fondo político. A finales de los ochenta, Yuri Osokin fue expulsado de la planta de semiconductores de Riga.[13] El KGB le había exigido que echara a varios empleados: a uno por haber escrito cartas a una mujer de Checoslovaquia; a otro por haberse negado a ser informador del KGB; y a un tercero por ser judío. Cuando Osokin se negó a disciplinarlos por sus presuntas faltas, el KGB lo echó e intentó que despidieran también a su mujer. Diseñar chips ya era lo bastante complejo sin problemas añadidos. Hacerlo mientras se batallaba contra el KGB era imposible.

Una segunda traba era la excesiva dependencia de la clientela militar. En EE. UU., Europa y Japón había mercados de consumo en pleno auge que aumentaban la demanda de chips. Esos mercados ayudaban a especializar la cadena de suministro y daban pie a la aparición de empresas expertas en todo, desde las obleas de silicio de gran pureza hasta las lentes del equipamiento litográfico. En la Unión Soviética apenas había mercado de consumo, así que solo se producía una fracción de los chips fabricados en Occidente. Según la estimación de una fuente soviética, solo Japón invertía ocho veces más que la URSS en microelectrónica.[14]

Y el colmo era que los soviéticos carecían de una cadena de suministro internacional.[15] Gracias a sus aliados de la Guerra Fría, Silicon Valley articuló una división del trabajo globalizada y muy muy eficiente. Japón encabezaba la producción de memorias, EE. UU. producía más microprocesadores y las japonesas Nikon y Canon y la neerlandesa ASML se repartían el mercado de equipamiento litográfico. Los trabajadores del sudeste asiático se encargaban de buena parte del montaje final. Las empresas norteamericanas, japonesas y europeas bregaban por entrar en esa división del trabajo, pero todas sacaban provecho de la repartición de costes de I+D a lo largo y ancho de un mercado mucho más grande del que jamás había tenido la URSS.

La Unión Soviética solo contaba con un puñado de aliados, y la mayoría no podían ayudar demasiado. Alemania Oriental, dominada por los soviéticos, tenía una industria de chips igual de avanzada que la de Zelenogrado. A mediados de los ochenta lanzó un órdago para revitalizar el sector, apoyándose en la fama que le conferían la fabricación de precisión y las lentes de primera categoría producidas por la empresa Carl Zeiss en la ciudad de Jena. La producción en Alemania Oriental se disparó a finales de la década, pero sus chips de memoria eran peores que los japoneses y costaban diez veces más.[16] La maquinaria occidental de primer nivel seguía siendo difícil de conseguir y el país no contaba con la mano de obra barata que las empresas de Silicon Valley contrataban en Asia.

El proyecto de la URSS de reanimar su fabricación fue un auténtico chasco. Los soviéticos y sus aliados socialistas nunca pudieron seguir el ritmo, pese a sus gigantescas campañas de espionaje y a las enormes cantidades de dinero que invirtieron en plantas como las de Zelenogrado. Y, justo cuando la respuesta del Kremlin a la estrategia de Bill Perry empezaba a dar sus últimos coletazos, el mundo atisbó, aterrado, cómo iba a ser el futuro de la guerra. Sucedió en los campos de batalla del golfo Pérsico.

27

Héroe de guerra

A primera hora de la mañana del 17 de enero de 1991 salió la primera oleada de bombarderos furtivos F-117 de las bases aéreas estadounidenses en Arabia Saudí. Su negro fuselaje se perdió rápidamente en el cielo nocturno del desierto. ¿Su objetivo? Bagdad. Estados Unidos no libraba una guerra con todas las de la ley desde Vietnam, pero ahora había apostado cientos de miles de efectivos en la frontera septentrional de Arabia Saudí, tenía decenas de miles de tanques esperando órdenes para avanzar y docenas de buques anclados en el litoral, con los cañones y las baterías de misiles apuntando a Irak. El general al frente del ataque era Norman Schwarzkopf, un excadete de infantería que había servido dos veces en Vietnam.[1] Pero ahora Norman contaba con armamento que podía lanzar el primer ataque a distancia.

El único edificio considerado lo bastante importante como para atacarlo con dos F-117 era el de la central telefónica, un bloque de doce pisos en la calle Rashid de Bagdad. El plan del general Schwarzkopf pasaba por destruir la torre, lo que acabaría con parte de la infraestructura de comunicaciones iraquí. Los aviones se acercaron a su objetivo y soltaron varios proyectiles Paveway guiados por láser, bombas de 900 kilos que arrasaron y carbonizaron el edificio. De repente cayó la señal de televisión de los periodistas de la CNN en Bagdad. Los pilotos de Schwarzkopf habían dado en su objetivo. Prácticamente en el mismo momento, los buques de la Marina lanzaron 116 misiles de crucero Tomahawk contra diversos objetivos de la capital y los alrededores. Había estallado la guerra del Golfo.[2]

Una torre de comunicaciones, un puesto de mando militar, un cuartel de la fuerza aérea, centrales eléctricas y la casa de campo de Sadam Huseín; los primeros ataques de EE. UU. trataron de decapitar el mando iraquí y cortar sus comunicaciones, limitando su capacidad para seguir el progreso de la guerra o comunicarse con sus efectivos.[3] Al cabo de poco, sus fuerzas se retiraban sin orden ni concierto. La CNN retransmitió el impacto de cientos de bombas y misiles contra tanques iraquíes. La guerra parecía un videojuego, pero, desde Texas, Weldon Word sabía que esa tecnología futurista se remontaba a la época de Vietnam.

Las bombas láser Paveway que se estrellaron contra la central telefónica de Bagdad seguían el mismo sistema básico de diseño que la primera generación de proyectiles que destruyó el puente de Thanh Hóa en 1972.[4] Esos precursores fueron fabricados con unos cuantos transistores, un sensor láser y un par de aletas pegadas a una vieja bomba *tonta*. En 1991, TI había hecho varios cambios, y cada versión nueva había sustituido los circuitos previos con electrónica superior, reduciendo el número de componentes, incrementando la fiabilidad y añadiendo nuevas prestaciones. Al estallar la guerra del Golfo, la Paveway era ya el arma predeterminada del Ejército, y por la misma razón por la que los microprocesadores Intel se usaban en todo el sector de la informática: se dominaban a la perfección, eran fáciles de usar y su relación calidad-precio era buena. La bomba Paveway siempre había sido barata, pero durante los setenta y los ochenta se abarató aún más. Gracias a su bajo coste, todos los pilotos habían arrojado proyectiles Paveway durante sus maniobras de entrenamiento. También eran muy versátiles: no había que escoger los objetivos de antemano, sino que podían especificarse durante la batalla. Y la tasa de aciertos era casi tan buena como parecía por televisión. Según los análisis de la Fuerza Aérea al concluir la guerra, la munición que no era de precisión daba mucho menos en su objetivo de lo que decían los pilotos; en cambio, las Paveway iban mejor de lo que aseguraban los pilotos. Los aviones con navegación por láser acertaban trece veces más que los aviones equivalentes sin armas guiadas.[5]

El poderío aéreo de EE. UU. fue clave en la guerra del Golfo, ya que diezmó las fuerzas iraquíes sin sacrificar vidas estadounidenses. Weldon Word recibió un premio por haber inventado la Paveway, haber mejorado su electrónica y haber reducido el precio para que costara siempre cuatro duros, como había prometido en un principio. Fuera del Ejército, tuvieron que pasar varias décadas para que la gente viera que la Paveway y las otras armas de su misma clase estaban cambiando la guerra. Pero los pilotos que las usaban sabían lo revolucionarias que eran. En la ceremonia de premios del Pentágono, un oficial de la Fuerza Aérea le dijo a Word: «Unos 10.000 estadounidenses han salvado el pellejo gracias a vosotros».[6] La microelectrónica avanzada y un puñado de aletas atadas a una bomba habían transformado la esencia del poder militar.

Otro que no se perdió la puesta de largo de la guerra del Golfo fue Bill Perry. Pero Perry sabía que la bomba guiada por láser era solo una de las docenas de armas que habían cambiado por completo gracias a los circuitos integrados. Los chips mejoraban la capacidad de vigilancia, de comunicación y de computación. Esa contienda fue el primer gran test para su estrategia, urdida tras la guerra de Vietnam, pero nunca aplicada en una gran batalla.

Después de Vietnam, el Ejército había hablado de sus nuevas capacidades, pero mucha gente no se lo había tomado en serio. Los responsables militares como el general William Westmoreland, que comandó las fuerzas en Vietnam, prometieron la automatización de los futuros campos de batalla. Pero la guerra en el país asiático había sido un lodazal pese a la enorme ventaja tecnológica sobre los norvietnamitas. ¿Por qué el desarrollo informático iba a cambiar las cosas? En los ochenta, el Ejército de EE. UU. estuvo más bien ocioso en los barracones, exceptuando algunas operaciones menores contra oponentes de tercera categoría como Libia y Granada. Nadie estaba cien por cien seguro de cómo responderían los modernos artilugios del Pentágono en un contexto de guerra real.

Ante las imágenes de la destrucción de edificios, tanques y aeródromos iraquíes a manos de las armas de precisión, la evidencia era innegable: la guerra estaba cambiando. Incluso los misiles aire-aire Sidewinder con válvulas de vacío, que en Vietnam habían errado la mayoría de sus objetivos, se habían modernizado con sistemas de navegación más potentes equipados con semiconductores. En el golfo Pérsico eran seis veces más precisos que en Vietnam.

A finales de los setenta, Perry había instado al Pentágono a desarrollar tecnologías nuevas y ahora habían rendido mejor de lo esperado. El Ejército iraquí, armado con varias de las mejores armas producidas por la Unión Soviética, se mostró indefenso ante la ofensiva estadounidense. «La alta tecnología funciona», proclamó Perry.[7] «Si todo esto está funcionando, es gracias a las armas basadas en la información, y no en la potencia de fuego», explicó un analista militar a los medios. «Es el triunfo del silicio sobre el acero», rezaba un titular de *The New York Times*. «El chip, candidato a héroe de guerra», profesaba otro.[8]

La onda expansiva de las bombas Paveway y de los misiles Tomahawk se sintió tan fuerte en Moscú como en Bagdad. Un analista bélico soviético declaró que la guerra era una «operación tecnológica»; otro, que era «un pulso por las ondas de radio». El resultado fue la capitulación inmediata de Irak, tal y como Ogarkov había predicho. El ministro de Defensa soviético Dmitri Yázov admitió que la guerra del Golfo atemorizó a la URSS y la hizo dudar de sus defensas aéreas. El mariscal Serguéi Ajroméyev había predicho un conflicto largo, algo que quedó inmediatamente desmentido por la rendición instantánea de Irak, y tuvo que bajar la cabeza con ánimo compungido.[9] Los vídeos de la CNN de bombas que se guiaban solas por el firmamento hasta dar en los muros de los edificios iraquíes corroboraron las previsiones de Ogarkov sobre el futuro de la guerra.

28

«La Guerra Fría se ha acabado y la habéis ganado vosotros»

Akio Morita había pasado la década de los ochenta a bordo de su *jet* privado viajando por el mundo, comiendo con Henry Kissinger, jugando al golf en el Augusta National y codeándose con la flor y nata del planeta en grupos como la Comisión Trilateral. Se le tenía por un oráculo de los negocios y como un enviado internacional de Japón, la potencia económica más en boga. Para Morita, la idea de que Japón fuera el número uno era fácil de creer, porque él estaba viviendo esa realidad. Gracias al Walkman de Sony y a otros productos electrónicos, el país se había vuelto próspero y Morita, un hombre rico.

Hasta que llegó la crisis de 1990. Los mercados financieros de Japón se hundieron y la economía se frenó hasta caer en una grave recesión. En poco tiempo, la bolsa de Tokio cotizaba a la mitad que en 1990. El precio del metro cuadrado en la capital se desplomó aún más y el milagro económico japonés pareció desvanecerse en un visto y no visto. Entretanto, Estados Unidos resurgía de sus cenizas, tanto en la economía como en la guerra. En unos años, el liderazgo de Japón ya no parecía una realidad tan tangible. El virus que afectó al país penetró por el sector que siempre se había tenido por un símbolo de su poder industrial: los semiconductores.

Morita, que ya tenía setenta y nueve años, vio como la dicha de Japón caía a la misma velocidad que el precio de las acciones de Sony. Era consciente de que los problemas de su país iban más allá del mercado financiero. Morita llevaba una década aleccionando a los estadounidenses sobre la necesidad de mejorar la calidad de producción, de no pensar tanto en los «envites monetarios» de los mercados financieros. Pero cuando la bolsa quebró, la supuesta mentalidad largoplacista del país dejó de parecer tan visionaria. El presunto dominio japonés se había sustentado en una base insostenible de inversión pública.[1] Los bajos tipos de interés habían financiado la construcción de nuevas plantas de semiconductores, pero también indujeron a los fabricantes a olvidar los beneficios y hacer hincapié en la producción. Las principales empresas doblaron su apuesta por la producción de DRAM pese a que productores de menor coste como Micron y la surcoreana Samsung trabajaban más barato.[2]

Los propios medios del país advirtieron del exceso de inversión en el sector. Algunos titulares de periódico alertaron de la «temeraria competencia por invertir» y de la «inversión imparable». Los directores generales no dejaban de abrir nuevas fábricas, pese a que no eran rentables. Un ejecutivo de Hitachi reconoció que: «Si empiezas a preocuparte [por el exceso de inversión], de noche no pegas ojo».[3] Mientras los bancos siguieran prestando dinero, sería más fácil para los directivos seguir gastándolo que admitir que era imposible lograr la rentabilidad. En los ochenta parecía que las leyes de competencia de los mercados de capital pasaban factura a EE. UU., pero el riesgo de perder financiación ayudó a que las empresas norteamericanas no se volvieran locas. A los fabricantes japoneses de DRAM les habría ido bien tener la paranoia de Andy Grove o el ojo de Jack Simplot con respecto a la volatilidad de los mercados de materias primas. Pero no fue así. Lo invirtieron todo en un mismo mercado y se aseguraron de que pocos ganaran una fortuna.

Sony fue la única de esas empresas que no apostó nunca en exceso por la DRAM. En vez de eso, desarrolló productos nuevos e innovadores, como los chips especializados para sensores de imagen. Cuando los fotones llegan al silicio, esos chips crean cargas eléctricas correlacionadas con la intensidad de la luz y, así, convierten imágenes en información digital. Sony tenía una posición privilegiada para abanderar la revolución de las cámaras digitales y sus chips sensores siguen siendo una referencia en todo el mundo. Con todo, la compañía no redujo la inversión en algunos segmentos deficitarios y, a principios de los noventa, su rentabilidad empezó a caer.[4]

Es evidente que la mayoría de los grandes fabricantes de DRAM no supieron aprovechar su influencia en los ochenta para promover la innovación. En 1981, un director de fábrica de rango intermedio del gigante Toshiba, Fujio Masuoka, desarrolló un nuevo tipo de chip de memoria diferente a la DRAM, pues seguía recordando datos incluso después de apagarse la fuente de alimentación. Toshiba ignoró ese descubrimiento, así que Intel se adelantó y comercializó ese nuevo chip, habitualmente llamado *flash* o NAND.[5]

A todo esto, el mayor error que cometieron las empresas japonesas fue no cabalgar la ola de los ordenadores. Ninguno de los gigantes de chips pudo replicar el salto que dio Intel a los microprocesadores, ni su dominio del ecosistema informático. Solo lo intentó de verdad una empresa, NEC, pero nunca tuvo más que un ápice del mercado de microprocesadores. Para Andy Grove e Intel, sacar provecho económico de los microprocesadores era cuestión de vida o muerte. Las empresas japonesas de DRAM, con una cuota colosal de mercado y pocos corsés financieros, ignoraron ese sector hasta que fue demasiado tarde. De resultas, la revolución del ordenador benefició sobre todo a las compañías norteamericanas. Para cuando se hundió la bolsa japonesa, el dominio del país sobre los semiconductores ya andaba de capa caída. En 1993, EE. UU. recuperó el primer puesto en número de semiconductores vendidos. En 1998, las empresas surcoreanas habían superado a las japonesas como las mayores productoras de DRAM. De finales de los ochenta a 1998, la cuota de mercado japonesa cayó del 90 al 20 por ciento.[6]

Las ambiciones japonesas en el campo de los semiconductores habían alimentado la idea de expandir la posición global del país, pero ahora esos cimientos se tambaleaban. En *The Japan That Can Say No*, Ishihara y Morita habían planteado que podían explotar su dominio con los chips para ejercer su poder tanto sobre EE. UU. como sobre la URSS. Pero cuando por fin llegó la guerra en el inesperado escenario del golfo Pérsico, el Ejército estadounidense dejó pasmados a la mayoría de los expertos. En la primera guerra de la edad digital, Japón no quiso sumarse a la lista de los 28 países que mandaron tropas al golfo para expulsar a las fuerzas iraquíes de Kuwait. Tokio decidió contribuir enviando cheques a los ejércitos de la coalición y a los Estados aledaños a Irak.[7] Al lado de las bombas Paveway norteamericanas, que descuartizaban las columnas de tanques iraquíes, su diplomacia financiera parecía impotente.

En 1993, Morita tuvo una hemorragia cerebral y no se recuperó del todo. Se retiró de la esfera pública y pasó casi todo lo que le quedaba de vida en Hawái, hasta su muerte en 1999. El otro escritor del libro, Ishihara, siguió recalcando que su país tenía que imponerse en el plano internacional. Como si de un disco rayado se tratara, publicó *The Asia That Can Say No* en 1994 y *The Japan That Can Say No Again* varios años más tarde. Pero, para la mayoría de los japoneses, su argumento había caído en saco roto. En los ochenta, había acertado al predecir que los chips decantarían la balanza militar y definirían el futuro de la tecnología. Eso sí, erró al pensar que esos chips se fabricarían en Japón. Durante los noventa, las empresas de semiconductores fueron empequeñeciéndose ante el resurgir de Estados Unidos. La base tecnológica que sustentaba el desafío a la hegemonía estadounidense empezó a derrumbarse.

El único otro país que podía plantar cara a Estados Unidos también iba dando palos de ciego hacia el colapso. En 1990, el líder soviético Mijaíl Gorbachov reconoció que los intentos por revertir la supeditación tecnológica a través de la estructura vertical y la estrategia de calco estaban siendo inútiles, e hizo una visita oficial a Silicon Valley. Los magnates de las tecnológicas lo recibieron con un banquete digno de un zar. David Packard y Steve Wozniak, de Apple, se sentaron a ambos lados de Gorbachov mientras el ruso comía y bebía. El mandatario soviético no ocultó el motivo de su visita a la bahía. En el discurso que dio en Stanford, declaró: «Las ideas y tecnologías del mañana nacen aquí, en California». El mariscal Ogarkov llevaba más de diez años avisando precisamente de eso a los demás cabecillas comunistas.

Gorbachov prometió el final de la Guerra Fría y la retirada de las tropas soviéticas de Europa del Este, pero a cambio pidió acceso a las tecnologías norteamericanas. Cuando se reunió con los ejecutivos de las tecnológicas, los animó a invertir en la URSS. También visitó la Universidad Stanford y se dedicó a chocar la mano con los espectadores que encontraba paseando por el campus. Hablando ante el público reunido, dijo: «Ya hemos dejado atrás la Guerra Fría. No hace falta discutir para ver quién la ha ganado».[8]

Pero era evidente quién la había ganado y por qué. Ogarkov había intuido la tendencia hacía una década, aunque en ese momento había albergado esperanzas de que la URSS fuera capaz de sobreponerse. Como el resto del alto mando militar, poco a poco había ido cayendo en el pesimismo. En 1983 llegó a decir extraoficialmente al periodista norteamericano Leslie Gelb: «La Guerra Fría se ha acabado y la habéis ganado vosotros». Los cohetes de la Unión Soviética eran igual de potentes que siempre. Poseían el arsenal nuclear más grande del mundo. Pero su producción de semiconductores no estaba a la altura, su sector informático se había quedado rezagado y sus tecnologías de comunicaciones y vigilancia también, y las consecuencias militares eran trágicas. Como le confesó Ogarkov a Gelb: «Toda la fuerza militar moderna se basa en la innovación económica, la tecnología y el poder financiero. La clave de la tecnología militar son los ordenadores. Y en los ordenadores vais muy muy adelantados. [...] En vuestro país, todos los niños mayores de cinco años tienen un ordenador».[9]

Tras torcer el brazo con facilidad a Sadam Huseín, el mundo entero vio el inmenso poder bélico de Estados Unidos. El Ejército soviético y el KGB entraron en crisis, avergonzados pero temerosos de admitir la rotundidad de su derrota. Los altos cargos de seguridad organizaron un intento de golpe contra Gorbachov, pero se rindieron, desmoralizados, al cabo de tres días. Fue un final patético para una vieja superpotencia que no supo asimilar el triste declive de su poderío militar. La industria rusa de los chips tampoco se libró de la humillación. En los noventa, una de las fábricas pasó a producir pequeños chips para los juguetes de los Happy Meal de McDonald's. La Guerra Fría había llegado a su término; había ganado Silicon Valley.[10]

Parte V

¿CIRCUITOS INTEGRADOS PARA UN MUNDO INTEGRADO?

29

«Queremos una industria de semiconductores en Taiwán»

En 1985, el todopoderoso ministro taiwanés K. T. Li convocó a Morris Chang a su oficina de Taipéi. Habían pasado casi dos décadas desde que había ayudado a persuadir a TI de que construyera su primera planta de semiconductores en la isla. En esos veinte años, Li había estrechado lazos con los altos ejecutivos de TI, había ido a ver a Pat Haggerty y a Morris Chang siempre que había visitado EE. UU. y había convencido a otras empresas de electrónica de que siguieran los pasos de TI y abrieran fábricas en Taiwán. En 1985 contrató a Chang para que dirigiera la industria nacional. Esto fue lo que le dijo al empresario: «Queremos promover una industria de semiconductores en Taiwán. Dime, ¿cuánto dinero necesitas?».[1]

Los noventa fueron los años en que el término *globalización* empezó a extenderse, y eso que la industria de los chips se había basado en la producción y el montaje internacional desde los inicios de Fairchild Semiconductor. Taiwán se había integrado adrede en las cadenas de suministro de semiconductores en los sesenta, dentro de su estrategia por crear puestos de trabajo, adquirir tecnología y reforzar su seguridad mediante el vínculo con Estados Unidos. En los noventa, la importancia de Taiwán empezó a crecer, catapultada por el espectacular ascenso de la Taiwan Semiconductor Manufacturing Company (TSMC), que Chang había fundado con un inquebrantable respaldo del Gobierno.

El Gobierno taiwanés contrató a Chang en 1985 como director del destacado instituto de investigación nacional. Entonces, el país destacaba en Asia en el montaje de dispositivos semiconductores: recibía chips fabricados en el extranjero, los probaba y los conectaba a un envoltorio de plástico o cerámica. En 1980, el Gobierno había querido entrar en el sector adquiriendo en licencia la tecnología productiva de la norteamericana RCA y fundando el fabricante UMC, pero la compañía iba muy atrasada respecto a la competencia.[2] Taiwán podía presumir de generar empleo en el sector de los semiconductores, pero solo concentraba un porcentaje ínfimo de los beneficios, ya que el grueso del dinero acababa en manos de las empresas que diseñaban y producían los chips más avanzados. Algunos representantes, como el ministro Li, sabían que la economía no seguiría creciendo a menos que evolucionaran y dejaran simplemente de ensamblar los componentes diseñados y fabricados en el extranjero.

La primera vez que Morris Chang visitó Taiwán en 1968, la isla estaba compitiendo con Hong Kong, Corea del Sur, Singapur y Malasia. Ahora, Samsung y los otros grandes conglomerados surcoreanos estaban vertiendo grandes sumas de dinero en los últimos chips. Singapur y Malasia intentaban replicar el salto surcoreano del montaje a la fabricación, aunque con menos fortuna que Samsung. Taiwán tenía que mejorar su capacidad constantemente, pero apenas lograba mantener su pírrica posición en la cadena de suministro.

La mayor amenaza era la República Popular China. Mao Tse-tung había muerto en 1976 y el riesgo de invasión inminente había menguado. Pero China suponía un peligro económico. Con los nuevos mandatarios, el país había comenzado a integrarse en la economía global atrayendo algunos de los empleos de fabricación y ensamblaje básico que Taiwán había usado para salir de la inopia. Con lo bajos que eran los salarios en China, y con los cientos de millones de campesinos deseosos de cambiar la agricultura de subsistencia por el trabajo en una fábrica, la entrada de China en el sector amenazaba con expulsar a Taiwán. Hablando con los ejecutivos de TI que visitaban la isla, los representantes taiwaneses se quejaban de que era una «guerra»[3] económica. Era imposible competir con China a nivel de precios. Taiwán necesitaba producir su propia tecnología.

K. T. Li recurrió a la persona que había ayudado a llevar las primeras plantas de montaje de semiconductores a Taiwán: Morris Chang. Chang había abandonado TI a principios de los ochenta tras más de dos décadas, dolido por no haber sido nombrado director general y por que le hubieran «invitado a jubilarse»,[4] como confesó más adelante. Estuvo un año al frente de una empresa de electrónica de Nueva York llamada General Instrument, pero lo dejó al poco tiempo, descontento con el trabajo. Él había contribuido a crear el sector internacional de semiconductores. Los procesos de fabricación tan eficientes de TI fueron el resultado de sus experimentos y conocimientos en mejora del rendimiento. El puesto que había ansiado en TI, el de director general, lo habría encumbrado a lo más alto de la industria, al nivel de Bob Noyce o Gordon Moore. Es lógico que Chang se sintiera intrigado cuando el Gobierno de Taiwán le llamó y le ofreció dirigir la industria de chips nacional, extendiéndole un cheque en blanco para financiar sus planes. A los cincuenta y cuatro años, estaba buscando un nuevo reto.

Aunque se suele hablar de un presunto «regreso» a Taiwán, el vínculo más sólido de Chang con la isla eran las instalaciones de TI que había ayudado a abrir. Es cierto que Taiwán reivindicaba su legitimidad sobre el gobierno de China, el país donde Chang había crecido, pero tampoco había pisado ese territorio desde que huyó cuatro décadas antes. A mediados de los ochenta, el lugar donde más tiempo había residido Chang era Texas. Como había trabajado en Defensa durante su estancia en TI, poseía una acreditación de seguridad estadounidense. Podía afirmarse incluso que era más texano que taiwanés. Como diría él mismo: «Taiwán me era un lugar extraño».[5]

Pero crear una industria de semiconductores parecía un reto ilusionante. Formalmente le ofrecían dirigir un ente público, el Industrial Technology Research Institute (ITRI), cosa que lo convertiría en el director de orquesta de todos los planes de desarrollo. La promesa del Gobierno de financiarle hacía aún más apetecible la oferta. Si lo nombraban jefe *de facto* del sector de los semiconductores, Chang no tendría que dar cuentas a nadie excepto a ministros como K. T. Li, que prometían concederle libertad de acción.[6] TI nunca entregaba cheques en blanco como ese. Chang sabía que necesitaría una auténtica fortuna, porque su plan de negocios se basaba en una idea radical. Si le sonreía la suerte, revolucionaría el sector de la electrónica y tanto él como Taiwán acabarían en posesión de la tecnología más moderna del mundo.

A mediados de los setenta, cuando todavía estaba en TI, Chang ya había tanteado el terreno para fundar una empresa que fabricara chips diseñados por los clientes. Por entonces, las compañías como TI, Intel o Motorola solían producir circuitos de diseño propio. Chang presentó su flamante modelo de negocio a otros ejecutivos de TI en marzo de 1976, señalando que: «Gracias al bajo coste de los chips, nacerán un sinfín de aplicaciones que hoy día son imposibles».[7] Se incrementaría la demanda para nuevos usos y los circuitos integrados acabarían sirviendo para todo: para teléfonos, coches o hasta lavavajillas. A su modo de ver, las empresas que fabricaban esos productos no tendrían los conocimientos suficientes para producir semiconductores, así que preferirían externalizar la fabricación a un experto. Además, a medida que la tecnología progresara y los transistores se volvieran más pequeños, el coste del equipamiento de fabricación y de la I+D aumentaría. Las únicas compañías rentables serían las que produjeran grandes cantidades de chips.

Los otros ejecutivos de TI no lo veían tan claro. En 1976 no había ninguna empresa que diseñara chips y que no tuviera fábricas propias, aunque Chang predijo su aparición inminente. TI ya se estaba haciendo de oro, así que apostar a mercados que aún no existían se antojaba arriesgado. La idea se aparcó como quien no quiere la cosa.

Chang no olvidó jamás el concepto de la planta de fabricación. Según él, se estaba fraguando poco a poco, sobre todo desde la revolución de Lynn Conway y Carver Mead en el diseño de chips. Su aporte favoreció enormemente la distinción entre diseño y fabricación, algo que, a su entender, generaría un momento Gutenberg para los semiconductores.

Algunos ingenieros eléctricos de Taiwán pensaban en términos parecidos. Chintay Shih, que también estuvo al frente del ITRI, invitó a Mead a Taiwán a mediados de los ochenta para que se explayara en su idea de la producción automatizada de semiconductores. Por lo tanto, cuando K. T. Li ofreció a Chang un cheque en blanco para crear la industria nacional, la idea de separar el diseño de la fabricación llevaba varios años permeando la isla.[8]

El ministro Li cumplió su promesa de encontrar el dinero. El Gobierno aportó el 48 por ciento del capital inicial de TSMC y solo exigió a Chang que encontrara una empresa extranjera que facilitara la tecnología productiva. Sus excompañeros de TI y de Intel se lo quitaron de encima. Gordon Moore le dijo: «Morris, en tu vida has tenido un montón de ideas buenas. Esta no es una de ellas».[9] Pero Chang convenció a la empresa neerlandesa de semiconductores Philips de que invirtiera 58 millones de dólares, transfiriera su tecnología y cediera bajo licencia su propiedad intelectual a cambio de un 27,5 por ciento de las acciones de TSMC.[10]

El resto del capital se obtuvo de taiwaneses acomodados a quienes el Gobierno invitó a invertir, por decirlo suavemente. Según Chang: «Uno de los ministros llamaba a un empresario de Taiwán y le animaba a invertir». Para recaudar el dinero, el Gobierno recurrió a varias de las familias más ricas de la isla, que poseían empresas especializadas en plásticos, telas y sustancias químicas. Cuando un empresario se negó a invertir después de reunirse tres veces con Chang, el primer ministro llamó al tacaño ejecutivo y le recordó que el Gobierno se había portado muy bien con él en los veinte años anteriores: «Más le vale devolvérsela ahora al Gobierno». Poco tardó en mandar un cheque. El Gobierno también aprobó generosas exenciones fiscales para TSMC a fin de que la empresa tuviera dinero de sobra para invertir. TSMC no fue un negocio privado en ningún momento: fue un proyecto del Estado taiwanés.[11]

Un ingrediente fundamental en los inicios de TSMC fueron los estrechos lazos con la industria norteamericana de chips.[12] La mayoría de sus clientes eran diseñadores de ese país y muchos gerentes habían trabajado en Silicon Valley. Morris Chang se hizo con los servicios de Don Brooks, otro exejecutivo de TI, para que presidiera TSMC entre 1991 y 1997. Según Brooks: «Casi todos mis subordinados, hasta dos rangos por debajo del puesto que ocupaba, tenían experiencia en Estados Unidos. [...] Todos habían trabajado para Motorola, Intel o TI». Durante buena parte de los noventa, la mitad de las ventas de TSMC fueron a compañías norteamericanas. Y la mayor parte de los ejecutivos realizaron programas doctorales en alguna universidad transpacífica.

Esta simbiosis fue tan positiva para Taiwán como para Silicon Valley.[13] Antes de TSMC, algunas empresas pequeñas, afincadas sobre todo en California, habían intentado crear negocios de diseño para ahorrarse el coste de construir sus propias plantas externalizando la fabricación. De vez en cuando, esas empresas lograban convencer a fabricantes más grandes con capacidad sobrante para que produjeran sus chips. Pero siempre detentaban un estatus secundario, supeditado a los propios planes productivos de esas empresas. Y lo peor era que vivían con el peligro constante de ser despojados de sus ideas. También tenían que ajustar ligeramente los procesos de fabricación para adaptarse a cada gran empresa. El hecho de no tener que construir las plantas reducía drásticamente los costes de fundación, pero depender de la competencia para fabricar los chips no dejaba de ser un modelo arriesgado.

Con la fundación de TSMC, todos los diseñadores de chips tuvieron un socio de fiar. Chang juró que nunca los diseñaría, que solo los fabricaría. TSMC no competía con sus clientes; su éxito dependía del éxito ajeno. Una década antes, Carver Mead había previsto un momento Gutenberg en la fabricación de chips, pero había una diferencia elemental. El antiguo impresor alemán había intentado en balde monopolizar la imprenta. No logró impedir que su tecnología se esparciera rápidamente por toda Europa, beneficiando a autores e imprentas por igual.

El coste para constituir una empresa de chips cayó y el modelo de Chang dio pie a que aparecieran docenas de nuevos autores (empresas de diseño sin fábrica) que transformaron el sector tecnológico incrustando transistores en todo tipo de dispositivos. No obstante, la democratización de la autoría coincidió con la monopolización de la imprenta digital. La economía de la fabricación de chips obligaba a las fusiones constantes. La empresa que más producía partía con una ventaja natural, con lo que mejoraba su rentabilidad y repartía los costes de inversión entre más clientes. El negocio de TSMC fue viento en popa durante toda la década de los noventa y sus procesos de fabricación mejoraron sin cesar. Morris Chang quiso ser el Gutenberg de la edad digital y acabó amasando muchísimo más poder. En ese momento casi nadie se dio cuenta, pero Chang, TSMC y Taiwán iban camino de dominar la producción de los chips más potentes del mundo.

30

Todo el mundo a fabricar semiconductores

Morris Chang fundó TSMC en 1987, el mismo año en que un ingeniero de nombre desconocido, Ren Zhengfei, fundó la empresa de electrónica Huawei unos cientos de kilómetros al sudoeste. Taiwán era una pequeña isla con grandes sueños. Tenía vínculos sólidos con las empresas de chips más vanguardistas y presumía de dar trabajo a miles de ingenieros formados en universidades como Stanford y Berkeley. China, en cambio, tenía una gran población, pero era pobre y tecnológicamente atrasada. Eso, sin embargo, no le había impedido adoptar una nueva política de apertura económica que había disparado el comercio, especialmente vía Hong Kong, la región a través de la cual se podían importar o pasar de contrabando los bienes. Shenzhen, la ciudad donde se fundó Huawei, estaba justo al cruzar la frontera.

En Taiwán, Morris Chang se marcó el objetivo de fabricar los chips más modernos y conseguir que los gigantes de Silicon Valley contrataran sus servicios. En Shenzhen, Ren Zhengfei se dedicaba a comprar equipamiento barato de telecomunicaciones en Hong Kong y a venderlo a un precio superior en China. El material con el que comerciaba llevaba circuitos integrados, pero la idea de producir sus propios chips habría parecido absurda. En los ochenta, el Gobierno chino, liderado por el ministro de Industria Electrónica y posterior presidente Jiang Zemin, se fijó el sector como prioridad. En ese momento, el chip más potente y común que China producía internamente era una DRAM con más o menos la misma capacidad de almacenamiento que la primera que Intel había comercializado a principios de los setenta.[1] Es decir, que China iba más de diez años rezagada.

De no haber sido por el mando comunista, China podría haber desempeñado un papel mucho más importante. Cuando se inventó el circuito integrado, el país reunía muchas de las condiciones que ayudaron a Japón, Taiwán y Corea del Sur a atraer inversión norteamericana; en esencia, mano de obra masiva y barata y una élite científica muy instruida. Sin embargo, cuando se hicieron con el poder en 1949, los comunistas desconfiaron de las conexiones con los países extranjeros. Si alguien como Morris Chang hubiera regresado a China tras concluir sus estudios en Stanford, sin duda habría acabado en la pobreza y, posiblemente, en la prisión o el cementerio. Muchos de los alumnos más aventajados de las universidades chinas durante los años previos a la revolución acabaron trabajando en Taiwán o en California, desarrollando la electrónica de los grandes rivales del Estado maoísta.

El Gobierno comunista chino cometió los mismos errores que la Unión Soviética, aunque en términos más extremados. A mediados de los cincuenta, Pekín ya se había marcado los semiconductores como una prioridad científica. No tardaron en reclutar a los investigadores de la Universidad de Pekín y de otros institutos científicos, incluidos ingenieros que habían estudiado en Berkeley, el MIT, Harvard o Purdue antes de la revolución. En 1960, China había creado su primer instituto de investigación de semiconductores en la capital. Por entonces, el país empezó a fabricar radiorreceptores simples y, en 1965, sus ingenieros montaron el primer circuito integrado, media década después que Bob Noyce y Jack Kilby.[2]

Pero con el radicalismo de Mao era imposible atraer inversión extranjera ni dedicarse en serio a la ciencia. El año antes de aparecer el primer circuito integrado, el caudillo sumergió al país en la Revolución Cultural, postulando que el conocimiento era una fuente de privilegio que menoscababa la igualdad socialista. Los prosélitos de Mao libraron una batalla contra el sistema educativo y miles de científicos y expertos acabaron de granjeros en pueblos desolados. A otros muchos los ejecutaron directamente. La «brillante directiva del 21 de julio de 1968» del presidente Mao recalcaba: «Es esencial reducir los tiempos de escolarización, revolucionar la educación y supeditarse a la política proletaria. [...] Habría que elegir al alumnado de entre los obreros y campesinos con experiencia práctica y, tras enseñarles durante unos cuantos años, mandarlos de vuelta a la producción».[3]

Pretender crear industrias avanzadas con empleados poco instruidos era absurdo. Y todavía lo era más el afán de Mao de excluir la tecnología y las ideas extranjeras. Las restricciones norteamericanas impedían a China comprar equipamiento moderno de semiconductores, pero Mao también se impuso un embargo él solito. Soñaba con la autarquía total y acusaba a sus rivales políticos de intentar contaminar la industria de los chips con piezas de fuera, a pesar de que China no sabía producir muchos de los componentes. Su máquina de propaganda pedía apoyo para «el movimiento rompedor y masivo de [...] desarrollo independiente y autosuficiente de la industria electrónica».[4]

Mao no solo recelaba de los chips extranjeros; a veces pensaba que todos los bienes electrónicos eran inherentemente antisocialistas. Su rival político, Liu Shaoqi, había dicho esto de la tecnología electrónica moderna: «Permitirá un gran salto adelante de nuestra industria [...] y hará de China la primera potencia socialista recién industrializada con tecnología electrónica de primera categoría». Mao siempre asoció el socialismo con las chimeneas, los hornos y el hollín, y atacó esa premisa. Según uno de sus adeptos, era «reaccionario» vincular la electrónica al futuro; era obvio que «solo la industria del hierro y del acero influiría decisivamente» en la construcción de una utopía socialista en China.[5]

En los sesenta, Mao ganó el pulso político a la industria china de los semiconductores, desmereciéndola y cortando sus lazos con la tecnología exterior. La mayoría de los científicos chinos se enojaron con el presidente por haber arruinado su investigación y su vida enviándolos a vivir en granjas rurales para estudiar la política proletaria, en vez de la ingeniería de los semiconductores. Un gran experto chino en física óptica recaló en el campo y sobrevivió a la reeducación rural a base de arroz con cáscara, col hervida y alguna que otra serpiente a la parrilla, mientras esperaba que remitiera el radicalismo de Mao. Mientras los poquitos ingenieros de semiconductores blandían la azada en el campo, los maoístas instaban a que todo el mundo fabricara semiconductores, como si todos los integrantes del proletariado chino fueran capaces de forjar chips en su casa.[6]

Pero hubo un pedacito de territorio chino que se salvó de las atrocidades de la Revolución Cultural. Gracias a una anomalía fruto del colonialismo, Hong Kong seguía temporalmente en manos de los británicos. Mientras la mayoría de sus paisanos memorizaban de pe a pa las citas de su desquiciado presidente, los obreros hongkoneses montaban componentes de silicio como posesos en la planta de Fairchild en la bahía de Kowloon. A varios cientos de kilómetros, en Taiwán, diversas empresas norteamericanas de chips tenían plantas con miles de trabajadores que ganaban menos de lo que se cobraba en California, pero mucho más que cultivando tierras. Mientras Mao enviaba a los escasos trabajadores cualificados de China al campo para reeducarlos en el socialismo, la industria de semiconductores de Taiwán, Corea del Sur y todo el sudeste asiático estaba sacando agricultores de las zonas rurales y proporcionándoles buenos trabajos en las fábricas.

La Revolución Cultural empezó a disiparse a principios de los setenta, cuando la salud de Mao empeoró. La jefatura del Partido Comunista terminó rescatando a los científicos del campo y los devolvió a los laboratorios, donde trataron de recomponer los pedazos de sus conocimientos. Pero si la industria de chips ya iba muy rezagada respecto a Silicon Valley antes de la Revolución Cultural, ahora también iba muy rezagada respecto a los países vecinos. Durante la década de caos revolucionario en China, Intel había inventado el microprocesador y Japón se había hecho con el grueso del mercado internacional de DRAM. China solo consiguió hostigar a sus ciudadanos más capacitados. Así que, a mediados de los setenta, su industria de chips estaba en un estado deplorable. En 1975, un líder del partido se lamentó de ello: «De cada mil semiconductores que producimos, solo uno tiene la calidad que se le exige. Tenemos que tirar tantos a la basura...».[7]

El 2 de septiembre de 1975, John Bardeen aterrizó en Pekín, dos décadas después de ganar su primer Premio Nobel con Shockley y Brattain por inventar el transistor. En 1972 se había convertido en la única persona en ganar un segundo Nobel de Física, en esa ocasión por su estudio de la superconductividad. En el mundo de la física no había nadie con más renombre, aunque Bardeen seguía siendo el mismo hombre humilde que había sido injustamente eclipsado por Shockley a finales de los cuarenta. Ahora que se acercaba el momento de su jubilación, se dedicaba sobre todo a tender puentes entre las universidades de Estados Unidos y del extranjero. Cuando una delegación de prominentes físicos norteamericanos se planteó ir a China en 1975, intentaron reclutar a Bardeen.

La Revolución Cultural empezaba a distenderse y los líderes chinos intentaban aparcar su fervor revolucionario para estrechar lazos con los norteamericanos. Cuando Bardeen llegó, Mao estaba enfermo (de hecho, murió al año siguiente). La delegación recordó a sus anfitriones la tecnología que podían conseguir si se llevaban bien con Estados Unidos. La visita fue una señal de cuánto habían cambiado las cosas desde el cénit de la Revolución Cultural. Una década antes, el ganador del Nobel habría sido tildado de agente contrarrevolucionario y los grandes institutos de investigación de Pekín, Shanghái, Nankín y Xi'an lo habrían considerado *persona non grata*. Aun así, seguía vigente un fuerte legado maoísta. Los norteamericanos descubrieron que los científicos chinos no publicaban sus investigaciones porque eran contrarios a la vanagloria.[8]

Bardeen no era ajeno a los científicos obsesionados con vanagloriarse. Había trabajado con Shockley, que luego se había querido atribuir injustamente todo el mérito de la invención del transistor. El ejemplo de Shockley, un científico brillante pero pésimo empresario, demostraba que el vínculo entre el capitalismo y el engreimiento no era tan automático como sugería la doctrina maoísta. Según le contó Bardeen a su esposa, pese a toda la palabrería referente a la igualdad, la sociedad china era muy ordenada y jerárquica. Los supervisores políticos de los científicos no tenían equivalente en Silicon Valley, eso sin duda.[9]

Bardeen y sus compañeros se marcharon de China impresionados con el estamento científico, pero las ambiciones chinas de fabricar semiconductores parecían vanas. La revolución electrónica de Asia había pasado totalmente de largo. Las empresas de Silicon Valley daban trabajo a miles de operarios, a menudo de origen chino, en plantas de Hong Kong, Taiwán, Penang o Singapur. Pero la República Popular había dedicado los años sesenta a perseguir capitalistas mientras los países aledaños trataban de atraerlos por todos los medios. Según un estudio de 1979, China no podía aspirar a producir semiconductores de forma rentable, y solo había 1.500 ordenadores en todo el país.[10]

Mao Tse-tung murió un año después de la visita de Bardeen. Al poco tiempo, el viejo dictador fue sustituido por Deng Xiaoping, que prometió adoptar la política de las Cuatro Modernizaciones para transformar China. El Gobierno declaró que «la ciencia y la tecnología» serían «el vértice de las Cuatro Modernizaciones». El resto del mundo estaba cambiando mucho con la revolución tecnológica y los científicos chinos sabían que los chips eran la clave de ese cambio. El Congreso Nacional de Ciencia de marzo de 1978, justo cuando Deng Xiaoping estaba consolidando su poder, identificó los semiconductores como una prioridad estratégica. La ilusión de China era aprovechar los avances en ese campo para desarrollar nuevas armas, electrónica de consumo y ordenadores.[11]

El objetivo político era evidente: China necesitaba sus propios semiconductores y no podía confiar en intereses extranjeros. En 1985, el periódico *Guangming Ribao* dio ejemplo llamando a sus lectores a abandonar la fórmula de «la primera máquina se importa, la segunda también y la tercera también»[12] y adoptar una filosofía alternativa: «La primera máquina se importa, la segunda se fabrica en China y la tercera se exporta». Esta obsesión por fabricarlo todo en China se grabó a fuego en la doctrina del Partido Comunista, pero el país iba terriblemente atrasado en materia de semiconductores. Ni la movilización social de Mao ni los ucases de Deng podían cambiar la realidad sin más.

Pekín animaba a investigar más en los semiconductores, pero, por sí solos, los decretos del Gobierno no podían generar inventos ni sectores viables. El Gobierno insistía tanto en la importancia estratégica de los chips que los representantes intentaron controlar su fabricación, sumiendo el sector en un laberinto burocrático. Cuando nuevos emprendedores como Ren Zhengfei, de Huawei, empezaron a fundar empresas de electrónica a finales de los ochenta, no tuvieron más opción que usar chips extranjeros. La industria china de montaje de electrónica se cimentó sobre el silicio extranjero, importado de Estados Unidos, de Japón y cada vez más de Taiwán, que el Partido Comunista seguía considerando parte de China, pese a encontrarse fuera de su control.

31

«Compartir el amor divino con el pueblo chino»

Richard Chang solo quería «compartir el amor divino con el pueblo chino».[1] La Biblia no mencionaba mucho los semiconductores, pero Chang tenía tantas ganas de llevar al país la fabricación de chips que parecía un misionero. Este ingeniero de semiconductores nacido en Nankín, criado en Taiwán y formado en Texas era un cristiano devoto que en el 2000 convenció a los dirigentes de Pekín para que le confiaran grandes sumas de dinero para construir una planta en Shanghái. La fábrica se diseñó siguiendo al pie de la letra sus especificaciones; gracias a un permiso especial del Gobierno chino, conocido por su ateísmo, se construyó hasta una capilla.[2] Los líderes del país estaban dispuestos a renunciar a su secularidad para que Chang trajera por fin la fabricación moderna de semiconductores. Pero aun con el apoyo incondicional del Gobierno, Chang se seguía sintiendo como David frente a los Goliats de la industria, en especial la taiwanesa TSMC.

La geografía de la fabricación cambió radicalmente durante los noventa y los dos mil. En 1990, las fábricas de Estados Unidos elaboraban el 37 por ciento de los chips del mundo, pero en el año 2000 esa cifra había caído al 19 por ciento, y en 2010, hasta el 13 por ciento.[3] La cuota de Japón también se hundió. Corea del Sur, Singapur y Taiwán invirtieron en sus sectores y aumentaron vertiginosamente la producción. Por ejemplo, el Gobierno de Singapur financió fábricas y plantas de diseño de la mano de empresas como TI, HP y Hitachi, con lo que fraguó un potente sector. También trató de emular a TSMC creando una fundición llamada Chartered Semiconductor, aunque nunca llegó al nivel de su rival taiwanesa.[4]

A la industria surcoreana le fueron aún mejor las cosas. Una vez destronados los productores de DRAM japoneses y alcanzado el primer puesto en la fabricación de memorias en 1992, Samsung siguió creciendo a marchas forzadas durante el resto de la década. Mantuvo a raya a la competencia proveniente de Taiwán y Singapur, aprovechando el apoyo oficial del Gobierno y la presión extraoficial de los entes públicos sobre los bancos para que abrieran el grifo del crédito. Esa financiación fue clave. El principal producto de Samsung, los chips de memoria, necesitaba una descomunal fuerza económica para evolucionar a los sucesivos nodos de tecnología, y el gasto debía sostenerse incluso en los momentos de crisis del sector. Según un ejecutivo de Samsung, el mercado de DRAM era como el juego de la gallina.[5] En los tiempos de vacas gordas, las empresas de DRAM invertían en nuevas fábricas y tiraban del mercado hacia el exceso de capacidad, con lo que caían los precios. Seguir gastando era una ruina económica, pero si dejabas de invertir, aunque solo fuera un año, te arriesgabas a perder cuota de mercado en favor de tus rivales. Nadie quería ser el primero en pestañear. Samsung contaba con el capital para seguir invirtiendo cuando sus rivales ya habían tenido que apretarse el cinturón.[6] Y su cuota en los chips de memoria creció sin parar.

China era el país con mayor potencial para transformar la industria, pues cada vez se ocupaba más de ensamblar los dispositivos electrónicos en los que iban los chips. En los noventa habían transcurrido décadas desde que el radicalismo maoísta había interrumpido los malogrados planes de producir semiconductores. China era la auténtica fábrica del planeta y algunas ciudades como Shanghái y Shenzhen eran epicentros del montaje de electrónica, la actividad que había propulsado la economía taiwanesa varias décadas atrás. Sin embargo, los gerifaltes del país sabían que lo que realmente daba dinero eran los componentes electrónicos, sobre todo los semiconductores.

En los noventa, la capacidad de China para fabricar chips era muy inferior a la de Taiwán y Corea del Sur, por no hablar de la de Estados Unidos. Aunque su economía se encontraba en plena fiebre reformista, a los contrabandistas todavía les era rentable introducir ilegalmente chips en el país, cruzando la frontera desde Hong Kong con maletas llenas.[7] Pero, a medida que fue madurando la industria de electrónica, el contrabando empezó a resultar menos atractivo que la fabricación.

Para Richard Chang, llevar los chips a China sería un propósito vital. Nacido en 1948 en el seno de una familia de militares de Nankín, la antigua capital, se fue del país con sus parientes cuando los comunistas se hicieron con el poder. Llegó a Taiwán con solo un año de edad. Creció en una comunidad de chinos emigrados para los cuales la vida en la isla iba a ser temporal. La esperada caída de la República Popular nunca llegó y la gente como Chang se vio abocada a una crisis de identidad permanente; se veían como ciudadanos chinos en una isla que, en términos políticos, se alejaba cada vez más de la tierra de donde eran oriundos. Tras acabar la universidad, Chang se fue a EE.UU. y estudió un máster en Búfalo, Nueva York, antes de empezar a trabajar en TI con Jack Kilby. Se volvió un experto en la gestión de plantas de fabricación y dirigió sedes de la empresa por todo el mundo, de Estados Unidos a Japón, Singapur o Italia.[8]

En general, las primeras tentativas del Gobierno chino por subvencionar la creación de una industria de semiconductores fueron un fiasco.[9] Se construyeron algunas plantas, como la resultante de la asociación entre la china Huahong y la japonesa NEC en Shanghái. NEC se llevó una buena propina del Gobierno chino a cambio de la promesa de llevar su tecnología al país.[10] Pero la compañía se cercioró de que sus expertos estuvieran al mando; la mano de obra china solo podía acometer funciones básicas. Parece que un analista declaró: «No podemos decir que sea una industria china». Solo era una «fábrica de obleas situada en China».[11] El país no aprendió gran cosa con la asociación.

En Grace Semiconductor, otra empresa fundada en Shanghái en el año 2000, concurrió un cóctel similar de inversión extranjera, subvenciones estatales y transferencia fallida de tecnología. Fue una apuesta conjunta de Jiang Mianheng, hijo del presidente chino Jiang Zemin, y Winston Wang, magnate de una dinastía taiwanesa dedicada a la producción de plásticos.[12] La idea de atraer participación taiwanesa a la industria parecía sensata, porque la isla era un referente en semiconductores y la presencia del hijo de un presidente chino aseguraba el apoyo del Gobierno. La empresa llegó a contratar a Neil Bush, hermano menor del presidente George W. Bush, para que asesorara en materia de «estrategias corporativas».[13] A cambio, le pagaba 400.000 dólares al año. Este *dream team* tendría que haber salvado a Grace Semiconductor de cualquier controversia política, pero la tecnología de la empresa era inferior y no le valió para encontrar clientes.[14] Nunca pasó de ocupar un lugar simbólico en el sector chino de la fundición, un porcentaje ínfimo del total mundial.

Si alguien podía crear una industria de chips en China, ese era Richard Chang. Chang no quería aferrarse al nepotismo ni a las ayudas extranjeras. Todo lo que se necesitaba saber para construir una fábrica de primera estaba en su cabeza. Con TI había abierto plantas por todo el mundo. ¿Por qué no iba a poder repetirlo en Shanghái? En el año 2000 fundó la Semiconductor Manufacturing International Corporation

(SMIC) tras recaudar 1.500 millones de dólares de inversores de la talla de Goldman Sachs, Motorola y Toshiba.[15] Según las estimaciones de un analista, la mitad del capital inicial de la SMIC provino de inversores estadounidenses.[16] Con esos fondos, Chang contrató a cientos de extranjeros para que operaran la fábrica, incluidos más de 400 de Taiwán.[17]

Su estrategia era simple: imitar a TSMC. La taiwanesa TSMC había buscado a los mejores ingenieros, a poder ser con experiencia en empresas de EE. UU. u otros países con tecnología de primera. Compró la mejor maquinaria que pudo comprar y se empeñó en formar y seguir formando a sus empleados en las mejores prácticas del sector. TSMC sacó provecho de todos los beneficios fiscales y las subvenciones que el Gobierno taiwanés se prestó a conceder.

SMIC siguió a rajatabla la misma hoja de ruta y adoptó una política agresiva de contratación de fabricantes extranjeros, en especial de Taiwán. En casi toda su primera década de vida, un tercio del personal de ingeniería llegó del extranjero. Según el analista Doug Fuller, en 2001 la empresa contaba con 650 ingenieros locales y 393 del extranjero, sobre todo de Taiwán y Estados Unidos. Hasta finalizar la década, más o menos uno de cada tres ingenieros se contrataron fuera. La empresa tenía hasta un eslogan: «Por cada empleado antiguo, llegan dos nuevos», subrayando la necesidad de encontrar trabajadores con experiencia y formación en el extranjero para enseñar a los ingenieros locales. Estos aprendieron enseguida y, en un visto y no visto, fueron considerados tan aptos que empezaron a recibir ofertas de trabajo de fabricantes de fuera. La compañía solo consiguió domesticar la tecnología gracias a esa mano de obra formada en otros países.[18]

Igual que las demás empresas chinas de semiconductores creadas de la nada, SMIC obtuvo un gran respaldo del Gobierno, que eximió a la empresa de abonar el impuesto de sociedades durante cinco años y le permitió pagar menos impuestos por los chips vendidos en China.[19] SMIC dio buena cuenta de esos privilegios, pero de buenas a primeras no dependió de ellos. Mientras los rivales se afanaban en contratar hijos de políticos, en vez de centrarse en la calidad productiva, Chang aumentó la capacidad de fabricación y se hizo con tecnología casi de vanguardia.[20] A finales de los dos mil, la empresa solo iba dos años por detrás de los líderes tecnológicos mundiales. Parecía destinada a ser una fundición de primer nivel, tal vez incluso a amenazar la primacía de TSMC.[21] Richard Chang no tardó en conseguir contratos para fabricar chips para *la crème de la crème* del sector, como su exempresa TI. SMIC salió a bolsa en Nueva York en 2004.

La firma china tenía por rivales a varias fundiciones de Asia Oriental. La singapurense Chartered Semiconductor, las taiwanesas UMC y Vanguard y la surcoreana Samsung, que entraron en el negocio en 2005, también competían con TSMC por producir chips diseñados por otras compañías. La mayoría recibían ayudas públicas, pero eso abarató la producción y benefició a los diseñadores sin plantas, en su mayoría norteamericanos. Por su parte, las empresas de diseño estaban dando los primeros pasos para sacar un nuevo y revolucionario producto atestado de chips: el teléfono inteligente. La deslocalización había reducido los costes de fabricación y había fomentado la competencia. Los consumidores pudieron comprar dispositivos nunca imaginados a precios más bajos. ¿Acaso no era ese el objetivo de la globalización?

32

Las guerras litográficas

Un buen día de 1992, John Carruthers llegó a la sede de Intel en Santa Clara. Cuando se sentó en la sala de reuniones, no pensaba que pedirle 200 millones de dólares al director general de la empresa californiana fuera a ser pan comido. Como director de los proyectos de I+D de Intel, Carruthers estaba acostumbrado a las apuestas arriesgadas. Algunas salían bien y otras no, pero los ingenieros de la compañía gozaban de un porcentaje de aciertos similar al del resto del sector. En 1992, Intel volvía a ser el fabricante de chips más grande del mundo gracias a la decisión de su director general Andy Grove de priorizar los microprocesadores para ordenador. Tenían liquidez de sobra y las mismas ganas de siempre de demostrar la validez de la ley de Moore.

Pero la petición de Carruthers era mucho más ambiciosa que los típicos proyectos de I+D. Carruthers y el resto del sector sabían que, en poco tiempo, los métodos litográficos existentes dejarían de poder producir esos circuitos cada vez más pequeños que requería la siguiente generación de semiconductores. Las empresas de litografía estaban sacando máquinas con luz ultravioleta profunda, con longitudes de onda de 248 o 193 nanómetros, invisibles para el ojo humano. Pero, en breve, los fabricantes empezarían a pedir una precisión litográfica todavía mayor. Su objetivo era la luz ultravioleta extrema (UVE), con una longitud de onda de 13,5 nanómetros. Cuanto menor fuera la longitud de onda, menores serían los componentes susceptibles de ser grabados. Solo había un problema: la mayoría de la gente creía que era imposible producir en serie la luz UVE.

Grove respondió con escepticismo: «¿Me estás diciendo que piensas gastar dinero en algo que no sabemos ni si va a funcionar?», a lo que Carruthers replicó: «Pues sí, Andy. Se llama investigar». Grove acudió a Gordon Moore, ex director general y todavía asesor de Intel, y le preguntó qué haría él. «Dime qué otras opciones tienes», contestó Moore. La respuesta era obvia: ninguna. A menos que la industria aprendiera a usar longitudes de onda aún más pequeñas para la litografía, el empequeñecimiento de los transistores y la ley de Moore se detendrían. Sería una tragedia para el negocio de Intel y una humillación para Grove, así que Carruthers recibió sus 200 millones para desarrollar la litografía UVE.[1] Intel acabó invirtiendo miles de millones de dólares en I+D y miles más en aprender a usar la tecnología UVE para imprimir sus chips. Su plan nunca fue fabricar equipamiento propio, pero tenía que cerciorarse de que al menos una de las grandes empresas de litografía sacaba al mercado máquinas UVE para que Intel dispusiera de los recursos necesarios para grabar circuitos minúsculos.

Desde que Jay Lathrop había dado la vuelta a su microscopio en su laboratorio militar, el futuro de la litografía no había estado tan en el aire como en los noventa. El sector estaba inmerso en tres grandes dudas existenciales: la ingeniería, el dinero y la geopolítica. En los inicios de la fabricación, los transistores eran tan grandes que el tamaño de las ondas de luz usadas por las máquinas litográficas apenas importaba. Pero la ley de Moore había avanzado hasta tal punto que la escala de las ondas (unos doscientos nanómetros, dependiendo del color) influía en la precisión en que podían imprimirse los circuitos. En los noventa, los transistores más avanzados medían unos cientos de nanómetros, una milmilésima parte de un metro, pero ya se proyectaban transistores mucho más pequeños con componentes de solo una docena de nanómetros.

Casi todos los investigadores coincidían en que la producción nanométrica necesitaba herramientas litográficas más precisas para iluminar las fotorresinas y trazar los motivos sobre el silicio. Algunos intentaron usar rayos de electrones, pero ese tipo de litografía era demasiado lenta para la producción en serie. Otros apostaron por los rayos X o la luz UVE, que reaccionaban con diferentes tipos de fotorresinas. En el congreso internacional anual de expertos en litografía se debatía sobre qué técnica acabaría imponiéndose. Según uno de los participantes, era la época de las «guerras litográficas»[2] entre diferentes grupos de ingenieros.

La carrera por encontrar el siguiente tipo de rayo —el más indicado para fabricar los chips— fue una de las tres batallas que se libraron para definir el futuro de la litografía. El segundo pulso fue comercial, y su propósito fue descubrir qué empresa fabricaría la siguiente generación de herramientas. El inmenso coste de desarrollar nuevo equipamiento forzó a las empresas del sector a fusionarse. Solo una compañía, o a lo sumo dos, dominaría el mercado. En Estados Unidos, GCA estaba vista para sentencia y Silicon Valley Group (SVG), la compañía heredera de PerkinElmer, iba muy por detrás de los líderes del mercado, Canon y Nikon. Los fabricantes estadounidenses habían superado la amenaza japonesa de los ochenta, pero las compañías de litografía no.

El único rival digno para Canon y Nikon era ASML, una firma neerlandesa pequeña pero que apuntaba maneras. En 1984, la también neerlandesa Philips había creado ASML por gemación, a partir de su división de litografía. Por esa época se produjo la caída de precios que hundió a GCA, así que el momento era muy poco propicio. Además, Veldhoven era una pequeña ciudad cerca de la frontera con Bélgica y no parecía el lugar más indicado para una empresa de primer orden del sector de los semiconductores. Pese a ser una productora decente de chips, Europa iba claramente rezagada respecto a Silicon Valley y Japón.

Cuando el ingeniero neerlandés Frits van Hout se incorporó a ASML en 1984, recién salido de un máster de Física, sus compañeros quisieron saber si había llegado por voluntad propia o si le habían obligado a aceptar el puesto.[3] Van Hout recuerda que, más allá del vínculo con Philips, «no había instalaciones ni dinero».[4] Habría sido imposible crear procesos colosales internos para fabricar máquinas litográficas. Así que la empresa decidió montar sistemas a partir de componentes meticulosamente elegidos de diferentes proveedores internacionales. Depender de otras empresas para componentes clave entrañaba riesgos evidentes, pero ASML aprendió a gestionarlo. Mientras que los japoneses intentaban crearlo todo ellos mismos, ASML prefería comprar los mejores componentes del mercado.[5] Priorizando el desarrollo de herramientas UVE, su principal punto fuerte resultó ser su capacidad para acoplar componentes de diferentes fabricantes.

Por extraño que parezca, la segunda ventaja de ASML fue su ubicación. En los ochenta y los noventa, la compañía se vio como una especie de Suiza neutral entre las disputas comerciales de Japón y Estados Unidos. Para las empresas estadounidenses, era una alternativa fiable a Nikon y Canon. Por poner un ejemplo, cuando la nueva Micron quiso comprar máquinas litográficas, optó por ASML en vez de por los dos principales proveedores japoneses, ya que ambos tenían estrechos vínculos con la competencia de la empresa en el país asiático.

El hecho de que hubiera nacido de las entrañas de Philips también dio a ASML un impulso sorprendente, porque allanó las relaciones con la taiwanesa TSMC. Philips había sido un inversor fundamental de TSMC, transfiriendo su propiedad intelectual y su tecnología de procesos de fabricación a la joven fundición. ASML obtuvo con ello un mercado, porque las fábricas de TSMC se diseñaron de acuerdo con los procesos de Philips. Otra suerte fue un incendio accidental en la planta de TSMC en 1989, que forzó a la empresa a adquirir otras 19 máquinas litográficas, pagadas con el seguro de incendios. Tanto ASML como TSMC empezaron siendo pequeñas firmas en los arrabales de la industria, pero crecieron juntas y formaron una alianza sin la cual los avances actuales en el terreno de la informática habrían sido una quimera.[6]

La asociación entre ASML y TSMC nos lleva a la tercera *guerra litográfica* de los noventa. Fue una batalla política, aunque en el sector y en los Gobiernos había mucha reticencia a pensar en esos términos. Por aquel entonces, EE. UU. estaba celebrando el final de la Guerra Fría y embolsándose los dividendos de esa paz. El poder tecnológico, militar y económico de EE. UU. no tenía rival en el mundo, ni entre amigos ni entre enemigos. Según un columnista influyente, los noventa fueron un «período unipolar»[7] en el que el dominio estadounidense fue incontestable gracias a la guerra del Golfo, que demostró el sobrecogedor poderío tecnológico y militar del país.

En 1992, Andy Grove se estaba preparando para dar luz verde a la primera gran inversión de Intel en litografía UVE. Saltaba a la vista por qué incluso la industria de los chips, salida del complejo militar e industrial de la Guerra Fría, había llegado a la conclusión de que la política ya no importaba. Los gurús de la administración de empresas auguraban un «mundo sin fronteras»[8] en el que el panorama mundial de los negocios no estaría definido por el poder, sino por los beneficios. Los economistas aludían al aumento de la globalización. Directores generales y políticos estaban encantados con esas nuevas tendencias intelectuales. Por su parte, Intel volvía a reinar sobre el sector de los semiconductores. Había ahuyentado a sus rivales japoneses y poseía prácticamente un monopolio sobre el mercado internacional de chips de ordenador. Llevaba en números verdes desde 1986.[9] ¿Por qué iba la política a quitarle el sueño?

En 1996, Intel se alió con varios laboratorios gestionados por el Departamento de Energía de EE. UU. y especializados en lentes y otros campos esenciales para la tecnología UVE. Intel reclutó a seis fabricantes más para el consorcio, pero puso la mayor parte del dinero y, según recuerda uno de los participantes, «llevaba la batuta casi todo el tiempo».[10] Intel sabía que los investigadores de los laboratorios Lawrence Livermore y Sandia tenían los conocimientos para producir un prototipo de sistema UVE, pero su máxima prioridad era la ciencia, no la producción en serie.

El objetivo de Intel era «fabricar cosas, no solo medirlas», decía Carruthers. Así que empezó a buscar una empresa que comercializara y produjera en serie maquinaria UVE. Su conclusión fue que no había ninguna firma norteamericana válida para ello. GCA ya era agua pasada. La empresa de litografía más grande de EE. UU. era SVG, pero su tecnología era inferior. El Gobierno del país aún acusaba la guerra comercial de los ochenta y no quería que las japonesas Nikon y Canon colaboraran con los laboratorios estadounidenses, aunque Nikon tampoco confiaba mucho en la tecnología UVE. La única opción que quedaba era ASML.[11]

En Washington, la idea de que una empresa extranjera tuviera acceso a las últimas investigaciones de los National Labs suscitaba algunas dudas. La luz UVE no traslucía un uso militar evidente, y todavía no estaba claro que fuera a funcionar. Pero si al final daba resultados satisfactorios, EE. UU. dependería de ASML para una parte crucial del sector. Salvo por algunas voces del Departamento de Defensa, en Washington apenas se palpaba la preocupación.[12] La mayoría creía que

ASML y el Gobierno neerlandés eran aliados de fiar. Lo más importante para los líderes políticos eran las repercusiones laborales, no geopolíticas.[13] El Gobierno exigió a ASML que abriera una fábrica en EE. UU. para producir los componentes para sus máquinas de litografía, suministrar piezas a los clientes del país y dar trabajo a ciudadanos norteamericanos. Pero buena parte de la I+D esencial de ASML tendría lugar en los Países Bajos. Según recuerdan los mandamases del Departamento de Comercio, de National Labs y de las compañías implicadas, los factores políticos no tuvieron mucho peso en la decisión del Gobierno de dar el visto bueno al plan.[14]

Aunque la asociación sufrió largas dilaciones y se excedió mucho del presupuesto inicial, fue avanzando poco a poco. Cuando se vieron excluidas de la investigación en los laboratorios de EE. UU., Nikon y Canon decidieron no fabricar sus propias máquinas UVE y permitieron que ASML fuera la única empresa en producirlas. En 2001, ASML compró SVG, la última gran empresa de litografía de EE. UU. SVG ya iba muy rezagada respecto a los pioneros del sector, pero volvieron a surgir dudas sobre si ese acuerdo convenía a los intereses de seguridad del país. En la DARPA y el Departamento de Defensa, que habían financiado la industria durante décadas, algunos se opusieron a la venta. El Congreso también expresó reticencias y tres senadores escribieron al presidente George W. Bush para advertirle de que: «ASML terminará con toda la tecnología UVE del Gobierno de Estados Unidos».[15]

Era una certeza innegable. Pero no era menos cierto que el poder de Estados Unidos estaba en su clímax. La sensación en Washington era que la globalización era algo bueno. En el Gobierno, la mayoría pensaba que, aumentando los vínculos comerciales y de suministro, se promovería la paz, porque se animaría a potencias como Rusia o China a buscar antes la riqueza que el poder geopolítico. Había quien afirmaba que el declive del sector litográfico estadounidense amenazaría la seguridad, pero esas tesis parecían desconectadas de la nueva era de globalización e interconexión. Por su parte, la industria solo quería fabricar semiconductores con la máxima eficiencia posible. Si no quedaban grandes empresas de litografía en EE. UU., ¿qué alternativa había a apostar por ASML?

Intel y los otros grandes fabricantes señalaron que la venta de SVG a ASML sería crucial para desarrollar la tecnología UVE y, por consiguiente, fundamental para el futuro de la informática. En 2001, el nuevo director general de Intel, Craig Barrett, alegó: «Sin esa fusión se retrasará el descubrimiento y el desarrollo de las nuevas máquinas en EE. UU.». Concluida la Guerra Fría, la recién elegida Administración Bush quiso distender el control sobre las exportaciones de todo tipo de bienes tecnológicos, salvo aquellos con una aplicación militar directa. El Ejecutivo describió esta estrategia como la de «alzar imponentes muros alrededor de tecnologías de alto secreto». Y la luz UVE no estaba entre ellas.[16]

Visto lo visto, la siguiente generación de máquinas litográficas se montaría en gran medida en el extranjero, aunque algunos componentes continuaron fabricándose en una planta de Connecticut. Si alguien preguntaba cómo iba EE. UU. a garantizar su acceso a las máquinas UVE, lo acusaban de seguir anclado en el marco mental de la Guerra Fría, cuando el mundo iba camino de globalizarse. Pero los chamanes de la bolsa que proclamaban que la tecnología se estaba esparciendo por todo el mundo estaban malinterpretando la tendencia. Las redes científicas que produjeron la luz UVE eran globales y reunían científicos de países tan diversos como Estados Unidos, Japón, Eslovenia y Grecia.[17] Sin embargo, la fabricación de esa tecnología no se globalizó; se monopolizó. Una sola empresa gestionaría una sola cadena de suministro y, con ello, controlaría el futuro de la litografía.

33

El dilema de los innovadores

Año 2006. Steve Jobs sobre un tenebroso escenario vacío en la convención Macworld. Lleva el conjunto marca de la casa: unos vaqueros azules y un jersey negro de cuello alto. En el público, cientos de tecnófilos se muerden las uñas escuchando al profeta de Silicon Valley. Steve Jobs se vuelve hacia la izquierda y un humo azul empieza a brotar del borde del escenario. Un hombre enfundado en un uniforme de sala blanca, de los que usan los trabajadores para salvaguardar la higiene total en las fábricas, emerge del humo y cruza la tarima hasta llegar a la altura de Jobs. Se saca la capucha y sonríe: es el director general de Intel, Paul Otellini. Le da al protagonista de la velada una gran oblea de silicio y le dice: «Steve, quería comunicarte que Intel está preparada».[1]

Era el típico *show* de Steve Jobs, pero también era una de las jugadas habituales de Intel. En 2006, Intel ya suministraba los procesadores de la mayoría de los ordenadores. Durante la década anterior se había dedicado a ahogar a AMD, la única otra gran empresa que producía chips con la arquitectura del conjunto de instrucciones x86, el conjunto de reglas más utilizado en ordenadores. Apple era el único gran fabricante de ordenadores que no usaba chips x86. De repente, Jobs y Otellini anunciaban que eso iba a cambiar. Los ordenadores Mac llevarían chips de Intel. El imperio de Intel se extendería y su dominio sobre el sector informático se reforzaría.

Jobs ya era una estrella de Silicon Valley. Había inventado el Macintosh y había sido el primero en sugerir que los ordenadores debían ser intuitivos y fáciles de usar. En 2001, Apple sacó el iPod, un producto visionario que demostraba que la tecnología digital podía transformar cualquier dispositivo de consumo. Otellini no podía ser más distinto. Lo contrataron como gerente, no por ser un visionario. No había estudiado Ingeniería o Física como los directores anteriores de Intel (Bob Noyce, Gordon Moore, Andy Grove y Craig Barrett), sino Económicas. Tenía un máster en Administración y Dirección de Empresas, no un doctorado. Durante su mandato, la influencia pasó de manos de los químicos y físicos a manos de los directivos y contables. De buenas a primeras fue algo casi imperceptible, pero los empleados empezaron a notar que los ejecutivos llevaban camisas cada vez más blancas y que aumentaba el uso de la corbata.[2] Otellini heredó una empresa sumamente rentable. A su modo de ver, el objetivo principal era mantener un margen de beneficio lo más alto posible exprimiendo el monopolio *de facto* de Intel sobre los chips x86. Para defenderlo, aplicó prácticas de gestión convencionales.[3]

La arquitectura x86 no copaba el mercado de los ordenadores porque fuera mejor, sino porque dio la casualidad de que la primera computadora de IBM la usó. Igual que Microsoft, que aportaba el sistema operativo, Intel controlaba esa pieza crucial para el ecosistema informático. Fue un golpe de suerte, porque IBM podría haber elegido los procesadores de Motorola para sus primeros ordenadores, pero también fue gracias a la intuición estratégica de Andy Grove. En las reuniones de trabajo de principios de los noventa, Grove solía compartir una representación visual de cómo veía el futuro de la informática: como un castillo rodeado por un foso. El castillo era la rentabilidad de Intel, y el foso que defendía el castillo, la arquitectura x86.[4]

Hacía años que la empresa había adoptado ese conjunto de instrucciones y, entretanto, los científicos informáticos de

Berkeley habían diseñado una arquitectura nueva y más simple llamada RISC, que calculaba mejor y, por lo tanto, consumía menos energía. La arquitectura x86 era más compleja y voluminosa. En los noventa, Andy Grove había sopesado muy en serio adaptar los principales chips de Intel a la arquitectura RISC, pero al final desechó la idea. Era más eficiente, pero el coste de cambiar era elevado y la amenaza al monopolio casi total de Intel era demasiado real. El sector informático estaba diseñado a partir de la arquitectura x86 e Intel dominaba el ecosistema. Por eso la mayoría de las arquitecturas de ordenador siguen siendo x86 en la actualidad.

El conjunto de instrucciones x86 de Intel también domina el mercado de los servidores, que eclosionó en los dos mil cuando las compañías empezaron a crear centros de datos más grandes y algunos negocios como Amazon Web Services, Microsoft Azure y Google Cloud construyeron colosales almacenes de servidores para formar «la nube», donde la gente y las empresas almacenan datos y utilizan programas. En los noventa y a principios de los dos mil, Intel solo suministraba un pequeño porcentaje de los chips para servidores, e iba a la zaga de IBM y HP. Pero supo aprovechar su capacidad para diseñar y fabricar procesadores de primera clase para expandir su cuota de mercado en los centros de datos e implantar la x86 como la arquitectura de referencia en esa subcategoría. A mediados de los dos mil aparecieron los servicios en la nube e Intel ya se había hecho casi con el monopolio sobre los chips de centros de datos. Su única rival era AMD.[5] Hoy casi todos los centros de datos de relevancia usan chips x86 de Intel o de AMD. La nube no funcionaría sin sus procesadores.

Algunas compañías intentaron cuestionar el estatus de la x86 como arquitectura estándar del sector de los ordenadores. En 1990, Apple y dos socios suyos fundaron una sociedad conjunta llamada ARM, con sede en la ciudad inglesa de

Cambridge. El propósito era diseñar procesadores con un conjunto de instrucciones nuevo basado en esos principios RISC más simples que Intel había sopesado adoptar. Al ser una empresa nueva, a ARM no le suponía ningún coste extra abandonar la familia x86, porque no tenía divisiones ni clientes. Lo que pretendía era reemplazar la arquitectura básica de la informática. El primer director general de la empresa, Robin Saxby, soñaba a lo grande. Como les dijo a sus once colaboradores: «Tenemos que ser el estándar global. Es nuestra única oportunidad».[6]

Saxby había ido escalando en las divisiones europeas de semiconductores de Motorola, y luego había trabajado en una flamante empresa europea de chips que quebró por culpa del pobre rendimiento de sus procesos de fabricación. Era consciente de los inconvenientes de depender de la fabricación interna. Durante los debates iniciales sobre la estrategia de ARM, Saxby recalcó: «El silicio es como el acero: una materia prima. [...] Antes de fabricar chips, me corto un brazo». En vez de fabricar, ARM decidió vender licencias de su arquitectura y permitir usarla a todos los diseñadores de chips. Nacía una nueva visión con una industria desmembrada. Intel poseía su propia arquitectura, con la que diseñaba y producía muchos chips diferentes. Saxby quería vender su arquitectura ARM a firmas de diseño para que la personalizaran a su gusto y luego externalizaran la fabricación a una fundición como TSMC.

Saxby no solo soñaba con plantar cara a Intel, sino con revolucionar su modelo de negocio. Pero no consiguió penetrar en el mercado de ordenadores personales ni en los noventa ni en los dos mil, puesto que la asociación de Intel con el sistema operativo Windows de Microsoft era demasiado sólida. Dicho eso, la arquitectura ARM, simplificada y de bajo consumo, sí se volvió muy popular para los dispositivos pequeños y portátiles que tenían que ahorrar batería. Nintendo, por ejemplo, eligió los chips con esa arquitectura para sus videoconsolas portátiles, un mercado modesto al que Intel nunca prestó mucha atención. El oligopolio de Intel con los procesadores de ordenador era demasiado jugoso para pensar en mercados nicho. Hasta que fue demasiado tarde, Intel no se dio cuenta de que tenía que competir en otro segmento aparentemente modesto de dispositivos portátiles: el de los teléfonos móviles.

La idea de que los dispositivos móviles transformarían la computación no era nueva. Carver Mead, el visionario profesor del Caltech, ya lo había predicho a principios de los setenta. Intel también sabía que los ordenadores no serían el último estadio de la evolución. La empresa invirtió en una serie de nuevos productos durante los noventa y los dos mil, como un sistema de videollamadas parecido a Zoom dos décadas avanzado a su tiempo.[7] Pero pocos de esos productos cuajaron, no tanto por razones técnicas como porque eran menos rentables que el negocio fundamental de Intel: la fabricación de chips para ordenador. Nunca cosecharon muchos apoyos dentro de la compañía.

Los móviles llevaban siendo tema de debate en la empresa desde principios de los noventa, cuando Andy Grove aún era director general. En una reunión en la sede de Santa Clara a comienzos de la década, un ejecutivo agitó su Palm Pilot y declaró: «Estas cosas madurarán y acabarán reemplazando a los ordenadores». Pero la idea de invertir en móviles parecía una apuesta arriesgada cuando se podía ganar mucho más dinero vendiendo microprocesadores.[8] Así que Intel entró en el segmento cuando ya era demasiado tarde.

El profesor de Harvard que había asesorado a Andy Grove podría haber diagnosticado perfectamente el dilema de Intel. En la empresa, todos conocían a Clayton Christensen y su concepto del «dilema de los innovadores». Pero el negocio de microprocesadores para ordenador parecía destinado a generar ingresos durante un largo tiempo. Si en los ochenta Grove corrigió el rumbo para alejar a Intel de la DRAM en un momento en que la empresa estaba desangrándose, los noventa y los dos mil fueron años de enorme rentabilidad. El problema no fue que nadie se percatara de que había que estudiar nuevos productos; el problema fue que el *statu quo* era demasiado favorable. Sin hacer nada, se seguirían teniendo dos de los castillos más valiosos del mundo, el de los chips de ordenador y el de los chips de servidor, franqueados por sendos fosos de arquitectura x86.

Poco después del acuerdo para proveer a los Macintosh de chips Intel, Jobs volvió a verse con Otellini para lanzarle una propuesta. ¿Intel estaría interesada en fabricar un chip para el último producto de Apple, un móvil informatizado? Todos los teléfonos móviles llevaban un chip para ejecutar el sistema operativo y comunicarse con las redes de telefonía móvil, pero Apple quería que su teléfono funcionara como un ordenador. Y para eso necesitaría un procesador potente como el de una computadora. Otellini acabó confesando al periodista Alexis Madrigal: «Querían pagar un precio concreto y ni un centavo más. [...] No lo acababa de ver. No era de esas cosas que podías compensar con volumen. Echando la vista atrás, estimamos mal el coste. Y el volumen era cien veces superior a lo que todo el mundo creía».[9] Intel rechazó el contrato para el iPhone.

Apple necesitaba otro proveedor de chips y Jobs recurrió a la arquitectura ARM. La ARM no era como la x86; estaba optimizada para el teléfono móvil, que debía ahorrar batería. Los primeros procesadores para iPhone fueron producidos por Samsung, que había seguido los pasos de TSMC en el sector de la fundición. La predicción de Otellini de que el iPhone sería un producto nicho resultó terriblemente equivocada. Para cuando se dio cuenta de su error, fue demasiado tarde. Intel acabó luchando por las migajas. Aunque al final invirtió miles de millones de dólares en productos para teléfonos inteligentes, Intel no consiguió colgarse muchas medallas. Apple cavó un foso profundo alrededor de su fecundo castillo antes de que Otellini e Intel se percataran de lo que estaba pasando.

Pocos años después de que Intel rechazara el contrato del iPhone, Apple estaba ganando más dinero con los móviles que Intel vendiendo procesadores para ordenador. Intel intentó escalar varias veces las murallas del castillo, pero ya había perdido su ventaja de salida. Gastar miles de millones para hacerse con la segunda plaza no era muy atractivo, especialmente porque el mercado de ordenadores de Intel aún era muy rentable y su división de centros de datos crecía a toda velocidad. Así que Intel nunca pudo penetrar del todo en los teléfonos móviles, un sector al que hoy se destinan casi uno de cada tres chips.[10] De hecho, todavía no ha entrado.

Todas las oportunidades que perdió la compañía en los años posteriores al adiós de Grove tuvieron la misma causa. Desde finales de los ochenta, Intel ha cosechado 250.000 millones de dólares en beneficios (cifras no amoldadas a la inflación). Son números que pocas compañías han podido igualar. Si lo ha logrado, ha sido gracias a que ha cobrado un ojo de la cara por sus chips de ordenador y servidor. Intel pudo mantener unos precios altos gracias a la fabricación avanzada y a los procesos de diseño optimizados que Grove había pulido y legado a sus sucesores. Los dirigentes de la empresa priorizaron siempre la producción de chips con el mayor margen de beneficio.

La estrategia tiene su lógica, porque nadie quiere productos con poco margen de beneficio, pero tampoco permitió probar nada nuevo. La obsesión por los objetivos a corto plazo empezó a sustituir la filosofía de vanguardia tecnológica a largo plazo. El poder pasó de los ingenieros a los gerentes, y ese cambio aceleró el proceso. Otellini, el director general de

Intel entre 2005 y 2013, admitió que había rechazado el contrato de fabricación de chips para el iPhone porque le preocupaban las consecuencias económicas. La ofuscación por el margen de beneficio arraigó profundamente en toda la empresa: en sus decisiones de contratación, en sus planes de lanzamiento y en sus procesos de I+D. Hablando en plata, el alto mando de la empresa estaba más centrado en equilibrar la hoja de balance que en los transistores. Según un antiguo ejecutivo financiero de Intel: «La tecnología existía. Simplemente no se quería sacrificar margen de beneficio».[11]

34

A correr más deprisa..., ¿o no?

En 2010, Andy Grove estaba comiendo en un restaurante de Palo Alto cuando le presentaron a tres inversores de capital riesgo chinos que estaban de gira por Silicon Valley. Había dimitido como presidente de Intel en 2005 y estaba jubilado, viviendo a cuerpo de rey. La empresa que había creado y luego rescatado seguía siendo inmensamente rentable. Ganó dinero incluso en 2008 y 2009, pese a que la tasa de paro del valle californiano se disparó hasta superar el 9 por ciento. Pero, para Grove, que Intel hubiera arrasado en el pasado no era excusa para relajarse. Seguía igual de paranoide que siempre. Ver a inversores chinos metiendo dinero en Palo Alto le dio que pensar: ¿Silicon Valley estaba acertando al deslocalizar la producción en una época con tanto desempleo?

Grove era un refugiado judío que había huido de los nazis y los soviéticos; no era un xenófobo ni un proteccionista. Intel contrataba ingenieros de todo el mundo y tenía plantas en varios continentes. Pero a Grove no le hacía gracia deslocalizar empleos de fabricación avanzada. El iPhone presentado tres años antes ejemplificaba esa tendencia. Pocos de sus componentes se fabricaban en Estados Unidos. Aunque la deslocalización empezó con trabajos de baja cualificación, Grove pensaba que no se detendría allí, ni con los semiconductores ni con ninguna otra industria. En su mente estaban las baterías de litio para vehículos eléctricos, por ejemplo, un sector en el que EE. UU. poseía un porcentaje diminuto del mercado pese a haber inventado buena parte de la tecnología fundamental para él. Su solución pasaba por aplicar un impuesto adicional a los productos fabricados en otros países: «Si eso genera una guerra comercial, abordémosla como las demás guerras: luchemos para ganar».[1]

Mucha gente tachó a Grove de anticuado, de heraldo de épocas pasadas. Grove había creado Intel en la generación previa, antes del nacimiento de internet. Su empresa perdió el tren del teléfono móvil y vivía de los frutos de su monopolio con la x86. A principios de la década de 2010, Intel conservaba la tecnología de procesos más pionera del mundo e introducía transistores más pequeños antes que sus rivales, al mismo ritmo en que lo hacía en tiempos de Gordon Moore. No obstante, la brecha entre Intel y rivales como TSMC y Samsung se había reducido.

Intel también se veía eclipsada por tecnológicas que tenían otra forma de operar. A comienzos de milenio, había sido una de las compañías más ricas del mundo, pero había cedido el primer puesto a Apple, cuyo nuevo ecosistema móvil no usaba sus chips. Tampoco se subió al carrusel de la economía virtual. En 2010, Facebook ya valía casi la mitad que Intel, cuando había sido fundada en 2006. Y al poco tiempo ya valía varias veces más. El mayor fabricante de chips de Silicon Valley podía rebatir que los datos de internet se procesaban con sus chips de servidor y se consultaban en ordenadores que necesitaban sus procesadores. Pero producirlos era menos rentable que vender anuncios para aplicaciones. Grove idolatraba la «innovación disruptiva», pero en esa década era el negocio de Intel el que estaba quedando fuera de juego. Cuando se quejó de que Apple deslocalizaba sus cadenas de montaje, todo el mundo hizo oídos sordos.

Las fatídicas profecías de Grove no calaron ni siquiera en el propio sector de los semiconductores. Era cierto que la mayoría de las nuevas fundiciones como TSMC estaban ubicadas en el extranjero, pero producían chips que muchas veces eran diseñados por firmas norteamericanas. Además, sus plantas estaban a rebosar de equipamiento hecho en Estados Unidos. La deslocalización al sudeste asiático había sido clave para el modelo del sector desde que Fairchild Semiconductor, la primera empresa de Andy Grove, abrió su planta en Hong Kong.

Pero Grove seguía sin tenerlas todas consigo: «Si renuncias a fabricar la "materia prima" de hoy, puedes verte excluido de la nueva industria del mañana», dijo aludiendo al sector de las baterías eléctricas. EE. UU. «perdió la delantera en el sector de las baterías hace treinta años, cuando dejó de fabricar dispositivos electrónicos de consumo», escribió el alma de Intel. Luego perdió el tren de las baterías de ordenador y ya iba muy rezagado con las baterías del coche eléctrico. En 2010, Grove hizo la siguiente predicción: «Dudo que nos pongamos nunca al día».[2]

Incluso dentro de la industria, era fácil encontrar argumentos para rebatir el pesimismo de Grove respecto a la deslocalización de conocimientos. En comparación con la situación de finales de los ochenta, cuando la competencia japonesa estaba batiendo a Silicon Valley en el diseño y la fabricación de DRAM, el sector norteamericano de chips parecía más saludable. Intel no era la única que estaba llenándose los bolsillos; muchas empresas de diseño también. Durante los dos mil, a la mayoría de las empresas de máquinas herramienta les fue viento en popa, salvo por el sector de la litografía, en el que se perdió la delantera. La empresa de equipamiento más grande del mundo seguía siendo Applied Materials, que fabricaba, por ejemplo, las máquinas que depositaban finas películas de fotorresina sobre las obleas de silicio. En el mundo no había ninguna empresa mejor que Lam Research a la hora de grabar circuitos sobre las obleas. Y KLA, también con sede en Silicon

Valley, tenía las herramientas más potentes para encontrar fallos nanométricos en las obleas y las máscaras de litografía. Los tres fabricantes iban sacando nuevas generaciones de equipamiento para depositar, grabar y medir los componentes a escala atómica, algo que sería crucial para producir la siguiente generación de chips. Un par de empresas japonesas, especialmente Tokyo Electron, tenían una capacidad comparable a las norteamericanas. Pero era casi imposible fabricar un chip de última generación sin utilizar alguna que otra herramienta de Estados Unidos.

Y lo mismo cabía decir del diseño. A principios de la década de 2010, la mayoría de los microprocesadores más potentes llevaban 1.000 millones de transistores.[3] Tres empresas norteamericanas —Cadence, Synopsys y Mentor— proporcionaban el *software* para organizar esos transistores y dominaban unas tres cuartas partes del mercado.[4] No se podía diseñar un chip sin el *software* de al menos una de ellas. Y la mayoría de las empresas más modestas que ofrecían *software* de diseño también operaban en Estados Unidos. No había ningún país que se acercara ni remotamente.

Cuando los analistas de Wall Street y Washington posaban la mirada en Silicon Valley, veían un sector rentable y en constante progreso tecnológico. Evidentemente, depender tanto de dos plantas de Taiwán para fabricar la mayoría de los chips entrañaba ciertos riesgos. En 1999, la isla fue el epicentro de un terremoto de 7,3 en la escala de Richter que provocó apagones en gran parte del país, incluidas dos centrales nucleares.[5] Las fábricas de TSMC no se libraron de los efectos del terremoto, que pusieron en alerta la producción de la empresa y de muchos de los chips.

Morris Chang descolgó enseguida el teléfono para hablar con los políticos y asegurarse de que la empresa gozaba de un acceso preferente a la electricidad. Necesitaron una semana para volver a encender los motores de cuatro de las cinco fábricas; la quinta tardó más todavía.[6] Aun así, hubo pocas consecuencias y el mercado de la electrónica de consumo volvió a la normalidad al cabo de un mes.[7] De todos los terremotos que sufrió Taiwán en el siglo xx, el de 1999 solo fue el tercero más intenso, así que era fácil imaginar seísmos más dañinos. TSMC había dicho a sus clientes que sus plantas eran capaces de soportar terremotos de nivel 9 en la escala de Richter, de los cuales el mundo ha presenciado cinco desde el año 1900.[8] Nadie quería poner a prueba esa afirmación. De todos modos, TSMC siempre podía objetar que Silicon Valley se encontraba encima de la falla de San Andrés, y que llevar la fabricación de vuelta a California no era mucho más seguro.

Y había otra cuestión más peliaguda: si la cadena de suministro era cada vez más global, ¿cómo debía adaptar el Gobierno los controles a la exportación de tecnología de semiconductores? Exceptuando un par de fabricantes pequeños que producían semiconductores especializados para el Ejército, los gigantes de Silicon Valley fueron cortando sus vínculos con el Pentágono durante los noventa y los dos mil. Durante el pulso de los ochenta con Japón, los directores generales de empresas del valle californiano estuvieron día sí y día también recorriendo los pasillos del Congreso. Ahora no estimaban necesaria la ayuda del Gobierno. Su principal interés era que interviniera lo menos posible, firmando acuerdos comerciales con otros países y eliminando los controles a la exportación. En Washington, muchos secundaban los llamamientos de la industria a aflojar los controles. China tenía empresas ambiciosas como SMIC, pero el consenso en la capital de EE. UU. era que el comercio y la inversión animaría al gigante asiático a ser un «accionista responsable»[9] del sistema internacional, para remitirnos a las palabras del influyente diplomático Robert Zoellick.

Para colmo, las teorías más aplaudidas sobre la globalización pintaban como algo casi imposible la imposición de controles más estrictos. Durante la Guerra Fría ya había costado bastante hacerlos cumplir, y habían surgido disputas periódicas entre EE. UU. y sus aliados sobre qué equipamiento se podía vender a los soviéticos. En los dos mil, China no era como la URSS; estaba mucho más integrada en la economía mundial. Washington llegó a la conclusión de que los controles a la exportación harían más mal que bien. Perjudicarían a su industria y no impedirían a China comprar bienes de otros países. Japón y Europa se desvivían por vender casi cualquier cosa a la República Popular China. En Washington nadie estaba por la labor de bregar con los aliados sobre los controles a la exportación, sobre todo en ese momento en que los mandatarios del país se habían propuesto estrechar lazos con sus homólogos chinos.

Surgió un nuevo consenso alrededor de la idea de que la mejor política era «correr más deprisa» que los rivales. Un experto estadounidense predijo: «La probabilidad de que Estados Unidos acabe dependiendo de un solo país es ínfima, y menos aún de China; igual que lo es que acabe dependiendo de un solo producto, especialmente los semiconductores».[10] EE. UU. llegó incluso a conceder a la china SMIC el estatus especial de «usuario final validado»,[11] que certificaba que la empresa no vendía sus productos al Ejército chino y, por lo tanto, estaba exenta de algunos controles. Dejando de lado a un puñado de políticos, sobre todo republicanos del sur que seguían viendo a China como si la Guerra Fría no hubiera acabado, casi todos los representantes respaldaban la estrategia de «correr más deprisa»[12] que los rivales.

Era una táctica sublime con un único problema: en ciertos indicadores clave, EE. UU. no corría más deprisa, sino que estaba perdiendo comba. En el Gobierno no hubo casi nadie que se dignara a estudiarlo, pero las funestas predicciones de Andy Grove se estaban cumpliendo un poco. En 2007, el Departamento de Defensa encargó un estudio al exasesor del

Pentágono Richard van Atta y varios colaboradores suyos para evaluar el efecto de la globalización de la industria sobre las cadenas de suministro del Ejército. Van Atta llevaba décadas en el sector de la microelectrónica de uso militar y había sido testigo del ascenso y la caída en desgracia de la industria japonesa de chips. No era muy dado a las reacciones desmesuradas y sabía que el sector era más eficiente con una cadena multinacional. En tiempos de paz, ese sistema iba como la seda. Pero el Pentágono tenía que ponerse en los peores escenarios. Van Atta declaró que el Departamento de Defensa no tardaría mucho en depender de países extranjeros para conseguir chips de última generación, porque gran parte de la fabricación se estaba trasladando al extranjero.

Estados Unidos se veía dueño y señor del mundo, y esa arrogancia significaba que casi nadie quería escuchar. En Washington, la conclusión más habitual era que se estaba yendo más deprisa, pero nadie se prestó siquiera a analizar los indicadores. A juzgar por la historia del sector, nada garantizaba el liderazgo estadounidense. El país no había vencido a Japón en los ochenta, aunque sí lo hizo en los noventa. GCA no había superado a Nikon o ASML en equipamiento litográfico. Micron era el único productor de DRAM capaz de seguir el ritmo de los rivales de Asia Oriental, ya que muchas empresas habían quebrado. Al finalizar la década de los dos mil, Intel seguía por delante de Samsung y TSMC en transistores miniaturizados producidos, pero la brecha se había cerrado. La empresa corría más despacio, aunque seguía sacando partido de la ventaja con la que había partido. EE. UU. era líder en diseño, pero la taiwanesa MediaTek estaba demostrando que otros países también podían diseñar chips. Van Atta veía pocas razones para la confianza y ninguna para la relajación. En 2007 avisó: «Seguramente, la posición delantera de EE. UU. se verá muy debilitada en esta década». Todos hicieron como quien oye llover.[13]

Parte VI

¿DESLOCALIZAMOS LA INNOVACIÓN?

35

«Los hombres de verdad tienen fábricas»

El fundador de AMD Jerry Sanders era una especie de gánster, de esos que llevan Rolex y conducen un Rolls Royce. Para él, tener una fábrica de semiconductores era como meter a una cría de tiburón en una piscina privada. Son caros de alimentar, mantenerlos cuesta tiempo y dinero y te pueden acabar mandando al otro barrio.[1] Pero Sanders tenía clara una cosa: nunca iba a renunciar a sus fábricas. Aunque había estudiado Ingeniería Eléctrica en la Universidad de Illinois, nunca se puso el mono de trabajo. Fue escalando posiciones por los departamentos de ventas y *marketing* de Fairchild Semiconductor y se labró un nombre como el vendedor más competente y extravagante de la empresa.[2]

Su especialidad era vender, pero nunca aspiró a deshacerse de sus fábricas. Ni siquiera cuando la aparición fulgurante de fundiciones como TSMC permitió a las grandes empresas valorar la opción de abandonar la producción y externalizar esas operaciones a Asia. En los ochenta pugnó con los japoneses por el mercado de DRAM y en los noventa hizo lo propio con Intel por el mercado de ordenadores personales. Pero Sanders era fiel a sus fábricas. Según él, eran cruciales para la buena salud de AMD.

Dicho eso, incluso él admitía que cada vez era más complicado ganar dinero con una fábrica. El problema era sencillo: cada generación de progresos tecnológicos encarecía las fábricas. Varias décadas antes, Morris Chang había llegado a una conclusión similar y por eso había considerado que el modelo de TSMC era superior. Una fundición como TSMC podía fabricar chips para muchos diseñadores y sacar provecho de su colosal volumen de producción, algo difícil de replicar para muchas empresas.

No todos los segmentos de la industria afrontaban dinámicas parecidas, pero muchos sí. En los dos mil se tendía a dividir el sector en tres categorías. Los chips «lógicos» son los procesadores para móvil, ordenador y servidor. Los chips «de memoria» se refieren o bien a la DRAM, que proporciona la memoria a corto plazo que los ordenadores necesitan para funcionar; o bien a la *flash*, o NAND, que recuerda datos para el futuro. La tercera categoría es más difusa e incluye varios productos: chips analógicos, como los sensores, que convierten señales audiovisuales en datos digitales; chips de radiofrecuencia que se comunican con las redes de telefonía móvil; y semiconductores que gestionan el uso de la electricidad en los dispositivos.

Esta tercera categoría no ha dependido mucho de la ley de Moore para mejorar su rendimiento. Diseñar bien es más importante que reducir el tamaño de los transistores. Hoy, cerca de tres de cada cuatro chips de esta categoría se producen sobre procesadores de 180 nanómetros o más, una tecnología de fabricación aparecida a finales de los noventa.[3] En consecuencia, la economía de este segmento difiere de la de los chips lógicos y de memoria, que tienen que empequeñecer sin descanso sus transistores para seguir en la carrera. Fabricar esta clase de chips es bastante más barato porque, en general, no hay que pugnar por conseguir transistores más pequeños cada dos años. De media, una fábrica nueva de este tipo necesita dos veces menos inversión que una de chips lógicos y de memoria.[4] Actualmente, los mayores fabricantes de chips analógicos son norteamericanos, europeos o japoneses[5] y la mayor parte de su producción tiene lugar en esas tres regiones, salvo un pedacito que se envía a Taiwán y Corea del Sur. El fabricante más grande es TI, que no consiguió asentar un monopolio como el de Intel en los segmentos de ordenadores, centros de datos o teléfonos inteligentes, aunque sigue siendo un fabricante de tamaño medio muy rentable, con un catálogo inmenso de sensores y chips analógicos. Y en estos momentos hay muchos otros fabricantes con sede en Estados Unidos, como Onsemi, Skyworks y Analog Devices, así como empresas parecidas de Europa y Japón.

En cambio, el mercado de memorias acusa una tendencia incesante hacia la deslocalización a un puñado de fábricas, situadas sobre todo en Asia Oriental. No hay una dispersión de proveedores asentados en las economías del Primer Mundo, sino que los dos grandes tipos de memorias, DRAM y NAND, son producidos por dos empresas. Una fábrica moderna de DRAM, el semiconductor por el que Silicon Valley fue a la guerra con Japón en los ochenta, puede costar 20.000 millones de dólares. Antes había docenas de productores, pero hoy solo hay tres grandes. A finales de los noventa, varios productores japoneses de DRAM se fusionaron para crear una sola compañía, Elpida, a fin de intentar competir con Micron (de Idaho) y las coreanas Samsung y SK Hynix. Al término de los dos mil, estas cuatro empresas controlaban cerca del 85 por ciento del mercado.[6] Pero Elpida no sobrevivió y Micron la acabó adquiriendo en 2013.[7] Mientras que Samsung y Hynix producen casi toda la DRAM en Corea del Sur, la sucesión interminable de compras de Micron le otorgó fábricas en Japón, Taiwán y Singapur, además de las de Estados Unidos. Las ayudas públicas de países como Singapur indujeron a Micron a conservar y ampliar su capacidad productiva.[8] Eso hace que, aunque una firma estadounidense sea una de las tres mayores productoras de DRAM, el grueso de su fabricación tenga lugar en Asia Oriental.

El otro gran tipo de chip de memoria es el de NAND, y es un sector muy bien asentado en Asia. Su líder destacado es Samsung, que acumula un 35 por ciento del mercado.[9] El resto es producido por la surcoreana Hynix, la japonesa Kioxia y dos empresas norteamericanas: Micron y Western Digital. Las coreanas producen chips casi exclusivamente en su país o en China, pero solo una parte de la producción de NAND de Micron y Western Digital está en EE. UU. (el resto se encuentra en Singapur y Japón). Como sucede con la DRAM, las empresas estadounidenses desempeñan un papel importante, pero el porcentaje de NAND producido en EE. UU. es bastante inferior.

El estatus subordinado de Estados Unidos en la producción de memorias no es nada nuevo. Se remonta a finales de los ochenta, la primera vez que Japón superó al país americano en producción de DRAM. El gran cataclismo de los últimos años ha sido la caída del porcentaje de chips lógicos producidos en Estados Unidos. En la actualidad, construir una fábrica para esta clase de circuitos integrados cuesta 20.000 millones de dólares, una inversión desorbitada que pocas firmas pueden asumir. Como en el caso de las memorias, hay una correlación entre el número de circuitos que produce una empresa y su rendimiento, la cantidad de chips que funcionan de verdad. Con los beneficios de la economía de escala, el número de empresas que fabrican esos productos ha ido menguando sin parar.

Con la notoria excepción de Intel, muchos fabricantes importantes de chips lógicos de Estados Unidos han cerrado sus fábricas y han externalizado la fabricación. Otros protagonistas en el pasado, como Motorola o National Semiconductor, quebraron, fueron compradas o perdieron peso en el mercado. Las sustituyeron empresas sin fábrica propia que en muchas ocasiones contrataban diseñadores de las históricas firmas de semiconductores, pero que enviaban la fabricación a TSMC o a otras fundiciones asiáticas. Gracias a eso, esas empresas pudieron poner el acento en su punto fuerte, el diseño, sin tener que dominar también el proceso de fabricación.

Mientras Sanders siguió siendo director general, su retoño AMD no abandonó la fabricación de chips lógicos, entre ellos, los procesadores de ordenador. Los directivos de Silicon Valley de la vieja escuela no dejaban de insistir en lo mismo: separando la fabricación del diseño, aparecían fallos en la producción. Pero lo que mantuvo tanto tiempo integrado el diseño y la fabricación de los chips fue la cultura, no la lógica empresarial. Sanders aún tenía grabados los días en que Bob Noyce jugueteaba con sus trastos en el laboratorio de Fairchild. Sus tesis a favor de mantener la división de fabricación de AMD radicaban en un discurso rebosante de testosterona y cada vez más atávico. En los noventa, un día oyó a un periodista decir una cosa que le pareció graciosa: «Los hombres de verdad tienen fábricas», y adoptó el dicho como suyo. En un congreso del sector, Sanders declaró: «Escuchadme y recordad bien esto que os digo: los hombres de verdad tienen fábricas».[10]

36

La revolución del diseño

Puede que «los hombres de verdad» tengan fábricas, pero la nueva hornada de emprendedores de Silicon Valley no las tenían. Desde finales de los ochenta, ha habido una irrupción desenfrenada de empresas que diseñan semiconductores y externalizan la fabricación, muchas veces a TSMC. En 1984, Gordon Campbell y Dado Banatao fundaron Chips and Technologies, generalmente considerada la primera empresa de esta clase. En ese momento, un amigo les dijo que no era «una empresa de semiconductores de verdad»,[1] porque no fabricaba sus propios circuitos. Pero los chips gráficos para ordenador que diseñaban tuvieron una gran acogida y compitieron con algunos productos de las empresas más grandes del sector. Al final, Chips and Technologies se fue apagando e Intel la adquirió. Pero había demostrado que el modelo podía funcionar; solo se necesitaba una buena idea y un par de millones de dólares de capital, una fracción minúscula del dinero que se requería para construir una fábrica.

El nicho de los gráficos era atractivo para las empresas de nueva planta porque no era igual que el de los microprocesadores: Intel no poseía prácticamente un monopolio. Todos los fabricantes de computadoras, desde IBM hasta Compaq, tenían que usar un chip de Intel o de AMD para su procesador principal, ya que ambas poseían un monopolio velado sobre la arquitectura x86 que necesitaban esos productos. Había mucha más competencia en el mercado para los chips que servían para representar imágenes en una pantalla. El surgimiento de las fundiciones y la consiguiente caída en los costes de constitución de empresas se tradujeron en un hecho curioso: la aristocracia de Silicon Valley no era la única capaz de competir para crear las mejores unidades de procesamiento gráfico (GPU). La compañía que acabó dominando el mercado de las GPU, Nvidia, es de origen humilde.[2] De hecho, no nació en una cafetería hípster de Palo Alto, sino en un restaurante de carretera de los barrios bajos de San José.

En 1993, Chris Malachowsky y Curtis Priem fundaron Nvidia junto con Jensen Huang, que sigue siendo su director general. Priem había ayudado a sentar las bases de la representación gráfica en computadoras en IBM, y luego había trabajado en Sun Microsystems con Malachowsky. Huang, nacido en Taiwán pero residente en Kentucky desde la infancia, trabajó en una empresa fabricante de Silicon Valley llamada LSI[3] y luego se convirtió en el director general y rostro público de Nvidia. Siempre llevaba vaqueros oscuros y una camisa y una chaqueta de cuero negras. Poseía un halo a lo Steve Jobs; parecía haber visto el futuro más lejano de la informática.

Los primeros clientes de Nvidia fueron empresas de videojuegos. Tal vez no parecía lo más innovador del mundo, pero en la firma creían que el futuro de los gráficos sería producir imágenes complejas en tres dimensiones.[4] Los primeros ordenadores eran un mundo gris y aburrido en dos dimensiones, porque la potencia necesaria para mostrar imágenes en 3D era inmensa. En los noventa, Microsoft Office introdujo un sujetapapeles animado llamado Clipo que se quedaba a un lado de la pantalla y daba consejos. Fue un salto adelante en el terreno gráfico y muchas veces hacía que el ordenador se congelara.

Nvidia no solo diseñaba GPU capaces de representar gráficos en tres dimensiones, sino que ideó un ecosistema de programas a su alrededor. Para hacer gráficos realistas se deben usar programas sombreadores, que transmiten a todos los píxeles que hay en una imagen el tono de luz concreto que deben adoptar, por ejemplo. El sombreador se aplica a cada uno de esos puntitos, un cálculo relativamente sencillo que se hace en miles y miles de píxeles. Las GPU de Nvidia representan imágenes con rapidez porque no son como los microprocesadores de Intel u otras CPU de propósito general, sino que están estructuradas para hacer muchos cálculos simples al mismo tiempo, como requiere el sombreado.

En 2006, tras percatarse de que los cálculos en paralelo y a alta velocidad se podían usar para otras cosas que no fueran los gráficos, Nvidia sacó CUDA, un *software* con el que se pueden programar las GPU con un lenguaje de programación estándar, sin hacer ninguna referencia a los gráficos. Aunque Nvidia estaba produciendo chips gráficos de primera clase, Huang no escatimó en costes para diseñar ese programa —según una estimación corporativa de 2017, al menos 10.000 millones de dólares— a fin de que cualquier programador pudiera trabajar con los circuitos de la compañía.[5] Huang decidió regalar CUDA, pero el programa solo funciona con chips de Nvidia. Al dar utilidad a las GPU más allá de la industria gráfica, Nvidia descubrió un mercado nuevo y gigantesco para el procesamiento en paralelo, fuera para la química computacional o para la previsión meteorológica.[6] Por aquel entonces, Huang no podía más que intuir vagamente las posibilidades de crecimiento en el que acabaría siendo el mayor caso de uso del procesamiento en paralelo: la inteligencia artificial.

Hoy, los chips de Nvidia, fabricados en gran medida por TSMC, se encuentran en los centros de datos más modernos. Para la compañía fue positivo no tener que construir su propia fábrica. A la hora de asentarse, probablemente habría sido imposible recaudar los fondos necesarios. Prestar dos millones de dólares a unos diseñadores que trabajaban en un *diner* ya era arriesgado. Apostar 100 millones de dólares, lo que costaba una nueva fábrica en ese momento, habría sido tirar la casa por la ventana, incluso para los inversores más osados de Silicon Valley. Para postre, administrar bien una fábrica es caro y exige tiempo, como decía Jerry Sanders. Diseñar chips de alta tecnología como los de Nvidia ya cuesta lo suyo. Si encima la empresa hubiera tenido que gestionar sus procesos de fabricación, difícilmente habría tenido los recursos o el capital humano para invertir en la creación de un ecosistema de *software*.

Nvidia no era la única empresa de diseño que pensaba en nuevos usos para los chips lógicos especializados. Irwin Jacobs era ese profesor de teoría de la comunicación que en un congreso de expertos de principios de los setenta había levantado un microprocesador y lo había bautizado como heraldo del progreso; según él, había llegado el futuro. Los móviles, unos artilugios grandes y negros de plástico enganchados al salpicadero o al suelo de los coches, estaban a punto de entrar en su segunda generación (2G) de tecnología. Las compañías telefónicas estaban tratando de acordar un estándar para que los teléfonos pudieran comunicarse entre ellos. La mayoría se decantaba por un sistema llamado «acceso múltiple por división de tiempo» (TDMA, por sus siglas en inglés), en el que los datos de múltiples llamadas se transmitirían por la misma frecuencia. En el TDMA, a una llamada se le asignaría una ranura del espectro de radio cuando hubiera un momento de silencio en otra llamada.

Jacobs seguía confiando ciegamente en la ley de Moore y pensaba que un sistema más complicado de saltos de frecuencia funcionaría mejor. En vez de usar en todo momento una misma frecuencia, él proponía mover los datos entre diferentes frecuencias a fin de embutir más llamadas en el espectro disponible. La mayoría creía que su teoría era correcta, pero que el sistema no funcionaría jamás. Afirmaban que la calidad de la voz sería baja y que se cortarían las llamadas. Los cálculos necesarios para trasladar los datos de llamada entre frecuencias y para que el otro teléfono lo interpretara parecían enormes.

Jacobs no estaba de acuerdo, y en 1985 fundó una empresa para demostrarlo: Qualcomm. Para ello, creó una pequeña red con un par de estaciones base de telefonía móvil. El sector entendió rápidamente que el sistema de Qualcomm permitiría incrustar más llamadas en el espectro disponible si se apostaba por que la ley de Moore sería capaz de ejecutar los algoritmos que desentrañan el embrollo de ondas.

A partir del 2G, en cada nueva generación de tecnología móvil Qualcomm aportó ideas esenciales para transmitir más datos por el espectro de radio y vendió chips especializados con la potencia requerida para descifrar esa cacofonía de señales. Las patentes de la empresa son tan importantes que sin ellas sería imposible fabricar un teléfono.[7] Qualcomm no tardó mucho en diversificarse e introducirse en una nueva línea de negocio. No solo diseñaba los módems que permiten al teléfono comunicarse con la red, sino también los procesadores de aplicación que hacen funcionar los sistemas esenciales del teléfono inteligente. Esos diseños son grandes hitos de la ingeniería, pues cada uno se asienta sobre decenas de millones de líneas de código.[8] Qualcomm ha ganado cientos de miles de millones de dólares vendiendo chips y cediendo en licencia sus derechos de propiedad intelectual. Pero no ha fabricado ningún circuito, sino que los diseña y los envía a producir a empresas como Samsung o TSMC.[9]

Es fácil lamentar la deslocalización del montaje. Pero puede que empresas como Qualcomm no hubieran sobrevivido si hubiesen tenido que invertir miles de millones de dólares al año para construir sus fábricas. Jacobs y sus ingenieros eran sublimes embutiendo datos en el espectro de radio y diseñando chips cada vez más inteligentes para descodificar el sentido de dichas señales. Como sucedió con Nvidia, fue una suerte que no tuvieran que añadirle a eso la obligación de dominar la fabricación. Qualcomm valoró en muchas ocasiones abrir plantas propias, pero siempre se decantó por no hacerlo debido al coste y a la complejidad que entrañaba. Gracias a TSMC, a Samsung y a otras compañías dispuestas a producir sus chips, los ingenieros de Qualcomm pudieron prestar toda su atención a sus principales virtudes: el aprovechamiento del espectro y el diseño de semiconductores.[10]

Un montón de firmas estadounidenses se beneficiaron del modelo sin fábrica, que les permitió producir nuevos diseños sin tener que invertir miles de millones en construir plantas propias. Surgieron nuevas categorías enteras de chips fabricados exclusivamente en TSMC y en otras fundiciones. Las FPGA (matrices de puertas programables en campo), chips que podían programarse para diferentes usos, fueron una realidad gracias a compañías como Xilinx y Altera, que externalizaron la fabricación desde el principio. Pero el mayor cambio no fue solo la aparición de nuevos tipos de chips. Al hacer posibles los móviles, los gráficos avanzados y el procesamiento en paralelo, las empresas de diseño abrieron el paso a tipos de computación totalmente nuevos.

37

La gran alianza de Morris Chang

Tal vez Jerry Sanders hubiera prometido ser eternamente fiel a sus fábricas, pero la quinta de ingenieros que había llegado a la mayoría de edad diseñando chips con navajas y pinzas empezaba a jubilarse. Sus sustitutos habían estudiado una nueva disciplina de ciencia informática y muchos conocían los semiconductores sobre todo a través de los programas de diseño que germinaron en los ochenta y los noventa. Para mucha gente de Silicon Valley, el apego romántico de Sanders a las fábricas estaba tan trasnochado como su actitud de machito. Una nueva hornada de directores generales tomó las riendas de las empresas de chips en las dos primeras décadas del nuevo milenio, una generación que hablaba el idioma de los MBA y de los doctorados y que charlaba tranquilamente de inversiones de capital y de márgenes de beneficio con analistas de Wall Street en sus teleconferencias trimestrales. En la mayoría de los parámetros, esa nueva promoción de talento ejecutivo era mucho más profesional que los químicos y físicos que habían sentado las bases de Silicon Valley. Pero a menudo parecían anquilosados al lado de los gigantes que los habían precedido.

La época de las apuestas alocadas por tecnologías imposibles estaba dando paso a algo más organizado, profesionalizado y sistematizado. Se dejó de apostar el todo por el todo y empezó la era del análisis de riesgo. Era fácil percatarse de que se había perdido algo en el proceso. De los fundadores de la industria solo quedaba Morris Chang fumando su pipa en el despacho de Taiwán, un hábito que él tildaba de bueno para su salud, o al menos para su estado de ánimo. En los dos mil, incluso Chang empezó a pensar en su sucesión. En 2005, con setenta y cuatro años, dimitió como director general de TSMC, aunque siguió de presidente. Pronto no quedaría nadie que hubiera trabajado en el laboratorio con Jack Kilby o que se hubiera ido de cañas con Bob Noyce.

El cambio de guardia de los mandamases de la industria aceleró la escisión entre el diseño y la fabricación, con gran parte de la segunda deslocalizada a países en vías de desarrollo. Cinco años después de que Sanders se jubilara y abandonara AMD, la empresa anunció que iba a fraccionar sus divisiones de diseño y fabricación.[1] Wall Street estalló de júbilo, imaginando que la nueva AMD sería más rentable sin esas fábricas tan caras de mantener. AMD se libró de esas instalaciones y formó una nueva compañía que operaría igual que TSMC; no solo produciendo chips para AMD, sino también para otros clientes. El fondo estatal abudabí Mubadala se convirtió en el principal inversor de la nueva empresa, algo inesperado viniendo de un país más conocido por los hidrocarburos que por la alta tecnología. CFIUS, el organismo público de EE. UU. que estudia las compras de activos estratégicos que hacen los países extranjeros, autorizó la venta y estimó que no comportaba ningún riesgo añadido para la seguridad nacional. Pero el destino de la capacidad productiva de AMD acabó dando forma a la industria y conllevó que la mayoría de la fabricación moderna tuviera lugar fuera de EE. UU.

GlobalFoundries fue el nombre de esa nueva empresa heredera de las fábricas de AMD que entró en un sector más competitivo y desalmado que nunca. A mediados de la década de 2010, la ley de Moore seguía mostrándose válida y forzaba a las empresas a gastarse un dineral para sacar un proceso de fabricación superior más o menos cada dos años. Los chips de teléfonos móviles, ordenadores y servidores migraban enseguida a cada nuevo nodo, sacando ventaja de la mayor potencia de procesamiento y del menor consumo de energía derivado de la densidad con la que se aglutinaban los transistores. Cada transición requería maquinaria más costosa de producir.

Durante muchos años, las sucesivas generaciones de tecnología de fabricación se bautizaron según la longitud de las puertas lógicas, la parte del chip cuya conductividad se activa o se desactiva, creando e interrumpiendo el circuito. El nodo de 180 nanómetros apareció en 1999, seguido por el de 130 nanómetros, el de 90, el de 65 y el de 45. Cada generación empequeñecía lo suficiente los transistores para poder embutir aproximadamente el doble en el mismo espacio. Así se reducía el consumo energético, dado que un transistor más pequeño requería el paso de menos electrones.

A principios de la década de 2010 empezó a ser impracticable condensar más transistores empequeñeciéndolos bidimensionalmente. Una de las trabas era que, al reducir los transistores de acuerdo con la ley de Moore, el canal conductor era tan corto que la energía se podía filtrar por el circuito aunque el interruptor estuviera apagado. Para más inri, la capa de sílice sobre el transistor era tan fina que algunos fenómenos cuánticos como el efecto túnel (un salto a través de una barrera que la física clásica consideraba impenetrable) comenzaron a afectar gravemente al rendimiento de los dispositivos. A mediados de los dos mil, el grosor de esa capa era de un par de átomos, así que no era lo bastante espesa como para contener a todos los electrones que había en el silicio.

Para controlar mejor el movimiento de los electrones hacían falta nuevos materiales y nuevos diseños. Se abandonó el diseño bidimensional usado desde los sesenta y se adoptó el nodo de 22 nanómetros, que introdujo un nuevo transistor en 3D llamado FinFET. En un FinFET, el drenador, la fuente y el canal de material semiconductor se colocan encima de un bloque parecido a una aleta de ballena (*fin*, en inglés). El canal que conecta ambos cabos del circuito tiene un campo eléctrico aplicado no solo desde arriba, sino también desde ambos costados de la aleta, con lo que mejora el control sobre los electrones y se taponan las fugas de electricidad que amenazaban al rendimiento de las nuevas generaciones de pequeños transistores. Estas estructuras nanométricas y tridimensionales fueron vitales para la supervivencia de la ley de Moore, pero eran rematadamente difíciles de hacer. Exigían aún mayor precisión a la hora de depositar, grabar y litografiar, de modo que surgieron nuevas dudas respecto a la capacidad de los grandes fabricantes para adaptarse a las arquitecturas FinFET. ¿Alguna se quedaría atrás?

GlobalFoundries se fundó como una compañía independiente en 2009 y los analistas del sector pensaron que gozaba de una posición ventajosa para hacerse un sitio en el mercado aprovechando la carrera hacia los transistores en 3D. Los exejecutivos de TSMC admiten que incluso la empresa taiwanesa tenía cierto miedo.[2] GlobalFoundries había heredado una fábrica colosal en Alemania y estaba construyendo otra planta de primera categoría en Nueva York. GlobalFoundries no iba a hacer como sus rivales, sino que pensaba instalar su capacidad más avanzada en las economías occidentales, no en Asia. La compañía se había asociado con IBM y Samsung para desarrollar tecnología, así que los clientes podían contratar fácilmente a GlobalFoundries o a la tecnológica surcoreana para producir sus chips. Además, los diseñadores sin fábrica propia estaban ansiosos por encontrar un competidor fiable de TSMC, porque el titán taiwanés ya poseía más o menos la mitad del mercado de fundición internacional.[3]

El único adversario digno era Samsung. Su negocio de fundición poseía tecnología más o menos comparable a la de TSMC, pero su capacidad productiva era muy inferior. Con todo, surgieron complicaciones porque Samsung también fabricaba chips diseñados internamente. Mientras que una empresa como TSMC produce chips para docenas de clientes y hace lo imposible por mantenerlos satisfechos, Samsung tenía su propia línea de teléfonos móviles y otros dispositivos electrónicos de consumo, así que competía con muchos de sus clientes. El temor de esas firmas era que las ideas que compartieran con la fundición de Samsung pudieran terminar equipando otros productos de la firma surcoreana. TSMC y GlobalFoundries no tenían esos conflictos de interés.

El salto a los transistores FinFET no fue el único terremoto que sacudió el sector justo cuando se estaba fundando GlobalFoundries. TSMC estaba afrontando graves problemas de fabricación con su proceso de 40 nanómetros, con lo que GlobalFoundries tenía la oportunidad de diferenciarse de su gran rival.[4] Además, la crisis financiera de 2008 amenazaba con rearticular todo el sector. Los consumidores dejaron de comprar electrónica y las tecnológicas dejaron de pedir chips. Cayeron las compras de semiconductores. Según un ejecutivo de TSMC, aquello parecía un ascensor en caída libre.[5] Si algo podía conmocionar la industria, era una crisis financiera global.

Pero Morris Chang no pensaba ceder el trono del negocio de fundición. Había vivido todos y cada uno de los ciclos del sector desde que su viejo compañero Jack Kilby inventó el circuito integrado. Estaba convencido de que la recesión se acabaría revirtiendo. Las compañías excesivamente endeudadas se verían abocadas a la quiebra, y aquellas que hubieran invertido durante la crisis se apoderarían de más mercado. Chang también se dio cuenta enseguida de que los teléfonos inteligentes transformarían la informática y, por consiguiente, cambiarían el sector de los chips. Los medios solo tenían ojos para los jóvenes reyes de las tecnológicas, como el jefe de Facebook Mark Zuckerberg, pero el septuagenario Chang tenía mucha trastienda. Los móviles supondrían un antes y un después para la industria, dijo a la revista *Forbes*. Según él, eran los primeros vientos que avisaban de un cambio tan radical como el que habían provocado los ordenadores. Estaba decidido a hacerse con el grueso del negocio, costara lo que costara.[6]

Chang se dio cuenta de que TSMC podía superar tecnológicamente a sus rivales porque era un actor neutral rodeado de empresas que diseñaban sus productos. Lo bautizó como la «gran alianza» de TSMC, una asociación de docenas de empresas que diseñaban chips, vendían propiedad intelectual, producían materiales o fabricaban maquinaria. Muchas de esas compañías competían entre sí, pero, como ninguna fabricaba obleas, ninguna competía con TSMC. Por consiguiente, la firma taiwanesa podía coordinarlas y estipular los parámetros de referencia que la mayoría de las tecnológicas convendrían en usar. No tenían alternativa, porque la compatibilidad con los procesos de TSMC era crucial para casi todas ellas. Para las que no tenían fábrica, TSMC era la mejor fuente de servicios de fabricación. Para las empresas de equipamiento y materiales, solía ser el principal cliente. Cuando los móviles empezaron a generalizarse y aumentó la demanda de silicio, Morris Chang ocupaba una posición inmejorable. Estas fueron sus declaraciones: «TSMC sabe de la importancia de usar las innovaciones de todas las partes: las nuestras, las de los fabricantes de equipamiento, las de nuestros clientes y las de los proveedores de propiedad intelectual. Esa es la fuerza de la gran alianza». Los efectos financieros fueron tremendos. Chang se daba postín: «El gasto combinado en I+D de TSMC y sus diez mayores clientes supera al de Samsung e Intel juntos». Para el viejo modelo que integraba diseño y fabricación, no sería fácil plantar cara cuando el resto de la industria se estaba aglutinando en torno a TSMC.[7]

La posición central de la firma taiwanesa en los semiconductores la forzaba a tener capacidad productiva suficiente para todos sus grandes clientes. No sería barato. En plena crisis financiera, el sucesor elegido a dedo por Chang, Rick Tsai, había hecho lo mismo que casi todos los directores generales: despedir empleados y hacer recortes. Chang quería hacer lo contrario. Para reconducir el proceso de fabricación de 40 nanómetros, había que invertir en personal y tecnología. Había que invertir a mansalva en capacidad productiva para ganar más clientes que fabricaran teléfonos inteligentes, sobre todo el iPhone de Apple, que salió en 2007 y que empezó comprando sus principales chips al archienemigo de TSMC, Samsung. Chang pensaba que la estrategia de Tsai era derrotista. Más adelante dijo esto a unos periodistas: «Se invirtió muy muy poco. Siempre había pensado que la compañía podía dar más de sí. [...] Pero no pasó. Caímos en un estado catatónico».[8]

Visto lo visto, Chang expulsó a su sucesor y retomó el control directo sobre TSMC.[9] Ese día el precio de las acciones de la empresa cayó, porque los inversores tuvieron miedo de que impulsara un osado programa de gastos con resultados inciertos. Para Chang, el auténtico riesgo era aceptar la situación tal como era. No pensaba permitir que una crisis financiera amenazara a TSMC en la carrera por el primer puesto del sector. Llevaba medio siglo fabricando chips, una reputación labrada desde mediados de los cincuenta. Así que, en lo más duro de la crisis, Chang volvió a contratar a los trabajadores que el antiguo director general había echado y dobló la apuesta por la nueva capacidad y la I+D. A pesar de la crisis, anunció que en 2009 y 2010 iba a aumentar en varios miles de millones el gasto en inversión. Era mejor «pasarse de capacidad que quedarse corto»,[10] dijo. Quien quisiera penetrar en el negocio de la fundición se encontraría con la oposición feroz de TSMC, que se jugaría el tipo para hacerse con el próspero mercado de los chips de teléfono móvil. En 2012, el directivo taiwanés declaró que eso era «solo el principio»,[11] y se embarcó en su sexta década al frente de la industria de los semiconductores.

38

Apple Silicon

La gran beneficiada de la aparición de fundiciones como TSMC fue una empresa que la mayoría de la gente ni siquiera sabe que diseña chips: Apple. La compañía creada por Steve Jobs se ha especializado siempre en *hardware*. Por lo tanto, no debería sorprendernos que su deseo de perfeccionar sus dispositivos pasara por controlar el silicio que llevaban en su interior. Desde los inicios de Apple, Steve Jobs había reflexionado mucho sobre la relación entre el *hardware* y el *software*. En 1980, cuando la cabellera le llegaba casi a los hombros y un espeso bigote le cubría el labio superior, Jobs dio una charla en la que se preguntó qué era el *software*: «Lo único que se me ocurre es que el *software* es algo que cambia demasiado deprisa, o aún no sabes exactamente lo que quieres, o no has tenido tiempo de incrustarlo en el *hardware*».[1]

Jobs no tuvo tiempo de meter todas sus ideas en el *hardware* de la primera generación de iPhones. Apple usó su propio sistema operativo, el iOS, pero externalizó el diseño y la producción de sus chips a Samsung. Y el revolucionario nuevo móvil llevaba un montón de chips más: uno de memoria de Intel, un procesador de audio diseñado por Wolfson, un módem para conectarse con la red de telefonía producido por la alemana Infineon, un chip de Bluetooth diseñado por CSR y un amplificador de Skyworks, entre otros.[2] Todos fueron diseñados por otras empresas.

Con cada nueva versión del iPhone, Jobs fue grabando su visión para el teléfono inteligente en los propios chips de Apple. Un año después de sacar el móvil, Apple adquirió una pequeña firma de diseño de Silicon Valley, PA Semi, experta en el procesamiento de bajo consumo. Al cabo de poco, Apple empezó a contratar algunos de los mejores diseñadores del sector. Pasados dos años, anunció que había diseñado su propio procesador, el A4, que utilizó para el flamante iPad y el iPhone 4.[3] El coste de diseñar chips tan complejos es elevado, y por eso la mayoría de las compañías de perfil bajo y medio compran chips estándares de firmas como Qualcomm. Pero Apple ha invertido mucho en I+D y en los centros de diseño de Baviera e Israel, y también en Silicon Valley, donde los ingenieros diseñan los chips de última generación. Ahora, Apple no solo diseña los principales procesadores de casi todos sus dispositivos, sino también los auxiliares que alimentan accesorios como los AirPods. Esta apuesta por el silicio especializado explica por qué sus productos van como la seda.[4] Cuatro años después del lanzamiento del iPhone, Apple acumulaba más del 60 por ciento de los beneficios mundiales por ventas de teléfonos móviles, aplastando a rivales como Nokia y BlackBerry y obligando a los fabricantes de Asia Oriental a competir en el mercado de teléfonos baratos, cuyos márgenes eran inferiores.[5]

Igual que Qualcomm y las demás empresas que impulsaron la revolución móvil, Apple diseña cada vez más chips, pero no fabrica ninguno. Es *vox populi* que Apple externaliza el ensamblaje de sus teléfonos, tabletas y otros dispositivos a China, donde cientos de miles de operarios se apiñan en torno a las cadenas de montaje para atornillar y pegar las minúsculas piezas.[6] El entorno productivo chino es el mejor del mundo para fabricar en serie dispositivos electrónicos. Las compañías taiwanesas que dirigen esas instalaciones para Apple en China, como Foxconn y Wistron, no tienen parangón en la producción masiva de móviles, ordenadores y otros productos. Eso sí, aunque las plantas de montaje de electrónica de ciudades chinas como Dongguan y Zhengzhou son las más eficientes, no son insustituibles. En el mundo aún hay cientos de millones de personas que se dedican a la agricultura de subsistencia y que no dudarían ni un segundo en ponerse a montar componentes de un iPhone a cambio de un dólar por hora. Foxconn produce la mayoría de los productos de Apple en China, pero también fabrica algunos en Vietnam y la India.[7]

Los chips del teléfono inteligente no son como los trabajadores de una cadena de montaje; son muy difíciles de reemplazar. Y como los transistores se han hecho más pequeños, se han vuelto todavía más difíciles de fabricar. El número de empresas capaces de fabricar chips de última generación ha menguado. Apple sacó su primer chip en 2010, cuando solo había un puñado de fundiciones de primera: la taiwanesa TSMC, la surcoreana Samsung y quizás GlobalFoundries, si lograba hacerse un lugar en el mercado. Intel era líder en el empequeñecimiento de los transistores, pero seguía anclada exclusivamente en la producción de chips propios para ordenadores y servidores, en vez de diseñar procesadores para móviles de otras compañías. Las fundiciones chinas como SMIC estaban intentando ponerse al nivel de las demás, pero continuaban varios años rezagadas.

Por esa razón, la cadena de suministro de teléfonos inteligentes es muy diferente a la que asociamos con los ordenadores. Tanto los móviles como los ordenadores se ensamblan sobre todo en China con componentes de primer nivel diseñados en Estados Unidos, Europa, Japón o Corea. En el caso de los ordenadores, la mayoría de los microprocesadores son de Intel y están producidos en las fábricas de esa empresa en Estados Unidos, Irlanda o Israel. Los teléfonos inteligentes son harina de otro costal, porque están a rebosar de chips. No solo está el procesador principal que Apple diseña internamente, sino que hay módems y chips de radiofrecuencia para conectarse a las redes de telefonía móvil, circuitos para la conexión wifi y Bluetooth, un sensor de imágenes para la cámara, al menos un par de memorias, chips que detectan el movimiento para que el teléfono sepa cuándo lo has colocado de lado, además de semiconductores para la batería, el audio y la carga inalámbrica. De la lista de materiales que necesita un teléfono inteligente, la mayoría son para fabricar esos chips.

Cuando migró a Taiwán y Corea del Sur, la capacidad de fabricación se llevó consigo la capacidad para producir muchos de esos chips. Los procesadores, el cerebro electrónico del teléfono inteligente, se producen mayormente en Taiwán y Corea del Sur antes de ser enviados a China para su ensamblaje final en una carcasa de plástico y una pantalla de vidrio. Los procesadores del iPhone se fabrican solo en Taiwán. En la actualidad no hay ninguna empresa aparte de TSMC con la destreza o la capacidad productiva para fabricar los chips que necesita Apple. Así que el texto impreso en el reverso de todos los iPhones, «Diseñado por Apple en California. Ensamblado en China», es muy engañoso. Los componentes más difíciles de reemplazar sí se diseñan en California y se ensamblan en China, pero solo se pueden fabricar en Taiwán.

39

UVE

Apple no es la única compañía de semiconductores con una cadena de suministro escandalosamente compleja. A finales de la década de 2010, la empresa neerlandesa ASML llevaba casi dos décadas intentando dar con la tecla para fabricar maquinaria litográfica con luz ultravioleta extrema (UVE). ASML se veía obligada a buscar por todo el mundo los mejores componentes, los metales más puros, los láseres más potentes y los sensores más precisos. La luz UVE fue una de las más grandes apuestas tecnológicas de nuestra era. En 2012, años antes de que ASML produjera una máquina UVE funcional, Intel, Samsung y TSMC habían invertido directamente en la firma neerlandesa a fin de que tuviera la financiación necesaria para seguir desarrollando recursos imprescindibles para la futura fabricación de chips. En 2012, solo Intel ya invirtió 4.000 millones de dólares, uno de los envites más arriesgados en la historia de la empresa; fue una cantidad que se sumó a los miles de millones de dólares que, desde los tiempos de Andy Grove, ya había desembolsado en forma de becas e inversiones para investigar en la tecnología UVE.[1]

La idea tras las máquinas litográficas con luz UVE había cambiado poco respecto a cuando Intel y un grupo de empresas dieron a los National Labs de EE. UU. «una aparente infinidad de dinero para resolver un problema no resoluble»,[2] en palabras textuales de uno de los científicos que trabajó en el proyecto. El método seguía siendo más o menos el mismo que cuando Jay Lathrop dio la vuelta al microscopio: crear un patrón de ondas de luz mediante una «máscara» para bloquear parte de la luz y luego iluminar la fotorresina untada en una oblea de silicio. Los fotones reaccionaban con la fotorresina y permitían depositar material o eliminarlo formando dibujos perfectos, cuyo resultado era un chip funcional.

Lathrop había utilizado luz visible normal y fotorresinas estándares producidas por Kodak. A medida que fue encontrando lentes y sustancias más complejas, se acabaron pudiendo imprimir motivos de apenas unos cientos de nanómetros en las obleas de silicio. La onda de la luz visible ya mide varios cientos de nanómetros, en función del color que desprenda, con lo que acabó llegando a un límite porque los transistores no dejaban de reducir su tamaño. Entonces, la industria pasó a diferentes clases de luz ultravioleta con longitudes de onda de 248 y 193 nanómetros. Con esas longitudes se podían grabar formas más precisas que con la luz visible, pero también tenían sus limitaciones, así que se depositaron las esperanzas en la luz ultravioleta extrema, con una longitud de onda de 13,5 nanómetros.

El uso de ese tipo de luz presentaba nuevos obstáculos casi imposibles de superar. Lathrop usó un microscopio, luz visible y fotorresinas producidas por Kodak; en cambio, todos los componentes esenciales de la tecnología UVE se tenían que crear *ad hoc*. No puedes ir a una tienda cualquiera y comprar una bombilla de luz UVE. Para generar suficiente luz de ese tipo, hay que pulverizar una bolita de estaño con un láser. La empresa Cymer, fundada por dos expertos en láseres de la Universidad de California en San Diego, había sido una pieza importante de las fuentes de luz para litografía desde los años ochenta. Sus ingenieros descubrieron que el mejor sistema era proyectar una gotita de estaño de 0,3 micrómetros (un micrómetro equivale a una millonésima parte de un metro) en una cámara de vacío a unos 320 kilómetros por hora. *A posteriori*, dos láseres interceptan el estaño: el primer impulso lo calienta y el segundo lo ioniza y lo convierte en un plasma a unos 500.000 kelvin de temperatura, muchísimo más caliente que la superficie del Sol. El proceso de radiación del estaño se repite 50.000 veces por segundo para producir luz UVE en las cantidades necesarias para fabricar los chips. El proceso de Jay Lathrop había pasado por usar una bombilla simple como fuente de luz; desde entonces, la complejidad había aumentado lo indecible.

Pero la fuente de luz de Cymer solo funcionó gracias a un nuevo láser capaz de pulverizar las gotas de estaño con la potencia suficiente. Para ello hicieron falta los láseres de dióxido de carbono más potentes que habían existido jamás. En verano de 2005, dos ingenieros de Cymer contactaron con una empresa alemana de maquinaria de precisión llamada Trumpf para preguntar si podía construir un láser como ese. Trumpf ya fabricaba los mejores láseres de dióxido de carbono del mundo para usos industriales, como el corte de precisión. Eran auténticos prototipos de la sublime mecanización germana. Puesto que cerca del 80 por ciento de la energía producida por un láser de dióxido de carbono es calor y solo un 20 por ciento es luz, refrigerar la máquina es un rompecabezas.[3] Trumpf ya había diseñado un sistema de ventiladores que giraban mil veces por segundo, una velocidad excesiva para usar un soporte físico. Por eso se aprendió a usar imanes. Los ventiladores flotaban en el aire y absorbían el calor de la máquina sin chocar con otros componentes y poner en peligro la fiabilidad.

Justamente, Trumpf tenía fama de ofrecer la precisión y fiabilidad que necesitaba Cymer. ¿Podría cumplir también con la potencia? Los láseres para la maquinaria UVE debían ser bastante más potentes que los que producía Trumpf. Cymer también pedía más precisión que nunca a las herramientas de la empresa. Trumpf propuso un láser con cuatro componentes: dos láseres «de origen» de baja potencia, pero capaces de calcular el momento más exacto de cada impulso para interceptar 50 millones de gotitas de estaño por segundo; cuatro resonadores que incrementan la potencia del rayo; un «sistema de transporte» sumamente preciso que dirige el rayo más de 30 metros hasta la cámara de vacío con las gotitas de estaño; y un último dispositivo de enfoque para dar de pleno en el objetivo millones de veces por segundo.[4]

Todas las fases requerían innovaciones. Los gases específicos de la cámara del láser debían mantener una densidad constante. Las gotitas de estaño también reflejaban la luz, y existía el riesgo de que los fotones reflectados interfirieran con el láser y con el sistema; para contrarrestarlo, hacían falta lentes especiales. La empresa necesitaba diamantes de uso industrial que actuaran como «ventanas» para que el láser pudiera salir de la cámara, y tuvo que colaborar con otras empresas para desarrollar nuevos diamantes de gran pureza. Trumpf tardó una década en superar estos escollos y producir láseres con suficiente potencia y fiabilidad. Cada uno necesitaba exactamente 457.329 piezas.[5]

Una vez Cymer y Trumpf hubieron encontrado la manera de irradiar el estaño para que emitiera suficiente luz UVE, el siguiente paso fue crear espejos que recogieran esa luz y la proyectaran sobre el chip de silicio. La alemana Zeiss, artífice de los sistemas ópticos más avanzados del mundo, llevaba fabricando espejos y lentes para máquinas litográficas desde los días de PerkinElmer y GCA. Sin embargo, la diferencia entre los espejos de antes y los que necesitaba la tecnología UVE era casi tan abismal como la que había entre la bombilla de Lathrop y el sistema de gotitas de estaño de Cymer.

El principal reto de Zeiss era que la luz UVE es difícil de reflejar. La longitud de onda es de 13,5 nanómetros y se acerca más a los rayos X que a la luz visible. Y, como sucede con los rayos X, muchos materiales absorben esa luz, no la reflectan. Zeiss empezó a crear espejos hechos con capas alternas de molibdeno y silicio, cada una de dos nanómetros de grosor. En un artículo publicado en 1998, unos investigadores del laboratorio Lawrence Livermore lo destacaron como un espejo perfecto para la luz UVE, pero fabricar un elemento óptico con precisión nanométrica estaba resultando casi un imposible.[6] Al final, Zeiss consiguió fabricar los objetos más lisos jamás hechos, espejos con impurezas tan diminutas que eran casi imperceptibles. Según la compañía, si un espejo de un sistema UVE tuviera el tamaño de Alemania, sus imperfecciones más grandes medirían 0,1 milímetros. Para apuntar bien con la luz UVE, los espejos tienen que estar perfectamente inamovibles, con mecanismos y sensores tan precisos que Zeiss no dudó en presumir de que servirían para acertar a una pelota de golf en la superficie de la Luna.[7]

Frits van Houts tomó las riendas de la división de UVE de ASML en 2013. Según Van Houts, la clave para desarrollar esa tecnología no fue ninguna aportación concreta; si fue posible, fue gracias a la propia habilidad de la empresa a la hora de gestionar su cadena de suministro. Dice Van Houts que ASML hilvanó «como una seda»[8] este ovillo de relaciones corporativas, con lo que produjo un sistema bien tejido de miles de compañías capaces de cumplir los exigentes requisitos de la empresa neerlandesa. La propia ASML solo producía un 15 por ciento de todos los componentes de una máquina UVE; el resto, lo compraba a otros. Eso le dio acceso a productos que eran auténticos prodigios de la ingeniería, pero que requerían una supervisión constante.

La única opción era confiar en un solo proveedor para adquirir los componentes clave de los sistemas de luz UVE. Para ello, ASML se puso a analizar a los proveedores de sus proveedores a fin de entender los riesgos. ASML recompensó a algunos de ellos con inversiones, como los 1.000 millones de dólares que pagó a Zeiss en 2016 para financiar su I+D.[9] En contrapartida, les exigía muchísimo a todos. El director general de ASML, Peter Wennink, le dijo a un proveedor: «Si no os comportáis, os vamos a comprar».[10] Y no era broma: ASML terminó comprando a varios proveedores, incluida Cymer, porque llegó a la conclusión de que podía dirigirlos mejor.

El resultado fue un engranaje con cientos de miles de componentes que necesitó decenas de miles de millones y varias décadas para consolidarse. El milagro no es solo que la litografía UVE funcione, sino que sea tan fiable que permita producir chips económicamente rentables. Era vital que todos los componentes que se metieran en la máquina fueran sumamente fiables. ASML se había fijado como objetivo que, de media, todos los componentes duraran un mínimo de 30.000 horas, unos cuatro años, antes de necesitar una reparación.[11] En la práctica había que repararlos más, porque no todas las piezas se estropean a la vez. Cada máquina de luz UVE cuesta más de 100 millones de dólares, así que, por cada hora que está parada, el fabricante de chips deja de producir y pierde miles de dólares.

En parte, estas herramientas funcionan porque su *software* funciona. Por poner un ejemplo, ASML utiliza algoritmos para predecir cuándo tendrá que sustituir las piezas antes de que se averíen. También utiliza programas en su proceso de «litografía computacional» para imprimir motivos con mayor precisión. La impredecibilidad atómica de las ondas de luz al reaccionar con las fotorresinas causó nuevos problemas que apenas existían en la litografía con longitudes de onda más grandes. Para compensar las anomalías que provoca la refracción, las herramientas de ASML proyectan los fotones en un patrón diferente al que desean los fabricantes de chips. Para imprimir algo en forma de equis, hay que usar un dibujo muy distinto, pero que termina teniendo forma de equis cuando las ondas de luz llegan a la oblea.[12]

El producto final, el chip, funciona muy bien porque solo tiene un componente: un bloque de silicio recubierto de otros metales. En un chip no hay piezas móviles, exceptuando los electrones que pululan por su interior. Por contra, para producir semiconductores avanzados se han usado algunas de las máquinas más complejas de la historia. La máquina herramienta de ASML es la más cara de producir en serie. Es tan compleja que es imposible de usar sin una formación exhaustiva por parte del personal de la firma neerlandesa, que se queda en la fábrica compradora durante toda la vida útil de la máquina. Todos los escáneres UVE llevan un logo de ASML. Pero la compañía admite a las claras que su habilidad fue fusionar un extenso enjambre de expertos en física óptica, programadores, compañías de láseres y muchos otros agentes necesarios para hacer realidad el sueño de la luz UVE.

Es fácil quejarse de la deslocalización de las fábricas, como hizo Andy Grove durante los últimos años de su vida. De haber conocido la historia de la litografía o de la luz UVE, entre los nacionalistas económicos de EE. UU. no habría sentado nada bien que una empresa neerlandesa, ASML, hubiera comercializado una tecnología inventada por la agencia National Labs y financiada en gran medida por Intel. Aunque la maquinaria UVE de ASML no era del todo neerlandesa, por más que estuviera fabricada en gran medida en los Países Bajos. Había piezas vitales que llegaban de la californiana Cymer y de las alemanas Zeiss y Trumpf. Y esas firmas alemanas también compraban piezas cruciales a fabricantes estadounidenses.[13] Es decir, que un solo país no puede agenciarse el mérito de poseer y fabricar estas máquinas milagrosas, sino que son el fruto del trabajo de muchos países. Un objeto con cientos de miles de piezas tiene un montón de padres.

Antes de invertir sus primeros 200 millones en tecnología UVE, Andy Grove le preguntó a John Carruthers si funcionaría. Fueron tres décadas de inversión y miles de millones de dólares desembolsados, de innovaciones tecnológicas que culminaron en la creación de una de las cadenas de suministro más complejas del mundo. A mediados de la década de 2010, por fin las máquinas UVE de ASML estaban preparadas para integrarse en las fábricas más pioneras.

40

«No tenemos plan b»

En 2015, alguien le preguntó a Tony Yen lo que pasaría si la nueva máquina litográfica con luz UVE desarrollada por ASML no funcionaba. Yen llevaba veinticinco años en la cresta de la ola del sector. En 1991, TI había contratado al recién licenciado del MIT y el joven había trabajado en una de las últimas máquinas litográficas que produjo GCA antes de quebrar. A finales de los noventa se incorporó a TSMC, justo cuando empezaban a aparecer los productos de luz ultravioleta profunda, que generaban ondas de una longitud de 193 nanómetros. La industria estuvo dos décadas fabricando transistores con esa tecnología. Para que los componentes fueran cada vez más pequeños se echó mano de una serie de triquiñuelas ópticas, como interponer agua o múltiples máscaras entre la fuente de luz y el objetivo; así, las ondas de 193 nanómetros trazaban motivos aún más diminutos. Con esas técnicas se mantuvo vigente la ley de Moore, pues la industria redujo el tamaño de los transistores del nodo de 180 nanómetros de finales de los noventa hasta las primeras fases de los chips tridimensionales FinFET, que empezaron a producirse a gran escala a mediados de la década de 2010.

No obstante, la prestidigitación óptica solo podía ayudar a trazar patrones más pequeños hasta cierto punto. Cada nuevo apaño ralentizaba el proceso y costaba dinero. A mediados de la década, igual se podrían haber logrado un par de avances más, pero la ley de Moore requería mejores máquinas. La única esperanza era conseguir que la litografía UVE funcionara por fin a nivel comercial. Se trataba de una tecnología muy aparcada y en fase de desarrollo desde principios de los noventa. Pero ¿cuál era la alternativa? Yen lo sabía: «No tenemos plan b».[1]

Morris Chang apostó por la UVE más que nadie en el sector. La división de litografía de TSMC no se ponía de acuerdo en si las máquinas UVE estaban listas para la fabricación a gran escala. Pero Shang-yi Chiang, un ingeniero de voz melosa que comandaba los proyectos de I+D, alabado unánimemente por la magnífica tecnología productiva de la empresa, estaba convencido de que la luz UVE era el único camino hacia delante. Chiang nació en Chongqing, ciudad a la que, como Morris Chang, su familia había llegado huyendo del ejército japonés durante la Segunda Guerra Mundial. Se crio en Taiwán y estudió Ingeniería Eléctrica en Stanford antes de trabajar en la texana TI y en la californiana HP. En 1997, TSMC le llamó de repente ofreciéndole un trabajo y una prima desorbitada, así que hizo las maletas y volvió a la isla para ayudar a construir la empresa. En 2006 quiso jubilarse en California, pero en 2009 TSMC encontró un impedimento en su proceso de fabricación de 40 nanómetros. Hastiado, Morris Chang ordenó a Chiang que regresara a Taiwán y lo invitó a una sopa de fideos con ternera mientras le pedía que volviera a tomar las riendas del departamento de I+D.

Después de pasar por Texas, California y Taiwán, Chiang alucinaba con la ambición y la filosofía de trabajo de TSMC. Fue una ambición nacida del sueño de Morris Chang de crear una tecnología sin igual. Prueba de ello fue su predisposición a no escatimar en gastos para ampliar el equipo de I+D; de 120 personas que tenía en 1997 pasó a emplear 7.000 en 2013. Era un hambre que impregnaba toda la empresa. Según Chiang, «en Taiwán la gente trabajaba mucho más duro». Como las máquinas representan buena parte del coste de una fábrica, conseguir que el equipamiento no se estropee es elemental para la rentabilidad. En opinión del directivo taiwanés, en EE. UU., si se averiaba algo a la una de la madrugada, el ingeniero lo arreglaba a la mañana siguiente, mientras que, en TSMC, a las dos ya estaba subsanado el problema: «No se quejan, y su esposa o su marido tampoco».[2] Cuando Chiang volvió a hacerse cargo de la I+D, TSMC avanzó a pasos agigantados hacia la tecnología UVE. No le costó nada encontrar empleados dispuestos a trabajar la noche entera. Ordenó instalar tres escáneres UVE para hacer test en medio de una de las fábricas más grandes de la compañía, la Fab 12, y se alió con ASML para probar y pulir las máquinas UVE sin reparar en gastos.[3]

Mientras preparaba su propio nodo de 7 nanómetros, GlobalFoundries valoró si adoptar la luz UVE igual que TSMC, Samsung e Intel. Desde su creación, la empresa supo que tendría que crecer para aposentarse. Había heredado las fábricas de AMD, pero era mucho más pequeña que sus rivales. Para crecer, en 2010 había adquirido Chartered Semiconductor, una fundición de Singapur.[4] Varios años más tarde, en 2014, se hizo con la división de microelectrónica de IBM y prometió producir chips para esa empresa, que había decidido renunciar a las fábricas por la misma razón que AMD. Entre los ejecutivos de IBM solía circular una imagen del mundo informático: una pirámide invertida con los semiconductores en la base, de los cuales dependía toda la industria.[5] Pero, aunque IBM había desempeñado un papel fundamental en el despegue de los semiconductores, sus dirigentes llegaron a la conclusión de que fabricarlos carecía de cualquier sentido financiero. Ante la encrucijada de invertir miles de millones para construir una nueva fábrica o miles de millones en *software*, lo cual generaba un gran margen de beneficio, optaron por la segunda opción y vendieron su división de chips a GlobalFoundries.[6]

En 2015, y gracias a esas adquisiciones, GlobalFoundries era de lejos la mayor fundición de Estados Unidos y una de las más grandes del mundo, pero seguía siendo pequeñita al lado de TSMC. La empresa competía con la taiwanesa UMC por ser la segunda fundición más grande del planeta. Cada una tenía más o menos el 10 por ciento del mercado;[7] TSMC, más de la mitad. En 2015, Samsung solo poseía un 5 por ciento, pero producía más obleas que nadie si se tenía en cuenta su gigantesca producción de chips propios, como las memorias y los procesadores para móvil. Si se calculaba por miles de obleas al mes, el estándar del sector, TSMC tenía una capacidad de 1,8 millones, y Samsung, de 2,5 millones. GlobalFoundries únicamente producía 700.000.[8]

TSMC, Intel y Samsung tenían claro que iban a adoptar la tecnología UVE, aunque diferían en su estrategia sobre el cuándo y el cómo. GlobalFoundries vacilaba más. La empresa había tenido dificultades con su proceso de 28 nanómetros. Para reducir el riesgo de demoras, decidió adquirir de Samsung la licencia de su proceso de 14 nanómetros, en vez de desarrollarlo internamente, una decisión que no reflejaba gran confianza en sus proyectos de I+D.[9]

En 2018, GlobalFoundries había comprado varios equipos litográficos de luz UVE y los estaba instalando en su fábrica más moderna, la Fab 8, cuando llegó la orden de arriba de parar máquinas. Se cancelaba el programa.[10] GlobalFoundries dejaba de producir nuevos nodos y renunciaba al proceso de 7 nanómetros con litografía UVE. Ya se habían invertido 1.500 millones de dólares y parecía que habría que invertir una cantidad extra similar para implementar la tecnología. La sólida posición económica de TSMC, Intel y Samsung les bastaba para tentar al destino y cruzar los dedos para que la luz UVE funcionara. GlobalFoundries decidió que, siendo una fundición de tamaño medio como era, nunca conseguiría que el proceso de 7 nanómetros fuera rentable. Anunció que abandonaba la carrera por fabricar transistores cada vez más pequeños y reducía un tercio el gasto en I+D. Rápidamente consiguió beneficios tras varios años de pérdidas. El coste de fabricar procesadores de última generación era excesivo salvo para las empresas más grandes del mundo. Para GlobalFoundries, no bastó ni con las hondas arcas de los príncipes y reyes del golfo. El número de empresas capaces de fabricar chips lógicos de primer nivel cayó de cuatro a tres.

41

Cómo se olvidó Intel de la innovación

Al menos a Estados Unidos le quedaba Intel. La empresa ocupaba un lugar privilegiado en el sector de los semiconductores. La vieja guardia era historia antigua: Andy Grove había muerto en 2016 y Gordon Moore, que ya superaba los noventa, vivía jubilado en Hawái. Pero eso no le quitaba la fama de haber comercializado la DRAM y haber inventado el microprocesador. Ninguna empresa había compenetrado mejor el diseño innovador con el poder de fabricación. La arquitectura x86 de Intel seguía siendo la referencia del sector para ordenadores y centros de datos. El mercado estaba estancado, porque parecía que casi todo el mundo tenía ya ordenador, pero Intel todavía sacaba un gran rédito y ganaba miles de millones de dólares al año que podía reinvertir en I+D. Durante la década de 2010, la empresa gastó más de 10.000 millones al año en I+D, el cuádruple que TSMC y el triple que todo el presupuesto de la DARPA. Solo había un par de compañías en el mundo que invirtieran más.

La industria entró en la era de la luz UVE con Intel en un lugar ideal para imponer su dominio. La empresa había sido crucial para el surgimiento de esa tecnología, gracias a la apuesta inicial de 200 millones de Andy Grove a comienzos de los noventa. Miles de millones de dólares más tarde, muchos de ellos desembolsados por Intel, por fin ASML había convertido esa tecnología en una realidad. Pero en vez de aprovechar esa nueva era de transistores diminutos, Intel echó su ventaja por la borda. Vivió como espectador los grandes cambios en la arquitectura de los semiconductores necesarios para la inteligencia artificial, luego se equivocó con sus procesos de fabricación y no consiguió seguir el ritmo de la ley de Moore.

Intel sigue siendo muy rentable. Aún es el fabricante de chips más grande y avanzado de Estados Unidos. Sin embargo, su futuro está más en el aire que nunca desde que, en los ochenta, Grove decidió abandonar las memorias y apostarlo todo a los microprocesadores. Todavía tiene la oportunidad de recuperar el liderazgo durante el próximo lustro, pero también podría terminar perfectamente enterrada. No está en juego una empresa, sino el futuro del sector norteamericano de fabricación. Sin Intel, no quedará ni una sola compañía estadounidense, ni una sola fábrica fuera de Taiwán y Corea del Sur, capaz de fabricar procesadores de última generación.

Intel llegó a la década de 2010 como una *rara avis* de Silicon Valley. La mayoría de las grandes empresas de chips lógicos, incluida la archienemiga de Intel, AMD, habían vendido sus fábricas y se consagraban al diseño. Intel continuaba tercamente instalada en el modelo integrado, diseñando y fabricando los semiconductores en la empresa, pues el consejo de administración creía que era la mejor manera de producirlos. Los ejecutivos aseguraban que sus procesos de diseño y fabricación se habían optimizado para casar bien. TSMC, en cambio, no tenía más opción que adoptar procesos genéricos que sirvieran tanto para un procesador de teléfono inteligente de Qualcomm como para un chip de servidor de AMD.

Es cierto que se intuyen ciertos beneficios en el modelo integrado, pero hay desventajas considerables. Como TSMC fabrica chips para muchas empresas diferentes, saca de sus instalaciones casi el triple de obleas de silicio que Intel, así que tiene más oportunidades para perfeccionar su proceso.[1] Además, mientras que Intel veía las nuevas empresas de diseño como una amenaza, TSMC veía posibles clientes para sus servicios de fabricación. Como la firma taiwanesa solo presumía de un valor —la fabricación efectiva—, sus directores estaban cien por cien centrados en fabricar semiconductores cada vez mejores a un precio inferior. En Intel había que repartir la atención entre el diseño y la producción. Al final se hizo un estropicio en ambos.

El primer problema de Intel fue la inteligencia artificial. Allá por 2010, el mercado básico de la empresa, los procesadores de ordenador, se había estancado. Exceptuando a los fanáticos y expertos de los videojuegos, casi nadie corre a comprarse un ordenador mejor cuando sale el nuevo modelo, y la mayoría de la gente no le da muchas vueltas al tipo de procesador que hay dentro. Lo que despegó en la década de 2010 fue el otro gran mercado de Intel: el de los procesadores para servidores en centros de datos. Amazon Web Services, Microsoft Azure, Google Cloud y otras empresas crearon redes de inmensos centros de datos que proporcionaron la potencia necesaria para «la nube». La mayoría de los datos que utilizamos en internet se procesan en uno de los centros de esas compañías, todos ellos atestados de chips de Intel. Pero a principios de la década, cuando Intel estaba completando su conquista de ese nicho, el tipo de demanda empezó a mutar. La nueva tendencia era la inteligencia artificial, una función para la cual los principales chips de Intel estaban poco preparados.

Desde los ochenta, Intel se ha especializado en un tipo de chip llamado CPU, o unidad de procesamiento central. Un ejemplo de ello son los microprocesadores de ordenador. Son chips que actúan como cerebros de la computadora o el centro de datos. Son bueyes que sirven para todo, tanto para abrir un navegador web como para ejecutar Microsoft Excel.

Pueden realizar cálculos de muchos tipos, de modo que son versátiles, pero los realizan de forma consecutiva, uno detrás de otro.

En una CPU de propósito general se puede ejecutar cualquier algoritmo, pero la escala de cálculos requeridos por la IA hace que sea demasiado caro usar una CPU. El coste de entrenar un solo modelo de IA, con los chips que usa y la electricidad que estos consumen, puede alcanzar los millones de dólares.[2] Para enseñar a un ordenador a reconocer un gato, debes mostrarle un sinfín de gatos y perros hasta que aprende a distinguir entre ambos. Cuantos más animales necesite el algoritmo, más transistores te harán falta.

En general, la IA necesita hacer el mismo cálculo en repetidas ocasiones usando datos diferentes. Por consiguiente, es crucial poder personalizar chips para los algoritmos de IA a fin de que sean económicamente viables. Las grandes empresas de computación en la nube como Amazon y Microsoft, que gestionan los centros de datos en los que se ejecutan los algoritmos de la mayoría de las empresas, invierten miles de millones de dólares al año para comprar chips y servidores. También se gastan un dineral en electricidad porque esos centros de datos consumen un montón. Para poder competir ofreciendo espacio en la «nube», necesitan exprimir la eficiencia de sus chips. Los chips optimizados para IA van más rápido, ocupan menos espacio y consumen menos energía que las CPU de propósito general de Intel.

A principios de la década, el diseñador de tarjetas gráficas Nvidia empezó a oír rumores de que los doctorandos de Stanford estaban usando sus GPU, las unidades de procesamiento gráfico, para otra cosa. Las GPU no estaban pensadas para operar igual que las CPU de Intel o AMD; estas últimas son infinitamente flexibles, pero ejecutan todos sus cálculos uno detrás del otro. Las GPU están diseñadas para realizar muchos cálculos idénticos al mismo tiempo. Pronto saltó a la vista que este tipo de «procesamiento en paralelo» servía para muchas más cosas que para controlar los píxeles en las imágenes reproducidas por un videojuego. También podía entrenar bien a los sistemas de IA. Mientras que una CPU alimentaba un algoritmo con muchos datos consecutivos, la GPU era capaz de procesar múltiples datos al mismo tiempo. A la hora de aprender a reconocer gatos en imágenes, una CPU iría píxel por píxel, mientras que una GPU se fijaría en muchos píxeles a la vez. Por consiguiente, el tiempo necesario para enseñar a un ordenador a reconocer gatos cayó drásticamente.

Desde entonces, Nvidia ha confiado su futuro a la inteligencia artificial. Ya cuando fue fundada, la empresa decidió externalizar la fabricación, principalmente a TSMC, y centró todos sus esfuerzos en diseñar nuevas generaciones de GPU y en ir mejorando sistemáticamente su lenguaje de programación especial CUDA, con el que es sencillísimo diseñar programas que utilizan chips de Nvidia. Como los inversores creen que los centros de datos necesitarán cada vez más unidades de procesamiento gráfico, Nvidia se ha convertido en la compañía de semiconductores más valiosa de EE. UU.[3]

Pero su suerte no está asegurada. Las grandes empresas de la nube como Google, Amazon, Microsoft, Facebook, Tencent, Alibaba y otras no solo compran chips de Nvidia, sino que han comenzado a diseñar los suyos propios, adaptándolos a sus necesidades de procesamiento y dirigidos sobre todo a la inteligencia artificial y al aprendizaje automático. Por ejemplo, Google ha diseñado sus propios chips llamados TPU (unidades de procesamiento tensoriales), perfeccionados para la biblioteca de código abierto de Google, TensorFlow. Por 3.000 dólares al mes, se puede alquilar la TPU más simple de Google para usarla en su centro de datos de Iowa, pero las unidades más potentes pueden superar los 100.000 dólares al mes.[4] Puede que la nube suene etérea, pero el silicio en el que residen todos nuestros datos es muy real y muy costoso.

Sea Nvidia u otra gran compañía de la nube la que acabe empuñando el arma, esta especie de monopolio de Intel en la venta de procesadores para centros de datos está tocando a su fin. Si Intel hubiera encontrado nuevos mercados, perder esa posición dominante no habría sido tan grave. Pero su incursión en el negocio de la fundición a mediados de la década de 2010, cuando trató de competir de tú a tú con TSMC, fue un chasco. Intel quiso ofrecer su cadena de montaje a cualquier cliente necesitado de servicios de fabricación, admitiendo con la boca pequeña que el modelo integrado de diseño y producción no era ni de cerca tan suculento como lo que afirmaban los ejecutivos de la compañía. Intel tenía todos los ingredientes para ser un gran contendiente del sector de la fundición, como la tecnología avanzada y la capacidad para producir en masa, pero habría tenido que hacer un gran cambio de chip. TSMC no era nada hermética con su propiedad intelectual, mientras que Intel era reservada. TSMC priorizaba el servicio; Intel creía que los clientes debían seguir sus propias reglas. TSMC no competía con su clientela porque no diseñaba ningún chip. Intel era el gigante de la industria y sus chips competían con casi todo el mundo.

El director general de la compañía entre 2013 y 2018, Brian Krzanich, recalcó en público: «Estos últimos años he dirigido, como quien dice, nuestra división de fundición», una operación que tachó de «estratégicamente importante».[5] Pero los clientes no compartían esa impresión; pensaban que la empresa no los priorizaba. Dentro de Intel, el negocio de la fundición no era tratado como una prioridad. Al lado de la fabricación de chips para ordenadores y centros de datos, que seguía siendo sumamente rentable, la nueva aventura de la fundición recibía poco apoyo interno.[6] La división no consiguió ningún cliente importante mientras estuvo operativa durante la década de 2010 y cerró al cabo de unos años.[7]

En 2018, Intel se acercaba al medio siglo de vida en pleno estado de abatimiento. Su cuota de mercado iba de capa caída. La burocracia entorpecía su actividad y la innovación existía solo de oídas. La gota que colmó el vaso fue el incumplimiento de la ley de Moore por culpa de una serie de retrasos en la actualización de su proceso de fabricación, que todavía está intentando rectificar. Desde 2015, Intel ha anunciado demoras constantes a sus procesos de 10 y 7 nanómetros, pese a que TSMC y Samsung se han puesto por delante.

La empresa no ha sido muy transparente con sus dificultades.[8] Intel lleva media década anunciando dilaciones «temporales» a la fabricación, los detalles técnicos de las cuales se ocultan tras el secretismo de los acuerdos de confidencialidad. En el sector, la opinión mayoritaria es que muchos de esos problemas se deben a que Intel ha tardado en adoptar las máquinas de tecnología UVE.[9] En 2020, TSMC contaba con la mitad de los útiles litográficos del mundo, financiados y alimentados por Intel.[10] En cambio, Intel apenas había comenzado a usar la luz UVE en su proceso de fabricación.

Al concluir la década, solo TSMC y Samsung podían hacer los procesadores más modernos. Y para Estados Unidos, ambos suponían un problema por la misma razón: su ubicación. De repente, la producción internacional de procesadores avanzados tenía lugar en Taiwán y Corea, a tiro de piedra del flamante enemigo estratégico de la superpotencia occidental: la República Popular China.

Parte VII

EL DESAFÍO CHINO

42

Made in China

En 2014, el secretario general del Partido Comunista de China, Xi Jinping, declaró: «Sin seguridad cibernética no hay seguridad nacional; y sin informatización no hay modernización».[1] Xi era hijo de uno de los primeros caudillos del partido. Tras estudiar Ingeniería en la universidad, había trepado por la jerarquía de la política china gracias a su habilidad camaleónica para aparentar ser justo lo que sus oyentes creían desear. Para los nacionalistas, su programa del «sueño chino» era una promesa de rejuvenecimiento nacional y estatus de gran potencia. A las empresas les prometía reformas económicas. Algunos extranjeros lo veían incluso como un demócrata no declarado. De hecho, justo después de que tomara el poder, *The New Yorker* afirmó esto de Xi: «[Como] líder, sabe que China debe aplicar reformas políticas de calado».[2] La única certeza era que tenía talento para la política. Lo que realmente pensaba se ocultaba tras unos labios fruncidos y una sonrisa postiza.

Tras la sonrisa de Xi se escondía una gran sensación de inseguridad, una inseguridad que ha perfilado todas sus políticas durante su década al frente de China. Él creía que el principal riesgo era el mundo digital. Para la mayoría de los expertos, Xi no tenía gran cosa que temer a la hora de salvaguardar su propia seguridad digital. Los dirigentes chinos poseen el sistema de control virtual más efectivo del mundo, con miles y miles de censores encargados de supervisar las conversaciones en la red.[3] El cortafuegos chino volvió inaccesible para la ciudadanía una porción enorme de la red, con lo que refutó terminantemente las predicciones occidentales de que internet sería una fuerza política liberalizadora. Xi se sentía tan fuerte en internet que se rio de la hipótesis occidental de que la red difundiría los valores democráticos. «Internet ha convertido el mundo en una aldea global»,[4] dijo Xi, pasando por alto que muchas de las páginas más populares del mundo, como Google y Facebook, estaban prohibidas en su país. Su idea de la red global no era como la de los soñadores del imberbe internet; sería una red que el Gobierno chino podría usar para ensanchar su poder. En otra ocasión, refiriéndose a su plan para abarrotar el mundo de infraestructura china (no solo carreteras y puentes, sino también equipos de red y herramientas de censura), Xi declaró: «Tenemos que expandirnos, redoblar la apuesta por la colaboración y el intercambio global de internet y ponernos manos a la obra con el proyecto "Un cinturón, una ruta"».

Ningún país ha mostrado la destreza de China para doblegar el mundo digital según sus fines autoritarios. Ha domado a las gigantescas tecnológicas estadounidenses. Prohibió Google y Facebook y las reemplazó por empresas propias como Baidu y Tencent, que a nivel tecnológico se parecen mucho a sus rivales. A las tecnológicas estadounidenses que han podido asentarse en el mercado chino, como Apple y Microsoft, solo se les dejó entrar cuando hubieron aceptado colaborar con la censura de Pekín. China ha sido el país que más ha subordinado internet a los deseos de sus líderes. Si las empresas extranjeras de internet y *software* no aceptaban todas las reglas de censura que dictaba el Partido Comunista, no podían acceder a ese colosal mercado.

Entonces, ¿por qué a Xi Jinping le daba por la seguridad digital? Cuanto más analizaban los líderes chinos sus capacidades tecnológicas, menos importantes parecían sus compañías virtuales. El mundo digital chino se basa en dígitos, unos y ceros, procesados y almacenados principalmente en semiconductores importados. Las grandes tecnológicas dependen de centros de datos repletos de chips extranjeros, producidos en su inmensa mayoría por Estados Unidos. Los documentos que filtró Edward Snowden en 2013 antes de desertar a Rusia demostraron el potencial de Estados Unidos para escuchar en la red, algo que dejó atónitos incluso a los sabuesos cibernéticos de Pekín. Las firmas chinas habían replicado la destreza de Silicon Valley y habían escrito programas informáticos de comercio electrónico, búsqueda virtual y pagos digitales. Pero todo ese *software* necesita *hardware* extranjero. En cuanto a las tecnologías básicas de la computación, China depende de productos importados, muchos de ellos diseñados en Silicon Valley y casi todos fabricados por empresas establecidas en EE. UU. o en un país aliado.

Para Xi, eso entrañaba un riesgo inaceptable. En 2016 señaló: «Por grande que sea su tamaño, por elevado que sea su valor en bolsa, si una empresa de internet depende del exterior para obtener sus componentes clave, la "puerta vital" de la cadena de suministro está bien asida por otros».[5] ¿Cuáles son las tecnologías clave que más preocupan a Xi? Una es un producto de *software*, Microsoft Windows, que se usa en la mayoría de los ordenadores de China pese a los reiterados esfuerzos por desarrollar sistemas operativos propios y válidos. Pero en la mente de Xi son aún más importantes los chips que alimentan los ordenadores, los teléfonos inteligentes y los centros de datos. Como dijo el secretario general: «El sistema operativo de Microsoft, Windows, solo puede emparejarse con chips de Intel»,[6] de forma que casi todos los ordenadores del país necesitan chips estadounidenses para funcionar.[7] Tomemos las dos primeras décadas del siglo XXI: durante la mayor parte de ellas, China gastó más dinero importando semiconductores que petróleo.[8] Para el crecimiento económico del país, los chips de alta potencia eran tan importantes como los hidrocarburos. Pero, a diferencia del petróleo, el suministro de chips está monopolizado por países geopolíticamente rivales. Para la mayoría de los extranjeros era difícil entender por qué en China había tanto nerviosismo. ¿Acaso el país no había creado enormes tecnológicas valoradas en cientos de miles de millones de dólares? Los titulares de la prensa insistían por activa y por pasiva en que China era uno de los grandes abanderados en tecnología. En el campo de la inteligencia artificial, el país era una de las dos superpotencias del mundo, según un libro muy polémico (*AI Superpowers*) de Kai-Fu Lee, exdirigente de Google China. Pekín creó un amasijo de inteligencia artificial y autoritarismo adaptado al siglo XXI, maximizando el uso de la tecnología de vigilancia.[9] Pero incluso los sistemas que controlan la disidencia y la actividad de las minorías étnicas necesitan chips de empresas norteamericanas como Intel y Nvidia.[10] La tecnología más importante de China se asienta sobre una precaria base de silicio importado.

Muchos líderes chinos creían que su país debía fabricar más chips propios, y no todos eran paranoides. Su único propósito no era evitar la vulnerabilidad de la cadena de suministro. Igual que los países vecinos, China solo conseguirá más empresas de valor si produce lo que Pekín denomina «tecnologías clave», productos sin los cuales el resto del mundo no puede vivir. De lo contrario, el país se arriesga a perpetuar el patrón de baja rentabilidad que le ha acompañado con el iPhone. Millones de chinos participan en el montaje de los teléfonos, pero Apple se queda con la mayor parte del precio de venta final. Del resto, casi todo termina engrosando las arcas de los fabricantes de chips.

Para los líderes chinos, el quid estribaba en cómo ingeniárselas para producir los chips que el mundo codiciaba.

Cuando Japón, Taiwán y Corea del Sur quisieron penetrar en ese complejo y valiosísimo segmento, invirtieron en sus empresas de semiconductores, aprobando ayudas públicas y presionando a los bancos privados para que prestaran dinero. Luego intentaron atraer de vuelta a los científicos e ingenieros que se habían formado en las universidades de EE. UU. y que trabajaban en Silicon Valley. En tercer lugar, se aliaron con empresas extranjeras, pero les exigieron transferir tecnología o formar a los trabajadores locales. Y al final enfrentaron a los extranjeros entre sí aprovechando la competencia de las firmas de Silicon Valley y, después, la competencia entre los norteamericanos y los japoneses, todo a fin de llevarse los chollos del mercado. Durante el proceso de fundación de TSMC, el poderoso ministro taiwanés K. T. Li había confesado a Morris Chang que querían «promover una industria de semiconductores»[11] en la isla. ¿Por qué extrañaba que Xi Jinping también deseara una?

43

«Tocar a rebato»

En enero de 2017, tres días antes de que Donald Trump tomara posesión del cargo de presidente, Xi compareció ante el Foro Económico Mundial en la estación de esquí suiza de Davos y expuso su hoja de ruta para la economía china. Xi se llenó la boca de promesas sobre su «estrategia *win-win*», articulada vía un «modelo de crecimiento dinámico y fundamentado en la innovación»; el público, formado por directores generales y multimillonarios, aplaudió con cortesía. El presidente auguró que nadie saldría «ganando de una guerra comercial»,[1] un recado incuestionable a su homólogo estadounidense. Al cabo de tres días, en Washington, Trump dio un discurso de investidura terriblemente agresivo en el que condenó «a esos países que fabrican nuestros productos, nos roban las empresas y destruyen nuestro empleo». En vez de rendir pleitesía al comercio, Trump manifestó que el proteccionismo conduciría a «una mayor prosperidad y fortaleza».[2]

El discursito de Xi era el que se esperaba de los líderes mundiales que se dirigían a un público lleno de magnates. Los medios le alabaron por su presunta defensa de la apertura económica y la globalización, y por plantar cara a los populismos de Donald Trump y el Brexit. En un tuit, el politólogo y tertuliano Ian Bremmer escribió: «Xi desprende un aura más presidencial que el presidente electo de EE. UU.».[3] El titular del *Financial Times* fue: «Xi Jinping y su férrea defensa de la globalización»,[4] y *The Washington Post* declaró: «Resurge la globalización en Davos; los líderes mundiales renuevan su esperanza en plena rebelión populista».[5] Klaus Schwab, presidente del Foro Económico Mundial, dijo que la comunidad internacional estaba atenta a los movimientos de China.[6]

Meses antes de su debut en Davos, Xi estuvo en un congreso sobre «ciberseguridad e informatización» en Pekín. Allí habló ante magnates tecnológicos chinos y pesos pesados del Partido Comunista y su discurso desprendió otro tono. Entre los asistentes estaban el fundador de Huawei Ren Zhengfei, el director general de Alibaba, investigadores destacados del Ejército Popular de Liberación y el grueso de la élite política. Xi animó a su país a priorizar «cuanto antes el progreso en tecnología clave». Por «tecnología clave» se refería sobre todo a los semiconductores. Xi no llamaba a la guerra comercial, pero su plan tampoco parecía rebosar paz: «Debemos buscar alianzas sólidas y atacar pasos estratégicos de forma coordinada. Debemos asediar los castillos donde se investiga y desarrolla tecnología clave. [...] No solo debemos tocar a rebato, sino también llamar a filas. Es decir, tenemos que concentrar las fuerzas más potentes para que actúen juntas, formar brigadas de choque y equipos de fuerzas especiales para que asedien esos pasos».[7] Resultó que Donald Trump no era el único líder que mezclaba metáforas bélicas y política económica. La industria de los chips iba a ser víctima de un ataque organizado de la segunda economía del mundo y del Estado unipartidista que la regía.

Los gobernantes chinos confiaban en desarrollar chips propios con una amalgama de métodos comerciales y militares. Aunque Xi había encarcelado a sus enemigos y se había convertido en el dirigente más poderoso desde Mao Tse-tung, su control sobre China estaba muy lejos de ser absoluto. Era capaz de encerrar disidentes y censurar hasta las más leves críticas en internet. Pero muchas facetas de su plan económico seguían mostrándose estériles, desde la reestructuración industrial hasta la reforma del mercado financiero. Los burócratas del Partido Comunista y los representantes locales preferían el *statu quo* y no dejaban de poner trabas.[8] Muchos ponían cara larga cuando Pekín les mandaba instrucciones que les desagradaban.

Sin embargo, la retórica militar de Xi no era solo una táctica para movilizar burócratas remolones. Cada año se evidenciaba más la precaria posición tecnológica china. Las importaciones de semiconductores aumentaban sin parar. Los cambios en la industria de los chips no eran favorables al gigante asiático. En un informe sobre política tecnológica, el Consejo de Estado señaló: «La inversión se ha disparado y el mercado está cada vez más concentrado en un puñado de empresas dominantes».[9] Esas empresas, entre las que destacaban TSMC y Samsung, serían extremadamente difíciles de desplazar. Aun así, el alto mando chino sabía que la demanda de chips estaba «en plena ebullición [debido a] la computación en la nube, el internet de las cosas y el *big data*». Eran tendencias peligrosas: los chips eran cada vez más importantes, pero el diseño y la producción de los más modernos se condensaba en unas pocas empresas, todas ellas ubicadas fuera de China.

El problema no era solo la fabricación. En la mayoría de los pasos del proceso, China dependía muchísimo de la tecnología extranjera, casi toda ella en manos de rivales geopolíticos: Taiwán, Japón, Corea del Sur o Estados Unidos. Los programas usados para diseñar semiconductores eran feudo de las empresas estadounidenses. Y, a juzgar por los datos calculados por expertos del CSET de la Universidad de Georgetown, China poseía menos de un 1 por ciento de todo el mercado de herramientas de *software*.[10] En cuanto a la propiedad intelectual más esencial, los patrones a partir de los cuales se diseñan muchos chips, China representa un 2 por ciento del mercado internacional; el resto son, en su inmensa mayoría, empresas estadounidenses o británicas. China aporta el 4 por ciento de todas las obleas de silicio y otros materiales de fabricación, un 1 por ciento de las máquinas empleadas para la producción y un 5 por ciento del mercado de diseño. Solo suma un 7 por ciento del mercado de fabricación. Y en toda esa capacidad, no ofrece tecnología pionera de alto valor.

Los investigadores de Georgetown sostienen que, si sumamos el peso del diseño, la propiedad intelectual, la maquinaria, la fabricación y el resto de las fases en toda la cadena de suministro, las empresas chinas representan un 6 por ciento del mercado. Las norteamericanas suponen el 39 por ciento; las surcoreanas, el 16; y las taiwanesas, el 12. Casi todos los circuitos producidos en China se pueden fabricar fuera. Por contra, para producir chips lógicos, de memoria o analógicos avanzados, el país depende enormemente de los programas y diseños estadounidenses, de la maquinaria de Estados Unidos, Países Bajos y Japón y de las fábricas surcoreanas y taiwanesas. No es de extrañar que Xi anduviera con la mosca detrás de la oreja.

A medida que las tecnológicas chinas se adentraran más y más en ámbitos como la computación en la nube, la automoción sin conductor y la inteligencia artificial, a buen seguro aumentaría su demanda de semiconductores. AMD e Intel todavía controlan esos chips de servidor x86 tan importantes para los centros de datos. No hay ninguna empresa china que produzca unidades de procesamiento gráfico competitivas en el mercado, con lo que el país también depende de Nvidia y AMD en ese aspecto.[11] Cuanto más se acerque China al estatus de superpotencia de la IA, como prometen los partidarios de Pekín y como espera el Gobierno, más crecerá su dependencia de los semiconductores extranjeros, a menos que se halle el modo de diseñarlos y fabricarlos en el país. El llamamiento de Xi parecía urgente: «Formar brigadas de choque y equipos de fuerzas especiales para que asedien esos pasos». El

Gobierno urdió un plan llamado Made in China 2025, que preveía reducir la importación de chips del 85 al 30 por ciento entre 2015 y 2025.[12]

Huelga decir que todas las personas que han dirigido la República Popular desde su fundación han aspirado a tener una industria de semiconductores. El sueño de la Revolución Cultural de Mao de que todos los trabajadores pudieran producir sus propios transistores había sido un monumental fracaso. Décadas más tarde, los líderes del país ficharon a Richard Chang para que fundara SMIC y compartiera «el amor divino con el pueblo chino». Chang creó una fundición decente, pero le costó obtener beneficios y recibió una serie de durísimas demandas de propiedad intelectual por parte de TSMC. Al final se le despidió y el Estado chino reemplazó a los inversores privados.[13] En 2015 nombraron presidente a un exmiembro del Ministerio de Industria e Información, con lo que se afianzó el vínculo entre SMIC y el Gobierno chino. A nivel de capacidad productiva, la empresa seguía muy rezagada respecto a TSMC.

Eso no quita que, en el sector chino, la de SMIC sea una historia con un final relativamente feliz. Por contra, las fundiciones Huahong y Grace ganaron poca cuota de mercado, sobre todo porque las empresas de propiedad estatal y los Gobiernos municipales que las controlaban se entrometían constantemente en las decisiones empresariales. Según el ex director general de una fundición china, todos los gobernadores de provincia querían una fábrica en su territorio y ofrecían una mezcla de ayudas y amenazas veladas para llevarse las adjudicaciones. Así, las fundiciones terminaron con un puñado de factorías modestas e ineficientes repartidas por todo el país.[14] En el extranjero se veía un inmenso potencial en la industria china de chips, pero solo si lograban corregirse las deplorables prácticas empresariales y contables. Según confiesa un ejecutivo de una firma europea de semiconductores: «Cuando una empresa china nos propuso asociarnos, lo único que mi cerebro oyó fue: "Venga, perdamos dinero juntos"».[15] Por lo general, las asociaciones forjadas se mostraron adictas a las ayudas y casi ninguna generó tecnología nueva y significativa.

La estrategia de subvenciones de los dos mil no alcanzó a crear un sector doméstico moderno. Pero no hacer nada, permitir la dependencia continuada de los semiconductores extranjeros, era políticamente intolerable. En 2014, Pekín ya había decidido doblar las ayudas al sector creando lo que se acabaría llamando el Gran Fondo, a fin de financiar un nuevo salto adelante en los chips. Entre los inversores principales estaban el Ministerio de Finanzas, el público China Development Bank y una serie de empresas estatales, como la China Tobacco e instrumentos de inversión de los Gobiernos municipales de Pekín, Shanghái y Wuhan.[16] Algunos analistas lo celebraron como un nuevo modelo de capital riesgo con respaldo del Estado, pero la decisión de obligar a la tabacalera pública a financiar circuitos integrados no podía estar más alejada del modelo empleado por Silicon Valley.[17]

Pekín acertaba en una cosa: el sector de los semiconductores necesitaba más dinero. En 2014, cuando se creó el fondo, una fábrica de nuevo cuño costaba más de 10.000 millones de dólares. Durante esa década, SMIC declaró ingresos de apenas 2.000 millones, menos de una décima parte de los que firmaba TSMC. Sería imposible imitar los planes de inversión de la empresa taiwanesa solo con financiación privada. Solo un Gobierno era capaz de hacer una apuesta como esa.[18] Es difícil calcular la suma de dinero que China destinó a ayudas e inversiones, por llamarlas de alguna forma, pues buena parte de los gastos recaen en los Gobiernos locales y en bancos estatales poco transparentes. Pero las estimaciones más habituales hablan de decenas de miles de millones.

Aun así, el deseo del Gobierno chino de partir peras con Silicon Valley en vez de tender puentes le colocó en desventaja. Japón, Corea del Sur, Países Bajos y Taiwán habían terminado por dominar fases importantes del proceso de fabricación engastándose profundamente en el sector norteamericano. El sector taiwanés de fundición encontró la gallina de los huevos de oro gracias a las empresas de diseño de Estados Unidos, mientras que las máquinas litográficas de ASML solo funcionan gracias a las fuentes de luz especializadas que se producen en la filial de la compañía en San Diego. De vez en cuando podía haber algún que otro rifirrafe comercial, pero estos países tienen intereses y formas de ver el mundo parecidos, así que la dependencia mutua para el diseño, el suministro de maquinaria y la fabricación se veía como un precio razonable que pagar a cambio de la eficiencia de una producción globalizada.

Si China solo quería un trozo más grande de ese pastel, se podría haber satisfecho su ambición. Pero Pekín no buscaba una posición más ventajosa en un sistema dominado por Estados Unidos y sus amigotes. Cuando llamaba a «asediar los castillos», Xi no pedía más mercado. Su propósito era rehacer el sector internacional de semiconductores, no integrarse en él. Algunos expertos económicos y ejecutivos chinos de empresas de chips habrían preferido la estrategia de la integración, pero los cabecillas de la capital anteponían la seguridad a la eficiencia, y consideraban la interdependencia una amenaza. El plan Made in China 2025 no abogaba por la integración económica, sino todo lo contrario. Promulgaba la erradicación de la dependencia exterior. El principal objetivo era reducir el número de chips extranjeros usados en China.[19]

Ese plan amenazaba con transformar el panorama comercial y la economía mundial. Desde que Fairchild Semiconductor abrió su primera planta en Hong Kong, el comercio de chips había ayudado a afianzar la globalización. Económicamente, el plan chino de refundar las cadenas de suministro era de órdago. En 2017, el año que Xi debutó en Davos, China importó chips por valor de 260.000 millones de dólares. Era mucho más de lo que Arabia Saudí exportaba en forma de petróleo o Alemania en forma de coches. El gasto anual de China en circuitos integrados supera a todo el sector global de la aviación. No hay ningún producto más importante que los semiconductores para el comercio internacional.

Y no solo estaban en peligro los beneficios de Silicon Valley. Si China se llevaba el gato al agua y se volvía autosuficiente, los países vecinos, la mayoría de los cuales dependían de las exportaciones, sufrirían todavía más. En 2017, los circuitos integrados representaron el 15 por ciento de todas las exportaciones de Corea del Sur; en Singapur, el 17 por ciento; en Malasia, el 19; en Filipinas, el 21; y en Taiwán, el 36. El plan Made in China 2025 ponía en riesgo todo eso. Estaba en juego el enjambre de cadenas de suministro y balanzas comerciales más denso del mundo, las industrias de la electrónica que habían sustentado el crecimiento económico y la estabilidad política de Asia durante medio siglo.

Es verdad que Made in China 2025 era solo un proyecto y muchas veces los Gobiernos urden planes que fracasan estrepitosamente. Hasta entonces, China no había exhibido una gran destreza promoviendo la fabricación de chips de última generación. Pero el país tenía poderosas armas a su disposición: enormes ayudas públicas, el robo de secretos industriales amparado por el Estado o la posibilidad de doblegar a las empresas extranjeras a su antojo amenazando con vetarlas del segundo mercado de consumo más grande del mundo. Es decir, que Pekín contaba con una fuerza sin igual para modelar el futuro del sector. Si había un país capaz de hacer realidad una transformación tan ambiciosa de la balanza comercial, era China. Muchos Estados de la región pensaban que Pekín podía salirse con la suya. El sector tecnológico taiwanés empezó a temer la «cadena de suministro roja»,[20] es decir, que empresas de la China continental entraran por la fuerza en el sector de los componentes electrónicos de alto valor que Taiwán había dominado hasta ese momento. Era fácil suponer que había llegado el turno de los semiconductores.

El llamamiento de Xi Jinping al Gobierno y las empresas exhortando a «asediar los castillos donde se investiga y desarrolla tecnología clave» se hizo sentir por Asia Oriental mucho antes de hacer mella en Occidente. Las proclamas proteccionistas de Trump se retuiteaban por millones, pero Pekín tenía un plan, un arsenal poderoso y cuarenta años a sus espaldas sorprendiendo al mundo con sus habilidades económicas y tecnológicas. El sueño de independencia en cuanto a los semiconductores auguraba un descalabro para la globalización, un cambio en la producción de uno de los bienes más comprados y valiosos del mundo. Durante el discurso de Xi en Davos en 2017, nadie del público se percató de lo que estaba en juego detrás de toda esa palabrería. Ni siquiera un populista como Trump podría haber imaginado una reformulación más radical de la economía global.

44

Transferencia de tecnología

Cada año se organiza en Pekín el Foro de Desarrollo de China. En el congreso de 2015, la directora general de IBM, Ginni Rometty, tomó la palabra y dijo: «Si eres un país de 1.300 millones de habitantes, como China, te interesa tener una industria informática. Creo que a algunas empresas les puede asustar eso. Pero en IBM [...] lo vemos como una oportunidad de oro».[1] De todas las tecnológicas estadounidenses, ninguna tenía una relación más estrecha con el Gobierno de EE. UU. que IBM. La empresa llevaba casi un siglo fabricando sistemas informáticos de primera categoría para usarlos en los proyectos más confidenciales de seguridad nacional. El personal de IBM tenía vínculos estrechos con el Pentágono y las agencias de inteligencia. Cuando Edward Snowden robó y filtró documentación sobre las operaciones de inteligencia de Estados Unidos en el extranjero antes de huir a Moscú, a nadie le sorprendió comprobar que IBM era sospechosa de haber colaborado con el espionaje cibernético del país.[2]

Tras las filtraciones de Snowden, las ventas de IBM en China cayeron un 20 por ciento, porque las firmas chinas optaron por adquirir servidores y equipos de redes de otros proveedores. El director financiero, Martin Schroeter, comunicó a los inversores que China estaba «aplicando una serie de reformas económicas de gran calado»,[3] un eufemismo elocuente para decir que el Gobierno estaba castigando a IBM al poner coto a sus ventas. Rometty decidió ondear la bandera blanca ofreciendo a Pekín tecnología de semiconductores. En los años posteriores a 2014 hizo una serie de visitas a China y se reunió con altos dignatarios del país, como el primer ministro Li Keqiang, el alcalde de la capital Wang Anshun y el vice primer ministro Ma Kai, que se encargaba personalmente de los proyectos destinados a actualizar la industria de chips.[4] IBM aseguró a los medios que las visitas de Rometty eran para «subrayar el compromiso del gigante tecnológico con las asociaciones locales, la cooperación futura y la seguridad informática», según una noticia de la agencia Reuters.[5] El portal estatal chino Xinhua fue aún más directo respecto al *quid pro quo*; señaló que Rometty y Ma habían hablado de «redoblar la cooperación para [el desarrollo de] circuitos integrados».[6]

En su cruzada por conseguir la autosuficiencia, uno de los segmentos prioritarios para Pekín fue el de los chips para servidores. El mundo de mediados de la década de 2010 se parecía bastante al de hoy: los centros de datos funcionaban esencialmente con chips de arquitectura x86, si bien las unidades de procesamiento gráfico de Nvidia estaban empezando a hacerse con parte del mercado. Solo había tres empresas con la propiedad intelectual necesaria para producir chips x86: las norteamericanas Intel y AMD y una pequeña firma taiwanesa llamada Via. A efectos prácticos, Intel dominaba el mercado. La arquitectura POWER de IBM había llegado a ser una fuerza considerable en los servidores de empresa, pero había ido perdiendo fuelle a lo largo de la década. Algunos investigadores pensaban que la ARM, común en los teléfonos móviles, también podía desempeñar un papel en los futuros centros de datos, aunque los chips con esa arquitectura seguían siendo minoritarios en el mercado de los servidores.[7] Fuera cual fuera la arquitectura, China era prácticamente incapaz de producir chips competitivos para centros de datos. El Gobierno se dispuso a adquirir esa tecnología, coaccionando a las empresas estadounidenses para que transfirieran tecnología a sus socios chinos.

Intel dominaba el mercado de semiconductores para servidor y tenía pocos incentivos para hacer tratos con Pekín en lo tocante a los procesadores de centros de datos, aunque sí estaba llegando a acuerdos con compañías semipúblicas y Gobiernos locales en los mercados de chips para móvil y de NAND, en los que su posición no era tan sólida. Sin embargo, los fabricantes estadounidenses que habían perdido cuota de mercado en favor de Intel sí estaban atentos a cualquier posible ventaja competitiva. En IBM, Rometty anunció un cambio de estrategia que ilusionaría a Pekín. En lugar de vender chips y servidores a clientes chinos, IBM compartiría su tecnología con sus socios y les permitiría «crear un nuevo y fresco ecosistema de empresas chinas»[8] que produjeran «sistemas informáticos propios para el mercado local e internacional». La decisión de IBM de intercambiar tecnología por acceso al mercado tenía sentido a nivel empresarial. Su tecnología se consideraba de segunda clase, y sin el imprimátur de Pekín era improbable que lograra revertir la caída en el mercado tras el caso Snowden. Al mismo tiempo, IBM estaba intentando mudar de sector, dejar de vender *hardware* para ofrecer servicios, así que no era descabellado dar acceso a sus diseños de chips.

Ahora bien, para el Gobierno de China esa alianza no fue solo económica. Según *The New York Times*, una de las personas que trabajaron con la tecnología transferida por IBM fue el exdirector de seguridad cibernética del arsenal nuclear, Shen Changxiang. Justo un año antes, Shen había alertado de los «graves riesgos de seguridad»[9] que implicaba colaborar con empresas estadounidenses. De repente, había cambiado de opinión y la oferta de IBM de entregar tecnología para fabricar chips le parecía positiva para la estrategia de Pekín y los intereses del país.

IBM no fue la única compañía dispuesta a ayudar a sus homólogas chinas a crear mejores chips para centros de datos. Por aquella época, Qualcomm, especialista en chips para teléfonos inteligentes, estaba intentando penetrar en el sector de los centros de datos usando la arquitectura ARM. También estaba peleando con los legisladores asiáticos que querían que la firma redujera a la mitad las tarifas que cobraba a las empresas chinas por adquirir la tecnología para chips de móvil, una fuente de ingresos esencial para Qualcomm.[10] China era el mercado más grande de la empresa, así que tenía mucho poder de negociación. Eso hizo que algunos analistas ataran cabos cuando, al poco de llegar a un acuerdo de precios con Pekín, Qualcomm aceptó asociarse con la china Huaxintong para desarrollar chips de servidor. Según señalaron los expertos, Huaxintong no había diseñado nunca chips avanzados, pero tenía su sede en la provincia de Guizhou, gobernada por un miembro prometedor del partido llamado Chen Min'er.[11]

La unión de Qualcomm con Huaxintong fue un visto y no visto. Se cerró en 2019 tras generar muy poco valor. Eso sí, algunas de las capacidades que adquirió acabaron beneficiando a otras compañías que fabricaban chips para centros de datos con arquitectura ARM. Por ejemplo, Huaxintong participó en un consorcio para desarrollar chips de bajo consumo del que también formaba parte Phytium, otra firma china que estaba fabricando circuitos con esa arquitectura.[12] Al parecer, como mínimo uno de los ingenieros de diseño abandonó Huaxintong en 2019 para recalar en Phytium, donde, según denunció más tarde EE. UU., ayudó al Ejército chino a diseñar armas de última generación como los misiles hipersónicos.[13]

Pero el caso más polémico de transferencia de tecnología fue protagonizado por el archienemigo de Intel: AMD. A mediados de la década anterior, la empresa estaba pasando por un bache tras perder cuota de mercado para ordenadores y centros de datos en favor de Intel. AMD nunca estuvo al borde de la quiebra, pero tampoco podía despistarse. La empresa estaba buscando liquidez para ganar tiempo antes de comercializar nuevos productos. En 2013, por ejemplo, vendió su sede en Austin, Texas. En 2016 vendió a una empresa china el 85 por ciento de los derechos sobre sus instalaciones de montaje, testeo y encapsulado de semiconductores en Penang (Malasia) y Suzhou (China) a cambio de 371 millones de dólares. AMD describió esas fábricas como «*la crème de la crème*».[14]

Y ese mismo año llegó a otro acuerdo con un grupo chino de empresas y agencias públicas para ceder bajo licencia la producción de chips x86 modificados para el mercado del país asiático.[15] El pacto armó una cantera en el sector y en Washington, porque su estructura no requería la aprobación del CFIUS, el comité gubernamental que supervisa las compras extranjeras de bienes estadounidenses. AMD presentó la transacción ante las autoridades del Departamento de Comercio, que no «saben nada sobre microprocesadores, sobre semiconductores o sobre China»,[16] en palabras textuales de un trabajador del sector. Parece ser que Intel alertó al Gobierno del acuerdo, dando a entender que era dañino para los intereses de la nación y que amenazaba al negocio de Intel. Pero el Gobierno no disponía de ningún mecanismo directo para pararlo, así que se acabó autorizando el pacto, para gran enojo del Congreso y del Pentágono.

Cuando AMD estaba ultimando el acuerdo, su nueva familia de procesadores Zen salió a la venta y cambió la suerte de la empresa. Al final, AMD no necesitó el dinero del contrato de licencia.[17] Sin embargo, ya se había firmado la asociación y se había transferido la tecnología. *The Wall Street Journal* sacó varios reportajes que denunciaban que AMD había vendido «las joyas de la corona» y «las llaves del reino». Según otros analistas del sector, el objetivo de la transacción fue que las empresas chinas pudieran presumir ante su Gobierno de estar diseñando microprocesadores de última generación en el país, cuando lo cierto es que solo estaban ajustando mínimamente los diseños de AMD.[18] Los medios anglófonos tacharon la transacción de acuerdo menor, pero los grandes expertos chinos contaron a los medios estatales que, gracias a ese pacto, China podría agenciarse «tecnologías clave» para dejar de «ser un pelele a manos de los demás». En el Pentágono, incluso los que se opusieron al acuerdo confirman que AMD siguió la ley a rajatabla, pero sostienen que aún no están convencidos de que la transacción fuera tan inocua como señalan sus valedores. Como dice un exmiembro del Pentágono: «Aún tengo muchas dudas de que AMD nos lo estuviera contando todo». *The Wall Street Journal* informó que una de las partes de la unión fue Sugon, una empresa china de supercomputadoras que tiene como «misión fundamental contribuir a la defensa y seguridad nacional de China».[19] En 2017, los comunicados de prensa de AMD aún describían a Sugon como un «socio estratégico», algo que debía de causar cierto estupor en Washington.[20]

Lo que está claro es que Sugon ayudaba a fabricar las supercomputadoras más potentes del mundo, normalmente usadas para desarrollar «armas nucleares e hipersónicas»,[21] como explicó la secretaria de Comercio Gina Raimondo en 2021. Según Elsa Kania, una gran experta en el Ejército chino, la propia Sugon ha hablado sin tapujos de sus vínculos con el cuerpo militar.[22] Incluso cuando la Administración Trump decidió meter a Sugon en la lista negra y cortar de raíz su relación con AMD, el analista Anton Shilov encontró circuitos impresos de Sugon con chips AMD que, en teoría, no debería haber podido comprar. AMD aseguró a la prensa que no había prestado soporte técnico para el dispositivo en cuestión y que no sabía cómo Sugon había conseguido los chips.[23]

El mercado chino era tan atractivo que a las compañías les resultaba casi imposible no transferir tecnología. A algunas hasta las indujeron a ceder el control de sus filiales completas en China. En 2018, la británica ARM, que diseña arquitectura para chips, vendió el 51 por ciento de su división en el país asiático a un grupo de inversores, conservando el 49 por ciento restante de ARM China. Dos años antes, la compañía había sido adquirida por SoftBank, una multinacional japonesa que ha invertido miles de millones en nuevas tecnológicas chinas. Es decir, que las inversiones de SoftBank dependían de que las leyes chinas fueran benevolentes. El Congreso norteamericano examinó aquello con lupa, receloso de que su exposición a China hiciera a la empresa vulnerable a las presiones políticas de Pekín.[24] En 2016, SoftBank había comprado ARM por 40.000 millones de dólares, pero vendió un 51 por ciento de las acciones de la división china, que según el conglomerado japonés representaba una quinta parte de las ventas mundiales de ARM, por solo 775 millones.[25]

¿Qué sentido tenía deshacerse de ARM China? No hay indicios fehacientes de que SoftBank recibiera presiones del régimen para vender su filial. Pero los ejecutivos de ARM no se anduvieron con chiquitas a la hora de hablar de la lógica que habían seguido. Uno de ellos hizo estas declaraciones a *Nikkei Asia*: «Si alguien fabrica [un sistema en un chip] para el Ejército o para las fuerzas del orden y vigilancia de China, China quiere que se fabrique exclusivamente dentro de sus fronteras. Con esta nueva asociación, la compañía puede desarrollarlo. Antes no se podía hacer. [...] China busca seguridad y control. Al final, quieren tener control sobre su tecnología. [...] Y si se basan en tecnología que aportamos nosotros, podemos sacarle partido».[26] Ni las autoridades japonesas que supervisan SoftBank, ni las británicas que supervisan ARM, ni las norteamericanas que tienen jurisdicción sobre una parte considerable de la propiedad intelectual de ARM, decidieron estudiar las consecuencias.

La cruda realidad es que las empresas no pueden ignorar el mercado de semiconductores más grande del mundo. Claro que los fabricantes protegen a capa y espada sus tecnologías básicas. Pero casi todos ellos poseen tecnología no esencial en subsectores que no encabezan, y estarían encantados de compartirla a cambio de una suma sustanciosa. Cuando las empresas están perdiendo clientes o necesitan financiación, tampoco se pueden permitir el lujo de pensar a largo plazo. Esto posibilita que China coaccione fácilmente a las compañías extranjeras para que transfieran tecnología, abran fábricas o cedan bajo licencia derechos de propiedad intelectual. Eso no quita que esas compañías extranjeras sepan que están ayudando al enemigo a crecer. Para ellas, muchas veces es más fácil recaudar fondos en China que en Wall Street. Aceptar capital chino puede ser un requisito implícito para operar en el país.

A su manera, los acuerdos que firmaron IBM, AMD y ARM en China siguieron una lógica empresarial impecable, aunque en su conjunto amenacen con provocar una filtración de tecnología. Las arquitecturas y los diseños de Estados Unidos y el Reino Unido, así como las fundiciones taiwanesas, han tenido un papel capital en el desarrollo de los programas chinos de supercomputadoras. China sigue teniendo una capacidad muy inferior a la vanguardia mundial, pero en comparación con hace diez años, depende bastante menos del extranjero para diseñar y producir los chips que necesitan sus centros de datos. La directora general de IBM, Ginni Rometty, no iba tan desencaminada: los acuerdos de transferencia de tecnología con China son una «oportunidad de oro». Simplemente se equivocaba al pensar que su empresa sería la beneficiada.

45

«Es inevitable que se fusionen las grandes empresas»

El camino que recorrió Zhao Weiguo hasta convertirse en un multimillonario del sector de los chips alabado por la prensa china fue largo y tortuoso.[1] Zhao pasó toda su infancia criando cerdos y ovejas en la frontera occidental del país. Llegó al campo durante la Revolución Cultural, cuando su padre fue desterrado por escribir poemas subversivos, pero nunca se planteó conformarse con una vida de ganadero en la China rural. Consiguió ser admitido en la Universidad de Tsinghua, una de las mejores del país, y se licenció en Ingeniería Eléctrica. Tsinghua ha sido la punta de lanza del sector chino de los semiconductores desde su nacimiento, pero no está claro cuánto aprendió allí Zhao acerca de los transistores y los condensadores. Después de licenciarse, estuvo en una tecnológica y luego se decantó por la inversión, alzándose como vicepresidente de Tsinghua Unigroup. Su *alma mater* creó esa empresa para sacar rédito económico de las investigaciones científicas de la universidad, pero parece que ha invertido sobre todo en bienes inmuebles. Zhao se granjeó una reputación como negociador y se labró su propio camino hasta amasar una fortuna de miles de millones de dólares.[2]

En 2004, Zhao lanzó su propio fondo de inversión, Beijing Jiankun Group, que invierte en propiedades, minas y otras empresas en las que suele ser vital tener vínculos con políticos de altos vuelos. Pronto llegaron los beneficios astronómicos; se dice que Zhao convirtió un millón de yuanes de capital inicial en 4.500 millones. En 2009, Zhao usó esa fortuna para hacerse con un 49 por ciento de su antigua empresa, Tsinghua Unigroup. La universidad conservó el resto de las acciones. Fue una transacción peculiar: una empresa privada de bienes raíces pasaba a poseer casi la mitad de una empresa que, en teoría, sacaba partido de la tecnología producida por la universidad de investigación más eminente de China. Pero Tsinghua Unigroup nunca fue una empresa normal y corriente. El hijo del expresidente Hu Jintao, que parece que es un «buen amigo»[3] de Zhao, fue secretario del Partido Comunista para el *holding* propietario de Unigroup. Para más inri, el rector de la Universidad de Tsinghua durante los dos mil fue compañero de piso de Xi Jinping en la universidad.[4]

En 2013, cuatro años después de comprar las acciones de Tsinghua Unigroup y justo antes de que el Partido Comunista anunciara el plan de conceder ayudas masivas a las empresas de semiconductores, Zhao decidió que había llegado la hora de invertir en el sector. Él niega que la estrategia de su empresa reflejara los deseos del Ejecutivo. En 2015 hizo las siguientes declaraciones a Forbes: «Todo el mundo cree que el Gobierno está impulsando el desarrollo del sector de los chips, pero no es verdad». Él se atribuye el mérito de haber llamado la atención de Pekín: «Las empresas rompieron algunos moldes y entonces el Gobierno empezó a percatarse. [...] Todos nuestros acuerdos anteponen siempre el mercado».[5]

Para la mayoría de los analistas, la estrategia de Zhao no se caracterizaba especialmente por «priorizar el mercado». En vez de invertir en las mejores empresas de chips, trataba de adquirir cualquier cosa. En sus explicaciones sobre la estrategia de inversión de Tsinghua no se percibía ningún matiz ni sofisticación: «Si subes a una montaña con un arma, no sabes si encontrarás una presa para cazar. Puede que mates un ciervo, o quizás una cabra, pero nunca lo sabes».[6] Lo que sí está claro es que era un cazador seguro de sí mismo y que las empresas de chips eran su presa.

Pese a su gran fortuna, estimada en 2.000 millones de dólares, Zhao se gastó sumas desorbitadas para erigir su imperio de chips.[7] Tsinghua Unigroup empezó a comprar compulsivamente en 2013, gastándose varios miles de millones en adquirir dos de las empresas de diseño más grandes de China, Spreadtrum Communications y RDA Microelectronics, que fabricaban circuitos de gama baja para teléfonos inteligentes. Según Zhao, esa fusión generaría «enormes sinergias en China y en el extranjero»,[8] aunque ha pasado casi una década y sigue sin haber muchos indicios de que se hayan materializado dichas sinergias.

Un año después, en 2014, Zhao llegó a un acuerdo con Intel para acoplar los módems inalámbricos de la empresa norteamericana a los procesadores de teléfono inteligente de Tsinghua Unigroup.[9] Intel esperaba que la alianza impulsara sus ventas en el mercado chino de móviles, y Zhao quería que sus empresas aprendieran a diseñar mejor los chips. Nunca escondió los verdaderos objetivos de Tsinghua Unigroup: los semiconductores eran una «prioridad nacional».[10] Colaborando con Intel se aceleraría «el desarrollo de tecnología» y se reforzaría aún más «la competitividad y la posición en el mercado de las compañías de semiconductores chinas».

La asociación con Intel respondió a una cierta lógica empresarial, pero muchas otras decisiones no parecieron motivadas por el deseo de ganar dinero. Por ejemplo, Tsinghua Unigroup se ofreció a financiar XMC (posteriormente adquirida por YMTC), una firma china que buscaba penetrar en el mercado de la memoria NAND. En un acto público, el director general de XMC admitió que había empezado pidiendo 15.000 millones de dólares para construir una nueva fábrica, pero le dijeron que le daban 24.000 millones: «Según su hipótesis, si de verdad pretendían ser líderes mundiales, necesitaban invertir como invertían esos líderes».[11] Incluso los pastores de cabras con los que se crio Zhao al oeste de China habrían reconocido que estaba regalando cheques multimillonarios sin ton ni son. Más tarde se supo que, además de invertir en semiconductores, Tsinghua Unigroup también estaba metiendo dinero en bienes inmuebles y juegos *online*, y nadie se llevó ninguna sorpresa.[12]

El Gran Fondo, con participación del Estado chino, también anunció que iba a empezar invirtiendo 1.000 millones de dólares en Tsinghua Unigroup.[13] Eso sirvió para refrendar oficialmente la estrategia de la compañía. Zhao puso su mirada en el extranjero. No le bastaba con tener empresas sin fábrica o atraer firmas extranjeras para que invirtieran en China. Quería sentarse en el trono del sector internacional de chips y por ello contrató a varios ejecutivos taiwaneses destacados, incluyendo al ex director general de UMC, la segunda mayor fundición del país.[14] En 2015, Zhao fue en persona a Taiwán y presionó a la isla para que revocara las restricciones a la inversión china en sectores como el diseño y la fabricación de chips. Compró un 25 por ciento de la taiwanesa Powertech Technology, que monta y prueba semiconductores, una transacción autorizada por la legislación de la isla. También intentó comprar acciones y asociarse con varias corporaciones taiwanesas de montaje.[15]

No obstante, el auténtico interés de Zhao era adquirir las joyas de la corona de la isla: MediaTek, la mejor diseñadora de chips no estadounidense; y TSMC, la fundición de la que dependen la mayoría de las empresas sin fábrica.[16] Dejó caer la idea de adquirir un 25 por ciento de TSMC y propuso fusionar MediaTek con los negocios de diseño de Tsinghua Unigroup. En ese momento, la normativa taiwanesa sobre inversión extranjera no permitía ninguna de esas transacciones, pero cuando Zhao regresó de la isla, compareció en un congreso de Pekín y dijo que China debía prohibir la importación de circuitos taiwaneses a menos que Taipéi eliminara esas restricciones.[17]

Esa campaña de presión puso contra las cuerdas a TSMC y MediaTek. Ambas empresas dependían muchísimo del mercado chino. La mayoría de los circuitos integrados que producía TSMC se acoplaban a dispositivos en las fábricas chinas. Era absurdo vender las gemas tecnológicas de Taiwán a un inversor con participación estatal en la China continental. La isla acabaría dependiendo de Pekín. Quitando la abolición de su fuerza militar o la aceptación de la ocupación del Ejército chino, era difícil pensar en una medida que pudiera perjudicar más la autonomía taiwanesa.

Tanto TSMC como MediaTek abrieron tímidamente la puerta a los inversores chinos. Morris Chang dijo que su única condición era que el precio fuera «justo y provechoso para los accionistas».[18] No es precisamente la respuesta que cabría esperar de un acuerdo que amenazaba con menoscabar la independencia económica de la isla. Pero Chang también alertó de lo que pasaría si los inversores chinos podían nombrar miembros en los consejos de administración taiwaneses: «No será tan fácil proteger la propiedad intelectual».[19] MediaTek se mostró a favor de «unir las manos y elevar el estatus y la competitividad de las empresas chinas y taiwanesas en el sector internacional de chips»,[20] pero solo si el Gobierno taiwanés daba su visto bueno. El Gobierno de Taipéi vacilaba. John Deng, ministro de Economía, sugirió aflojar las restricciones a la inversión china en el sector de los chips. En plena ola de presiones, señaló que era inevitable que China acabara teniendo un mayor control sobre el sector. Como declaró a la prensa: «No se puede eludir esta cuestión».[21] No obstante, las elecciones presidenciales en Taiwán estaban al rojo vivo y el Ejecutivo pospuso todos los cambios en sus políticas.

Zhao no tardó en dirigir su atención a la industria norteamericana. En julio de 2015, Tsinghua Unigroup dejó caer la posibilidad de adquirir Micron, el fabricante de memorias, a cambio de 23.000 millones de dólares; habría sido la adquisición más grande de la historia de una empresa estadounidense de cualquier sector por parte de una firma china.[22] En este caso, la tentativa de Tsinghua fue rechazada de plano, a diferencia de lo que pasó con los gigantes tecnológicos de Taiwán y sus tecnócratas económicos. Micron declaró que la transacción no le parecía realista teniendo en cuenta los recelos del Gobierno estadounidense en materia de seguridad.[23] Poco después, en septiembre de 2015, Tsinghua Unigroup lo volvió a intentar ofreciendo 3.700 millones de dólares por el 15 por ciento de otra compañía norteamericana que fabricaba chips de NAND.[24] CFIUS, la agencia que analiza las inversiones extranjeras, lo tumbó por motivos de seguridad.

En la primavera de 2016, Tsinghua compró sin hacer ruido un 6 por ciento de las acciones de Lattice Semiconductor, otra compañía estadounidense. Zhao hizo estas declaraciones a *The Wall Street Journal*: «Es una inversión estrictamente financiera. No tenemos ninguna intención en absoluto de intentar comprar Lattice».[25] Apenas unas semanas después de anunciarse la inversión, Tsinghua Unigroup empezó a vender los valores adquiridos.[26] Al cabo de poco, Lattice recibió una oferta de compra de una inversora californiana llamada Canyon Bridge, que Reuters reveló que había sido discretamente financiada por el Gobierno chino.[27] El Gobierno de EE. UU. rechazó con firmeza el acuerdo.

Al mismo tiempo, ese fondo de inversión compró Imagination, una firma británica de diseño de chips con problemas financieros.[28] La transacción se orquestó con gran esmero para excluir las propiedades de Imagination en EE. UU. a fin de que Washington no la vetara también.[29] Las autoridades británicas dieron luz verde al acuerdo, pero al cabo de tres años se arrepintieron de su decisión, porque los nuevos propietarios quisieron reestructurar el consejo de administración con miembros nombrados por un fondo de inversión del Gobierno chino.[30]

El problema no era solo que los fondos vinculados al Gobierno chino estuvieran comprando empresas extranjeras de chips. Lo hacían infringiendo las leyes contra la manipulación del mercado y el uso de información privilegiada.[31] Por ejemplo, mientras Canyon Bridge tramaba para adquirir Lattice Semiconductor, uno de los cofundadores de la empresa se chivó a un compañero de Pekín, pasándole detalles sobre la transacción por WeChat y durante varios encuentros en un Starbucks de la capital. Su compañero compró acciones aprovechando esos chivatazos y el ejecutivo de Canyon Bridge fue condenado por compartir ilícitamente información privilegiada.

Zhao se veía a sí mismo como un mero emprendedor con muchas ganas: «Es inevitable que se fusionen las grandes empresas de EE. UU. y China. Esas fusiones deberían sopesarse desde un punto de vista empresarial, no desde un prisma nacionalista o político».[32] Pero las actividades de Tsinghua Unigroup no se podían entender desde el punto de vista de la lógica empresarial. Había muchas empresas teóricamente privadas, pero controladas o financiadas por el Estado chino, que pululaban alrededor de firmas de semiconductores de todo el mundo. Eran demasiadas para tildar el plan abanderado por el Gobierno chino de cualquier cosa que no fuera una tentativa por hacerse con compañías extranjeras de chips. Xi Jinping había exigido «tocar a rebato». El Tsinghua Unigroup de Zhao y otros vehículos «de inversión» apoyados por el Gobierno se limitaban a seguir esas instrucciones anunciadas a los cuatro vientos. En 2017, en medio del frenesí de acuerdos, Tsinghua Unigroup anunció que había recibido una nueva inversión:[33] unos 15.000 millones de dólares del China Development Bank y 7.000 millones del Integrated Circuit Industry Investment Fund, ambos pertenecientes al Estado chino y, por lo tanto, controlados por este.

46

El prodigio de Huawei

Ren Zhengfei suele conceder sus entrevistas en la sede de Huawei. El fundador de la enorme tecnológica china siempre luce unos pantalones y una americana perfectamente entallados, una camisa desabrochada y una sonrisa de oreja a oreja que le hace parecer otro ejecutivo de Silicon Valley. En ciertos aspectos, lo es. El equipamiento de telecomunicaciones de su compañía —las radios de las estaciones base que transmiten llamadas, imágenes y correos electrónicos entre teléfonos— forma la columna vertebral del internet móvil mundial. Y, hasta hace muy poco, la división de teléfonos inteligentes de Huawei fue una de las más grandes del mundo, compitiendo de tú a tú con Apple y Samsung en número de teléfonos vendidos. La compañía también proporciona otros tipos de infraestructura tecnológica, desde cables submarinos de fibra óptica hasta computación en la nube. En muchos países no se puede usar un teléfono sin los recursos de Huawei, igual que es difícil usar un ordenador sin productos de Microsoft o navegar por internet (fuera de China) sin Google. Aun así, hay una faceta vital en la que Huawei difiere de las otras grandes tecnológicas del planeta: su pulso con las agencias estadounidenses de seguridad nacional, que dura ya dos décadas.

Si uno lee la prensa norteamericana cuando habla del rol de Huawei en el espionaje del Gobierno chino, es fácil concluir que la empresa nació como un apéndice de las agencias de seguridad del país asiático. Los lazos entre Huawei y el Estado chino están más que probados, pero no nos explican gran cosa sobre cómo se construyó esta empresa internacional.[1] Para comprender su expansión, es mejor comparar su trayectoria con la de otro conglomerado tecnológico, el surcoreano Samsung. La generación de Ren es posterior a la de Lee Byung-Chul, pero ambos magnates operaron siguiendo un modelo similar. Lee convirtió una empresa de compraventa de pescado seco en una tecnológica como Samsung, que fabrica los procesadores y chips de memoria más pioneros del mundo, mediante tres estrategias. La primera fue ir cuidando de las relaciones políticas para asegurarse una normativa favorable y unos tipos de interés bajos. La segunda fue identificar productos inventados en Occidente y Japón y aprender a fabricarlos con una calidad equiparable, pero a menor precio. La tercera fue internacionalizarse sin descanso, no solo para encontrar nuevos clientes, sino también para aprender compitiendo con las mejores compañías. Con esas estrategias, Samsung se alzó como una de las mayores empresas del mundo, llegando a ingresar cantidades equivalentes al 10 por ciento del PIB de Corea del Sur.

¿Una empresa china podría adoptar estrategias parecidas? La mayoría de las tecnológicas del país optaron por un método menos globalizado. Pese a la capacidad exportadora de China, las empresas de servicios de internet recaudan la mayoría de sus ingresos en el mercado doméstico, donde están amparadas por la regulación y la censura. Tencent, Alibaba, Pinduoduo y Meituan serían hormigas de no ser por su dominio del mercado interno. Cuando han salido de sus fronteras, muchas no han podido competir.

En cambio, Huawei ha plantado cara a la competencia extranjera desde su fundación. El modelo de Ren Zhengfei es esencialmente diferente al de Alibaba o Tencent. Ha importado conceptos ideados en el extranjero, ha producido versiones dignas a un coste inferior y las ha vendido al mundo entero, arrebatando cuota de mercado a sus rivales de todas las procedencias. Con un modelo idéntico, los fundadores de Samsung se hicieron de oro y la empresa se encaramó hasta lo más alto de la tecnología. Hasta hace muy poco, Huawei parecía ir por la misma senda.

La tendencia internacionalista de la compañía fue patente desde su fundación en 1987. Ren se crio en una familia de profesores de secundaria en una provincia sureña de la China rural, Guizhou. Se formó como ingeniero en Chongqing antes de servir en el Ejército, donde dice que trabajó en una fábrica produciendo fibra sintética para indumentaria.[2] Luego abandonó el Ejército (algunos escépticos dudan de las circunstancias y de que realmente partiera peras con los militares) y se mudó a Shenzhen, un pueblecito al otro lado de la frontera de Hong Kong. En ese momento, Hong Kong todavía estaba gobernada por los británicos y era un pequeño remanso de prosperidad en el empobrecido litoral del sur de China. Pekín había empezado a aplicar reformas económicas unos diez años antes, probando con dejar que algunas personas fundaran empresas privadas con tal de impulsar el crecimiento. Shenzhen fue una de las ciudades elegidas como «zonas económicas especiales», donde se derogaron las leyes restrictivas y se fomentó la inversión extranjera. La ciudad se montó en la cresta de la ola, favorecida por el dinero que entraba de Hong Kong y por los aspirantes a emprendedores de China que migraron en masa buscando una regulación más laxa.

Ren vio la oportunidad de importar centralitas telefónicas PBX, que conectan usuarios unos con otros. Con 5.000 dólares de capital inicial, empezó a importar esos productos de Hong Kong. Cuando sus socios al otro lado de la frontera se dieron cuenta de que estaba ganando mucho dinero revendiendo su equipamiento, lo dejaron en la estacada, así que Ren decidió fabricar sus propios dispositivos. A principios de los noventa, Huawei contaba con cientos de empleados de I+D, que se dedicaban sobre todo a fabricar centralitas telefónicas.[3] Desde entonces, la infraestructura de telecomunicaciones se ha unido a la digital. Las mismas estaciones base que transmiten llamadas también envían otros tipos de datos. Así que ahora el equipamiento de Huawei desempeña un papel internacional importante —en muchos países, crucial— a la hora de transferir datos. La firma ya es una de las tres grandes proveedoras de infraestructura de red, junto con la finlandesa Nokia y la sueca Ericsson.

Normalmente, los críticos con Huawei alegan que su éxito se fundamenta en el robo de propiedad intelectual, aunque solo tienen parte de razón. La empresa ha admitido algunas faltas previas en ese sentido y se la ha acusado de muchas más. En 2003, por ejemplo, reconoció que había copiado el 2 por ciento del código de uno de sus rúteres directamente de Cisco, una firma norteamericana.[4] Y la prensa canadiense ha informado de que las agencias de espionaje del país creen que en los dos mil se produjo una campaña de pirateos y espionaje apoyada por el Gobierno chino contra el gigante canadiense de las telecomunicaciones Nortel, una campaña que presuntamente benefició a Huawei.[5]

Puede que el robo de propiedad intelectual haya ayudado a la empresa, pero no basta para entender por qué le ha ido tan bien. Por mucha propiedad intelectual y muchos secretos industriales que uno tenga, no se puede crear un mastodonte como Huawei. La compañía ha hilvanado procesos de fabricación eficientes que han reducido los costes y ha creado productos que los clientes consideran de alta calidad. Su gasto en I+D es de los más altos del mundo. Invierte varias veces más que otras tecnológicas chinas. Solo un puñado de corporaciones están a la par de sus cerca de 15.000 millones de dólares anuales de inversión:[6] algunas tecnológicas como Google y

Amazon, farmacéuticas como Merck y fabricantes de automóviles como Mercedes-Benz o Volkswagen. Incluso con los antecedentes de robo de propiedad intelectual, el gasto multimillonario de Huawei en I+D permite suponer que posee una filosofía muy distinta a la mentalidad de calco de la soviética Zelenogrado, o de muchas otras compañías chinas que han intentado penetrar en el sector reventando precios.

Los ejecutivos de la empresa aseguran que invierten en I+D porque han aprendido la lección de Silicon Valley. Se dice que en 1997 Ren se llevó a unos cuantos directivos de gira por Estados Unidos, donde visitaron compañías como HP, IBM y Bell Labs.[7] Se marcharon convencidos de la importancia de dos cosas: de la I+D y los procesos de gestión. En 1999, Huawei contrató la división de consultoría de IBM para que les enseñara a operar como una empresa de primera. Un exasesor de IBM afirmó que ese año Huawei se gastó 50 millones de dólares en consultores, en un contexto en que no llegaba a los 1.000 millones de ingresos totales. En un momento dado llegó a tener cien empleados de IBM dedicados a rehacer la gestión entera. Según ese exasesor: «Todo lo relacionado con la ingeniería no les intimidaba, [pero] tenían la sensación de que iban cien años rezagados en principios económicos y conocimiento empresarial».[8] Gracias a IBM y a otras consultoras occidentales, Huawei aprendió a gestionar su cadena de suministro, a anticiparse a las demandas de los clientes, a crear grandes estrategias de *marketing* y a vender productos en todo el mundo.

A todo esto, Huawei le sumó una filosofía militarista que la compañía ensalzaba y describía como «cultura de los lobos». Según un reportaje de *The New York Times*, en la pared de uno de sus laboratorios de investigación se puede leer el siguiente lema: «El sacrificio es la mayor causa de un soldado. La victoria es su mayor contribución».[9] Dicho eso, en el sector de los semiconductores, la agresividad de Ren Zhengfei no era tan singular. Andy Grove escribió un superventas sobre los beneficios de la paranoia y Morris Chang dijo que había estudiado la batalla de Stalingrado, la más sangrienta de la Segunda Guerra Mundial, y había encontrado moralejas que aplicar en los negocios.[10]

Aparte de las consultoras occidentales, otra poderosa institución ayudó a Huawei: el Gobierno de China. Durante su desarrollo, la empresa ha recibido varias veces apoyo de las autoridades locales de Shenzhen, de bancos estatales y del Gobierno central de Pekín. Según un análisis de *The Wall Street Journal*, la empresa recibió subsidios por valor de 75.000 millones de dólares en forma de terrenos, préstamos estatales y exenciones fiscales.[11] Es mucho más de lo que obtienen la mayoría de las compañías occidentales de sus Gobiernos, aunque es posible que los privilegios otorgados a Huawei no sean muy distintos a los que otorgan otros Ejecutivos de Asia Oriental a empresas consideradas prioritarias.

El grado de apoyo público a una compañía tan descaradamente privada ha hecho sonar las señales de alarma, sobre todo en Estados Unidos. Los dirigentes chinos han apoyado sin titubeos la expansión global de la empresa. Incluso en plena década de los noventa, cuando Huawei todavía era pequeña, altos dignatarios como el vice primer ministro Wu Bangguo visitaron sus instalaciones y prometieron su apoyo.[12] Wu también viajó al extranjero con Ren Zhengfei para ayudarle a vender infraestructura de telecomunicaciones en África. Aun así, es difícil saber si fue un apoyo especial para Huawei o si fue un procedimiento estándar en el marco de la táctica mercantilista de China, asentada en el comercio internacional y en una distinción borrosa entre la propiedad pública y la privada.

Hoy seguimos sin comprender la falta de transparencia de Ren en su salto del Ejército a Huawei. La compleja y opaca estructura accionarial de la empresa también ha suscitado dudas razonables. En una ocasión, el ejecutivo Ken Hu compareció ante una comisión del Congreso de Estados Unidos y habló de la pertenencia de Ren Zhengfei al Partido Comunista chino, señalando que era «igual que los empresarios estadounidenses que son demócratas o republicanos».[13] A algunos expertos les pareció que ocultaba adrede el papel del partido en el gobierno de la empresa. Sin embargo, la tesis de que Huawei fue creada *ad hoc* por el Estado chino nunca se ha basado en pruebas muy sólidas.

Su ascenso sí ha redundado en beneficio de los intereses del Estado, pues la compañía se ha hecho con muchos clientes y ha incrustado su equipamiento en las redes de telecomunicaciones de todo el planeta. Durante muchos años, y a pesar de la advertencia de las agencias de espionaje estadounidenses, Huawei se propagó por todo el mundo. Ante su imparable crecimiento, algunas empresas occidentales de telecomunicaciones tuvieron que fusionarse o abandonar el mercado. La canadiense Nortel quebró. Alcatel-Lucent, que heredó Bell Labs tras la desintegración de AT&T, fue vendida a la finlandesa Nokia.

La ambición de Huawei no conocía límites. Una vez hubo aportado la infraestructura para las llamadas de teléfono, se puso a vender móviles. En poco tiempo, sus teléfonos estaban entre los más vendidos. En 2019, la única empresa que vendía más unidades era Samsung. Huawei seguía ganando bastante menos dinero por móvil que Samsung o Apple; esta última, de hecho, poseía el *marketing* y las condiciones para cobrar precios inmensamente superiores. Pero la capacidad de la marca china para penetrar en el mercado y hacerse con una posición privilegiada puso en alerta a Samsung y Apple.

Además, Huawei iba avanzando y ya diseñaba algunos chips clave de sus teléfonos. Algunas voces de dentro de la empresa afirman que las ambiciones en el diseño aumentaron en marzo de 2011, cuando un terremoto cerca de la costa este de Japón provocó un tsunami que arrasó el país. El mundo solo tenía ojos para el reactor de la planta nuclear de Fukushima Daiichi, dañado a raíz de la inundación, pero en Huawei había ejecutivos preocupados por el riesgo que corría la cadena de suministro de la compañía. Como todos los grandes productores de electrónica, Huawei dependía de proveedores japoneses para los componentes cruciales de su equipamiento de telecomunicaciones y sus teléfonos. El miedo era que la catástrofe provocara grandes dilaciones. Al final, Huawei tuvo suerte. El cese en la producción no afectó demasiado a casi ninguno de sus proveedores. Con todo, la empresa pidió a sus asesores que calcularan el riesgo para su cadena de suministro. Concluyeron que la empresa tenía dos grandes puntos débiles: el acceso al sistema operativo Android de Google, con el que funcionan todos los móviles excepto los de Apple, y el suministro de los semiconductores que requieren todos los teléfonos.

Huawei identificó los 250 semiconductores más importantes de sus productos y empezó a diseñar internamente tantos como pudo.[14] En general, eran chips relacionados con la construcción de estaciones base de telecomunicaciones, pero también había procesadores, chips terriblemente complejos que necesitaban la tecnología más moderna del mundo para ser fabricados. Al igual que Apple y que la mayoría de las empresas destacadas de semiconductores, Huawei decidió externalizar la fabricación, pues necesitaba procesos que solo podían hallarse en un par de empresas. La taiwanesa TSMC era la opción lógica.

A finales de la década de 2010, la filial de Huawei HiSilicon ya diseñaba algunos de los chips más complejos de teléfono inteligente, y era el segundo mayor cliente de TSMC.[15] Los teléfonos de la marca aún tenían que llevar chips de otras empresas, como algunas memorias o varios procesadores de señales, pero era una gesta increíble que Huawei pudiera producir procesadores para móvil. Hasta ese momento, Estados Unidos había tenido casi un monopolio de las empresas de diseño más rentables, y ahora estaba en juego ese estatus. Era una prueba más de que Huawei estaba logrando reproducir lo que habían hecho la surcoreana Samsung o la japonesa Sony décadas antes: aprender a producir tecnología avanzada, conquistar mercados, invertir en I+D y cuestionar a las tecnológicas insignia de Estados Unidos. Por si fuera poco, Huawei parecía ocupar una posición inmejorable para aprovechar la nueva era de computación ubicua que acompañaría la llegada de la siguiente generación de infraestructura de telecomunicaciones: la red 5G.

47

El futuro del 5G

Cuando Ren Zhengfei empezó a importar centralitas PBX de Hong Kong, las redes podían hacer poco más que conectar dos teléfonos móviles. En los inicios de la telefonía, la conmutación se hacía a mano: muchas mujeres se sentaban delante de una placa con enchufes e iban conectando los cables en diferentes combinaciones según quién llamara. En los ochenta, los humanos ya habían sido sustituidos por centralitas electrónicas, que muchas veces funcionaban con dispositivos semiconductores. Aun así, se necesitaba un equipamiento tan grande como un armario para gestionar las líneas telefónicas de un solo edificio.[1] Hoy los proveedores de servicios de telecomunicaciones necesitan el silicio más que nunca, pero con un armario de equipamiento pueden procesar llamadas, mensajes y vídeos, a menudo enviados a través de la radio, no por línea fija.

Huawei se ha convertido en una experta en la última generación de equipamiento para enviar llamadas y datos a través de las redes móviles: el 5G. Pero el 5G no va tanto de los teléfonos; atañe al futuro de la informática y, por consiguiente, a los semiconductores. La ge hace referencia a la generación. Ya hemos pasado por cuatro generaciones de estándares de telefonía móvil, cada una de las cuales obligó a instalar nuevo *hardware* en los teléfonos y en las estaciones base. Así como la ley de Moore nos ha permitido embutir más transistores en un chip, también ha aumentado el número de unos y ceros que entran y salen de los móviles a través de las ondas de radio. Los teléfonos del 2G podían enviar mensajes de texto; los del 3G, abrir páginas web; y el 4G dio la opción de reproducir vídeos desde casi cualquier sitio.

La mayoría ya no valoramos el teléfono inteligente, pero es gracias a esos semiconductores cada vez más potentes que ya no nos maravillamos ante los mensajes de texto. Más bien nos frustramos cuando el vídeo que estamos viendo se congela durante una fracción de segundo. Los módems que gestionan la conexión con la red permiten mandar muchos más unos y ceros mediante ondas de radio a través de la antena del móvil.

También ha habido un cambio parecido en los chips de la red móvil y de las estaciones base. Es muy complicado enviar unos y ceros por el aire a la vez que se reduce la interrupción de llamadas o de vídeos. El espacio disponible en el espectro de radiofrecuencia es limitado. Las frecuencias de radio son las que son, y muchas no son ideales para mandar muchos datos o transmitir a larga distancia. Las empresas de telecomunicaciones han recurrido a los semiconductores para meter más y más datos en el espectro. Según Dave Robertson, experto en chips de Analog Devices, una empresa especializada en semiconductores para la transmisión de radio: «El espectro es mucho más caro que el silicio». Es de cajón que los semiconductores hayan sido tan importantes a la hora de enviar más datos por el aire. Los diseñadores de chips como Qualcomm encontraron nuevas formas de optimizar la transmisión por el espectro y fabricantes como Analog Devices han creado semiconductores llamados transceptores de radiofrecuencia, que son capaces de mandar y recibir ondas con mayor precisión y menor consumo de energía.[2]

Con la próxima generación de tecnología, el 5G, se podrán transmitir aún más datos sin cable. Eso será posible gracias a métodos más intrincados para compartir el espacio del espectro, lo cual requerirá algoritmos más complejos y mayor potencia en los móviles y las estaciones base para meter los unos y ceros en los huecos más minúsculos. En parte, las redes 5G enviarán más datos merced a una radiofrecuencia nueva y vacía que, hasta ahora, se había considerado inviable. Los últimos semiconductores no solo permiten meter más unos y ceros en una radiofrecuencia concreta, sino enviar ondas más lejos y con una precisión sin precedentes. Las redes móviles localizarán un teléfono y le mandarán ondas de radio directamente con una técnica llamada «conformación de haces». Una onda normal, como la que manda música a la radio del coche, envía señales en todas direcciones porque no sabe dónde está el vehículo. Es un gasto inútil de energía que crea más ondas e interferencias. Con la conformación de haces, una antena halla un dispositivo y solo manda la señal que necesita en esa dirección. El resultado son menos interferencias y señales más nítidas para todos.

Con redes más rápidas y capaces de llevar más datos, los teléfonos no solo irán más rápido, sino que cambiarán nuestra manera de entender la telefonía. Con las redes 1G, los móviles eran demasiado caros para la mayoría de la gente. Con las redes 2G vimos que los teléfonos podían mandar mensajes de texto y también de voz. Hoy esperamos que el móvil o la tableta tengan casi todas las prestaciones que ofrece un ordenador. A medida que podamos enviar más datos por la red móvil, iremos conectando más dispositivos. Y cuantos más tengamos, más datos producirán, lo cual exigirá una mayor potencia de procesamiento.

Puede que esta idea de conectar muchos más dispositivos a la red y recopilar sus datos no suene tan revolucionaria. Tal vez penséis que la red 5G no es capaz de dar más de sí, pero dentro de poco tu cafetera estará recabando y procesando datos sobre la temperatura ambiente y la calidad de cada una de las tazas que sirve. No podemos ni imaginar todos los aspectos en los que empresas e industrias pueden beneficiarse del aumento de los datos y de la conectividad para ofrecer un mejor servicio a un menor coste, desde el recorrido de los tractores por las plantaciones hasta la coordinación de los robots en las cadenas de montaje. Los aparatos y sensores usados en medicina analizarán y diagnosticarán más enfermedades. El mundo contiene mucha más información sensorial de la que somos capaces de digitalizar, comunicar y procesar en estos momentos.

No hay ejemplo más paradigmático de cómo la conectividad y el poder de computación convertirán productos viejos en máquinas digitalizadas que Tesla, la compañía de automoción de Elon Musk. El culto que ha suscitado la empresa y el aumento del precio de sus acciones han llamado mucho la atención, pero lo que suele pasar más desapercibido es que Tesla también es una gran diseñadora de chips. La compañía contrató a diseñadores de primera línea como Jim Keller para que fabricaran un producto específico para sus necesidades de conducción automatizada, que se fabrica con tecnología puntera. En 2014, algunos analistas ya mencionaron que los coches de Tesla parecían «teléfonos móviles».[3] La compañía ha sido comparada muchas veces con Apple, que también diseña sus propios semiconductores. Igual que con los productos de Apple, la fantástica experiencia de un conductor de Tesla y la integración aparentemente armónica de la computación en un producto del siglo XX (el coche) solo son posibles gracias a los chips personalizados. Los coches llevan chips simples desde los setenta. Sin embargo, la proliferación de vehículos eléctricos, que necesitan semiconductores especializados para controlar la fuente de alimentación, unida a la demanda creciente de prestaciones de conducción autónoma, permiten suponer que el número y el coste de los circuitos en un coche normal van a dispararse.

Los coches solo son el ejemplo más manifiesto de cómo la capacidad para enviar y recibir más datos aumentará la demanda de potencia, tanto en los dispositivos en los márgenes de la red como en la propia red móvil y en los gigantescos centros de datos. Hacia 2017, cuando las empresas de telecomunicaciones de todo el mundo empezaron a firmar contratos con proveedores de equipamiento para construir redes 5G, salió a la luz que la china Huawei lideraba el sector ofreciendo material considerado óptimo a un precio competitivo.[4] Seguramente Huawei iba a erigirse como el actor más determinante en la construcción de las redes 5G, eclipsando a la sueca Ericsson y a la finlandesa Nokia, las únicas grandes productoras de infraestructura móvil.

En el equipamiento de Huawei para estaciones base hay muchísimo silicio, como lo hay en el equipamiento de las compañías rivales. El periódico japonés *Nikkei Asia*, uno de los que ofrece una mejor cobertura del sector chino de los semiconductores, descubrió que las unidades de radio de Huawei dependían en gran medida de chips de Estados Unidos.[5] Entre otras cosas, necesitaban matrices de puertas lógicas programables en campo de Lattice Semiconductor, esa empresa de Oregón que Tsinghua Unigroup había comprado años atrás y de la que luego había vendido una parte. TI, Analog Devices, Broadcom y Cypress Semiconductor también diseñaban y fabricaban chips necesarios para el equipamiento de radio de Huawei. Según ese análisis de *Nikkei Asia*, los circuitos y los demás componentes estadounidenses constituyen casi el 30 por ciento del coste de un sistema Huawei. Aun así, el principal procesador se diseñaba internamente en HiSilicon y se fabricaba en TSMC. La firma china no gozaba de autosuficiencia tecnológica. Recurría a múltiples empresas extranjeras para producir semiconductores especializados y a TSMC para fabricar los chips que ella misma diseñaba. Pero Huawei producía algunos de los elementos electrónicos más complejos de los sistemas de radio y sabía muy bien cómo integrar todos los componentes.

Si la división de diseño de Huawei demostraba esa pericia, era de esperar que en el futuro las empresas chinas fueran clientes tan importantes de TSMC como los gigantes de Silicon Valley. De proseguir la tendencia de finales de la década, en 2030 la industria china de chips podría competir con Silicon Valley en términos de influencia. No solo se verían afectadas las tecnológicas y la balanza comercial; también cambiaría el equilibrio de fuerzas militares.

48

La siguiente compensación

Enjambres de drones autónomos, batallas invisibles en el ciberespacio, pulsos en el espectro electromagnético... El futuro de la guerra estará marcado por el poder de computación, y el Ejército de Estados Unidos ya no es tan todopoderoso como antes. Lejos quedan los días en que el país podía surcar sin oposición los mares y cielos del planeta entero, amparado por sus misiles de precisión y sus sensores omnipresentes. El seísmo que sacudió los ministerios de Defensa del mundo tras la guerra del Golfo de 1991, así como el miedo a que pudieran usarse contra cualquier fuerza militar los mismos ataques quirúrgicos que habían decapitado al ejército de Sadam, se percibió en Pekín como un «ataque nuclear psicológico».[1] En los treinta años que han transcurrido desde entonces, China ha invertido en armamento de alta tecnología, ha abandonado las doctrinas maoístas a favor de una guerra popular seudomedieval y ha asumido que las contiendas del futuro se decidirán con las comunicaciones, la computación y los sensores avanzados. China ya está desarrollando la infraestructura informática necesaria para las fuerzas de combate del futuro.

El objetivo de Pekín no es solo igualar a Estados Unidos en todas y cada una de sus capacidades militares, sino adquirir otras que puedan «compensar» las ventajas estadounidenses. China quiere coger el concepto usado por el Pentágono en los setenta y volverlo en su contra. De hecho, ya ha desplegado una serie de armas que revierten sistemáticamente su desventaja. Sus misiles de precisión antibuque hacen que sea muy peligroso para los barcos estadounidenses cruzar el estrecho de Taiwán en tiempos de guerra, y mantienen a raya el potencial naval del país occidental. Los nuevos sistemas de defensa aérea ponen en entredicho la capacidad de Estados Unidos para dominar el espacio aéreo en un conflicto. Los misiles chinos de largo alcance contra objetivos terrestres amenazan la red de bases militares estadounidenses desde Japón hasta Guam. Las armas antisatélite son un peligro para las redes de comunicaciones y de GPS. La fuerza cibernética no ha sido probada en condiciones de guerra real, pero los chinos intentarían desarticular sistemas de defensa enteros del Ejército enemigo. Y en el espectro electromagnético, China podría intentar sabotear las comunicaciones y contrarrestar los sistemas de vigilancia, de modo que el Ejército norteamericano no pudiera ver a los enemigos o comunicarse con sus aliados.

Todas estas capacidades son consecuencia directa de las tesis del estamento militar chino, que cree que la guerra no solo está cada vez más informatizada, sino *inteligenciada*, un feo término bélico que alude al uso de inteligencia artificial en el armamento. Huelga decir que el poder de computación ha sido crucial para las guerras de la última mitad de siglo, aunque la cantidad de unos y ceros utilizada en sistemas de defensa es millones de veces más elevada que hace unas décadas. La novedad es que ahora Estados Unidos tiene un oponente digno. La Unión Soviética pudo ponerse a la altura de EE. UU. en número de misiles, pero no en número de *bytes*. China piensa que puede lograr ambas cosas. La suerte que corra la industria china de semiconductores no afectará solo al comercio. El país que sea capaz de producir más unos y ceros también contará con una gran ventaja militar.

¿Qué factores decidirán esta carrera informática? En 2021, varios prohombres de la tecnología y de la política exterior estadunidense, encabezados por el ex director general de Google Eric Schmidt, publicaron un informe en el que advertían de que «China podía superar a Estados Unidos como la gran superpotencia en IA».[2] Parece que los líderes chinos coinciden. Como señala Elsa Kania, experta en las fuerzas chinas, el Ejército Popular de Liberación lleva más de una década hablando sobre «armas de IA»,[3] aludiendo a sistemas que emplean «la inteligencia artificial para perseguir, distinguir y destruir objetivos enemigos automáticamente». El propio Xi Jinping ha instado al Ejército a «acelerar el desarrollo de la *inteligenciación* como prioridad de defensa.

Cuando pensamos en IA militar nos imaginamos robots asesinos, pero hay muchos campos en los que el aprendizaje automático puede mejorar el armamento. El mantenimiento predictivo, que permite saber cuándo hay que reparar las máquinas, ya nos ayuda a evitar que los aviones caigan y que los barcos se hundan. Los sónares de submarino o las imágenes por satélite con IA identifican mejor las amenazas. Podemos diseñar nuevas armas más deprisa. Las bombas y los misiles se arrojan con mayor precisión, sobre todo contra objetivos móviles. Los vehículos autónomos aéreos, submarinos y terrestres ya están aprendiendo a ir solos, a encontrar enemigos y a destruirlos. No todo lo que hemos mencionado es tan revolucionario como lo que parece indicar la expresión «armas de IA». Por poner un ejemplo, hace décadas que tenemos misiles «dispara y olvida» con navegación autónoma. Pero las armas cada vez son más inteligentes e independientes, así que el poder de computación que necesitan no hace más que crecer.

No hay ninguna garantía de que China termine ganando la carrera por desarrollar y desplegar armas de inteligencia artificial, entre otras cosas porque esa carrera no se libra con una sola tecnología, sino con sistemas complejos. Vale la pena recordar que la carrera armamentística de la Guerra Fría no la ganó el primer país que mandó un satélite al espacio. Dicho eso, es innegable que el potencial chino en armas de IA es impresionante. Ben Buchanan, de la Universidad de Georgetown, explica que la IA necesita tres cosas para funcionar: datos, algoritmos y capacidad informática.[4] Y exceptuando el último parámetro, es posible que China ya esté a la altura de Estados Unidos en los otros dos.

En cuanto a la obtención de datos para los algoritmos de IA, ni China ni Estados Unidos llevan una ventaja clara. Según los defensores de la política de Pekín, el país puede recabar más datos gracias a su cultura de la vigilancia masiva y a su inmenso número de habitantes, aunque la posibilidad de reunir información sobre el pueblo no debe de ayudar mucho en el ámbito militar. Esto es, por muchos datos que acumules sobre los hábitos de compra por internet o sobre la estructura facial de los 1.300 millones de ciudadanos chinos, un ordenador no aprenderá a reconocer los sonidos de un submarino que acecha en el estrecho de Taiwán. China no parte con ninguna ventaja inherente a la hora de recabar datos relevantes para los sistemas de defensa.[5]

Más difícil es determinar si uno de los dos bandos lleva ventaja en el diseño de algoritmos inteligentes. Si lo medimos por el número de expertos en IA, parece que China tiene una capacidad similar a la de Estados Unidos. MacroPolo, un centro de estudios especializado en el gigante asiático, descubrió en un análisis que el 29 por ciento de los mejores investigadores del mundo en IA son de China, mientras que solo un 20 por ciento son de EE. UU., y un 18, de Europa. Sin embargo, un porcentaje pasmoso de esos expertos acaban trabajando en Estados Unidos, que concentra el 59 por ciento de todos los grandes investigadores en IA.[6] Con las nuevas trabas a la expedición de visados y permisos para viajar, añadidas a los esfuerzos por retener más investigadores en el país, China podría contrarrestar la histórica capacidad de EE. UU. por arrebatar las mentes más prodigiosas a sus rivales geopolíticos.

En cuanto al tercer concepto de Buchanan, la capacidad informática, Estados Unidos sigue con una ventaja solvente, aunque la distancia se ha acortado bastante estos últimos años. China todavía depende muchísimo de la tecnología extranjera para la computación compleja, en particular, de los procesadores diseñados en Estados Unidos y fabricados en Taiwán. Y los teléfonos inteligentes y los ordenadores no son los únicos que necesitan chips de fuera; la mayoría de los centros de datos también. Eso explica por qué el país ha movido cielo y tierra para adquirir tecnología de empresas como IBM y AMD. Para que nos hagamos una idea, según las estimaciones de un estudio chino, hasta el 95 por ciento de las GPU de los servidores chinos que ejecutan tareas de IA son diseñadas por Nvidia.[7] Los chips de Intel, Xilinx, AMD, etcétera, son vitales para los centros de datos de China. Incluso si nos atenemos a los pronósticos más optimistas, pasará media década antes de que el país pueda diseñar chips competitivos y el *software* que los acompaña, y mucho más tiempo hasta que pueda fabricarlos internamente.

También hay que decir que, para muchos sistemas de defensa chinos, ha sido fácil adquirir chips diseñados en EE. UU. y fabricados en Taiwán. Hace poco, un grupo de investigación de la Universidad de Georgetown analizó 343 contratos de suministro del Ejército Popular de Liberación disponibles para su consulta.[8] Descubrieron que menos del 20 por ciento de los contratos habían sido firmados con empresas sujetas al control de aduanas de Estados Unidos. Dicho de otra forma, el Ejército chino no ha tenido ninguna dificultad para comprar chips de última generación y conectarlos a su material militar. Incluso se comprobó que los proveedores militares chinos anuncian en su página web que utilizan chips norteamericanos. Parece que la controvertida política del Gobierno chino de «fusión civil-militar», consistente en aplicar tecnología civil avanzada en el armamento, está dando sus frutos. Si no hay un cambio significativo en las restricciones de EE.UU. a la exportación, el Ejército Popular de Liberación encontrará y comprará buena parte de la capacidad informática que necesita en Silicon Valley.

Es obvio que el Ejército chino no es el único que está intentando incorporar la informática puntera a su armamento. Tanto está creciendo el potencial militar chino que el Pentágono ha entendido que necesita otra estrategia. A mediados de la última década, varios políticos, como el secretario de Defensa Chuck Hagel, comenzaron a hablar de la necesidad de una nueva «compensación», evocando los esfuerzos de Bill Perry, Harold Brown y Andrew Marshall durante los setenta para contrarrestar la ventaja cuantitativa de la URSS. Hoy EE.UU. se enfrenta al mismo dilema: China puede poner en circulación más buques y más aviones, sobre todo en teatros clave como el estrecho de Taiwán. Bob Work, ex subsecretario de Defensa y padrino intelectual de este nuevo contrapeso, hizo unas declaraciones que remiten justamente a la lógica de finales de los setenta: «Nunca intentaremos equipararnos a nuestros adversarios o rivales en número de tanques, aviones o efectivos». En otros términos, el Ejército estadounidense solo se impondrá si cuenta con una ventaja tecnológica clara.[9]

¿Y cómo será esa ventaja tecnológica? Work ha manifestado que en los setenta todo se decidió por «los microprocesadores digitales, la informática, los nuevos sensores y las tecnologías furtivas». Esta vez, todo se reducirá a «los avances en inteligencia artificial (IA) y autonomía». El Ejército de Estados Unidos ya está desplegando la primera generación de nuevos vehículos autónomos, como el Saildrone, un dron flotante no tripulado que puede pasarse meses surcando los océanos mientras controla la presencia de submarinos o intercepta comunicaciones enemigas. Estos dispositivos tienen un coste ínfimo comparado con lo que cuesta un buque típico de la Armada, así que se pueden poner muchos en circulación para que actúen como una plataforma oceánica de sensores y comunicación. También se están diseñando y fabricando barcos, aviones y submarinos autónomos. Son plataformas independientes que necesitan inteligencia artificial para navegar y tomar decisiones; cuanta más capacidad informática se coloque a bordo, mejores decisiones tomarán.

En los setenta, la DARPA desarrolló la tecnología que permitió el contragolpe militar; ahora está diseñando sistemas que son un preludio para las nuevas transformaciones informáticas del sector bélico. El propósito último de los líderes de la agencia es «distribuir ordenadores por todo el campo de batalla para que puedan comunicarse y coordinarse», del buque más grande al dron más pequeño.[10] Lo complicado no es solo juntar mucho poder de computación en un solo dispositivo, como un misil guiado, sino tejer una red de miles de dispositivos por el campo de batalla para que puedan compartir datos y que las máquinas tomen más decisiones. La DARPA ha financiado programas que investigan la «cooperación entre humanos y máquinas».[11] Un ejemplo es su concepto de caza pilotado rodeado de varios drones autónomos, que actúan como ojos y oídos adicionales del piloto humano.

La Guerra Fría se decidió por los electrones en los ordenadores de navegación de los misiles; las contiendas del futuro, en cambio, podrían librarse en el espectro electromagnético. Cuanto más dependan las diferentes fuerzas armadas de los sensores electrónicos y de la comunicación, más tendrán que pelearse por el espacio del espectro para poder mandar mensajes o detectar y controlar enemigos. Apenas llegamos a intuir cómo serán las operaciones de guerra en el espectro electromagnético. A modo de ejemplo, Rusia ha usado una serie de bloqueadores de señales y radares en su guerra contra Ucrania. También se sabe que el Gobierno ruso obstruye las señales de GPS en torno a la comitiva del presidente Putin durante sus viajes oficiales, quizás como medida de seguridad.[12] A propósito, no es casual que la DARPA esté investigando sistemas de navegación alternativos que no funcionen con señales de GPS o satélites y que permitan a los misiles dar en la diana aunque hayan caído los sistemas de GPS.[13]

La batalla por el espectro electromagnético será un pulso invisible librado por semiconductores. Los radares, las interferencias y las comunicaciones se sirven siempre de complejos chips de radiofrecuencia y conversores digitales analógicos, que modulan las señales para aprovechar las franjas del espectro abiertas, mandan señales en una dirección concreta e intentan confundir a los sensores enemigos. Por su parte, los potentes chips digitales ejecutarán algoritmos de gran complejidad dentro de los radares o los bloqueadores para analizar las señales recibidas y decidir cuáles emitir en cuestión de milisegundos. Está en juego la capacidad militar para ver y comunicarse.[14] Los drones autónomos no servirán para gran cosa si los dispositivos no logran determinar dónde se encuentran o adónde se dirigen.

Las guerras del futuro girarán más que nunca en torno a los chips: potentes procesadores para ejecutar algoritmos de IA, grandes memorias para procesar datos y chips analógicos perfectos para detectar y producir ondas de radio. En 2017, la DARPA inauguró un proyecto llamado ERI (siglas en inglés de «Iniciativa de Resurgimiento Electrónico») para ayudar a fabricar la siguiente oleada de chips con relevancia militar.[15] En ciertos aspectos, el reavivado interés de la DARPA por los chips es fruto natural de su historia. Financió a expertos pioneros como Carver Mead, del Caltech, y movió los hilos para que se investigara en *software* de diseño, en técnicas litográficas y en estructuras de transistores.[16]

Aun así, a la DARPA y al Gobierno estadounidense les está costando sudor y lágrimas definir el futuro de la industria. El presupuesto de la agencia es de 2.000 millones de dólares al año, menos de lo que reciben las divisiones de I+D de las grandes firmas del sector. Evidentemente, la DARPA invierte mucho más en ideas que parecen de bombero, mientras que empresas como Intel y Qualcomm gastan la mayor parte de su dinero en proyectos a los que les quedan un par de años para ser una realidad. Eso sí, ahora el Gobierno de Estados Unidos adquiere un porcentaje menor de todos los chips. A comienzos de los sesenta, se hacía con todos los circuitos integrados que inventaban y fabricaban Fairchild y TI. En los setenta, esa cifra había descendido hasta el 10 o el 15 por ciento.[17] Ahora representa cerca del 2 por ciento del mercado estadounidense. Como comprador de esos productos, el director general de Apple, Tim Cook, tiene más repercusión sobre la industria que cualquier representante del Pentágono.

Fabricar semiconductores es tan caro que ni siquiera el Pentágono puede hacerlo internamente. Antes, la Agencia de Seguridad Nacional poseía una fábrica en su sede de Fort Meade, Maryland, pero en los dos mil el Gobierno decidió que era muy costoso seguir renovándola para mantener el ritmo de la ley de Moore. Hoy, solo diseñar un chip moderno ya puede llegar a valer varios cientos de millones de dólares, demasiado para todo lo que no sean proyectos de máxima prioridad.[18]

Tanto el Ejército como las agencias de espionaje externalizan la producción a «fundiciones de confianza». Para muchos chips analógicos o de radiofrecuencia, en los que EE. UU. tiene una capacidad inigualable, da bastante lo mismo. Pero, en lo que concierne a los chips lógicos, surge un dilema. La capacidad productiva de Intel es casi pionera, pero la empresa fabrica circuitos sobre todo para sus propias divisiones de ordenadores y servidores. TSMC y Samsung, por su parte, concentran sus fábricas más punteras en Taiwán y Corea del Sur. Y una gran parte del montaje y del encapsulado también tiene lugar en Asia. Como el Departamento de Defensa está intentando usar más componentes estándares para reducir el coste, adquirirá cada vez más dispositivos en el extranjero.

Al cuerpo militar le preocupa que los chips fabricados y montados en el extranjero sean más susceptibles a la manipulación, que puedan añadírseles puertas traseras o errores. Pero tampoco los que se diseñan y producen en EE. UU. se libran de vulnerabilidades imprevistas. En 2018, unos investigadores analizaron la usadísima arquitectura de microprocesadores de Intel y descubrieron dos errores fundamentales: el Spectre y el Meltdown.[19] Esas vulnerabilidades permitían copiar datos —por ejemplo, las contraseñas— y suponían un enorme fallo de seguridad. Según *The Wall Street Journal*, Intel reveló el fallo a sus clientes, entre los cuales había tecnológicas chinas, antes de notificárselo al Gobierno de EE. UU., un hecho que no hizo sino agravar el miedo del Pentágono a su constante pérdida de influencia sobre el sector.[20]

La DARPA está invirtiendo en tecnología que permita crear chips imposibles de manipular, o bien comprobar que se han fabricado siguiendo las instrucciones al pie de la letra. Quedan muy lejos los días en que el Ejército podía contar con firmas como TI para que diseñaran, fabricaran y ensamblaran dispositivos analógicos y digitales de última generación en el propio país. Ahora es inevitable comprar cosas del extranjero, muchas de ellas de Taiwán. Visto lo visto, la DARPA está apostando por tecnología con la que no se tenga que confiar en absoluto en la microelectrónica: no dar nada por sentado y verificarlo todo, por ejemplo insertando sensores minúsculos en los chips para detectar intentos de modificación.[21]

También hay que decir que todos los propósitos de usar la microelectrónica para impulsar una nueva «compensación» y restaurar la sólida ventaja militar sobre China y Rusia dan por sentado que EE. UU. mantendrá el liderazgo en el sector. Y ahora no parece una apuesta tan segura. Durante los años en los que se aplicó la estrategia de «correr más deprisa», EE. UU. perdió pie en algunos segmentos de fabricación, sobre todo porque empezó a depender de Taiwán para producir los chips lógicos más modernos. Intel había sido el fabricante estrella de EE. UU. durante tres décadas, pero perdió mucho fuelle. En el sector, muchos piensan que nunca se recuperará. Entretanto, China sigue invirtiendo miles de millones de dólares en la industria y presionando a las compañías extranjeras para que cedan tecnología confidencial. Para cualquiera de ellas, el mercado de consumo chino es un cliente mucho más importante que el Gobierno de EE. UU.

El afán de Pekín por adquirir tecnología avanzada, los profundos vínculos entre la industria de electrónica de China y la de EE. UU. y la dependencia de ambos países de la fabricación taiwanesa suscitan dudas. EE. UU. ya había perdido comba. Ahora está apostando el futuro de su Ejército a una tecnología que no domina como antes.[22] Matt Turpin, que ha analizado esta cuestión para el Pentágono, señala: «Esta idea de ponernos por delante con un contrapeso es casi imposible si llevamos a los chinos en nuestro propio coche».[23]

Xi Jinping animaba a «tocar a rebato». La clase dirigente china ha identificado como vulnerabilidad clave su dependencia de las fábricas extranjeras y ha urdido un plan para revolucionar el sector internacional adquiriendo fabricantes de otros países, robando su tecnología y ayudando con miles de millones de dólares a las firmas chinas. El Ejército Popular de Liberación confía en estas medidas para eludir las restricciones norteamericanas, aunque todavía puede comprar muchos chips legalmente para intentar materializar su «*inteligenciación* militar». Por contra, el Pentágono ha lanzado su propia contraofensiva, una vez ha admitido que la modernización militar de China ha acortado la distancia entre las Fuerzas Armadas de ambas superpotencias, sobre todo en las disputadas aguas del este de China. Taiwán no solo aporta los chips por los que están apostando ambos Ejércitos. También se erige como el campo de batalla futuro más plausible.

Parte VIII

ENTRE LA OBLEA Y LA PARED

49

«Todos los ámbitos en los que estamos peleando»

China estaba mostrando sus ganas de hacerse con un trozo más grande del pastel y Brian Krzanich, director general de Intel, era incapaz de ocultar su aflicción. Como presidente de la Semiconductor Industry Association (SIA), el gremio estadounidense del sector de los chips, en 2015 recibió el cometido de negociar con el Gobierno. Normalmente, eso implicaba pedir recortes fiscales o exenciones. Pero esta vez el objetivo era otro: convencer al Gobierno de que moviera ficha ante las desorbitadas ayudas de China a su industria de semiconductores. Todas las empresas de Estados Unidos estaban en el mismo atolladero. China era un mercado clave para casi todas ellas: o bien vendían directamente a clientes chinos, o bien sus chips se instalaban en los teléfonos u ordenadores de ese país. Los coercitivos métodos pekineses impedían a esas empresas denunciar los subsidios, y eso que el Gobierno chino había adoptado formalmente la política de intentar excluirlas de la cadena de suministro nacional.

En la Administración Obama estaban habituados a oír quejas sobre China de otros sectores, como el del acero o el de las placas solares. Se suponía que la alta tecnología era feudo estadounidense, un ámbito en el que el país contaba con una ventaja competitiva. Por lo tanto, cuando los altos dignatarios del Gobierno se reunieron con Krzanich y vieron «en sus ojos un vestigio palpable de miedo»,[1] se acongojaron.

Es verdad que los sucesivos directores generales de Intel llevaban mucho tiempo instalados en la paranoia, pero ahora había motivos más que suficientes para que la compañía y toda la industria se inquietaran. China había conducido a la quiebra a los fabricantes estadounidenses de placas solares. ¿No podía hacer tres cuartos de lo mismo con las empresas de semiconductores? Preocupado, un miembro de la Administración Obama comentó: «Este fondo colosal de 250.000 millones de dólares nos va a hundir»,[2] aludiendo a las ayudas que habían prometido las autoridades centrales y locales de China a sus fabricantes.

Allá por 2015 se vislumbró un cambio en lo más recóndito del Gobierno de Estados Unidos. En los equipos encargados de las negociaciones comerciales se comenzaron a ver las ayudas como infracciones flagrantes de los acuerdos internacionales. El Pentágono observaba con inquietud como China intentaba aplicar la capacidad informática a nuevos sistemas armamentísticos. Las agencias de inteligencia y el Departamento de Justicia sacaron a la luz más indicios de confabulación entre el Gobierno chino y sus industrias para expulsar a las empresas norteamericanas. Eso chocaba con los dos pilares de la política tecnológica de EE. UU.: la globalización y la estrategia del «correr más deprisa». Esos pilares no solo estaban profundamente arraigados en los grupos de presión del sector; en la intelectualidad de Washington también. Además, en la capital la mayoría casi ni sabía lo que era un semiconductor. Según uno de los lobistas del sector, la Administración Obama tardó en reaccionar porque muchos de sus altos cargos no consideraban importantes los chips.[3]

Eso significa que hasta el final del mandato de Obama no empezaron a verse movimientos del Gobierno. En los últimos compases de 2016, seis días antes de las presidenciales, la secretaria de Comercio Penny Pritzker dio un discurso importante sobre los semiconductores, en el que juzgó: «imprescindible que la tecnología de los semiconductores siga siendo una piedra angular de la inventiva estadounidense y un motor de nuestro crecimiento económico. No podemos permitirnos ceder el testigo».[4] Destacó a China como principal desafío y condenó «las prácticas comerciales desleales y la intervención masiva y pública del Estado», alegando que el país asiático había intentado nuevamente «comprar empresas y tecnología siguiendo el interés de su Gobierno, y no objetivos comerciales», una acusación avivada por el desenfreno adquisitivo de Tsinghua Unigroup.

Pero con el poco tiempo que le quedaba a la Administración Obama, Pritzker no podía hacer gran cosa. El modesto propósito que se marcó el Ejecutivo fue abrir un debate; si todo iba bien, la siguiente Administración de Hillary Clinton se encargaría de concretar las medidas. Pritzker también ordenó al Departamento de Comercio un análisis de la cadena de suministro de semiconductores e hizo una promesa: «Hablaremos con los líderes de China y les pondremos los puntos sobre las íes cuanto podamos: no aceptaremos una política industrial de 150.000 millones de dólares destinada a apropiarse del sector». Pero condenar las ayudas era fácil; lo más difícil era conseguir que pararan.

Por esa época, la Casa Blanca también encargó a un grupo de ejecutivos y expertos que valoraran el futuro del sector. Días antes de que Obama dejara el cargo, publicaron un informe en que instaban a EE. UU. a apostar más firmemente por su estrategia.[5] Su primera recomendación era: «Ganemos la carrera corriendo más deprisa», un consejo que se pudo tomar prestado textualmente de los noventa. La necesidad de seguir innovando era importante, claro está. Que la ley de Moore continuara siendo una realidad era una necesidad competitiva. Pero durante las décadas en que Washington creyó que había estado «corriendo más deprisa», los adversarios habían ampliado su cuota de mercado y todo el mundo se había vuelto alarmantemente dependiente de un puñado de cuellos de botella, en especial Taiwán.

En Washington y en la industria, casi todo el mundo había comprado el fatal discurso sobre la globalización. Periódicos y expertos se llenaban la boca diciendo que la globalización era muy «global», que la difusión tecnológica era imparable, que los avances tecnológicos de los demás países le iban bien a EE. UU. y que, incluso si no era así, lo cierto era que nada podía detener el progreso de la tecnología. El informe de la Administración Obama sobre los semiconductores avisaba: «Las medidas unilaterales son cada vez menos efectivas en un mundo en que la industria de los semiconductores está globalizada. En principio, la política puede ralentizar la difusión de la tecnología, pero no puede detenerla». Pero ninguna de esas afirmaciones tenía fundamento; simplemente se asumían como ciertas. En verdad, no se había globalizado la fabricación: se había *taiwanizado*. No se había difundido la tecnología: estaba monopolizada por un puñado de empresas irreemplazables. La política tecnológica de EE. UU. era rehén de una serie de lugares comunes fácilmente desmontables sobre la globalización.

Se había diluido el liderazgo tecnológico en la fabricación, la litografía y otros ámbitos porque Washington había asumido que las empresas debían competir pero los Gobiernos tenían que limitarse a proteger la igualdad de condiciones. El *laissez faire* funciona si todos los países están de acuerdo. Muchos Gobiernos, sobre todo de Asia, se consagraron en cuerpo y alma a apoyar su industria. Pero en EE. UU. resultaba más fácil ignorar los movimientos de los demás países para hacerse con porciones suculentas del sector, optando por repetir tópicos vacíos sobre el librecambio y la libre competencia. Y mientras tanto la posición del país se fue erosionando.

En los círculos refinados de Washington y Silicon Valley, era más fácil dedicarse a repetir palabras como *multilateralismo*, *globalización* e *innovación*, conceptos demasiado vacíos como para ofender a nadie que ocupara una posición de poder. A la propia industria le daba pavor enojar a China o a TSMC, y por eso destinó muchos portavoces a repetir falsos truismos sobre lo global que se había vuelto el sector. Esos conceptos encajaban a la perfección con el ánimo internacionalista y liberal que espoleó a los miembros de ambos partidos políticos durante la fase de omnipotencia de EE. UU. Los encuentros con las empresas y comitivas extranjeras eran más agradables cuando todo el mundo fingía que la cooperación era buena para todos. Así, Washington recalcaba por activa y por pasiva que EE. UU. estaba corriendo más deprisa e ignoraba el deterioro de su posición, así como el progreso tecnológico de China y la acusada dependencia de Taiwán y Corea del Sur, que cada año era más patente.

No obstante, en lo más hondo del Gobierno, los burócratas de la seguridad nacional empezaban a cambiar de opinión. Son una parte del Estado que cobra para ser paranoide, así que es normal que los agentes de seguridad fueran más escépticos con la industria tecnológica china y más belicosos con su Gobierno. A muchos les preocupaba que China tuviera cada vez más poder sobre los sistemas tecnológicos básicos del planeta. También imaginaban que el país aprovecharía su condición de fabricante clave de electrónica para introducir puertas traseras y espiar mejor, como EE. UU. llevaba décadas haciendo. Los investigadores del Pentágono consagrados al diseño de las armas del futuro comenzaron a darse cuenta de lo que necesitarían los semiconductores. Por su parte, los que pensaban en la infraestructura de telecomunicaciones temían que los aliados compraran menos equipamiento de Europa y Estados Unidos y más de empresas chinas como ZTE y Huawei.

La Inteligencia de EE. UU. llevaba muchos años expresando sus recelos sobre los presuntos vínculos de Huawei con el Gobierno chino, pero no fue hasta mediados de la década pasada que la empresa y su socia más modesta, ZTE, comenzaron a atraer atención mediática. Ambas empresas ofrecían equipamiento de telecomunicaciones competitivo; ZTE era estatal y Huawei, privada, si bien la Inteligencia estadounidense aseguraba que estaba estrechamente ligada al Gobierno. Ambas empresas habían sido acusadas de sobornar a representantes de varios países durante décadas para llevarse adjudicaciones públicas.[6] En 2016, en el último año del mandato de Obama, ambas fueron acusadas de saltarse las sanciones estadounidenses proveyendo a Irán y a Corea del Norte.[7]

La Administración Obama valoró la opción de imponer sanciones económicas a ZTE para impedirle acceder al sistema bancario internacional, pero al final optó por castigarla prohibiendo a las firmas estadounidenses venderle nada.[8] Antes, esa clase de controles a la exportación se habían usado sobre todo contra objetivos militares, por ejemplo, para detener la transferencia de tecnología a compañías que proporcionaban componentes a Irán para su programa de misiles. Pero el Departamento de Comercio también tenía amplias facultades para prohibir la exportación de tecnología civil. Los sistemas de ZTE dependían muchísimo de los componentes estadounidenses, sobre todo de sus chips. Pero antes de cumplirse esas amenazas, en marzo de 2017, la empresa firmó un acuerdo con el Gobierno de EE. UU. por el que se declaró culpable y aceptó pagar una multa para anular las restricciones antes de que entraran en vigor.[9] Casi nadie entendió lo drástica que habría sido la medida de prohibir a una gran tecnológica china comprar chips de Estados Unidos.

El acuerdo con ZTE se firmó justo cuando Trump tomaba posesión del cargo. El presidente atacó a China en repetidas ocasiones por «usurpar»[10] a EE. UU., pero le traía prácticamente sin cuidado la letra pequeña de la política. Y la tecnología le daba lo mismo. Su prioridad eran los aranceles y la balanza comercial; de hecho, sus manos derechas, Peter

Navarro y Robert Lighthizer, intentaron en balde reducir el déficit y frenar la deslocalización. Pero fuera de la primera línea política operaba el Consejo de Seguridad Nacional (NSC, por sus siglas en inglés). Allí, un puñado de discretos representantes encabezados por Matt Pottinger, experiodista y exmarine que luego fue subconsejero de Seguridad Nacional con Trump, estaban cambiando la actitud respecto a China y, de paso, acabando con décadas enteras de política tecnológica. Más que los aranceles, lo primordial para los bravucones del NSC era el proyecto geopolítico de Pekín y su base tecnológica. A su juicio, la posición de EE. UU. se había debilitado hasta alcanzar niveles peligrosos y la culpable era la inacción de Washington. Según un miembro de la Administración Trump, durante el período de transición, un predecesor suyo con Obama le dijo lo siguiente acerca de los avances tecnológicos chinos: «Es importantísimo, pero no se puede hacer gran cosa».[11]

El equipo formado por el nuevo gabinete para estudiar el pulso con China discrepaba. Como dijo un alto dignatario, su conclusión fue: «Todos los ámbitos en los que estamos peleando en el siglo XXI, [...] todo ello tiene como origen el dominio de los semiconductores».[12] La inacción no era una opción viable, como tampoco lo era «correr más deprisa», que consideraban sinónimo de la inacción. Un representante del NSC afirmó que sería fantástico correr más deprisa, pero que la estrategia no funcionaba porque China poseía «un poder de negociación enorme para obligar a ceder tecnología». El nuevo NSC adoptó una actitud mucho más agresiva en su política tecnológica, jugando al todo o nada. Varios órganos de peso del Gobierno comenzaron a priorizar los semiconductores en su estrategia con China, desde el Departamento del Tesoro, que analizaba las inversiones extranjeras, hasta los responsables de gestionar la cadena de suministro armamentística del Pentágono.[13]

Fue muy incómodo para los dirigentes del sector. Ellos querían la ayuda del Gobierno, pero tenían miedo de las represalias del gigante asiático. En la industria recibirían con los brazos abiertos una bajada de impuestos o una normativa más laxa, porque eso haría más atractivo operar en Estados Unidos, pero no deseaban cambiar el modelo de negocio multinacional. Tampoco ayudó que en Silicon Valley hubiera mucho odio hacia Trump. Sin ir más lejos, el director general de Intel, Brian Krzanich, había levantado una gran polvareda ofreciéndose a organizar una recaudación de fondos para la candidatura del republicano.[14] Luego, después de incorporarse a un consejo asesor creado por la Casa Blanca, acabó dimitiendo. Y aunque los ejecutivos se hicieran los suecos con la política interna de Trump, su volatilidad lo convertía en un aliado problemático. Anunciar aranceles por Twitter nunca sería una táctica convincente para los directores generales.

Tampoco es que los mensajes llegados de la industria fueran más coherentes que las filtraciones contradictorias que salían de la Casa Blanca. En público, los directores y encargados de defender sus intereses instaban a la nueva Administración a colaborar con China y animaban a respetar los acuerdos comerciales. Pero en privado admitían que era una estrategia vana y les daba miedo que sus rivales apoyados por el Estado chino les arrebataran parte del mercado. Todo el sector dependía de las ventas a China, fueran fabricantes como Intel, diseñadores como Qualcomm o fabricantes de equipamiento como Applied Materials. Un ejecutivo estadounidense se lo resumió con ironía a un miembro de la Casa Blanca: «Nuestro gran problema es que el mayor cliente es nuestro principal competidor».[15]

En el NSC, los más críticos con China concluyeron que el sector norteamericano tenía que ser salvado de sí mismo. Si se dejaba a las empresas en manos de los caprichos de sus accionistas y de las fuerzas del mercado, irían transfiriendo poco a poco su personal, su tecnología y su propiedad intelectual a China hasta que Silicon Valley se quedara vacío. Según esas voces más agresivas, Estados Unidos debía extremar el control a las exportaciones. Creían que las empresas habían manipulado el debate capitalino sobre esos controles y habían permitido a las firmas chinas adquirir demasiados recursos de maquinaria y diseño de fabricación. Los funcionarios denunciaban las puertas giratorias que había entre el Departamento de Comercio y los bufetes que trabajaban para el sector y que presionaban para que no se aprobaran controles a la exportación. Esos funcionarios eran de los pocos del Gobierno que entendían lo complejas que eran las cadenas de suministro de semiconductores. En la Administración Trump opinaban que, por culpa de esas puertas giratorias, el reglamento permitía un exceso de filtraciones tecnológicas que debilitaba a Estados Unidos frente a China.[16]

Entre tanto tuit incendiario del presidente, la mayoría apenas se percató de que diferentes órganos del Gobierno, desde el Congreso hasta el Departamento de Comercio pasando por la Casa Blanca y el Pentágono, estaban volviendo a poner la mirada sobre los semiconductores como no se había visto en Washington desde finales de los ochenta. Para los medios solo existían la «guerra comercial» de Trump con Pekín y sus nuevos aranceles, anunciados a bombo y platillo para explotar al máximo la atención mediática. El chip fue uno de los muchos productos a los que Trump impuso aranceles, y algunos expertos llegaron a considerar los semiconductores como un mero problema comercial.[17] Pero en las agencias de seguridad nacional, los aranceles y la guerra comercial del presidente se interpretaron como una bomba de humo para distraer del trascendental pulso tecnológico que estaba teniendo lugar.

En abril de 2018, la disputa comercial de Trump con China fue *in crescendo* y el Gobierno estimó que ZTE había infringido las condiciones de su acuerdo de culpabilidad con la Fiscalía facilitando información falsa.[18] Según un asesor de Wilbur Ross, el secretario de Comercio se lo tomó «muy a pecho» porque un año antes había participado en la negociación con ZTE. El Departamento de Comercio empezó a imponer nuevas restricciones a las empresas estadounidenses para que no pudieran vender a ZTE. Según confiesa un participante, la decisión pasó todos los trámites burocráticos «sin que se enterara casi nadie».[19] Cuando se aprobaron las normas otra vez, ZTE se vio nuevamente vedada el mercado estadounidense de semiconductores (y de otros productos). Si Estados Unidos no cambiaba su política, la empresa caería en picado hasta hundirse.

Cabe decir que Trump pensaba más en la balanza comercial que en la tecnología. Para él, asfixiar a ZTE era solo una manera de subyugar a Xi Jinping. Así que cuando el líder chino se abrió a pactar, Trump aceptó la oferta sin pensárselo dos veces y puso un tuit para decir que encontraría la manera de salvar a ZTE; así, la empresa no perdería «muchos puestos de trabajo en China».[20] ZTE se comprometió a pagar otra multa para volver a acceder a sus proveedores. Trump pensó que había obtenido poder de negociación para la guerra comercial, pero fue solo una quimera. En Washington, las voces más sinófobas denunciaron que algunos políticos habían embaucado al presidente, por ejemplo, el secretario del Tesoro Steven Mnuchin, que instó muchas veces a Trump a hacer concesiones a Pekín. Pero, sobre todo, lo que puso de manifiesto el caso de ZTE fue la medida en que las grandes tecnológicas dependían de los chips estadounidenses. Los semiconductores no eran solo la base de todo aquello por lo que se estaba peleando con China. También podían ser un arma con un poder devastador.

50

Fujian Jinhua

Kenny Wang buscaba un programa que borrara sus huellas al descargar archivos confidenciales de la red de Micron. Por eso escribió «borrar datos ordenador»[1] en Google. Los resultados del motor de búsqueda no lo satisficieron, así que buscó de otra forma: «Borrar registros uso ordenador». Al final encontró y ejecutó el programa CCleaner, presuntamente para intentar eliminar los archivos del portátil HP que le había dado la empresa. Eso no impidió a los investigadores descubrir que había descargado 900 archivos de la compañía para la que trabajaba, Micron, la joya estadounidense de los chips de memoria. Wang guardó los datos en un lápiz USB y los subió a Google Drive. Tituló los archivos «Micron confidencial / No duplicar». Pero Wang no solo estaba duplicando archivos: quería duplicar la receta secreta de Micron para los últimos productos de DRAM, descargando documentos con información precisa sobre la disposición de los chips, sobre cómo la empresa fabricaba máscaras para sus procesos litográficos y sobre los test y el rendimiento. Según las estimaciones de Micron, eran secretos que habría costado años y cientos de millones de dólares replicar.

Hay tres empresas que copan el mercado internacional de DRAM: Micron y sus dos rivales coreanas, Samsung y SK Hynix. Las compañías taiwanesas invirtieron miles de millones para intentar penetrar en el negocio en los noventa y los dos mil, pero nunca lograron asentarse y ser rentables. El mercado requiere economía de escala, así que a los pequeños productores les cuesta ser competitivos. Taiwán nunca pudo establecer una industria sostenible de memorias; tanto Japón como Corea del Sur se habían centrado en la DRAM nada más aterrizar en el sector en los setenta y los ochenta. La DRAM exige una profunda especialización, equipamiento de última generación y grandes inversiones de capital. Por lo general, la maquinaria se puede adquirir tal cual de grandes fabricantes norteamericanos, japoneses y neerlandeses. Lo complicado es saber utilizarla. Cuando Samsung entró en el sector a finales de los ochenta, arrendó en licencia el derecho a usar tecnología de Micron, abrió un centro de I+D en Silicon Valley y contrató a docenas de doctorados en universidades estadounidenses. Otro método más rápido para aprender lo necesario es robar empleados y archivos.

La provincia china de Fujian está tocando al estrecho de Taiwán. Al lado de la histórica ciudad porteña de Xiamen se encuentra Kinmen, una isla controlada por Taiwán que las fuerzas de Mao Tse-tung bombardearon sin descanso durante los momentos de mayor tensión de la Guerra Fría. La relación entre Taiwán y la provincia de Fujian es estrecha, pero no siempre amigable. Eso sí, cuando el Gobierno de la provincia fundó el fabricante Jinhua y le dio más de 5.000 millones de dólares de fondos públicos, se decidió que la mejor opción era asociarse con Taiwán.[2] En la isla no había ninguna empresa de memorias de primera línea, pero sí había fábricas de DRAM que Micron había comprado en 2017.

Micron no tenía intención de echar una mano a Jinhua, porque veía la empresa como una peligrosa rival. Si la firma aprendía a manejar algún día la tecnología DRAM, las desorbitadas ayudas públicas que recibía le brindarían una gran ventaja competitiva, con lo que podría inundar el mercado de chips baratos y reducir el margen de beneficios de Micron,

Samsung y Hynix. Los tres grandes nombres de la DRAM llevaban décadas invirtiendo en procesos tecnológicos muy especializados que, además de generar los chips más novedosos del planeta, habían dado pie a la aparición periódica de mejoras y reducciones en el coste. Las patentes amparaban sus procesos, pero lo más importante era el conocimiento de sus ingenieros.

Si quería plantar cara, Jinhua tenía que adquirir esa capacidad productiva por las buenas o por las malas. Desde esa ristra de denuncias de robo de propiedad intelectual por parte de los japoneses durante los ochenta, ha habido muchos casos de empresas que se han hecho con tecnología rival. Pero la técnica de Jinhua se acercó más a la de la Dirección T del KGB. Jinhua empezó pactando con la taiwanesa UMC, que fabricaba chips lógicos, no de memoria. Acordaron que UMC percibiría unos 700 millones de dólares a cambio de enseñarle a fabricar DRAM.[3] Los contratos de cesión de licencia son habituales en la industria, pero ese era único en su especie. UMC prometió que facilitaría tecnología para fabricar memorias dinámicas, pero no se dedicaba a eso.[4] Por ello, en septiembre de 2015 contrató a varios empleados de la planta de Micron en Taiwán, empezando por el presidente Steven Chen, que recibió el cometido de desarrollar tecnología DRAM para UMC y actuar como enlace con Jinhua. Al cabo de un mes, UMC fichó al director de procesos de la fábrica de Micron en Taiwán, J. T. Ho. Durante un año, Ho estuvo recibiendo documentos que le enviaba su excompañero de trabajo, Kenny Wang, que seguía trabajando en Taiwán para el fabricante de Idaho. Al final, Wang se marchó de Micron para fichar por UMC y se llevó consigo 900 archivos subidos a Google Drive.[5]

Micron avisó de la conspiración a la fiscalía taiwanesa y esta pinchó el teléfono de Wang.[6] En poco tiempo tenían suficientes pruebas para acusar a UMC, que durante ese tiempo había solicitado patentes para parte de la tecnología robada a Micron. Cuando la empresa estadounidense demandó a UMC y Jinhua por infringir las patentes, esas empresas interpusieron una demanda contra Micron en la provincia china de Fujian. Un tribunal chino dictaminó que la firma de Idaho había incumplido las patentes de UMC y Jinhua, patentes registradas con material previamente robado. Para resolverlo, el Tribunal Popular Intermedio de Fuzhou decidió prohibir a Micron vender 26 productos en China, el mercado más grande para la compañía.[7] Ver para creer...

Fue un ejemplo paradigmático del robo institucionalizado de propiedad intelectual que las empresas extranjeras que operaban en China llevaban largo tiempo denunciando. Como es natural, los taiwaneses entendían por qué los chinos preferían hacer caso omiso de las reglas de propiedad intelectual. Cuando TI llegó a Taiwán en los sesenta, el ministro K. T. Li dijo irónicamente que «los derechos de propiedad intelectual son el mecanismo que tienen los imperialistas para aprovecharse de los países subdesarrollados».[8] Pero Taiwán había acabado considerando que era mejor respetar las reglas de propiedad intelectual, sobre todo porque sus empresas empezaron a desarrollar tecnologías propias y tenían patentes que defender. Muchos expertos en propiedad intelectual pensaban que China terminaría por robar menos patentes porque sus empresas producirían bienes más sofisticados. Pero había indicios contradictorios. La Administración Obama trató de negociar con las agencias de espionaje del país asiático para que dejaran de proporcionar secretos robados a empresas chinas. La medida solo sirvió para que el pueblo norteamericano se olvidara del asunto durante un tiempo prudencial, después del cual recomenzó el pirateo.[9]

En China, Micron no podía esperar tener un juicio justo. De poco servía ganar pleitos en Taiwán o en California si un tribunal amañado de Fujian vetaba a la compañía de su mayor mercado. Por aquel entonces, Veeco, una empresa norteamericana de equipamiento para fabricar semiconductores, había demandado en EE. UU. a la china AMEC por robo de propiedad intelectual. AMEC replicó demandándola ante otro tribunal provincial de Fujian. Un juez de Nueva York emitió una medida cautelar a favor de Veeco y la sala de Fujian contraatacó con su propia medida cautelar, prohibiendo a Veeco la exportación de maquinaria a China. Según la investigación de un experto en derecho chino, el profesor de Berkeley Mark Cohen, es una medida que solo se produce en el 0,01 por ciento de los casos de patentes en el país. Mientras que el tribunal estadounidense estuvo meses estudiando el caso, el de Fujian dictó sentencia en solo nueve días laborables. Y es una sentencia que sigue siendo secreta.[10]

Micron parecía llamada a correr la misma suerte. Como Jinhua tenía en su haber los secretos de Micron, algunos analistas creían que tardaría unos pocos años en producir chips de DRAM a gran escala. En ese caso, daría lo mismo que la empresa estadounidense pudiera volver a entrar en el mercado chino, porque Jinhua ya estaría produciendo circuitos con la misma tecnología y vendiéndolos a precios subvencionados. Si esa situación se hubiera dado con Obama, el caso habría suscitado alguna que otra declaración iracunda, pero poco más. Los directores generales habrían sabido que no podían contar con un gran apoyo de su Gobierno, así que habrían intentado llegar a algún acuerdo con Pekín, cediendo propiedad intelectual con la esperanza de reingresar en el mercado. Jinhua hubiera sabido que no provocaría nada más que un colérico comunicado de prensa, así que habría exprimido a la empresa lo máximo posible. Las demás firmas extranjeras habrían permanecido calladas, pese a saber perfectamente que luego podía llegarles el turno a ellas.

La línea dura del NSC estaba decidida a cambiar esa dinámica. Para ellos, el caso de Micron era un ejemplo de la competencia desleal que Trump había prometido eliminar, por más que el presidente hubiera mostrado muy poco interés en esa empresa concreta. Algunos miembros del Ejecutivo apostaron por imponer sanciones económicas a Jinhua, aprovechando las facultades previstas en una orden ejecutiva contra el ciberespionaje firmada por Obama en 2015, si bien la orden no se había utilizado nunca contra una compañía china importante.[11] Tras sopesarlo mucho, la Administración Trump decidió usar el mismo mecanismo que había empleado contra ZTE, pensando que tenía más sentido abordar un conflicto comercial con leyes comerciales. Así, prohibió a Jinhua comprar equipamiento estadounidense para fabricar sus chips.

Applied Materials, Lam Research y KLA son parte de un oligopolio de empresas que producen maquinaria irreemplazable, como las herramientas que depositan capas microscópicas sobre las obleas de silicio o que identifican defectos nanométricos. Sin esos recursos, muchos de los cuales se siguen fabricando en Estados Unidos, es imposible producir semiconductores de primera. Solo Japón posee empresas de maquinaria similar, de modo que, si Tokio y Washington iban de la mano, podían impedir a cualquier empresa y cualquier país fabricar chips pioneros. Tras departir largo y tendido con miembros del poderoso Ministerio de Economía, Comercio e Industria japonés, la Administración Trump se convenció de que Tokio estaba a favor de tomar medidas enérgicas contra Jinhua.[12] La sensación era que Japón procuraría que sus compañías no se saltaran las restricciones impuestas por EE. UU. a la firma china. Estados Unidos tenía así una nueva y potente arma para expulsar del mercado a cualquier fabricante, fuera de donde fuera. Algunos pacifistas de la Administración Trump, como el secretario del Tesoro, Mnuchin, tenían los nervios a flor de piel. Pero según un ayudante del secretario de Comercio, Wilbur Ross, que tenía la potestad para imponer controles a la exportación, este pensaba:

«Que alguien me explique por qué no deberíamos usarlos, hostia».[13]

Jinhua llegó a pagar facturas a empresas estadounidenses para comprar máquinas de fabricación vitales y EE. UU. prohibió la exportación. En cuestión de meses, la producción de Jinhua se frenó en seco.[14] Se había acabado con la empresa de DRAM más avanzada de China.

51

El cerco a Huawei

El presidente Trump estaba charlando con los presentadores de *Fox & Friends*, uno de sus programas favoritos, cuando le preguntaron por Huawei: «Yo lo llamo *Husmawei*. No queremos sus productos en Estados Unidos porque no dejan de husmear. [...] Lo saben todo».[1] Ya se sabía que la infraestructura tecnológica podía usarse para robar información confidencial. En 2013, el exagente de la Agencia de Seguridad Nacional Edward Snowden había desertado a Rusia tras divulgar muchos de los secretos mejor guardados de la organización, y los periódicos de todo el mundo iban publicando noticias sobre las habilidades de los ciberespías estadounidenses. Además, tras una serie de brechas importantes por las que se habían visto comprometidos datos muy confidenciales del Gobierno de Estados Unidos, también se había constatado la habilidad china para el pirateo.

En el Pentágono y el NSC no veían a Huawei como un riesgo tan imponente, aunque tenían muy claro que la empresa secundaba el espionaje nacional. La consideraban más bien la primera de una larga serie de batallas por la supremacía tecnológica. El agente del Pentágono Matt Turpin, que había contribuido a la nueva estrategia de compensación militar, lo consideraba un síntoma de un problema genérico del sector estadounidense: las empresas chinas «eran parte indisociable del sistema, igual que Estados Unidos», porque diseñaban chips con *software* de EE. UU., fabricaban chips con máquinas de EE. UU. y muchas veces los instalaban en dispositivos producidos para el consumo en EE. UU. Por consiguiente, para el país era imposible «superar a China en innovación y luego negarle al gigante asiático los frutos de la misma».[2] Huawei y otras firmas estaban más enraizadas en los subsectores tecnológicos que Estados Unidos consideraba necesarios para conservar su ventaja militar y estratégica. Remitiéndonos a lo dicho por otro miembro destacado de la Administración Trump: «Huawei acabó siendo un símbolo de todo lo que habíamos hecho mal en nuestro pulso con China».[3]

El miedo a Huawei no solo se respiraba en la Administración Trump y en Estados Unidos. Australia había vetado a la empresa de sus redes 5G porque los servicios de seguridad pensaron que no había forma de mitigar el riesgo, a pesar de que Huawei permitía comprobar todo su código fuente y su *hardware*. En un principio, el primer ministro, Malcolm Turnbull, se había mostrado escéptico con el veto. Según el periodista australiano Peter Hartcher, Turnbull había comprado personalmente un libro de 474 páginas titulado *A Comprehensive Guide to 5G Security* para estudiar el tema y poder formular preguntas más concretas a sus expertos en tecnología.[4] Al final llegó a la conclusión de que la única opción era vetar a la compañía. Australia fue el primer país en prohibir formalmente el uso de equipamiento de Huawei en sus redes 5G, una decisión que poco después también tomaron Japón, Nueva Zelanda y otros Estados.

No todos veían el mismo peligro. Muchos países aledaños de China recelaban de la empresa y no querían asumir riesgos con la seguridad de su red. En Europa, sin embargo, varios aliados históricos de Estados Unidos desconfiaban de la campaña de presiones de Trump para convencerlos del veto a Huawei. Algunos aliados incondicionales de Europa del Este vetaron la empresa sin pensárselo dos veces, como

Polonia, que en 2019 también arrestó a un exejecutivo de la compañía por espionaje.[5] Sin hacer mucho ruido, Francia también impuso severas restricciones.[6] Pero otros grandes países europeos buscaron un término medio. El embajador chino alertó a Alemania, que exporta un gran volumen de vehículos y máquinas al país asiático, de lo que podía pasar si vetaban a Huawei: «El Gobierno chino no se quedará de brazos cruzados».[7]

En la Administración Trump ya se esperaba cierta reticencia del Estado teutón, pues era un aliado que solía anteponer su interés en diversas cuestiones. La mayor sorpresa llegó del Reino Unido, que, pese a tener una «relación especial» con EE. UU., hizo oídos sordos a las peticiones de vetar a Huawei de las redes 5G y de comprar equipamiento de proveedores alternativos como la sueca Ericsson o la finlandesa Nokia. En 2019, el Centro de Ciberseguridad Nacional británico concluyó que se podía sortear el peligro de los sistemas de Huawei sin un veto.

¿Por qué los expertos en ciberseguridad de Australia y el Reino Unido difirieron en su análisis del riesgo de Huawei? No parece que discreparan a nivel técnico. Para que nos hagamos una idea, los políticos británicos eran bastante críticos con las malas prácticas de Huawei en materia de ciberseguridad.[8] ¿Por qué, entonces?

En realidad, el debate iba sobre si había que impedir a China desempeñar un papel aún más relevante en la infraestructura tecnológica mundial. Robert Hannigan, exdirector de la agencia británica de inteligencia de señales, afirmó: «Debemos aceptar que China será una potencia tecnológica internacional en el futuro y empezar a abordar ese riesgo ahora, y no fingir que Occidente se puede quedar de brazos cruzados mientras China progresa tecnológicamente».[9] En el viejo continente, otros muchos creían que el progreso era inevitable y que, por consiguiente, era inútil tratar de detenerlo.

El Gobierno de Estados Unidos no estaba conforme. El problema con Huawei iba mucho más allá de que la empresa ayudara a pinchar teléfonos y robar datos. Sus ejecutivos admitieron haberse saltado las sanciones a Irán y levantaron muchas ampollas en Washington. Pero era todo un circo.[10] Lo preocupante era que una empresa de la República Popular China hubiera llegado a la cima de la tecnología: había pasado de ofrecer simples dispositivos PBX a finales de los ochenta, a vender la infraestructura y red de telecomunicaciones más pionera del mundo a finales de la década de 2010. Su gasto anual en I+D ya estaba a la par del de gigantes como Microsoft, Google e Intel. De todas las tecnológicas chinas, era la mayor exportadora, así que conocía a fondo los mercados extranjeros. Producía material para estaciones base y diseñaba chips de última generación para teléfonos inteligentes. Era el segundo mayor cliente de TSMC, solo por detrás de Apple. Lo más urgente era decidir si Estados Unidos podía permitir la gloria de una empresa china como esa.

Esa clase de disyuntivas incomodaban mucho en Washington. Durante una generación, las élites del país habían celebrado y permitido el despegue económico de China. Estados Unidos también había tomado medidas para que brotaran tecnológicas por toda Asia, abriendo el mercado a empresas como Sony durante los años de crecimiento vertiginoso de Japón, y haciendo lo propio con la surcoreana Samsung al cabo de unas décadas. El modelo de Huawei no era muy diferente al de Sony o Samsung cuando se hicieron con una posición privilegiada en el panorama tecnológico global. ¿Acaso no era bueno que hubiera un poquito más de competencia?

En el NSC tendían a considerar la rivalidad con China como una lucha de suma cero. Sus miembros no veían a Huawei como una amenaza comercial, sino estratégica. Sony y Samsung eran tecnológicas de países aliados. Huawei era el prodigio nacional del gran enemigo geopolítico del Estado.

Visto así, su expansión era una amenaza. En el Congreso también suspiraban por una política menos laxa y blanda. En 2020, el senador republicano Ben Sasse se pronunció en estos términos: «Estados Unidos debe asfixiar a Huawei. Las guerras de hoy se libran con semiconductores y estamos dejando a Huawei usar nuestros diseños».[11]

Lo que molestaba no era tanto que Huawei apoyara directamente al Ejército chino, sino que estuviera ayudando al país a ponerse al día con el diseño de chips y la microelectrónica. Cuanta más electrónica pionera produjera China, más chips de última generación compraría y más dependería el sector internacional del país, en detrimento de Estados Unidos. Además, arremeter contra la tecnológica más ilustre de China sería un aviso para navegantes y alertaría a los demás países de la necesidad de posicionarse. La Administración Trump puso toda la artillería para maniatar a Huawei e impedir su progreso.

Cuando se decidió aumentar la presión sobre Huawei, se hizo prohibiendo la venta de chips a la compañía. Este simple veto ya era demoledor por sí mismo, porque todos los dispositivos llevaban procesadores de Intel y muchas otras compañías estadounidenses fabricaban chips analógicos casi insustituibles. Ahora bien, tras décadas y décadas de deslocalización, había muchos menos procesos productivos en Estados Unidos. Por ejemplo, Huawei no producía allí los chips que diseñaba, sino en la taiwanesa TSMC, porque Estados Unidos carecía de las instalaciones necesarias para fabricar procesadores avanzados para teléfono inteligente. Prohibir la exportación a Huawei de productos hechos en EE. UU. no impediría a TSMC fabricar chips para la compañía china.

Lo normal habría sido que la deslocalización hubiera mermado la capacidad del Gobierno estadounidense para vetar el acceso a la fabricación de chips. Es innegable que habría sido más fácil cortar las alas a Huawei si todos los procesos hubieran estado concentrados en territorio estadounidense.

Dicho eso, el país aún se guardaba varios ases en la manga. Por ejemplo, el proceso de deslocalización había ido acompañado de una creciente monopolización de los cuellos de botella. Casi todos los chips del mundo utilizan *software* de tres empresas con sede en EE. UU.: Cadence, Synopsys o Mentor (esta última es propiedad de la alemana Siemens, pero tiene la sede en Oregón). Salvo los chips que Intel fabrica internamente, casi todos los demás son producidos por dos compañías: Samsung y TSMC, y las dos se encuentran en países que dependen del Ejército de EE. UU. para su seguridad. Por si fuera poco, la fabricación requiere máquinas litográficas UVE que solo vende una empresa, la neerlandesa ASML, que a su vez necesita de su filial en San Diego, Cymer, adquirida en 2013, para que le proporcione las fuentes de luz de sus dispositivos. Es mucho más fácil controlar los cuellos de botella cuando tantos pasos cruciales requieren herramientas, materiales o *software* producidos por unas pocas empresas. Varios cuellos de botella seguían en manos norteamericanas y los que no, eran controlados mayormente por grandes aliados del país.

En esa época, los académicos Henry Farrell y Abraham Newman alertaron de un hecho: las relaciones políticas y económicas cada vez eran más vulnerables a la «interdependencia militarizada».[12] Los países tenían más lazos que nunca, pero esa interdependencia no neutralizaba conflictos ni fomentaba la cooperación, sino que estaba abriendo nuevos ámbitos en los que competir. Las redes que conectaban a los países eran un campo de batalla. Por poner un ejemplo, a fin de castigar a Irán, Estados Unidos había militarizado la dependencia que tenían otros países del sistema bancario. El miedo de Farrell y Newman era que el Gobierno de EE. UU. utilizara el comercio y las exportaciones como armas políticas, cosa que amenazaba con dinamitar la globalización y provocar consecuencias peligrosas e imprevistas. Pero la Administración Trump entendió que tenía un poder extraordinario para militarizar las cadenas de suministro de semiconductores.

En mayo de 2020 se endurecieron aún más las restricciones a Huawei.[13] El Departamento de Comercio dijo que iba a «proteger la seguridad nacional poniendo más difícil a Huawei el uso de tecnología y *software* de EE. UU. para diseñar y fabricar sus semiconductores en el extranjero». Esas nuevas normas no solo frenaron en seco la venta a Huawei de productos fabricados en EE. UU.; también restringieron la venta de cualquier producto que llevara tecnología producida en el país. En un sector repleto de cuellos de botella, eso abarcaba casi todos los chips. TSMC no puede fabricar chips de última generación para Huawei sin usar equipamiento estadounidense, igual que Huawei no puede diseñarlos sin *software* producido en EE. UU. Ni la fundición más potente de China, SMIC, se libra de su gran dependencia de recursos estadounidenses. Huawei se quedó aislada de la infraestructura mundial de fabricación, exceptuando los chips que el Departamento de Comercio le permitió comprar mediante una licencia especial.

El sector internacional empezó a aplicar enseguida las reglas del país occidental. Aunque EE. UU. estaba tratando de aniquilar a su segundo mayor cliente, el presidente de TSMC, Mark Liu, prometió que no solo cumpliría con el redactado de la ley, sino también con su espíritu: «Esto es algo que no se puede resolver solo interpretando las normas; hay que entender la esencia de lo que pretende el Gobierno de EE. UU.»,[14] comentó a los periodistas. Desde ese momento, Huawei ha tenido que renunciar a parte de sus divisiones de teléfonos y servidores,[15] porque no puede obtener los chips que necesita.[16] La escasez de chips ha obligado a China a demorar el lanzamiento de su propia red de telecomunicaciones 5G, que en su día llegó a ser una prioridad máxima del Gobierno.[17] Después de aprobarse las restricciones, otros países, principalmente el Reino Unido, decidieron vetar a Huawei. Su razonamiento fue que, sin chips norteamericanos, la empresa tendría dificultades para suministrar sus productos.

Después del cerco a Huawei también se elaboró una lista negra con varias tecnológicas chinas. Tras negociar con Estados Unidos, Países Bajos optó por no aprobar la venta de máquinas UVE de ASML a empresas chinas.[18] En 2019, EE. UU. incluyó en esa lista a Sugon, la compañía de supercomputadoras que en 2017 AMD describió como «socio estratégico».[19] También formaba parte de ella Phytium, una compañía que, según representantes estadounidenses, ha diseñado chips para supercomputadoras usadas en test de misiles hipersónicos.[20] Los circuitos de Phytium se diseñaban con *software* de EE. UU. y eran producidos en la planta taiwanesa de TSMC. Si a Phytium le fue bien, fue porque pudo acceder al universo estadounidense de semiconductores. Pero su dependencia del *software* y de las fábricas extranjeras la volvieron muy vulnerable a las restricciones de Estados Unidos.

Dicho esto, el cerco a las tecnológicas chinas no ha sido total. Sigue sin haber limitaciones específicas para muchas corporaciones chinas, como Tencent y Alibaba, que pueden comprar chips de EE. UU. o pedir a TSMC que fabrique sus semiconductores. SMIC, el mayor productor del país, tiene que hacer frente a nuevas restricciones para la adquisición de máquinas, pero no ha quebrado. Incluso Huawei puede seguir comprando semiconductores viejos, como los que se usaban para conectarse a las redes 4G.

Es curioso que China no se haya resarcido de ese ataque contra su tecnológica más global. Ha amenazado muchas veces con castigar a las firmas estadounidenses, pero nunca ha pulsado el botón rojo. Pekín aseguró que estaba elaborando una «lista de entidades (extranjeras) peligrosas»[21] para su seguridad, pero parece que no ha seleccionado ninguna empresa. Evidentemente, Pekín ha calculado que aceptar que Huawei sea una firma mediocre es mejor que devolver el golpe a Estados Unidos, que tiene la sartén por el mango a la hora de tomar represalias y cortar las cadenas de suministro. Tras el mazazo a Huawei, un ex alto dignatario hizo la siguiente reflexión: «La interdependencia militarizada es música para los oídos».[22]

52

¿Momento Sputnik para China?

El 23 de enero de 2020, la ciudad de Wuhan se confinó tras el alud de casos de COVID-19 y aprobó las restricciones más rigurosas y largas de cualquier ciudad en cualquier momento de la pandemia. El coronavirus y la enfermedad derivada del mismo seguían siendo una gran incógnita. El Gobierno reprimió las informaciones sobre el virus hasta que este arrasó Wuhan y empezó a esparcirse por China y por el mundo. Aunque tarde, las autoridades cerraron las entradas y salidas de Wuhan, montaron puestos de control alrededor de la ciudad y pararon la actividad económica, ordenando a los casi diez millones de habitantes que no salieran de sus casas hasta que acabara la cuarentena. Nunca había pasado que una metrópolis tan enorme detuviera los motores sin más. Las autovías quedaron vacías; las calles, desiertas; y los aeropuertos y estaciones de tren, cerrados. Aparte de los hospitales y los supermercados, casi todo lo demás cerró.

Exceptuando una fábrica, claro está. La Yangtze Memory Technologies Corporation (YMTC), con sede en Wuhan, es la principal productora china de memoria NAND. El NAND es un tipo de chip muy frecuente en los productos de consumo, de teléfonos inteligentes a lápices USB. En el mundo hay cinco empresas que fabrican circuitos NAND competitivos y ninguna está en China. Aun así, muchos expertos del sector piensan que, de todos los tipos de chips, en el que más posibilidades tiene

China de asaltar la primera línea de fabricación es el de NAND. Aliándose con el fondo nacional chino para semiconductores y el Gobierno provincial, Tsinghua Unigroup, el fondo de reptiles que invirtió en compañías de chips de todo el planeta, proporcionó a YMTC más de 24.000 millones de dólares.

Según *Nikkei Asia*, el apoyo público a YMTC es tan grande que se le permitió seguir operando a pesar del confinamiento. Los trenes que pasaban por Wuhan llevaban vagones de pasajeros reservados para la plantilla de la empresa, con lo que podían entrar en la urbe a pesar de la cuarentena. A finales de febrero y principios de marzo de 2020, la compañía incluso estaba contratando a gente para sus oficinas de Wuhan, mientras el resto del país seguía parado.[1] Los líderes de China se mostraron dispuestos a casi cualquier cosa en su lucha contra el coronavirus, pero antepusieron su afán por crear una industria de semiconductores.

Mucha gente dice que la creciente rivalidad tecnológica con Estados Unidos es una especie de «momento Sputnik» para el Gobierno chino, en referencia al miedo que asoló al país occidental tras el lanzamiento del satélite soviético en 1957. Washington pensó que se estaba quedando atrás y abrió el grifo de la financiación para la ciencia y la tecnología. No cabe duda de que China vivió un terremoto como el del Sputnik cuando Estados Unidos prohibió la venta de chips a empresas como Huawei. Dan Wang, un analista excelente de la política tecnológica del país asiático, ha señalado que las restricciones de Estados Unidos han «alimentado el hambre de Pekín por la supremacía tecnológica», canalizando nuevas políticas públicas de apoyo al sector.[2] Según Wang, sin esos nuevos controles de aduanas, el proyecto Made in China 2025 habría terminado igual que los antiguos planes de política industrial: con el Gobierno dilapidando exorbitadas sumas de dinero. Gracias a la presión de EE. UU., puede que el Gobierno chino acabe prestando más ayudas a los fabricantes.

El debate es si EE. UU. debería intentar frustrar un sector chino de semiconductores en pleno auge y provocar, así, una reacción adversa inevitable. Tal vez sea más sabio apostar por la inversión doméstica y esperar a que la sed de China se vaya apagando. Las restricciones han dado pie a una nueva oleada de ayudas públicas para los fabricantes chinos, de eso no hay duda. Hace poco, Xi Jinping nombró a su mano derecha en materia económica, Liu He, como máxima autoridad de los semiconductores.[3] Es evidente que el país subvenciona a sus empresas de chips con miles de millones,[4] pero está por ver si esa financiación se acaba traduciendo en tecnología nueva. Por ejemplo, Wuhan no solo es la cuna de YMTC, la gran esperanza china para lograr la paridad en los chips de NAND; también fue hogar de la mayor estafa en la historia reciente de los semiconductores chinos.

El caso de Wuhan Hongxin (HSMC) pone de relieve el peligro de invertir a mansalva en los semiconductores sin hacer suficientes preguntas. Según una noticia publicada en los medios chinos y que luego desapareció de internet, HSMC fue fundada por un grupo de timadores. Estos llevaban tarjetas en las que se leía «Vicepresidente de TSMC» y propagaban rumores según los cuales tenían parientes y allegados en las altas esferas del Partido Comunista. Así embaucaron al Gobierno local de Wuhan para que invirtiera en su empresa y luego usaron los fondos para contratar al exdirector de I+D de TSMC como director general. Una vez fichado el ejecutivo, compraron una máquina de litografía de luz ultravioleta profunda de ASML y usaron ese hito para recaudar aún más fondos de los inversores. Pero la fábrica de Wuhan era una copia chapucera de una vieja planta de TSMC. HSMC quebró cuando aún estaba intentando producir su primer chip.

Y no solo han fracasado los experimentos de provincias. Recientemente, Tsinghua Unigroup se quedó sin liquidez tras su racha inagotable de compras internacionales y se vio abocada al impago de sus bonos. Ni siquiera los contactos políticos de primer orden del director general Zhao Weiguo sirvieron para salvar la empresa, aunque seguramente las compañías de chips que posee saldrán casi indemnes. Un miembro de la agencia de planificación del Gobierno chino lamentó en público que la industria nacional no poseía «ni experiencia, ni tecnología, ni talento».[5] Se trata de una clara exageración, pero es obvio que China ha malgastado miles de millones de dólares en proyectos totalmente irrealizables o, como en el caso de HSMC, descaradamente fraudulentos. Si el momento Sputnik promueve más programas financiados por el Estado como esos, el país no se acercará a la independencia tecnológica.

En un sector con una cadena de suministro tan multinacional, la independencia tecnológica siempre ha sido un brindis al sol, incluso para Estados Unidos, que sigue siendo la máxima potencia de los semiconductores. Para China, que carece de empresas competitivas en muchas fases de la cadena, de la maquinaria al *software*, esa independencia es más difícil todavía. Para una independencia total, necesitaría adquirir *software* de diseño de primer nivel, capacidad de diseño, materiales avanzados y destreza productiva, entre otras cosas. Es innegable que China progresará en algunos de esos ámbitos, pero algunos otros son demasiado costosos o difíciles de replicar internamente.

Para poner algo de contexto, imaginad lo que costaría replicar una máquina UVE de ASML, que ha necesitado casi tres décadas de desarrollo antes de salir al mercado. Esas máquinas llevan múltiples piezas que por sí solas ya constituyen un reto mayúsculo de ingeniería. Solo para replicar el láser de un sistema con luz UVE, hay que identificar y montar con precisión 457.329 piezas. De producirse un solo fallo, habría retrasos o problemas de fiabilidad. No cabe duda de que el Gobierno chino ha enviado algunos de sus mejores espías a estudiar los procesos productivos de ASML. Pero, pese a que ya han entrado en los sistemas pertinentes y han descargado especificaciones de diseño, una maquinaria tan compleja no tolera el copia y pega como un archivo robado. Incluso si un espía pudiera acceder a información especializada, necesitaría un doctorado en lentes o láseres para entender los conceptos científicos; y aun en ese caso, le faltarían las tres décadas de experiencia que han acumulado los ingenieros inventores de la tecnología UVE.

Puede que, en una década, China consiga construir su propio escáner UVE. De ser así, el programa habrá costado decenas de miles de millones de dólares, pero —esto seguro que desanimará a más de uno— ya no será el último grito. Por entonces, ASML habrá sacado una máquina de nueva generación llamada UVE de alta apertura, cuyo lanzamiento se prevé para mediados de esta década y cuyo coste se estima en los 300 millones de dólares por máquina, el doble de lo que costaba una máquina UVE de primera generación.[6] Incluso si un futuro escáner chino funcionara tan bien como el equipamiento actual de ASML —algo que resulta difícil de creer sabiendo que EE. UU. intentará restringir el acceso de otros países a las piezas—, a los fabricantes chinos que usen esa máquina UVE alternativa les costará producir de manera rentable. La razón será que, en 2030, TSMC, Samsung e Intel ya llevarán una década entera con sus propios escáneres UVE, y en ese tiempo los habrán perfeccionado y habrán cubierto el coste de esos recursos. Venderán chips producidos con UVE a un precio muy inferior que una empresa china que utilice una máquina UVE presuntamente fabricada en China.

Esas máquinas son solo un ejemplo de las muchas que se producen con una cadena de suministro multinacional. Encargarse de todas las partes de esa cadena tendría un coste desorbitado para cualquier país. La industria global invierte más de 100.000 millones de dólares al año en bienes de capital. China tendría que gastar ese dinero y, además, generar una experiencia y unas instalaciones de las que hoy día carece. Para crear esa cadena de suministro de última generación e íntegramente nacional, necesitaría más de una década y más de un billón de dólares.

Por eso, y se diga lo que se diga, China no pretende crear una cadena de suministro estrictamente nacional. Sabe muy bien que es imposible. Pekín querría que no fuera una cadena con base en Estados Unidos, pero este país tiene tanto peso en el sector y tanto poder extraterritorial por medio de sus leyes de exportación que cualquier cadena de suministro no yanqui es una quimera, al menos a medio plazo. Lo que sí puede lograr el gigante asiático es reducir su dependencia de Estados Unidos en algunos ámbitos y aumentar su influencia general en el sector, liberándose de todos los cuellos de botella tecnológicos posibles.

Uno de los principales desafíos de China en la actualidad es que muchos chips utilizan la arquitectura x86, en el caso de los ordenadores o los servidores, o la ARM, en el caso de los móviles. La x86 es predio de dos empresas estadounidenses, Intel y AMD, mientras que ARM, que cede a otras compañías el derecho a usar su arquitectura, está situada en el Reino Unido. Lo que pasa es que ha aparecido una nueva arquitectura de conjunto de instrucciones llamada RISC-V que es de código abierto, de modo que todo el mundo puede usarla sin pagar. La idea de que haya una arquitectura de código abierto es una bendición para muchos segmentos de la industria. Todo aquel que se ve obligado a pagar a ARM para poder usar su arquitectura preferiría una alternativa gratuita. Además, tal vez disminuya el riesgo de fallos de seguridad, porque, al ser libre, muchos más ingenieros verificarán los detalles de la arquitectura y encontrarán errores. Eso también significa que el ritmo de innovación podría acelerarse. Estos dos factores son la razón por la que la DARPA ha financiado varios proyectos relacionados con el desarrollo de RISC-V. Las empresas chinas también se han dado con un canto en los dientes, porque es una opción geopolíticamente neutral. En 2019, la RISC-V Foundation, que gestiona dicha arquitectura, se trasladó de EE. UU. a Suiza por ese motivo.[7] Y, tras deshojar la margarita, algunas compañías como Alibaba están diseñando procesadores con esa arquitectura.

China no solo trabaja con nuevas arquitecturas, también está fabricando chips lógicos con tecnología de procesos más antigua. Los teléfonos inteligentes y los centros de datos funcionan con los chips más modernos que existen, pero los coches y los demás dispositivos de consumo suelen usar tecnología más primitiva, que es suficientemente potente y bastante más barata. Gran parte de las inversiones en las nuevas fábricas de China, incluidas las de compañías como SMIC, pretenden mejorar la capacidad productiva en nodos anticuados. SMIC ya ha demostrado que China tiene la mano de obra necesaria para producir de forma competitiva chips lógicos de nodos anticuados. Incluso si EE. UU. endurece el control a las exportaciones, es improbable que prohíba la venta de máquinas que tienen décadas de antigüedad. China también está invirtiendo mucho en materiales semiconductores novedosos como el carburo de silicio y el nitruro de galio. Seguramente no sustituyan al silicio puro en la mayoría de los chips, pero sí podrían desempeñar un papel más importante en las baterías de los vehículos eléctricos. En ese campo, es probable que China también posea la tecnología necesaria, así que las ayudas públicas podrían ayudar al país a ser competitivo bajando precios.[8]

El miedo del resto de los Estados es que el alud de subvenciones chinas permita al país ganar mercado en varias fases de la cadena de suministro, sobre todo en aquellas que no requieran las tecnologías más pioneras. Salvo que se impongan nuevas y severas restricciones para comprar *software* y maquinaria, es bastante factible que China cobre importancia en la producción de chips lógicos de generaciones anteriores. Además, está invirtiendo en los materiales necesarios para desarrollar los chips de gestión de energía para vehículos eléctricos. Y la china YMTC tiene muchas opciones de hacerse con un pedazo del mercado de memoria NAND. En el sector global de los chips, las estimaciones sugieren que, entre el principio de la década y 2030, el porcentaje de fabricación china crecerá del 15 al 24 por ciento, con lo que el país superará a Taiwán y a Corea del Sur en términos de volumen.[9] Aun así, es casi inevitable que siga rezagado a nivel tecnológico. Eso sí, si más procesos se mudan a China, el país tendrá más fuerza de negociación para exigir que le transfieran tecnología. A Estados Unidos y los demás países les resultará más caro imponer restricciones a la exportación y China tendrá más trabajadores entre los que elegir. Casi todas las empresas chinas de circuitos integrados dependen de las ayudas de su Gobierno, de modo que su prioridad es tanto patriótica como comercial. En declaraciones al periódico *Nikkei Asia*, un ejecutivo de YMTC dijo que «los beneficios y la cotización en bolsa [...] no son prioritarios». Antes bien, la compañía busca «fabricar chips chinos y hacer realidad el sueño de la nación».[10]

53

Las cadenas de suministro y la escasez

Ante un monitor repleto de directores generales, el presidente Biden hizo la siguiente afirmación: «Como país, llevamos demasiado tiempo sin hacer las inversiones grandes y valientes que necesitamos para dejar atrás a la competencia internacional». Biden estaba en su despacho de la Casa Blanca, a los pies de un retrato de Teddy Roosevelt, y sostenía en la mano una oblea de silicio de treinta centímetros. Miró directo a la cámara de Zoom y reprobó a los ejecutivos por «no invertir lo suficiente en investigación, desarrollo y técnicas de fabricación. [...] Tenemos que ponernos al día».[1] De los 19 ejecutivos que había en pantalla, la mayoría asintió. Para hablar sobre la respuesta del país a la escasez de chips, Biden invitó a un coloquio a compañías extranjeras como TSMC y fabricantes estadounidenses como Intel, además de grandes consumidores de semiconductores que estaban sufriendo las consecuencias de la grave escasez. Normalmente no se invitaba a los directores generales de Ford y GM a reuniones de alto copete para conversar sobre chips, y por lo general tampoco les habría interesado. Pero, a lo largo de 2021, la economía mundial y sus cadenas de suministro entraron en un estado epiléptico por culpa del constante zarandeo de la pandemia, y todo el mundo empezó a entender hasta qué punto su vida, y en muchas ocasiones su sustento, dependía de los semiconductores.

En 2020, cuando Estados Unidos empezaba a ahogar a China impidiendo a algunas de sus principales tecnológicas acceder a tecnología estadounidense, un segundo motivo de estrés empezó a extenderse por parte de la economía mundial. De repente costaba encontrar ciertos tipos de circuitos integrados, en especial los chips lógicos básicos para automóviles. Los embotellamientos estaban algo relacionados entre sí. Las empresas chinas como Huawei llevaban acumulando chips al menos desde 2019, preparándose para posibles sanciones estadounidenses, y las fábricas del país asiático estaban comprando todas las máquinas herramienta posibles por si Estados Unidos decidía endurecer las exportaciones.

Pero no toda la escasez de la COVID-19 se debió a la acumulación china de semiconductores. La causa principal fueron los grandes altibajos en la demanda desde el inicio de la pandemia, provocados por los cambios en la naturaleza de los pedidos de empresas y consumidores. En 2020 se disparó la demanda de ordenadores porque millones de personas buscaron un aparato mejor con el que trabajar desde casa. La demanda de servidores para centros de datos también creció, porque una parte importante de nuestras vidas se subió a la red. Las empresas de coches cancelaron los pedidos de chips previendo una caída de las ventas, pero la demanda remontó rápidamente y descubrieron que los fabricantes ya habían reasignado su capacidad a otros clientes. Según la asociación de la industria automotriz AAPC, las empresas más grandes pueden llegar a necesitar más de mil chips por coche. Si falta uno solo, es imposible enviar el vehículo. 2021 fue un muy mal año para los fabricantes, que tuvieron muchas dificultades para encontrar semiconductores. Según las estimaciones, en 2021 esas empresas produjeron 7,7 millones coches menos de los que habrían podido producir sin escasez, lo cual en conjunto se tradujo en un lucro cesante de 210.000 millones de dólares.[2]

La Administración Biden y gran parte de los medios achacaron la escasez a un problema en la cadena de suministro. Si bien la Casa Blanca encargó un informe de 250 páginas sobre las vulnerabilidades de la cadena de semiconductores, lo cierto es que la causa principal de la falta de chips no eran los problemas en la cadena de suministro. Sí hubo algunas casuísticas, como los confinamientos en Malasia, que afectaron a las operaciones de encapsulado. Pero 2021 fue el año en que el mundo produjo más circuitos integrados de la historia: según el centro de investigación IC Insights, más de 1,1 billones, un 13 por ciento más que en 2020.[3] La escasez se debe mucho más al crecimiento de la demanda. La razón son los nuevos ordenadores, los móviles 5G, los centros de datos dotados de IA y, en general, nuestra demanda insaciable de poder de computación.

Podemos afirmar sin rodeos que los políticos de todo el mundo han hecho un diagnóstico erróneo. El problema no es que los procesos productivos multinacionales del sector fueran vulnerables a la COVID-19 y a los consiguientes confinamientos. Pocos sectores afrontaron la pandemia con tanta entereza. Los problemas que hubo, entre los que destacó la escasez de chips para vehículos, fueron culpa sobre todo del imprudente arrebato de cancelaciones de pedidos a comienzos de la pandemia. A eso se le sumó un método de fabricación JIT (siglas en inglés de «justo a tiempo») que prevé poco margen para el error. El sector automotriz dejó de ingresar cientos de miles de millones, así que tiene buenos motivos para replantearse la gestión de sus propias cadenas de suministro. Pero la industria de los semiconductores tuvo un año excepcional. Más allá de un terremoto catastrófico —un riesgo bajo pero nunca inexistente—, es difícil imaginar algo peor que el mazazo a las cadenas de suministro al que se ha sobrepuesto el sector desde principios de 2020, al menos en tiempos de paz. El aumento sustancial de la producción de

2020 y 2021 no da a entender que las cadenas multinacionales estén rotas; indica que han funcionado.

Eso no quiere decir que los Gobiernos no tengan que reflexionar más sobre esas cadenas de suministro. La auténtica moraleja de estos últimos años no concierne a la fragilidad, sino a los beneficios y al poder. El milagro de Taiwán demuestra que una empresa con visión y respaldo económico del Gobierno puede revolucionar todo un sector. Por su parte, las restricciones de EE. UU. a la compra de tecnología por parte de China demuestran lo estrechos que son los cuellos de botella de la industria. Y el progreso del gigante asiático durante la pasada década nos recuerda que esos cuellos de botella no son infinitos. Muchas veces, los países y Gobiernos encuentran formas de eludirlos, aunque pierdan tiempo y dinero, a veces en un grado extraordinario. Los cambios tecnológicos también pueden mermar la eficacia de esos cuellos de botella.

Estos solo funcionan si están controlados por un par de compañías, y mejor aún si solo hay una. Aunque la Administración Biden ha prometido que trabajará «con la industria, sus aliados y sus socios»,[4] EE. UU. y sus incondicionales no comparten todos sus objetivos en lo que respecta al futuro del sector. Estados Unidos quiere frenar la caída de la fabricación y conservar su posición aventajada en el segmento del diseño y la maquinaria. En cambio, los países de Europa y Asia aspiran a hacerse con una porción más grande del valiosísimo mercado de diseño. Taiwán y Corea del Sur, por su parte, no tienen ninguna intención de ceder su liderazgo en la fabricación de chips lógicos y de memorias. Si China entiende la expansión de su capacidad productiva como una necesidad de seguridad nacional, el tamaño del sector que deben repartirse Estados Unidos, Europa y Asia se reduce. Si EE. UU. quiere ganar más mercado, el de algún otro país tiene que reducirse. Aunque no lo reconozca abiertamente, EE. UU. espera arrebatar mercado a uno de los otros territorios con fábricas modernas. Pero dejando China de lado, todas las fábricas de primer nivel se encuentran en países aliados o en países con buena relación con EE. UU.

Corea del Sur pretende conservar la primera posición como fabricante de memorias y, a la vez, aumentar su papel como productor de chips lógicos. El presidente del país, Moon Jae-in, ha señalado: «En los países han empezado a plasmarse las rivalidades entre compañías de semiconductores. Mi Gobierno también trabajará con las empresas como un solo equipo con tal de que Corea siga siendo una referencia del sector».[5] El Gobierno coreano ha invertido bastante en una ciudad llamada Pyeongtaek, donde antaño hubo una base militar de EE. UU. y donde ahora encontramos una gran fábrica de Samsung. Las grandes empresas de maquinaria de fabricación, desde Applied Materials hasta Tokyo Electron, han abierto oficinas en la urbe. Samsung ha asegurado que tiene pensado invertir más de 100.000 millones de dólares hasta 2030 en sus divisiones de chips lógicos, además de destinar sumas parecidas a la producción de memorias. En 2021, el nieto del fundador de la firma surcoreana, Lee Jay-yon, salió de la cárcel con la condicional tras cumplir condena por cohecho. El Ministerio de Justicia coreano justificó su excarcelación alegando «factores económicos».[6] Según comentó la prensa, uno de esos factores era que se esperaba que ayudara a la compañía a tomar decisiones de peso respecto a la inversión en semiconductores.

Samsung y su rival más modesta, la también surcoreana SK Hynix, reciben ayudas de su Gobierno, pero están atrapadas en medio del pulso entre China y EE. UU., dos países decididos a engatusar a los gigantes surcoreanos para que fabriquen más en su territorio. Por poner un ejemplo, hace poco Samsung anunció el plan de expandir y actualizar su planta de chips lógicos en Austin, Texas, invirtiendo unos

17.000 millones de dólares. Pero EE. UU. estudia con lupa las propuestas que hacen ambas empresas de actualizar sus plantas en China. La presión de EE. UU. para no transferir máquinas UVE a la planta de SK Hynix en Wuxi (China), está demorando su modernización, y seguramente está costando un riñón a la empresa.[7]

Corea del Sur no es el único país donde las empresas de chips y el Gobierno trabajan como un «equipo», para usar la expresión del presidente Moon. El Gobierno taiwanés también defiende con uñas y dientes su sector, que considera su principal baza para ejercer presión en el plano internacional. Morris Chang, que ahora sí parece totalmente apartado de TSMC, ha hecho de enviado comercial de Taiwán. El interés primordial de Chang y de Taiwán todavía es garantizar que TSMC siga desempeñando un papel crucial en la industria global. La propia empresa tiene previsto invertir más de 100.000 millones de dólares entre 2022 y 2024 para poner al día su tecnología y poder producir más. Buena parte de ese dinero se invertirá en Taiwán, si bien la empresa pretende mejorar sus instalaciones en Nankín, China, y abrir una nueva fábrica en Arizona. Pero los circuitos más modernos no se producirán en ninguna de esas nuevas fábricas, por lo que la tecnología más rompedora de TSMC seguirá a buen recaudo en la isla. Chang sigue abogando por el «librecambio» en la industria, y advierte de que cualquier otra opción «elevará los costes y ralentizará el desarrollo de tecnología». Por su parte, el Gobierno taiwanés ha intervenido muchas veces para apoyar a la compañía, entre otras cosas, devaluando la moneda para que las exportaciones sean más competitivas.[8]

Europa, Japón y Singapur son otros tres territorios en busca de nuevas inversiones. Algunos líderes de la UE han planteado la opción de «invertir a lo grande» y producir chips de tres o dos nanómetros, con lo cual las fábricas europeas se colocarían entre las más modernas.[9] Pero es improbable si tenemos en cuenta el modesto lugar que ocupa el continente en el mercado de la lógica avanzada. Es más plausible que Europa convenza a una gran empresa extranjera de chips como Intel para que construya una nueva planta que sea una fuente de suministro estable para los fabricantes de coches europeos. Singapur sigue aportando incentivos considerables para la fabricación; recientemente se llevó una inversión de 4.000 millones de dólares de la estadounidense GlobalFoundries para abrir una nueva planta. Y Japón está subvencionando mucho a TSMC para que abra una nueva fábrica con Sony.[10] Han pasado décadas desde que Akio Morita dejó la primera línea y el país ha perdido buena parte de sus procesos de fabricación, pero Sony mantiene un negocio considerable y rentable fabricando semiconductores para la percepción de imágenes, usados en las cámaras de muchos dispositivos de consumo. A todo eso, cabe decir que la decisión del país asiático de subvencionar una nueva planta de TSMC no se tomó principalmente para ayudar a Sony. El Gobierno temía que, si la fabricación se continuaba trasladando a otros países, las fases de la cadena de suministro en las que Japón todavía tiene una posición sólida, como las de máquinas herramienta y materiales avanzados, también se irían al extranjero.

A Japón no le vendría mal un nuevo Akio Morita, es verdad, pero eso no quita que Estados Unidos necesite como agua de mayo a un nuevo Andy Grove. El país sigue ocupando una posición envidiable en el sector. Controla como nunca muchos cuellos de botella, como los que tienen que ver con el *software* y la maquinaria. Algunas empresas como Nvidia están llamadas a desempeñar un papel esencial en el futuro de tendencias informáticas como la IA. Y después de una década en que las empresas emergentes de chips parecían trasnochadas, en los últimos años Silicon Valley ha invertido en compañías de diseño, muchas de ellas centradas en nuevas arquitecturas optimizadas para la inteligencia artificial.

Dicho eso, EE. UU. va rezagado con la fabricación de esos circuitos integrados. La principal esperanza para la fabricación norteamericana es Intel. En 2021, la empresa nombró director general a Pat Gelsinger después de muchos años dando palos de ciego. Gelsinger, nacido en un pueblo de Pensilvania, empezó su trayectoria profesional en la propia Intel y tuvo como mentor a Andy Grove. Al final se marchó para ocupar puestos de dirección en dos compañías de computación en la nube, pero le volvieron a fichar para que revitalizara Intel. Ha urdido una estrategia ambiciosa y carísima de tres fases. La primera es recuperar la delantera a nivel de fabricación, superando a Samsung y TSMC. Para ello, Gelsinger ha llegado a un acuerdo con ASML para que Intel pueda adquirir la primera máquina UVE de la próxima generación, que se calcula que estará lista en 2025. Si Intel aprende a usar esas nuevas máquinas antes que sus rivales, podría conseguir una ventaja.

En el tridente estratégico de Gelsinger, la segunda punta es crear una división de fundición que compita directamente con Samsung y TSMC. El plan es producir chips para empresas de diseño y ganar más cuota de mercado. Intel está invirtiendo mucho en nuevas plantas de EE. UU. y Europa a fin de aumentar la capacidad necesaria para esos hipotéticos clientes de fundición. Eso sí, para que el negocio sea económicamente viable, tendrá que conseguir clientes que utilicen productos de primer nivel tecnológico, de modo que la división de fundición solo funcionará si Intel es capaz de reducir su desventaja respecto a Samsung y TSMC. La compañía está dando este salto a la fundición porque sus chips para centros de datos están perdiendo comba en el mercado, tanto por culpa de la competencia de AMD y Nvidia como por culpa de las empresas de computación en la nube, como Amazon Web Services y Google, que ya están diseñando sus propios chips.

La suerte de Intel dependerá de la estrategia de Gelsinger y de los deslices que puedan cometer Samsung y TSMC. La ley de Moore exige a esas compañías sacar nuevas tecnologías cada pocos años, por lo que uno de ellos, si no ambos, podrían sufrir graves demoras perfectamente. Aun así, la estrategia de Intel tiene una tercera vertiente un poco incómoda: pedir ayuda a TSMC. En público, la empresa está avivando una nueva llamarada de nacionalismo semiconductor y de miedo a la dependencia de la producción asiática. Está intentando obtener ayudas de los Gobiernos de EE. UU. y de Europa para abrir fábricas en esos países. Según Gelsinger: «El mundo necesita una cadena de suministro más equilibrada. Dios decidió dónde iban a acabar las reservas de petróleo, nosotros podemos decidir dónde van a estar las fábricas».[11] Pero, por más que Intel esté intentando poner al día sus procesos de fabricación, también está externalizando la producción de más y más diseños pioneros a las plantas de TSMC en Taiwán.

En cuanto se percató de la gran concentración de fábricas en Asia Oriental, el Gobierno de EE. UU. convenció a TSMC y Samsung para que abrieran sedes en el país. TSMC va a abrir una nueva planta en Arizona y Samsung ampliará la que tiene cerca de Austin, Texas. Uno de los propósitos de esas fábricas es aplacar a los políticos norteamericanos, aunque también permitirán producir chips para sistemas de defensa y otras infraestructuras clave que EE. UU. preferiría fabricar internamente. Eso no quiere decir que esas empresas tengan pensado dejar de producir la inmensa mayoría de sus productos, así como la tecnología más avanzada, en sus países de origen. Ni siquiera las ayudas prometidas por el Gobierno de EE. UU. tienen pinta de poder cambiar eso.

En las agencias de seguridad nacional, cada vez se está valorando más la posibilidad de amenazar con dejar de exportar tanto *software* de diseño y maquinaria. La meta sería presionar a TSMC y conseguir que aplicara sus tecnologías de procesos más novedosas tanto en EE. UU. como en Taiwán.

Otra alternativa sería apremiar a la compañía a invertir un dólar en las nuevas instalaciones de Japón, Arizona o Singapur por cada dólar invertido en Taiwán. Con esas medidas, tal vez se empezaría a reducir la dependencia internacional de la fabricación taiwanesa. Pero por el momento Washington no está queriendo ejercer la presión necesaria, de modo que la dependencia global de la isla sigue yendo a más.

54

El dilema de Taiwán

El 15 de julio de 2021, un analista financiero estaba hablando con el presidente de TSMC, Mark Liu, y aprovechó para preguntarle si sus clientes tenían miedo de que China atacara Taiwán, habida cuenta de las amenazas periódicas contra la isla.[1] En una junta trimestral, los directores generales están habituados a tener que responder a preguntas incómodas, aunque normalmente son sobre objetivos incumplidos o sobre productos que no han funcionado en el mercado. Pero en esa videoconferencia los estados financieros de TSMC eran impolutos. La empresa había salido prácticamente ilesa de las sanciones aplicadas a su segundo mayor cliente, Huawei, y el precio de sus acciones estaba en cifras récord. La escasez global de semiconductores había provocado que el sector fuera aún más rentable. En 2021 llegó a ser la sociedad más valorada de todas las que cotizaban en bolsa en Asia y una de las diez más valoradas del mundo.

Pero, al volverse indispensable, TSMC también había incrementado el riesgo; y no para sus resultados económicos, sino para sus instalaciones. Inversores que habían ignorado durante años la gravedad de la enemistad chino-estadounidense empezaron a mirar de reojo y con nerviosismo al mapa de fábricas de TSMC, distribuidas a lo largo de la costa occidental de la isla. El presidente de la empresa recalcó que todos los miedos eran infundados: «Sobre una posible invasión de China, os diré una cosa: todo el mundo quiere un estrecho de Taiwán en paz». Liu había nacido en Taipéi, había estudiado en Berkeley y se había formado en Bell Labs. Su trayectoria en la fabricación de circuitos integrados era impecable; su capacidad para sopesar el riesgo de conflicto aún está por ver. Liu alegó que la paz en el estrecho era buena para todos, teniendo en cuenta la dependencia internacional de la cadena de suministro de semiconductores en Taiwán: «Nadie quiere ponerla en peligro».

Al día siguiente, el 16 de julio, docenas de vehículos anfibios blindados tipo 05 del Ejército Popular de Liberación salieron escopeteados de la costa para adentrarse en el océano. Aunque parecen tanques, son vehículos que pueden ir tanto por la playa como por el mar como botecitos. Serían piezas fundamentales en cualquier ataque anfibio del Ejército Popular de Liberación. Según las noticias de los medios estatales chinos, una vez en el agua, los vehículos se acercaron a una serie de buques de desembarco estacionados cerca de la costa y se subieron a bordo, donde se prepararon para «cruzar el largo mar». Los buques encendieron motores y, al llegar a su objetivo, se abrieron unas grandes compuertas de proa y los vehículos anfibios se lanzaron al agua rumbo a la playa, disparando a diestro y siniestro.[2]

Esta vez era solo un ejercicio. A lo largo de varios días, el Ejército Popular de Liberación realizó otros simulacros en las entradas norte y sur del estrecho de Taiwán. El periódico chino *Global Times* citó las siguientes declaraciones de un comandante de batallón: «Tenemos que entrenar sin descanso en situaciones exactamente iguales a las de una batalla real, estar preparados para el combate en todo momento y defender con decisión la soberanía nacional y la integridad territorial».[3] El periódico no se olvidaba de señalar que los ejercicios estaban teniendo lugar a solo 300 kilómetros de la isla de Pratas, un atolón minúsculo a medio camino entre Hong Kong y Taiwán administrado por el segundo.

Una guerra por el poder sobre Taiwán podría empezar de muchas formas, pero algunos estrategas de defensa creen que lo más probable es que se vaya de las manos una disputa por ese remoto islote. Hace poco, varios expertos militares estadounidenses crearon una simulación que concluyó que las tropas chinas podrían desembarcar en la isla y tomar la pequeña guarnición taiwanesa sin un solo disparo. En ese caso, Taiwán y Estados Unidos se encontrarían ante el difícil brete de elegir entre empezar una guerra por un atolón irrelevante o sentar un precedente en el que China pudiera rebanar trocitos de territorio taiwanés como si fuera embutido.[4] Otras respuestas «moderadas» podrían ser enviar un gran número de tropas estadounidenses a Taiwán o lanzar ataques cibernéticos contra China, aunque ambos podrían enquistarse fácilmente y derivar en un conflicto sin cuartel.

Los informes del Pentágono sobre la capacidad militar china han detectado varios métodos por los que la superpotencia asiática podría usar la fuerza contra Taiwán. El más directo, pero también el más improbable, sería una invasión al estilo del Día D, en la que cientos de buques chinos cruzarían el estrecho a toda velocidad y miles de soldados de infantería desembarcarían en la costa. La historia de las invasiones anfibias está repleta de catástrofes y el Pentágono considera que una operación así «forzaría» la máquina del Ejército Popular de Liberación. Antes de atacar, a China no le costaría mucho inutilizar las instalaciones de la Aviación y la Armada de Taiwán, así como el parque eléctrico y las demás infraestructuras clave, aunque sería una lucha reñida.[5]

El Pentágono cree que el Ejército chino tendría opciones más sencillas. Si aplicara un bloqueo aéreo y marítimo parcial, Taiwán sería totalmente incapaz de resolverlo sin ayuda. Aunque los Ejércitos de EE. UU. y de Japón se unieran a Taiwán para intentar romper el bloqueo, sería difícil. China tiene armamento potente dispuesto a lo largo de todo su litoral.

Tampoco sería necesario que el bloqueo fuera perfecto para ahogar el comercio de la isla. Para ponerle fin, Taiwán y sus aliados, en especial EE. UU., tendrían que desactivar cientos de sistemas militares en territorio chino.[6] Y una operación destinada a acabar con ese bloqueo podría degenerar enseguida en una cruenta guerra entre grandes potencias.

Incluso sin bloqueo, una mera campaña de ataques aéreos y lanzamientos de misiles podría debilitar al Ejército taiwanés y congelar su economía sin necesidad de desplegar un solo efectivo chino sobre el terreno. Salvo que Estados Unidos y Japón mandaran ayuda inmediata, seguramente los cazas y misiles chinos podrían descabezar los sistemas de defensa clave de Taiwán, como aeródromos, redes de radares, nudos de comunicaciones y demás, en un par de días y sin menoscabar gravemente la capacidad productiva de la isla.

No hay duda de que el presidente de TSMC acierta al decir que nadie quiere «influir negativamente» en las cadenas de suministro de semiconductores que entrecruzan el estrecho. Pero tanto Washington como Pekín quisieran tener más control sobre ellas. La idea de que China se preste a destruir por puro rencor las fábricas de TSMC no tiene ningún sentido, porque el país sufriría tanto como los demás, en especial porque EE. UU. y sus aliados aún podrían recurrir a las fábricas de chips de Intel y Samsung. Tampoco ha existido jamás la posibilidad realista de que las fuerzas chinas pudieran invadir y hacerse tranquilamente con las instalaciones de TSMC. No tardarían en darse cuenta de que tendrían que recurrir a Estados Unidos, Japón y otros países para adquirir materiales y actualizaciones de *software* esenciales para máquinas irreemplazables. Además, si China optara por la invasión, es improbable que lograra retener a toda la plantilla de TSMC. Y, si lo consiguiera, bastaría con un puñado de ingenieros enojados para sabotear toda la operación. El Ejército Popular de Liberación ha demostrado que es capaz de arrebatar cumbres del

Himalaya a la India en la frontera disputada por ambos países, pero apoderarse de las fábricas más complejas del mundo, llenas de gases explosivos, sustancias químicas peligrosas y la maquinaria más precisa que existe, es harina de otro costal.

A todo esto, es fácil suponer que un accidente, como un choque en el aire o en el mar, pudiera conducir a una guerra calamitosa que no desea ninguna de las partes. También es muy razonable pensar que China pueda llegar a la siguiente conclusión: que la presión militar sin invasión completa acabara minando la promesa de seguridad implícita de EE. UU. y desmoralizara fatalmente a Taiwán. Pekín sabe que la estrategia de defensa taiwanesa pasa por alargar la lucha lo suficiente hasta que lleguen Estados Unidos y Japón a echar un cable. La isla es tan pequeña al lado de la superpotencia que no tiene más opción que confiar en sus aliados. Imaginemos que Pekín usara su Armada para imponer controles de aduanas a una parte de los barcos que entran y salen de Taipéi. ¿Cómo respondería Estados Unidos? Un bloqueo es un acto de guerra, pero nadie querría tirar la primera piedra. Si EE. UU. no hiciera nada, el efecto sobre la voluntad taiwanesa de luchar podría ser desolador. Si China exigiera luego a TSMC retomar la fabricación para Huawei y otras compañías chinas, o incluso mandar personal y conocimientos cruciales a la China continental, ¿acaso podría negarse Taiwán?

Esos movimientos supondrían un riesgo para Pekín, pero no son para nada impensables. Imponer el control sobre Taiwán es el objetivo número uno para el Partido Comunista de China. Sus líderes lo prometen constantemente. El Gobierno ha aprobado una ley antisecesión que prevé el uso de «medios no pacíficos»[7] en el estrecho. Ha invertido mucho en los activos militares necesarios para una invasión anfibia, como los vehículos de asalto que ya hemos mencionado, y hace ejercicios periódicos para poner a prueba su capacidad. Todos los análisis coinciden en que el equilibrio de fuerzas en el estrecho se ha decantado claramente en favor de China. Ha llovido mucho desde que EE. UU. podía limitarse a enviar una flota entera de portaaviones por el estrecho para forzar a Pekín a agachar la cabeza, como en la crisis de 1996. Ahora, una operación como esa entrañaría un riesgo gigantesco para los buques estadounidenses. Los misiles chinos no solo son una amenaza para los navíos que el país tiene alrededor de Taiwán, sino para bases tan lejanas como la de Guam y las de Japón. Cuanto más fuerte se vuelve el Ejército chino, menos factible es que EE. UU. se arriesgue a entrar en una guerra para defender a Taiwán. Si China optara por una campaña de presión militar leve sobre Taiwán, lo más probable actualmente es que Estados Unidos analizara la correlación de fuerzas y concluyera que no vale la pena correr el riesgo de plantar cara.

Si China se saliera con la suya y consiguiera de Taiwán un acceso justo a las fábricas de TSMC, o incluso preferente, no cabe duda de que Estados Unidos y Japón responderían imponiendo nuevos límites a la exportación de máquinas y materiales avanzados, la mayoría de los cuales provienen de esos dos países y de sus aliados europeos. Pero se necesitarían años para replicar la capacidad productiva de Taiwán en otros países, y entretanto se seguiría dependiendo de la isla. En tal caso, no solo dependeríamos de China para el montaje de nuestros iPhones. Pekín podría aumentar su influencia o su control sobre las únicas fábricas con capacidad tecnológica y productiva suficiente para crear los chips que tanto necesitamos.

Ese horizonte sería dantesco para la posición económica y geopolítica de EE. UU. Y peor aún sería una guerra que inutilizara las fábricas de TSMC. La economía mundial y las cadenas de suministro de toda Asia y del estrecho de Taiwán se aposentan sobre esa paz tan precaria. Todas las empresas que han invertido en uno u otro lado del estrecho, desde

Apple hasta Huawei, pasando por TSMC, apuestan implícitamente por la paz. Se han invertido billones de dólares en empresas e instalaciones que se encuentran en el radio de cualquier misil lanzado desde el estrecho, de Hong Kong a Hsinchu. La industria global y el montaje de todos los dispositivos electrónicos con chips dependen más del estrecho y de la costa sur de China que de ningún otro territorio, quitando Silicon Valley.

En el epicentro tecnológico de California, la estabilidad no corre tanto peligro. Buena parte del conocimiento de Silicon Valley se podría reubicar sin problema en caso de guerra o de terremoto. Prueba de ello fue la pandemia, cuando se mandó a casa a casi todos los trabajadores de la región. Los beneficios de las grandes tecnológicas aumentaron, incluso. Si la pomposa sede de Facebook se hundiera en la falla de San Andrés, quizás la compañía ni lo notaría.

Si las fábricas de TSMC se precipitaran bajo la falla de Chelungpu, una falla que en 1999 se desperezó y provocó el último gran terremoto de Taiwán, los efectos se sentirían en toda la economía mundial. Con unas pocas explosiones deliberadas o accidentales, se podría causar un daño comparable. Algunos cálculos aproximados nos demuestran lo que está en juego. Taiwán fabrica el 11 por ciento de todos los circuitos de memoria y, por si fuera poco, el 37 por ciento de los chips lógicos. Los ordenadores, teléfonos, centros de datos y la mayoría de los dispositivos electrónicos no pueden funcionar sin ellos. Si se detuvieran las fábricas de Taiwán, el año siguiente produciríamos un 37 por ciento menos de poder de computación.

El efecto sobre la economía mundial sería catastrófico. La escasez de semiconductores tras la pandemia sirvió para recordar que los chips no solo son necesarios para los móviles y ordenadores. Aviones, coches, microondas y máquinas de fabricación..., habría demoras terribles en la entrega de todo tipo de productos. Se detendría la producción de cerca de un tercio de los procesadores de ordenador, entre ellos chips diseñados por Apple y AMD, hasta que se pudieran abrir plantas en otros sitios. La capacidad de los centros de datos dejaría de crecer al ritmo actual, sobre todo en el caso de los servidores centrados en algoritmos de IA, que dependen más de chips fabricados en Taiwán y diseñados por empresas como Nvidia y AMD. Otras infraestructuras de datos sufrirían un golpe aún peor. Las nuevas unidades de radio 5G, por ejemplo, necesitan chips de varias compañías y muchas se fabrican en Taiwán. Se frenaría casi por completo la implementación de las redes 5G.

Como resultaría sumamente complicado comprarse un nuevo teléfono, lo lógico sería paralizar la renovación de las redes móviles. La mayoría de los procesadores de teléfono inteligente se fabrican en Taiwán, igual que muchos de los chips (diez o más) que lleva un móvil normal y corriente. Los coches suelen necesitar cientos de chips, por lo que veríamos demoras mucho peores que las que provocó la escasez de 2021. Claro que, si estallara la guerra, tendríamos que pensar en muchas más cosas aparte de los chips. Podría prohibirse el acceso a la enorme infraestructura de montaje de electrónica de China, de modo que deberíamos encontrar otros operarios para ensamblar los móviles y ordenadores para los que sí tuviéramos piezas.

Pero, por muy difícil que fuera encontrar nuevos trabajadores de montaje, sería mucho más fácil que replicar las instalaciones de Taiwán. No solo costaría construir nuevas fábricas. Esas plantas necesitarían personal instruido, a menos que se pudiera sacar de la isla a muchos de los empleados de TSMC. Y, aun con esas, habría que dotar esas nuevas instalaciones de maquinaria de ASML y Applied Materials. Durante la escasez de 2021 y 2022, ASML y Applied Materials anunciaron que su producción había sufrido retrasos porque no habían podido adquirir suficientes semiconductores.[8] En el caso de una crisis en Taiwán, tendrían problemas para conseguir los chips que necesita su maquinaria.

En otras palabras, un cataclismo en Taiwán provocaría billones de dólares de daños. Perder el 37 por ciento de nuestra producción anual de semiconductores podría ser perfectamente más costoso que la pandemia y sus devastadores confinamientos. Se necesitaría al menos media década para reconstruir la capacidad perdida. Ahora, cuando pensamos en cómo será el futuro dentro de cinco años, nos imaginamos la construcción de las redes 5G y los metaversos, pero si perdemos Taiwán tendremos problemas para comprar un lavavajillas.

Hace poco, el presidente taiwanés Tsai Ing-wen declaró en *Foreign Affairs* que su industria de los chips es como un «"escudo de silicio" que protege a Taiwán y a otros de las agresiones perpetradas por regímenes autoritarios con el fin de perturbar el normal funcionamiento de las cadenas de suministro globales».[9] Es una manera muy optimista de ver la situación. La industria de los chips obliga a EE. UU. a tomarse más en serio la defensa de la isla, de eso no cabe duda. Pero la concentración de la producción en Taiwán también pone en riesgo a la economía mundial si ese «escudo de silicio» no disuade a China.

En una encuesta de 2021, la mayoría de los taiwaneses dijeron que la guerra entre su país y China les parecía improbable (un 45 por ciento) o imposible (un 17 por ciento).[10] Ahora, la invasión rusa en Ucrania nos recuerda que, aunque el estrecho de Taiwán ha vivido mayormente en paz estas últimas décadas, una guerra de conquista no es ni mucho menos inconcebible. La guerra entre Rusia y Ucrania también pone bastante de manifiesto que, en lo sucesivo, cualquier conflicto importante estará muy marcado por la posición que ocupe un determinado país en la cadena de suministro de semiconductores, lo cual le brindará directa e indirectamente poder militar y económico.

La industria rusa de chips fue a la zaga de Silicon Valley desde la época del ministro soviético Shokin y la fundación de Zelenogrado. Y anduvo de capa caída desde el final de la Guerra Fría porque la mayoría de los clientes rusos decidieron dejar de comprar a fabricantes del país y externalizar la producción a TSMC. Los únicos clientes que les quedaban eran los sectores espacial y militar de Rusia, pero estos no adquirían suficientes chips para financiar la producción avanzada de semiconductores en el país. Por eso, incluso los proyectos de Defensa más prioritarios de Rusia encontraron trabas para hacerse con los chips necesarios. Por poner un ejemplo, el equivalente ruso del satélite GPS ha sufrido demoras terribles por sus problemas para conseguir semiconductores.[11]

Esas dificultades constantes explican por qué los drones rusos abatidos sobre Ucrania estaban repletos de microelectrónica extranjera.[12] El Ejército ruso sigue dependiendo mucho de armas sin navegación de precisión. En un análisis reciente de la intervención en Siria, se descubrió que el 95 por ciento de los proyectiles lanzados por Rusia no eran guiados.[13] El hecho de que, pocas semanas después de atacar Ucrania, Rusia se encontrara con una falta de misiles de crucero guiados se debe, en parte, al pésimo estado de su industria de semiconductores. En cambio, Ucrania ha recibido un montón de munición guiada de Occidente, como los misiles antitanque Javelin, cada uno de los cuales va equipado con más de 200 semiconductores.[14]

La dependencia rusa de la tecnología extranjera ha otorgado a Estados Unidos y sus aliados un tremendo poder. Desde la invasión de Ucrania, EE. UU. ha aprobado restricciones enormes a la venta de ciertos chips a los sectores de tecnología, defensa y telecomunicaciones rusos, en coordinación con sus socios europeos, Japón, Corea del Sur y Taiwán. Fabricantes clave, desde la norteamericana Intel hasta la taiwanesa

TSMC, han dejado seco al Kremlin.[15] El sector productivo de Rusia ha sufrido interrupciones de gran calado y una parte considerable de las fábricas de coches han tenido que apagar sus motores. Según la Inteligencia estadounidense, las plantas rusas están tomando medidas desesperadas en sectores tan delicados como el de defensa, destinando al uso armamentístico chips inicialmente pensados para lavavajillas.[16] Rusia no tiene muchas más opciones que reducir el consumo de chips, porque su capacidad productiva actual es aún menor que en plena carrera espacial.

A nivel de semiconductores, la nueva Guerra Fría entre EE. UU. y China no será tan desigual, sobre todo teniendo en cuenta la inversión de Pekín en el sector y el hecho de que buena parte de la capacidad productiva tan necesaria para EE. UU. está al alcance de los misiles chinos. Seríamos unos ilusos si pensáramos que lo que ha sucedido en Europa del Este no puede pasar en Asia Oriental. Viendo el rol de los semiconductores en la guerra de Ucrania, los analistas del Gobierno chino han hablado sin pelos en la lengua: si crece la tensión entre su país y EE. UU., tendrán que «tomar TSMC».[17]

En la Guerra Fría del siglo XX ya hubo reyertas por Taiwán, primero en 1954 y luego en 1958, cuando el Ejército de Mao Tse-tung arrasó con artillería varios islotes controlados por la República de China. Hoy el país está a merced de fuerzas mucho más destructivas. No hablamos solo de misiles de corto y medio alcance, sino de aviones en las bases aéreas de Longtian y Huian, que se encuentran en el lado chino del estrecho a solo siete minutos de Taiwán. No es casual que en 2021 se reformaran esas bases añadiendo nuevos búnkeres, pistas de aterrizaje más largas y defensas de misiles.[18] Una nueva crisis en el estrecho sería mucho más peligrosa que las que estallaron en los cincuenta. El riesgo de una guerra nuclear seguiría al rojo vivo, en especial porque China posee un arsenal atómico cada vez mayor. Pero esta vez no se lucharía por una isla empobrecida, sino por el epicentro del mundo digital. Y lo peor no es eso, sino que hay dudas de que el Ejército Popular de Liberación enarbolara la bandera blanca como en los años cincuenta. En esta ocasión, es posible que Pekín se viera con muchas opciones de vencer.

Conclusión

En 1958, el Ejército Popular de Liberación empezó a bombardear la isla de Kinmen, controlada por Taiwán. Apenas cinco días después de que China desenterrara el hacha de guerra, durante ese verano abrasador en Dallas, Jack Kilby demostró a sus compañeros que todos los componentes de un circuito se podían hacer con material semiconductor: los transistores, las resistencias y los condensadores.[1] Cuatro días más tarde, Jay Lathrop llegó al aparcamiento de TI por primera vez. Ya había solicitado una patente para el proceso de fabricación de transistores con fotolitografía, pero aún no había recibido ese jugoso premio del Ejército con el que pudo comprarse un nuevo coche familiar. Varios meses antes, Morris Chang había dimitido de su puesto en una empresa de electrónica de Massachusetts y se había incorporado a TI. Allí se hizo un nombre eliminando casi como por arte de magia los errores en los procesos de fabricación de la compañía. Ese mismo año, Pat Haggerty fue nombrado presidente después de que el consejo de administración decidiera que su plan de fabricar electrónica para fines armamentísticos podía dar más dinero que los instrumentos de prospección petrolera, el fin para el que había sido fundada originariamente la empresa. Haggerty ya se había buscado un equipo extraordinario de ingenieros, como Weldon Word, que estaban sentando las bases de las armas «inteligentes» y los sensores precisos.[2]

Texas estaba en las antípodas de Taiwán, pero no era casualidad que Kilby inventara su circuito integrado en plena crisis entre Estados Unidos y China. El Departamento de Defensa estaba invirtiendo mucho en empresas de electrónica. El Ejército estaba depositando su fe en la tecnología para conservar la supremacía. La Rusia soviética y la China comunista estaban creando fuerzas armadas de escala industrial, y EE. UU. no podía apostar la victoria al número de soldados o de tanques. Lo que sí podía hacer era fabricar más transistores, sensores más precisos y equipamiento de comunicaciones más efectivo. Al final, todo eso mejoraría enormemente el armamento.

Tampoco era casualidad que Morris Chang estuviera buscando trabajo en Texas, en lugar de Tianjin, por decir algo... Para un muchacho ambicioso de una familia de clase alta, quedarse en China significaba arriesgarse a padecer hostigamiento o incluso morir. Mientras la Guerra Fría sembraba el caos y los movimientos de descolonización se sucedían por todo el mundo, las mentes más prodigiosas de muchos países intentaban llegar a Estados Unidos. John Bardeen y Walter Brattain inventaron el primer transistor, pero fueron sus compañeros en Bell Labs Mohamed Atalla y Dawon Kahng quienes dieron con la estructura necesaria para su producción en serie. Dos de los ocho ingenieros «traidores» que fundaron Fairchild Semiconductor con Bob Noyce habían nacido fuera de Estados Unidos. Al cabo de unos años, un inmigrante húngaro de armas tomar, previamente conocido como András Gróf, ayudó a la empresa a optimizar el uso de agentes químicos en sus procesos de fabricación y presentó su candidatura a futuro director general.

Era una época en que casi nadie había oído hablar de los chips de silicio, y menos aún sabían cómo funcionaban. Pero los centros de producción de semiconductores estaban atrayendo las mentes más brillantes del mundo a Texas, Massachusetts y, sobre todo, California. Esos ingenieros y físicos estaban convencidos de que la miniaturización de transistores podía cambiar literalmente el futuro. Sus augurios resultaron ser más reales de lo que nunca hubieran podido imaginar. Algunos visionarios como Gordon Moore o el catedrático del Caltech Carver Mead se adelantaron décadas a su tiempo, pero la predicción de Moore de 1965, cuando habló de «ordenadores domésticos»[3] y de «equipamiento de comunicación personal y portátil», no hace sino ofrecer un atisbo de la enorme relevancia que revisten los chips en el mundo actual. La idea de que la industria acabara produciendo más transistores al día que células hay en el cuerpo humano era algo inconcebible para los fundadores de Silicon Valley.[4]

Con el crecimiento del sector y el empequeñecimiento de los transistores, se necesitan más que nunca mercados gigantescos y globales. Hoy, ni siquiera los 700.000 millones de dólares de presupuesto del Pentágono sirven para sufragar las plantas de chips de última generación en territorio estadounidense. El Departamento de Defensa ha consagrado astilleros enteros a construir submarinos de 1.000 millones y portaaviones de 10.000 millones de dólares, pero compra muchos de sus chips a proveedores comerciales, a menudo domiciliados en Taiwán. Solo diseñar un chip avanzado ya puede superar los 100 millones de dólares, algo demasiado caro para el Pentágono. Una planta para fabricar los chips lógicos más modernos cuesta el doble que un portaaviones y solo será de última generación durante un par de años.

La asombrosa complejidad de producir transistores demuestra que la historia de Silicon Valley no pertenece solo a la ciencia y la ingeniería. La tecnología solo progresa cuando encuentra un mercado. La historia de los semiconductores también nos habla de ventas, *marketing*, cadenas de suministro y reducción de costes. Silicon Valley no existiría sin los emprendedores que lo hicieron realidad. Bob Noyce era un físico formado en el MIT, pero dejó huella sobre todo como empresario, intuyendo un mercado colosal para un producto que ni siquiera existía. La capacidad de Fairchild Semiconductor para «embutir más componentes en los circuitos integrados», citando el famoso artículo de 1965 de Gordon Moore, no fue un hito solo de los físicos y químicos de la compañía, sino de directores de fabricación tenaces e incansables como Charlie Sporck. La actitud antisindical a la hora de abrir fábricas y el ofrecimiento de acciones a la mayoría de los empleados se tradujo en un aumento imparable de la productividad. Hoy los transistores cuestan menos de una millonésima parte de lo que costaban en 1958, y eso es gracias al espíritu expresado por ese trabajador de Fairchild, ahora olvidado, que escribió estas palabras en el cuestionario que rellenó al abandonar la empresa: «Quiero... hacerme... de... oro».[5]

Analizándolo fríamente, estaríamos simplificando si dijéramos que el chip forjó el mundo moderno, porque nuestra sociedad y nuestra política definieron la forma en que se investigaron, diseñaron, produjeron, ensamblaron y usaron los circuitos integrados. Por ejemplo, la DARPA, la unidad de I+D del Pentágono, ha moldeado literalmente el semiconductor financiando estudios elementales sobre las estructuras en tres dimensiones, llamadas FinFET, que se usan en los chips lógicos más avanzados. Y, en el futuro, el aluvión de ayudas de China alterará profundamente la cadena de suministro de semiconductores, tanto si el país consigue su objetivo de supremacía como si no.

Ni que decir tiene, no hay garantía de que los chips sigan siendo tan importantes como lo han sido en el pasado. Es improbable que la demanda de poder de computación disminuya algún día, pero sí podría acabarse la oferta. La famosa ley de Gordon Moore es solo una predicción, no un hecho científico. Grandes cerebros del sector, desde el director general de Nvidia Jensen Huang hasta el exrector de Stanford y presidente de Alphabet John Hennessy, han declarado muerta esa ley.[6] En algún momento será imposible seguir reduciendo el tamaño de los transistores sin violar las leyes de la física. E incluso antes de que llegue ese punto, podría acabar siendo demasiado caro fabricarlos. El ritmo al que disminuyen los precios ya se ha suavizado bastante. Las máquinas para fabricar chips cada vez más pequeños cuestan un ojo de la cara; entre ellas destacan las máquinas de litografía UVE, que cuestan más de 100 millones de dólares cada una.

El final de la ley de Moore sería un auténtico varapalo para el sector y para el mundo. Si producimos cada año más transistores es porque es económicamente viable. Dicho esto, no es la primera vez que se considera moribunda la ley. En 1988, Erich Bloch, un experto reputado de IBM y posterior director de la National Science Foundation, dijo que la ley de Moore dejaría de cumplirse cuando los transistores llegaran a un cuarto de micrómetro, pero la industria superó esa barrera al cabo de una década. En una presentación de 2003, Gordon Moore afirmó que estaba preocupado porque el sector encontraría a buen seguro escollos durante la década siguiente, pero todas esas barreras fueron vencidas.[7] En ese momento, Moore creía que la estructura del transistor tridimensional era una «idea radical»,[8] pero menos de dos décadas más tarde ya hemos producido billones de esos productos FinFET. Hace medio siglo, el profesor del Caltech que acuñó el concepto de la ley de Moore, Carver Mead, dejó a los científicos del mundo con un palmo de narices prediciendo que los chips podrían llegar a contener 100 millones de transistores por centímetro cuadrado. Actualmente, las fábricas más modernas son capaces de meter en un chip cien veces esa cifra de transistores.[9]

Dicho de otro modo, la durabilidad de la ley ha cogido desprevenidos incluso al hombre que le da nombre y al hombre que la acuñó. No sería de extrañar que los pesimistas de hoy también se llevaran una sorpresa. El que no tiene ninguna duda es Jim Keller, un diseñador insigne al que se suele atribuir la revolución de varios chips de Apple, Tesla, AMD e Intel: para él, la densidad de los transistores puede aumentar perfectamente cincuenta veces más.[10] Según Keller, en primer lugar se podrán imprimir transistores con forma de aleta más finos, así que se podrán embutir el triple de los que llevan ahora los chips. Luego, los sustituiremos por otros en forma de tubo, a menudo llamados GAA FET («de puerta envolvente»). Esos transistores son tubos en forma de cable que permiten aplicar un campo eléctrico desde todas direcciones: desde arriba, desde los costados y desde abajo, de manera que se logra un mejor control sobre el «interruptor» para compensar los problemas del reducido tamaño. Con esos diminutos alambres, se doblará la densidad de transistores por chip. Keller también prevé que, si se hace una torre de cables, se multiplicará por ocho la densidad. Es decir, que se multiplicará casi por 50 el número de transistores por chip. Según este sobresaliente científico: «Los átomos no se están acabando. Sabemos imprimir capas de un solo átomo de grosor».

Y aunque se hable del final de la ley de Moore, se está invirtiendo más que nunca en el sector. Las empresas que diseñan chips optimizados para ejecutar algoritmos de IA han recaudado miles de millones de dólares en pocos años con la esperanza de ser la siguiente Nvidia. Las grandes tecnológicas, como Google, Amazon, Microsoft, Apple, Facebook, Alibaba y compañía, están invirtiendo en el diseño de chips propios. No parece que falte innovación.

El argumento más sólido para afirmar que la ley está a punto de descomponerse es que toda esta nueva actividad relativa a chips para usos específicos, o incluso para empresas específicas, está obligando a aparcar las mejoras en la informática de «propósito general» que han sido posibles gracias al progreso constante de los microprocesadores Intel estos últimos cincuenta años. Los investigadores Neil Thompson y Svenja Spanuth han llegado a sostener que estamos presenciando un «declive de los ordenadores en cuanto que tecnología de propósito general». Para ellos, el futuro de la informática se dividirá entre «aplicaciones "de alta velocidad", que usarán chips personalizados y potentes, y aplicaciones "de baja velocidad", que tendrán que seguir usando chips de propósito general que no progresarán».[11]

Es innegable que los chips de propósito específico están desplazando al microprocesador, el motor de la informática moderna. Lo más dudoso es que eso sea un problema. Las GPU de Nvidia no son de propósito general como los microprocesadores de Intel, en la medida en que están diseñadas específicamente para gráficos y cada vez más para la IA. Lo que sucede es que esas empresas de chips optimizados para IA han abaratado una barbaridad la inteligencia artificial y la han hecho mucho más accesible. Hoy, la IA es casi de «propósito general», algo inimaginable hace una década. Y eso es, en buena medida, gracias a los chips nuevos y más potentes.

La última tendencia de grandes tecnológicas como Amazon y Google es diseñar sus propios chips, algo que apunta a otro cambio respecto a décadas pasadas. Ambas empresas entraron en el segmento para hacer más eficientes los servidores que almacenan su nube pública. Pagando, cualquier persona puede acceder a las unidades de procesamiento tensoriales o a la nube de Google. Un pesimista te diría que la informática se está bifurcando entre un carril «de alta velocidad» y uno «de baja velocidad». Lo sorprendente es lo fácil que resulta para casi cualquier persona incorporarse al carril de alta velocidad comprando un chip de Nvidia o alquilando espacio en una nube optimizada para IA.

A eso hay que añadirle que nunca había sido tan fácil combinar distintas clases de chips.[12] Antes, un dispositivo solía tener un solo procesador; ahora puede tener varios: algunos para funciones generales y otros optimizados para funciones específicas, como la cámara. Tenemos que agradecérselo a las nuevas tecnologías de encapsulado, que facilitan mucho la conexión de los chips. De esta forma, las empresas pueden meter y sacar sin dificultad algunos de ellos de los dispositivos, según las necesidades concretas de procesamiento u otros criterios de coste. Nunca los grandes fabricantes se habían devanado tanto los sesos pensando en los sistemas en que operarán sus circuitos integrados. El quid de la cuestión no es si finalmente estamos llegando a la muerte de la ley de Moore tal y como Gordon Moore la definió —el aumento exponencial de transistores por chip—, sino si hemos llegado al poder de computación máximo que es capaz de generar un chip sin dejar de ser rentable. Miles y miles de ingenieros y gente que ha invertido muchos miles de millones apuestan a que no.

1958 fue el año en que Morris Chang, Pat Haggerty, Weldon Word, Jay Lathrop y Jack Kilby se juntaron en Texas Instruments. En el diciembre glacial de ese mismo año, Washington acogió un congreso de electrónica en el que coincidieron Chang, Gordon Moore y Bob Noyce. Esos jóvenes llenos de entusiasmo salieron a tomar unas cervezas y regresaron a su hotel al caer la noche, cantando entre montículos de nieve acumulada.[13] Ninguna de las personas con quienes se cruzaron habría podido imaginar que eran tres futuros colosos del panorama tecnológico. Pero eso no quita que hayan dejado una huella imborrable en miles de millones de obleas de silicio y, de paso, en la vida de todos nosotros. Los chips que inventaron y la industria que fundaron esconden los circuitos que han articulado nuestra historia y que marcarán nuestro futuro.

Epílogo

El pulso entre tecnológicas milmillonarias —y entre grandes potencias— por controlar los chips de IA

El 6 de octubre de 2022, dos días después de que *La guerra de los chips* fuera publicado en Estados Unidos, me vi en Washington con alguien que trabajaba elaborando políticas tecnológicas para el Gobierno. Al día siguiente, me contó, una nueva ley que revolucionaría el sector de los chips y abriría un cisma todavía mayor entre los países pro-Estados Unidos y China en lo concerniente a esa tecnología. Se iba a prohibir vender a China un amplio abanico de herramientas de fabricación de última generación —por ejemplo, equipamiento para litografiar, deponer y grabar—, con tal de que la capacidad china para fabricar chips no se acercara en lo más mínimo a la de TSMC. También se iba a vetar a China la compra de GPU de gama alta, producidas en gran medida por Nvidia. Públicamente, la Casa Blanca se escudó en el papel que esos chips desempeñaban en la modelización de explosiones nucleares o misiles hipersónicos, pero la verdadera causa era de mayor calado. El Consejo de Seguridad Nacional pensaba que esos semiconductores eran la llave para el progreso de la inteligencia artificial.

Un par de semanas antes, en un congreso en Washington, el consejero de Seguridad Nacional Jake Sullivan había presentado una nueva estrategia para seguir abanderando la carrera tecnológica. «Unas pocas tecnologías van a revestir una importancia descomedida en las próximas décadas», señaló. Entre ellas, destacaban «los avances en *hardware* informático, diseño algorítmico y conjuntos de datos masivos, [...] los cuales están propiciando descubrimientos en prácticamente todos los campos científicos. Son nuevas fuentes de crecimiento económico. Ese progreso también favorece los proyectos avanzados de modernización militar».

De todas las tecnologías informáticas, Sullivan hacía hincapié en los chips. «Dada la naturaleza primordial de algunas tecnologías, como son los chips lógicos y de memoria más avanzados, tenemos que mantener una ventaja lo más holgada posible —sostenía él—. Respecto a los controles a la exportación, debemos replantearnos la premisa de contentarnos con una ventaja "relativa" sobre la competencia en algunas tecnologías clave. Antes aplicábamos un principio "progresivo": nos bastaba con seguir un par de generaciones por delante. Ese no es el contexto estratégico en el que nos encontramos hoy.»

El Gobierno de Estados Unidos ya había prohibido a algunas empresas chinas, como Huawei, acceder a chips de alta gama. A la chita callando, también había presionado a aliados como Países Bajos para que vetaran la venta a China de máquinas de litografía UVE. Pero el 7 de octubre, tres días después de la publicación de *La guerra de los chips*, el Gobierno de Estados Unidos anunció nuevas restricciones para responder al contexto estratégico al que había aludido Sullivan. Estados Unidos iba a intentar que todas las herramientas y los conocimientos en informática y fabricación de chips de última generación continuaran en manos de Occidente.

Durante un par de semanas, mucha gente no entendió en qué consistían exactamente estas nuevas restricciones. Para muchos norteamericanos, impedir que China usara chips estadounidenses para modelizar su arsenal nuclear e hipersónico tenía sentido. El problema era que ya era ilegal vender chips al Ejército chino. El hecho de que muchos chips se colaran por las ranuras del tamiz demostraba lo difícil que iba a ser apretar las tuercas únicamente de las fuerzas armadas chinas; de ahí la lógica de prohibir la venta no solo al Ejército, sino a todo el país. En principio, el Ejército Popular de Liberación y las agencias de espionaje del país asiático conseguirían introducir de contrabando la cantidad relativamente baja de chips que necesitaban. Pero el sector tecnológico civil —que, en China, como en Estados Unidos, consumía la mayor parte de los circuitos— se llevaría un varapalo mucho más grave. Las que corrían un mayor peligro eran las tecnológicas que adquirían chips de gama alta para la inteligencia artificial.

Durante dos años, varios investigadores habían advertido la mejora fulgurante de los sistemas de IA y se habían percatado de que esos avances requerirían un volumen colosal de chips. A principios de 2022, el instituto de investigación con sede en Reino Unido Epoch AI publicó un artículo titulado «Tendencias informáticas en las tres eras del aprendizaje automático». Tras ese destartalado título se escondía una predicción asombrosa sobre las tendencias en la IA. El concepto de la inteligencia artificial existía desde la década de los cincuenta, pero había alternado entre fases de euforia e «inviernos de la IA», durante los cuales el progreso se había frenado al resultar evidente que, para aplicar los algoritmos, iba a hacer falta un poder de computación un millón (o incluso mil millones) más elevado que el de entonces.

Sin embargo, los investigadores de Epoch AI concluyeron que, en comparación con esos primeros sistemas, ahora sí había suficiente poder de computación para aplicar lo que hasta entonces había sido imposible, gracias al progreso general de la ley de Moore y a los avances específicos en IA posibilitados por los GPU de Nvidia. El poder de computación usado para entrenar a los modelos se había acelerado hasta superar la velocidad de la ley de Moore, doblándose cada seis meses. Y había una fuerte correlación entre el poder de computación usado para desarrollar sistemas de IA y las capacidades de estos últimos.

Ya en 2020, un grupo de misteriosos investigadores de una empresa emergente desconocida de San Francisco, llamada OpenAI, publicaron un artículo en el que afirmaban haber descubierto «leyes de escala para modelos de lenguaje neuronal». La idea de que, para mejorar, los modelos necesitarían más poder de computación llevaba tiempo calando en el sector que investigaba la IA. Fruto de ello, en 2019 OpenAI firmó un acuerdo con Microsoft para poder acceder a centros de datos y, así, entrenar a sistemas de IA más grandes. La investigación de Epoch AI puso de manifiesto que estas «leyes de escala» existían desde hacía al menos una década. Por si fuera poco, la mayoría de los grandes expertos en IA creían que las leyes de escala perdurarían mucho tiempo.

El personal del Consejo de Seguridad Nacional había estudiado cuidadosamente esos artículos. Las «leyes de escala» indujeron a la Casa Blanca a endurecer aún más la exportación de chips a China, con el objetivo de mermar el acceso de ese país a las GPU de IA. Pero a finales de 2022, el debate parecía puramente académico. La inteligencia artificial se había prometido décadas antes. ¿Acaso se había hecho realidad?

El 30 de noviembre de 2022, apenas un mes después de que el Gobierno de Estados Unidos aprobara sus nuevas restricciones a los chips de IA, la cuenta de OpenAI en Twitter compartió un enlace y publicó: «¿Por qué no probáis a hablar con ChatGPT, nuestro nuevo sistema de IA optimizado para el diálogo? Vuestros comentarios nos ayudarán a mejorarlo». Fue un inicio modesto para un producto que suscitó una auténtica marea de fascinación por los sistemas de IA, así como un aumento de la inversión en los semiconductores necesarios para alimentar dichos sistemas. ChatGPT se hizo viral enseguida. Algunos usuarios lo tacharon de magia y analistas del sector predijeron que no tardaría en reemplazar a

Google. «Por fin la IA se ha masificado», declaró un experto. En un margen de dos meses, ChatGPT había ganado 100 millones de usuarios.

Al principio parecía que ChatGPT se iba a usar sobre todo para escribir sonetos o preparar recetas. No cabe duda de que sobresalía en ambas cosas. Si iba a ser capaz de realizar tareas más útiles, como son algunas obligaciones tediosas del trabajo de oficina, todavía estaba por ver. Los chatbots de IA solían aludir a artículos inexistentes o atribuían a personajes históricos citas que no pertenecían a esas personas. No era complicado engatusar a ChatGPT y compañía para que realizaran afirmaciones ilógicas. Incluso cuando los programas de IA ofrecían respuestas precisas, estas acostumbraban a ser banales. Algunos observadores repudiaron los nuevos productos, tildándolos de juguetes impresionantes pero inútiles.

Los directivos de Silicon Valley no lo veían así. Meta y Alphabet —compañías que poseían redes sociales con más de veinte años de antigüedad y motores de búsqueda—, empezaron a temer un desbarajuste que afectara a sus monopolios valorados en billones de dólares. A Microsoft le inquietaba que las nuevas herramientas de IA pudieran dar al traste con su *software*. Las grandes tecnológicas acusaron el mazazo de ChatGPT y los inversores de capital riesgo de Sand Hill Road olieron la sangre. Esas empresas habían invertido miles de millones en inteligencia artificial y habían producido algunos de los avances algorítmicos más importantes sobre los que se basaba ChatGPT. Pero esas colosales tecnológicas habían perdido la carrera contra una advenediza. Todo el mundo usaba «Google» como sinónimo para 'lugar en el que buscar', y buscar es una de las utilidades más valiosas de internet. ¿Qué pasaría si la siguiente generación también usaba «ChatGPT» como sinónimo de otro servicio?

Las grandes tecnológicas partían con muchas ventajas, evidentemente; contaban con magníficos investigadores y miles de millones de dólares. La importancia del dinero radicaba en el coste de los chips. Las «leyes de escala» predecían que, para entrenar sistemas de IA aún mejores, se necesitaría un número todavía mayor de chips. Para ofrecer chatbots de IA al mundo entero, se requerirían todavía más. Las grandes tecnológicas y los laboratorios de IA no tardaron en entender que necesitarían muchas más GPU de lo que nadie había imaginado.

Las tecnológicas más grandes de Estados Unidos empezaron a invertir miles de millones para construir centros de datos llenos de chips de alta gama, a fin de crear la infraestructura informática necesaria para poner en marcha la IA. En diciembre de 2022, Meta detuvo varios proyectos de centros de datos para adaptarlos a un nuevo enfoque: la IA. Microsoft anunció un nuevo complejo de centros de datos de 1.000 millones de dólares en Wisconsin en la primavera de 2023, tras lo cual Google anunció otros en Nebraska y Arizona. A principios de 2023, las estimaciones del sector apuntaban a que el mundo dispondría de 1.000 centros de datos a hiperescala en un año, el doble que cinco años antes.

Todos esos nuevos centros de datos elevaron por las nubes el gasto de las grandes tecnológicas. En 2023, grandes empresas como Google, Meta y Microsoft gastaban entre 5.000 y 10.000 millones de dólares por trimestre en centros de datos. Buena parte de ese dinero se invertía en la compra de los chips y servidores de alta gama que necesitaban los centros de datos. Desde entonces, los gastos de capital de las tecnológicas han alcanzado cotas aún más elevadas. Meta anunció el plan de invertir 65.000 millones de dólares en gastos de capital en 2025; Google, 75.000 millones; y Microsoft, 80.000 millones. Son cifras desorbitadas para compañías que siempre habían priorizado el *software*.

Y no solo las grandes tecnológicas están gastando miles de millones en chips y centros de datos. Muchos operadores de centros de datos nuevos (llamados «de la neonube») dieron un paso al frente para ofrecer acceso a GPU a empresas de IA. Varias de las empresas más grandes de este tipo, como CoreWeave, fueron fundadas antes que ChatGPT con vistas a utilizar chips de gama alta para el minado de bitcoines o para otras funciones relacionadas con las criptomonedas. Ahora bien, las necesidades de las instalaciones de minado de bitcoines —que no dejan de ser centros de datos con acceso a cantidades ingentes de electricidad— se asemejaban a las necesidades de la IA. Eso hizo que muchos centros de minado se reinventaran rápidamente y se presentaran como proveedores de infraestructura para la IA.

También lo hizo Elon Musk. Obviamente, Tesla llevaba muchos años investigando en IA para mejorar la conducción autónoma. Pero esa prestación usaba algoritmos diferentes de los que usaban los modelos extensos de lenguaje que estaban transformando el sector tecnológico. Además, a Musk le había salido el tiro por la culata con la compra de Twitter de 2022, pues el número de usuarios y los ingresos por publicidad estaban estancados o cayendo. Así que Musk reestructuró su imperio empresarial en torno a la IA. Ya había sido una figura destacada en la fundación de OpenAI antes de partir peras con Sam Altman. A principios de 2023, entendió que los modelos extensos de lenguaje eran un filón demasiado grande como para ignorarlo. Así que en marzo de 2023 fundó xAI, recabó 6.000 millones de dólares de capital inicial y emprendió una carrera para construir un centro de datos colosal en Memphis, Tennessee. «Es más difícil comprar GPU que comprar drogas», se lamentó, pero al final pudo adquirir una primera remesa de 100.000 GPU para su centro de datos de Memphis.

Todos estos centros de datos tienen que estar a rebosar de chips y, durante un tiempo, no hubo bastantes. Nvidia y TSMC pisaron el acelerador, pero la demanda de las empresas de IA era voraz. En diciembre de 2023, el director general de OpenAI Sam Altman publicó un tuit para disculparse por tener que limitar algunos servicios de ChatGPT. «Gracias por ser pacientes mientras encontramos más GPU», dijo.

La carrera por las GPU cambió por completo la cadena de valor tecnológica. No solo benefició a Nvidia, sino también a compañías como ASML y TSMC. Por otra parte, para ser útiles para la IA, las GPU tenían que ir equipadas con chips de memoria de alto ancho de banda, cuyo mejor fabricante es la coreana SK Hynix. Además, todas las grandes tecnológicas siguieron diseñando sus propios chips, colaborando con firmas sin fábrica como Broadcom y Marvell. El precio de las acciones de todas esas compañías se disparó.

Pero Nvidia seguía en la cresta de la ola. Sus ingresos se multiplicaron. En junio de 2024 ya era la empresa más valiosa del mundo, diez veces más que dos años antes, cuando se publicó *La guerra de los chips*. Ya en 2022, expertos y burócratas de seguridad nacional pensaron que los chips de IA iban camino de convertirse en el recurso más valioso del mundo; ahora veían cumplidas sus predicciones en un grado inimaginable.

¿Y China, qué? Pues los altos mandos del Partido Comunista no vieron venir el auge de la IA. Evidentemente entendían los peligros del cuello de botella, y por eso el Gobierno chino y sus distintos vehículos de inversión llevaban casi una década destinando dinero al desarrollo de su sector de los circuitos integrados. Pero la inteligencia artificial no había sido una prioridad. De hecho, Xi Jinping llevaba varios años atosigando a los gigantes del comercio electrónico de China. Desde finales de 2020, el Gobierno impuso una serie de leyes impredecibles para limitar sus operaciones, vetó varias OPV de alto nivel, inició causas judiciales contra profesionales tecnológicos con buenos contactos y expulsó del país al director general de Alibaba, Jack Ma. Cuando se lanzó ChatGPT en 2022, el precio por acción de Alibaba —una de las grandes historias de éxito del sector tecnológico chino— había caído un 75 por ciento respecto a su pico de 2020.

Algunos analistas señalaron que esta campaña antitecnológica evidenciaba la brillantez de Xi. Las medidas servirían para destinar los recursos invertidos en sectores «improductivos», como el de los videojuegos, a la robótica o la fabricación de chips. Lo que está fuera de toda duda es que disuadió a los inversores de meter dinero en la industria tecnológica china. Entre 2021 y 2024, la recaudación de fondos de capital riesgo se redujo un 82 por ciento. China había dilapidado su capacidad de innovación en el mismo momento en que inversores del resto del mundo estaban apostando al despegue inminente de la inteligencia artificial.

Aun así, los recursos que China podía reunir eran enormes, y Xi no hizo sino priorizar cada vez más los chips. Gracias a la importación de muchas máquinas de fabricación de Occidente —entre otras, herramientas de litografía DUV, un escalón por debajo de la UVE—, SMIC pudo producir chips relativamente sofisticados en Shanghái. Ya en septiembre de 2022, se descubrió que SMIC había producido su primer chip de 7 nanómetros. Es cierto que ese circuito estaba pensado para el minado de bitcoines, así que requería una arquitectura más simple que un procesador complejo. Pero también demostraba que SMIC no se iba a quedar de brazos cruzados, cosa que nadie creía que fuera a hacer.

Exactamente un año después —cuando Estados Unidos ya llevaba casi doce meses limitando la exportación de bienes que pudieran ayudar a China a desarrollar su fabricación de chips de gama alta—, en septiembre de 2023, la secretaria de Comercio estadounidense Gina Raimondo fue a Pekín, poniendo de relieve la estrategia de la Administración Biden de intentar «estabilizar» las relaciones bilaterales mandando a

China una serie de emisarios de alto perfil. No obstante, Raimondo adoptó un tono duro para referirse a los esfuerzos de China por amenazar el liderazgo tecnológico estadounidense. «Les he recalcado a las autoridades chinas que [...] nuestra paciencia se está agotando», declaró tras su visita. Pero la paciencia de China con las restricciones de Estados Unidos también se estaba agotando. Huawei había preparado un golpe maestro mediático. Justo mientras Raimondo abandonaba Pekín, Huawei anunció que había producido un nuevo y avanzado teléfono móvil equipado con un procesador de 7 nanómetros fabricado por SMIC. Era algo que ninguna empresa china había conseguido antes.

Cuando se les preguntó por la relevancia del nuevo chip de Huawei, los portavoces del Gobierno estadounidense balbucieron. No sabían que iba a lanzarse coincidiendo con la visita de Raimondo, y tampoco esperaban la campaña mediática en China. Algunos miembros del Gobierno dijeron que ese avance era de esperar, pero entonces, ¿estaban surtiendo efecto las medidas para frenar a China? Otros sostuvieron que China todavía no era capaz de producir los chips «a gran escala», lo cual sonaba a excusa barata. Washington estuvo un año echando balones fuera cuando se les preguntaba si el chip del móvil de Huawei cuestionaba la utilidad del control a las exportaciones de chips.

Resultó que ambas afirmaciones eran ciertas. A Huawei le costó producir en masa los móviles con ese nuevo chip. El procesador de 7 nanómetros de SMIC iba unos cinco años rezagado respecto al primer chip de TSMC producido en ese nodo. Además, era innegable que los controles a la exportación de máquinas de fabricación habían ralentizado el progreso de SMIC. En el sector, todo el mundo coincidía en que, si SMIC hubiera podido adquirir herramientas UVE y otras máquinas de última generación, habría cerrado bastante la distancia que la separaba de TSMC.

Donde más patentes se hacían las limitaciones impuestas por Estados Unidos era en el sector que la Casa Blanca consideraba más importante: el de las GPU. Aunque algunas empresas chinas, como Huawei, diseñaban GPU, las empresas chinas de IA compraban principalmente chips de Nvidia, debido a su elevada calidad y a la complejidad e interconexión del ecosistema del *software*. Para más inri, Huawei no podía producir suficientes GPU. Los chips de IA tienden a ser mucho más grandes que los procesadores de teléfono inteligente. Cuanto más silicio se usa, más margen hay para el error de fabricación. Había distintas voces en el sector, pero la mayoría de los expertos estaban de acuerdo en que el rendimiento —el porcentaje de las GPU de Huawei fabricadas por SMIC que funcionaban— era escaso.

Además, para producir chips de 7 nanómetros sin herramientas UVE, SMIC tenía que utilizar la técnica litográfica de patrones múltiples. En lugar de usar una máquina UVE una vez, usaba una DUV menos avanzada varias veces para crear la misma forma. Así lograba fabricar transistores de 7 nanómetros, pero el coste se desmandaba y la capacidad de fabricación era limitada. TSMC había empezado produciendo chips de 7 nanómetros con la técnica de patrones múltiples y máquinas DUV, pero se pasó a la litografía UVE avanzada para ser más eficiente. En conclusión, China era capaz de producir una cantidad moderada de chips de gama alta, pero TSMC podía usar las herramientas más nuevas para producir cantidades muy superiores de chips todavía más potentes.

Por eso entre 2023 y 2024 el mayor proveedor de GPU a China siguió siendo Nvidia. Con arreglo a las leyes de Estados Unidos, la empresa solo podía vender al país asiático GPU de menor capacidad. Esas GPU de baja gama (aunque bastante potentes) se convirtieron en el motor de las tecnológicas chinas. Por más que Nvidia solo pudiera vender chips de segunda categoría a clientes chinos, la empresa seguía embolsándose miles de millones. La réplica de Raimondo de que Huawei no podía producir chips de 7 nanómetros «a gran escala» parecía débil. Pero sí acertaba a subrayar el dilema de China: su dependencia de Estados Unidos y Taiwán para adquirir chips de última generación.

Naturalmente, China tenía alternativas a la compra de chips de baja gama de Nvidia. Una opción era el contrabando. Pronto aparecieron noticias que hablaban de los cientos o miles de GPU de gama alta de Nvidia que entraban en China en maletines o a través de empresas fantasma fundadas con el único propósito de introducir chips en el país. Una segunda alternativa era usar chips fuera de las fronteras. Malasia es un país con una postura bastante «neutral» en la refriega entre Estados Unidos y China. También tiene un excedente de electricidad. Cuando empresas chinas como ByteDance, propietaria de TikTok, empezaron a buscar acceso a las GPU, los centros de datos de Malasia se antojaron como la respuesta obvia. En el mundillo, pronto fue un secreto a voces que muchos centros de datos nuevos que se estaban construyendo en Malasia lavaban poder de computación para las compañías chinas que no podían acceder a esos chips en su país.

Los responsables de seguridad estadounidenses también sospechaban de Oriente Próximo, donde Emiratos Árabes Unidos y Arabia Saudí estaban invirtiendo miles de millones de dólares para transformarse en epicentros de la actividad en IA. En EAU, Tahnún bin Zayed al Nahyán —el «jeque espía», según un periodista de *Wired*— quería que su país fuera una superpotencia de la IA. EAU abrió el grifo de sus diferentes vehículos de inversión para comprar acciones de empresas estadounidenses de IA. También trató de instalar centros de datos de IA en EAU, esperando que se llenaran de chips de Nvidia. Los máximos dirigentes saudíes albergaban ambiciones semejantes.

En el Gobierno de Estados Unidos, a los responsables de seguridad les daba miedo que los chips que recalaran en Malasia u Oriente Próximo terminaran en manos de empresas chinas. Apuntaban a los estrechos lazos que había entre el sector tecnológico emiratí y empresas chinas vetadas como Huawei y BGI (de esta última cabe decir que, según noticias de los medios, ha estado recopilando datos genéticos de todo el mundo usando test de embarazo o de COVID-19).

A principios de 2025, más de dos años después de prohibir las ventas de GPU a China, la Casa Blanca anunció una restricción todavía más amplia. Para impedir el contrabando de GPU al país asiático —y también para impedir que Gobiernos muy pudientes de Oriente Próximo adquirieran capacidades de IA de Estados Unidos y las exportaran—, Estados Unidos impuso un límite internacional a la instalación de GPU.

La guerra de los chips se acababa de volver mundial. De repente, altos cargos de la Casa Blanca dedicaban tanto tiempo a analizar el flujo de GPU a analizar el de los misiles norcoreanos. Los mayores expertos chinos en IA, como el director general de DeepSeek Liang Wenfeng, manifestaron públicamente que el principal reto era acceder a un volumen suficiente de chips de IA. Meras noticias sobre la venta de esos chips hacían que el valor en bolsa de grandes tecnológicas subiera o cayera miles de millones de dólares. Tecnológicas valoradas en billones de dólares tenían dificultades para acceder a las GPU que necesitaban y la empresa más valiosa del mundo controlaba su diseño.

El furor por la IA cambió muchas cosas, pero no el dilema de Taiwán. No hizo sino aumentar la dependencia de Estados Unidos —y del mundo entero— de TSMC. Un ejecutivo de TSMC declaró públicamente que la empresa manufacturaba el 99 por ciento de las GPU más avanzadas del mundo, y casi todas se producían en fábricas de Taiwán. A comienzos de 2019, TSMC había prometido empezar a diversificar su base de fabricación. Había abierto una planta en Japón, aunque no para producir los chips más avanzados. El campus de TSMC en Arizona terminó inaugurándose en 2025, aunque también era pequeño en comparación con la inmensa capacidad de producción que posee la compañía en Taiwán.

¿E Intel y Samsung, las otras dos empresas que supuestamente debían competir con TSMC? Ambas claudicaron durante el *boom* de la IA. Samsung había sido siempre un fabricante de memoria, pero hizo el ridículo cuando su rival coreana SK Hynix se apoderó del mercado de chips de memoria de alto ancho de banda integrados a las GPU. Además, su negocio de fabricación de procesadores tampoco logró grandes resultados en la fabricación de procesadores de gama alta.

Intel también ha ido a remolque. La eclosión de la IA provocó que los operadores de centros de datos compraran más GPU y menos CPU de centros de datos, chips que previamente Intel había dominado. De resultas, la rentabilidad de Intel menguó antes de que su estrategia para revertir la situación pudiera dar sus frutos. El director general Pat Gelsinger, contratado para que resucitara a la empresa, dimitió a finales de 2024 tras un desencuentro con el consejo de administración. Todas las grandes empresas de IA del mundo han acabado dependiendo todavía más de Taiwán, con lo que están más expuestas que antes a lo que China decida hacer con la guerra y con la paz.

Jamás en la historia del planeta se había producido una revolución económica que dependiera de una cadena de suministro tan estrecha, ni que estuviera amenazada por tantos puntos únicos de fallo. La Revolución Industrial de principios del siglo XIX requería un carbón muy repartido por el mundo. Muchos países aprendieron a construir vías de ferrocarril y acerías, y eso marcó la Segunda Revolución Industrial de finales del siglo XIX. El petróleo que propulsó la economía global en el siglo XX también estaba esparcido por muchos territorios, y la OPEP solo dominó la producción de crudo y la fijación de precios durante varios años de los setenta. Pero el sector de los chips sigue caracterizado por el papel que en él desempeñan un puñado de empresas insustituibles, como ASML y TSMC. Y desde la primera edición de *La guerra de los chips*, esa dinámica se ha acentuado más si cabe.

Debido a esto —y debido a que, en el futuro previsible, la mejora de los chips seguirá siendo un factor clave en los avances de la IA—, resultará imposible desligar los semiconductores de la política. Cada país que desempeña un papel en la cadena de suministro de chips está tratando de afianzar su posición; cada país que no desempeña ningún papel está intentando hacerse un hueco. Los dos grandes líderes de la IA en el mundo, China y Estados Unidos, observan con nerviosismo una cadena de suministro que ninguno de los dos controla del todo. Y del pulso que ambas superpotencias están librando por Taiwán, el corazón mundial de la fabricación de chips, se desprende que el futuro de la paz y el progreso nunca han estado tan fatídicamente entrelazados.

Agradecimientos

La fabricación de un chip de última generación consiste en cientos de pasos y una cadena de suministro que recorre muchos países. Escribir este libro ha sido casi igual de complejo. Me siento agradecido con todas las personas que me han ayudado desde diferentes países, que no han sido pocas.

Por permitirme acceder a material de archivo, sobre todo durante las restricciones de la pandemia, doy las gracias a los bibliotecarios y archiveros de la Biblioteca del Congreso en Washington, la Universidad Metodista del Sur, la Universidad Stanford, la Hoover Institution, el Archivo de la Academia de las Ciencias de Rusia y la Academia Sínica de Taiwán.

También me siento en deuda por la oportunidad que he tenido de entrevistar a más de 100 expertos del sector, del mundo académico y del Gobierno acerca de los semiconductores. Varias docenas de entrevistados me pidieron que no los citara en el libro para poder hablar sin reparos sobre su labor. Dicho eso, sí me gustaría dar las gracias en público a las siguientes personas por darme claves o ayudarme a conseguir entrevistas: Bob Adams, Richard Anderson, Susie Armstrong, Jeff Arnold, David Attwood, Vivek Bakshi, Jon Bathgate, Peter Bealo, Doug Bettinger, Michael Bruck, Ralph Calvin, Gordon Campbell, Walter Cardwell, John Carruthers, Rick Cassidy, Anand Chandrasekher, Morris Chang, Shang-yi Chiang, Bryan Clark, Lynn Conway, Barry Couture, Andrea

Cuomo, Aart de Geus, Seth Davis, Anirudh Devgan, Steve Director, Greg Dunn, Mark Durcan, John East, Kenneth Flamm, Igor Fomenkov, Gene Frantz, Adi Fuchs, Mike Geselowitz, Lance Glasser, Jay Goldberg, Peter Gordon, John Gowdy, Doug Grouse, Chuck Gwyn, Rene Haas, Wesley Hallman, David Hanke, Bill Heye, Chris Hill, David Hodges, Sander Hofman, Tristan Holtam, Eric Hosler, Gene Irisari, Nina Kao, John Kibarian, Valery Kotkin, Michael Kramer, Lev Lapkis, Steve Leibiger, Chris Mack, Chris Malachowsky, Dave Markle, Christopher McGuire, Marshall McMurran, Carver Mead, Bruno Murari, Bob Nease, Daniel Nenni, Jim Neroda, Ron Norris, Ted Odell, Sergei Osokin, Ward Parkison, Jim Partridge, Malcolm Penn, William Perry, Pasquale Pistorio, Mary Anne Potter, Stacy Rasgon, Griff Resor, Wally Rhines, Dave Robertson, Steve Roemerman, Aldo Romano, Jeanne Roussel, Rob Rutenbar, Zain Saidin, Alberto Sangiovanni-Vincentelli, Robin Saxby, Brian Shirley, Peter Simone, Marko Slusarczuk, Randy Steck, Sergey Sudjin, Will Swope, John Taylor, Bill Tobey, Roger van Art, Dick van Atta, Gil Varnell, Michael von Borstel, Stephen Welby, Lloyd Whitman, Pat Windham, Alan Wolff, Stefan Wurm, Tony Yen, Ross Young, Victor Zhirnov y Annie Zhou. Como es obvio, ninguno de ellos es responsable de ninguna de las conclusiones a las que llego aquí.

Ajit Manocha, presidente y director general de SEMI, me fue de gran ayuda a la hora de introducirme en el sector. John Neuffer, Jimmy Goodrich y Meghan Biery, de la Semiconductor Industry Association, me echaron una mano compartiendo conmigo sus opiniones respecto a la industria. Terry Daly, un veterano de los semiconductores, fue increíblemente generoso con su tiempo y le estoy agradecido por haberme guiado. Bob Loynd y Craig Keast, del Laboratorio Lincoln del MIT, tuvieron la amabilidad de hacerme una visita guiada por sus instalaciones de microelectrónica. También me ayudó alguien que desea mantener su anonimato, un revisor técnico que me explicó cosas sobre la tecnología FinFET, los materiales con alta constante dieléctrica y muchos otros detalles de la ciencia de los semiconductores.

Mis opiniones sobre los vínculos entre el sector de los chips y la política son las que son tras una serie de apasionantes charlas con Danny Crichton y Jordan Schneider. Jordan y Dong Yan leyeron este manuscrito y me ayudaron a pulir sus tesis. Gracias a Kevin Xu y a su indispensable boletín, descubrí algunas anécdotas muy suculentas sobre Morris Chang que, de no haber sido por él, habría pasado por alto. Y hablando con Sahil Mahtani, Philip Saunders y su equipo, se perfiló mi opinión sobre los desafíos de China en materia de semiconductores.

Algunos fragmentos de esta investigación se presentaron ante el centro de investigación ISS de la Universidad Yale. Doy las gracias a Paul Kennedy y Arne Westad por esa oportunidad. También fue una bendición poder presentar un boceto del estudio ante el Naval War College, y debo acordarme de Rebecca Lissner por haberme invitado. En el seminario de historia de la Hoover Institution y en el American Enterprise Institute pude someterme a preguntas muy incisivas que acabaron limando mis hipótesis.

Este libro bebe mucho de investigaciones y trabajos periodísticos sobre el origen de Silicon Valley y sobre la historia de la informática. He aprendido mucho de expertos y periodistas que han analizado antes que yo los diferentes puntos de vista sobre el tema, y cito sus obras en las notas. Estoy especialmente agradecido a Leslie Berlin, Geoffrey Cain, Doug Fuller, Slava Gerovitch, Paul Gillespie, Philip Hanson, James Larson, David Laws, Wen-Yee Lee, Willy Shih, Denis Fred Simon, Paul Snell, David Stumpf, David Talbot, Zachary Wasserman y Debby Wu por compartir sus indagaciones y sus conocimientos conmigo. George Leopold ha sido un gran mentor para entender la industria contemporánea de los chips y la electrónica. Jose Moura también me tendió la mano presentándome a compañeros suyos en los primeros compases del proyecto. Y Murray Scott me animó y me dio ideas en muchas ocasiones.

También quiero tener unas palabras para Danny Gottfried, Jacob Clemente, Gertie Robinson, Ben Cooper, Claus Soong, Wei-Ting Chen, Mindy Tu, Freddy Lin, Will Baumgartner, Soyoung Oh, Miina Matsuyama, Matyas Kisiday, Zoe Huang, Chihiro Aita y Sara Ashbaugh, por ayudarme a reunir y traducir fuentes. Ashley Theis ha sido de gran ayuda en todos los aspectos. Y mi investigación no habría sido posible sin el apoyo de la Smith Richardson Foundation y la Sloan Foundation.

Los docentes y alumnos de la Fletcher School, en la que trabajo, me han servido para tantear muchas de las ideas de este libro. Entre ellos quiero destacar el seminario de Dan Drezner de 2019 sobre la «interdependencia militarizada». Rollie Flynn, Maia Otarashvili y Aaron Stein de FPRI apoyaron el estudio desde el primer momento. Kori Schake, Dany Pletka y Hal Brands permitieron que el American Enterprise Institute fuera un hogar intelectual para mí mientras cerraba los últimos flecos del manuscrito. Los compañeros que tengo en Greenmantle me han motivado mucho a pensar en los lazos que unen la tecnología, las finanzas, la macroeconomía y la política. Estoy en deuda con Niall Ferguson por el entusiasmo que mostró en el proyecto desde el principio; con Pierpaolo Barbieri, por haberme presentado a varias personas que han sido de gran ayuda; con Alice Han, por ayudarme a entender la política tecnológica de China; y con Stephanie Petrella, por las incisivas críticas que me hizo cuando este proyecto estaba dando sus primeros pasos.

Ha sido un placer trabajar con Rick Horgan y con todo el equipo de Scribner. Sin la confianza de Toby Mundy al inicio de este periplo, no habría emprendido nunca el camino. Jon Hillman me consiguió un contacto al comienzo del proceso que puso en marcha todo el engranaje.

Y, por último, lo más importante. No cabe duda de que mi familia me ha apoyado incondicionalmente durante todo este proyecto. Mis padres han valorado todos los capítulos con gran rigor. Lucy y Vlad han sido los mejores canguros que uno se pueda imaginar. Liya, Anton y Evie han soportado con estoicismo que esta obra interrumpiera mañanas, tardes, fines de semana, vacaciones y permisos de paternidad. A ellos les dedico este libro.

Notas

Prefacio

1. Cheng Ting-Fan, «TSMC Founder Morris Chang Says Globalization Almost Dead», *Nikkei Asia*, 7 de diciembre de 2022, <https://asia.nikkei.com/Spotlight/Most-read-in-2022/TSMC-founder-Morris-Chang-says-globalization-almost-dead>.

2. Steve Holland y Jane Lanhee Lee, «TSMC Triples Arizona Chip Plant Investment», Reuters, 7 de diciembre de 2022, <https://www.reuters.com/technology/biden-visit-taiwans-tsmc-chip-plant-arizona-hail-supply-chain-fixes-2022-12-06/>.

3. «Building Fabs in Arizona "Old Dream Revived"», *Focus Taiwan*, 7 de diciembre de 2022, <https://focustaiwan.tw/business/202212070024>.

4. Pódcast con Morris Chang, Brookings Institute, 14 de abril de 2022, <https://www.brookings.edu/wp-content/uploads/2022/04/Vying-for-Talent-Morris-Chang-20220414.pdf>.

5. Entrevista con Ron Norris, 2021; Mike Rogoway, «TSMC's Morris Chang Explains Wafertech's Failure», *Oregon Live*, 22 de abril de 2022, <https://www.oregonlive.com/silicon-forest/2022/04/tsmcs-morris-chang-explains-wafertechs-failure-in-camas-calls-push-for-us-chip-revival-an-exercise-in-futility.html>.

6. Demetri Sevastopoulo, «China tests new space capability», *Financial Times*, 16 de octubre de 2021, <https://www.ft.com/content/ba0a3cde-719b-4040-93cb-a486e1f843fb>.

7. «Doomed to fail»: Kathrin Hille y Demetri Sevastopoulo, «TSMC: The Taiwanese Chipmaker Caught up in the Tech Cold War», *Financial Times*, 24 de octubre de 2022, <https://www.ft.com/content/bae9756a-3bce-4595-b6c9-8082fd735aa0>.

8. <https://www.tsmc.com/english/dedicatedFoundry/technology/logic/l_16_12nm>.

9. Liza Lin y Karen Hao, «American Executives in Limbo at Chinese Chip Companies after U.S. Ban», *The Wall Street Journal*, 16 de octubre de 2022, <https://www.wsj.com/articles/american-executives-in-limbo-at-chinese-chip-companies-after-u-s-ban-11665912757?mod=article_inline>.

Introducción

1. «USS Mustin Transits the Taiwan Strait», *Navy Press Releases*, 19 de agosto de 2020, <https://www.navy.mil/Press-Office/Press-Releases/display-pressreleases/Article/2317449/uss-mustin-transits-the-taiwan-strait/#images-3>; Sam LaGrone, «Destroyer USS Mustin Transits Taiwan Strait Following Operations with Japanese Warship», *USNI News*, 18 de agosto de 2020, <https://news.usni.org/2020/08/18/destroyer-uss-mustin-transits-taiwan-strait-following-operations-with-japanese-warship>.

2. «China Says Latest US Navy Sailing Near Taiwan "Extremely Dangerous"», *Straits Times*, 20 de agosto de 2020, <https://www.straitsimes.com/asia/east-asia/china-says-latest-us-navy-sailing-near-taiwan-extremely-dangerous>; Liu Xuanzun, «PLA Holds Concentrated Military Drills to Deter Taiwan Secessionists, US», *Global Times*, 23 de agosto de 2020, <https://www.globaltimes.cn/page/202008/1198593.shtml>.

3. La idea del estrangulamiento se extrae de Murray Scott, autor de un boletín llamado *Zen on Tech* que cambió mi forma de pensar sobre la geopolítica de los semiconductores.

4. Antonio Varas, Raj Varadarajan, Jimmy Goodrich y Falan Yinug, «Strengthening the Global Semiconductor Supply Chain in

an Uncertain Era», *Semiconductor Industry Association*, abril de 2021, gráfico 2, <https://www.semiconductors.org/wp-content/uploads/2021/05/BCG-x-SIA-Strengthening-the-Global-Semiconductor-Value-Chain-April-2021_1.pdf>; por valor económico, los teléfonos representan un 26 por ciento de todas las ventas de semiconductores.

5. «iPhone 12 and 12 Pro Teardown», *IFixit*, 20 de octubre de 2020, <https://www.ifixit.com/Teardown/iPhone+12+and+12+Pro+Teardown/137669>.

6. «A Look Inside the Factory Around Which the Modern World Turns», *The Economist*, 21 de diciembre de 2019.

7. Angelique Chatman, «Apple iPhone 12 Has Reached 100 Million Sales, Analyst Says», CNET, 30 de junio de 2021; Omar Sohail, «Apple A14 Bionic Gets Highlighted with 11.8 Billion Transistors», *WCCFTech*, 15 de septiembre de 2020.

8. Isy Haas, Jay Last, Lionel Kattner y Bob Norman, moderado por David Laws, «Oral History of Panel on the Development and Promotion of Fairchild Micrologic Integrated Circuits», Computer History Museum, 6 de octubre de 2007, <https://archive.computerhistory.org/resources/access/text/2013/05/102658200-05-01-acc.pdf>; entrevista con David Laws, 2022.

9. Gordon E. Moore, «Cramming More Components onto Integrated Circuits», *Electronics* 38, núm. 8, 19 de abril de 1965, <https://newsroom.intel.com/wp-content/uploads/sites/11/2018/05/moores-law-electronics.pdf>; datos del Intel 1103 extraídos de «Memory Lane», *Nature Electronics* 1, 13 de junio de 2018, <https://www.nature.com/articles/s41928-018-0098-9>.

10. Según los datos de la Semiconductor Industry Association, en 2019 el 37 por ciento de los chips lógicos se produjeron en Taiwán; Varas *et al.*, «Strengthening the Global Semiconductor Supply Chain in an Uncertain Era».

11. Varas *et al.*, «Strengthening the Global Semiconductor Supply Chain in an Uncertain Era», p. 35.

12. Mark Fulthorpe y Phil Amsrud, «Global Light Vehicle Production Impacts Now Expected Well into 2022», *IHS Market*,

19 de agosto de 2021, <https://ihsmarkit.com/research-analysis/global-light-vehicle-production-impacts-now-expected-well-into.html>.

13. Varas *et al.*, «Strengthening the Global Semiconductor Supply Chain in an Uncertain Era».

14. Entrevista con Morris Chang, 2022.

1. Del acero al silicio

1. Los pormenores de la vida de Morita se extraen de Akio Morita, *Made in Japan: Akio Morita and Sony*, HarperCollins, 1987.

2. Morris C. M. Chang, *The Autobiography of Morris C. M. Chang*, Commonwealth Publishing, 2018. Gracias a Mindy Tu por ayudarme con la traducción.

3. Andrew Grove, *Swimming Across*, Warner Books, 2002, p. 52.

4. John Nathan, *Sony: A Private Life*, Houghton Mifflin, 2001, p. 16.

5. Chang, *Autobiography of Morris C. M. Chang*.

6. Morita, *Made in Japan*, p. 1.

7. David Alan Grier, *When Computers Were Human*, Princeton University Press, 2005, cap. 13; Proyecto de Tablas Matemáticas, *Table of Reciprocals of the Integers from 100,000 through 200,009*, Columbia University Press, 1943.

8. Robert P. Patterson, *The United States Strategic Bombing Survey: Summary Report*, Departamento de Guerra de Estados Unidos, 1945, p. 15, en *The United States Strategic Bombing Surveys*, Air University Press, 1987, <https://www.airuniversity.af.edu/Portals/10/AUPress/Books/B_0020_SPANGRUD_STRATEGIC_BOMBING_SURVEYS.pdf>.

9. T. R. Reid, *The Chip*, Random House, 2001, p. 11.

10. Derek Cheung y Eric Brach, *Conquering the Electron: The Geniuses, Visionaries, Egomaniacs, and Scoundrels Who Built Our Electronic Age*, Roman & Littlefield, 2011, p. 173.

2. El interruptor

1. Joel Shurkin, *Broken Genius: The Rise and Fall of William Shockley, Creator of the Electronic Age*, Macmillan, 2006, es la mejor fuente para conocer a Shockley. Véase también Michael Riordan y Lillian Hoddeson, *Crystal Fire: The Birth of the Information Age*, Norton, 1997.

2. Gino del Guercio e Ira Flatow, «Transistorized!», PBS, 1999, <https://www.pbs.org/transistor/tv/script1.html>.

3. Riordan y Hoddeson, *Crystal Fire*, especialmente pp. 112-114.

4. Esta explicación sobre cómo funciona el transistor se basa en gran medida en Riordan y Hoddeson, *Crystal Fire*, y en Cheung y Brach, *Conquering the Electron*.

5. Cheung y Brach, *Conquering the Electron*, pp. 206-207.

6. Riordan y Hoddeson, *Crystal Fire*, p. 165; «SCIENCE 1948: Little Brain Cell», *Time*, 1948, <http://content.time.com/time/subscriber/article/0,33009,952095,00.html>.

3. Noyce, Kilby y el circuito integrado

1. Cheung y Brach, *Conquering the Electron*, p. 228.

2. *Ibid.*, p. 214.

3. Entrevista con Ralph Calvin, 2021; Jay W. Lathrop, testimonio oral de 1996 a cargo de David Morton, IEEE History Center, Piscataway, Nueva Jersey, EE. UU.

4. Entrevista a Jack Kilby de Arthur L. Norberg, Charles Babbage Institute, 21 de junio de 1984, pp. 11-19, <https://conservancy.umn.edu/bitstream/handle/11299/r107410/oh074jk.pdf?sequence=1&isAllowed=y>.

5. Caleb III Pirtle, *Engineering the World: Stories from the First 75 Years of Texas Instruments*, Southern Methodist University Press, 2005, p. 29.

6. David Brock y David Laws, «The Early History of Microcircuitry», *IEEE Annals of the History of Computing* 34, núm. 1,

enero de 2012, <https://ieeexplore.ieee.org/document/6109206>; T. R. Reid, *The Chip*, Random House, 2001.

7. Shurkin, *Broken Genius*, p. 173; «Gordon Moore», PBS, 1999, <https://www.pbs.org/transistor/album1/moore/index.html>; otros libros importantes sobre Fairchild son: Arnold Thackray, David C. Brock y Rachel Jones, *Moore's Law: The Life of Gordon Moore, Silicon Valley's Quiet Revolutionary*, Basic, 2015, y Leslie Berlin, *The Man Behind the Microchip: Robert Noyce and the Invention of Silicon Valley*, Oxford University Press, 2005.

8. «1959: Practical Monolithic Integrated Circuit Concept Patented», Computer History Museum, <https://www.computerhistory.org/siliconengine/practical-monolithic-integrated-circuit-concept-patented/>; Christophe Lecuyer y David Brock, *Makers of the Microchip*, MIT Press, 2010; Robert N. Noyce, patente para dispositivo semiconductor y estructura de terminales, EE. UU., 2981877, solicitada el 30 de julio de 1959 y concedida el 25 de abril de 1961, <https://patentimages.storage.googleapis.com/e1/73/1e/7404cd5ad6325c/US2981877.pdf>; Michael Riordan, «The Silicon Dioxide Solution», *IEEE Spectrum*, 1 de diciembre de 2007, <https://spectrum.ieee.org/the-silicon-dioxide-solution>; Berlin, *The Man Behind the Microchip*, pp. 53-81.

9. Berlin, *The Man Behind the Microchip*, p. 112.

4. El despegue

1. «Satellite Reported Seen over S.F.», *San Francisco Chronicle*, 5 de octubre de 1957, p. 1.

2. Robert Divine, *The Sputnik Challenge*, Oxford, 1993. Mi opinión sobre los efectos de la Guerra Fría en la ciencia estadounidense se inspiró mucho en Margaret O'Mara, *Cities of Knowledge: Cold War Science and the Search for the Next Silicon Valley*, Princeton University Press, 2015; Audra J. Wolfe, *Competing with the Soviets: Science, Technology, and the State in Cold War America*, Johns Hopkins University Press, 2013; y Steve Blank, «Secret History of Sili-

con Valley», conferencia en el Computer History Museum, 20 de noviembre de 2008, <https://www.youtube.com/watch?v=ZTC_RxWN_xo>.

3. Eldon C. Hall, *Journey to the Moon: The History of the Apollo Guidance Computer*, American Institute of Aeronautics, 1996, pp. xxi, 2; Paul Cerruzi, «The Other Side of Moore's Law: The Apollo Guidance Computer, the Integrated Circuit, and the Microelectronics Revolution, 1962-1975», en R. Lanius y H. McCurdy, *NASA Spaceflight*, Palgrave Macmillan, 2018.

4. Hall, *Journey to the Moon*, p. 80.

5. Hall, *Journey to the Moon*, pp. xxi, 2, 4, 19, 80, 82; Tom Wolfe, «The Tinkerings of Robert Noyce», *Esquire*, diciembre de 1983.

6. Robert N. Noyce, «Integrated Circuits in Military Equipment», Institute of Electrical and Electronics Engineers Spectrum, junio de 1964; Christophe Lecuyer, «Silicon for Industry: Component Design, Mass Production, and the Move to Commercial Markets at Fairchild Semiconductor, 1960-1967», *History and Technology* 16, 1999, p. 183; Michael Riordan, «The Silicon Dioxide Solution», *IEEE Spectrum*, 1 de diciembre de 2007, <https://spectrum.ieee.org/the-silicon-dioxide-solution>.

7. Hall, *Journey to the Moon*, p. 83.

8. Charles Phipps, «The Early History of ICs at Texas Instruments: A Personal View», *IEEE Annals of the History of Computing* 34, núm. 1, enero de 2012, 37-47.

9. Norman J. Asher y Leland D. Strom, «The Role of the Department of Defense in the Development of Integrated Circuits», *Institute for Defense Analyses*, 1 de mayo de 1977, p. 54.

10. Entrevista con Bill Heye, 2021; entrevista con Morris Chang, 2022.

11. Patrick E. Haggerty, «Strategies, Tactics, and Research», *Research Management* 9, núm. 3, mayo de 1966, pp. 152-153.

12. Marshall William McMurran, *Achieving Accuracy: A Legacy of Computers and Missiles*, Xlibris US, 2008, p. 281.

13. Entrevistas con Bob Nease, Marshall McMurran y Steve Roemerman, 2021; David K. Stumpf, *Minuteman: A Technical His-*

tory of the Missile That Defined American Nuclear Warfare, University of Arkansas Press, 2020, p. 214; Patrick E. Haggerty, «Strategies, Tactics, and Research», *Research Management* 9, núm. 3, mayo de 1966, pp. 152-153; véase también Bob Nease y D. C. Hendrickson, *A Brief History of Minuteman Guidance and Control*, Rockwell Autonetics Defense Electronics, 1995; McMurran, *Achieving Accuracy*, cap. 12. Estoy en deuda con David Stumpf por haber compartido conmigo el artículo de Nease y Henderson.

14. Asher y Strom, «The Role of the Department of Defense in the Development of Integrated Circuits», p. 83; Hall, *Journey to the Moon*, p. 19; «Minuteman is Top Semiconductor User», *Aviation Week & Space Technology*, 26 de julio de 1965, p. 83.

5. De morteros y de la producción en serie

1. Correspondencia con Jay Lathrop, 2021; entrevista con Walter Cardwell, 2021; entrevista con John Gowdy, 2021; Jay Lathrop y James R. Nall, patente para la fabricación de semiconductores, EE. UU., 2890395A, presentada el 31 de octubre de 1957 y concedida el 9 de junio de 1959, <https://patentimages.storage.googleapis.com/e2/4d/4b/8d90caa48db31b/US2890395.pdf>; Jay Lathrop, «The Diamond Ordinance Fuze Laboratory's Photolithographic Approach to Microcircuits», *IEEE Annals of the History of Computing* 35, núm. 1, 2013, pp. 48-55.

2. Correspondencia con Jay Lathrop, 2021; entrevista con Mary Anne Potter, 2021.

3. Entrevista con Mary Anne Potter, 2021; Mary Anne Potter, «Oral History», Transistor Museum, septiembre de 2001, <http://www.semiconductormuseum.com/Transistors/TexasInstruments/OralHistories/Potter/Potter_Page2.htm>.

4. Chang, *Autobiography of Morris Chang*; «Stanford Engineering Hero Lecture: Morris Chang in Conversation with President John L. Hennessy», Stanford Online, vídeo de YouTube, 25 de abril de 2014, <https://www.youtube.com/watch?v=wEh3ZgbvBrE>.

5. Testimonio oral de Morris Chang, entrevistado por Alan Patterson, Computer History Museum, 24 de agosto de 2007; entrevista con Morris Chang, 2022.

6. Entrevistas con Bill Heye y Gil Varnell, 2021.

7. Testimonio oral de Morris Chang, entrevistado por Alan Patterson, Computer History Museum, 24 de agosto de 2007.

8. Tekla S. Perry, «Morris Chang: Foundry Father», *Institute of Electrical and Electronics Engineers Spectrum*, 19 de abril de 2011, <https://spectrum.ieee.org/at-work/tech-careers/morris-chang-foundry-father>.

9. David Laws, «A Company of Legend: The Legacy of Fairchild Semiconductor», *IEEE Annals of the History of Computing* 32, núm. 1, enero de 2010, p. 64.

10. Charles E. Sporck y Richard Molay, *Spinoff: A Personal History of the Industry That Changed the World*, Saranac Lake Publishing, 2001, pp. 71-72; Christophe Lecuyer, «Silicon for Industry», p. 45.

6. «Quiero... hacerme... de... oro»

1. Asher y Strom, «The Role of the Department of Defense in the Development of Integrated Circuits», p. 74.

2. Robert Noyce, «Integrated Circuits in Military Equipment», *IEEE Spectrum*, junio de 1964, p. 71.

3. Thomas Heinrich, «Cold War Armory: Military Contracting in Silicon Valley», *Enterprise & Society* 3, núm. 2, junio de 2002, p. 269; Lecuyer, «Silicon for Industry», p. 186.

4. Reid, *The Chip*, p. 151.

5. Dirk Hanson, *The New Alchemists: Silicon Valley and the Microelectronics Revolution*, Avon Books, 1983, p. 93.

6. US Government Armed Services Technical Information Agency, *Survey of Microminiaturization of Electronic Equipment*, P. V. Horton y T. D. Smith, AD269 300, Arlington, Virginia: Air Force Ballistic Missile Division Air Research Development Com-

mand, Fuerza Aérea de Estados Unidos, 1961, pp. 23, 37, 39, <https://apps.dtic.mil/sti/citations/AD0269300>.

7. Moore, «Cramming More Computers onto Integrated Circuits».

8. Asher y Strom, «The Role of the Department of Defense in the Development of Integrated Circuits», p. 73; Herbert Kleiman, *The Integrated Circuit: A Case Study of Product Innovation in the Electronics Industry*, George Washington University Press, 1966, p. 57.

9. Lecuyer, «Silicon for Industry»: especialmente pp. 189, 194, 222; Kleiman, *The Integrated Circuit*, p. 212; Ernest Braun y Stuart Macdonald, *Revolution in Miniature: The History and Impact of Semiconductor Electronics*, Cambridge University Press, 1982, p. 114.

10. Asher y Strom, «The Role of the Department of Defense in the Development of Integrated Circuits», p. 64; Berlin, *The Man Behind the Microchip*, p. 138; Lecuyer, «Silicon for Industry», pp. 180, 188.

11. «Oral History of Charlie Sporck», Computer History Museum, vídeo de YouTube, 2 de marzo de 2017, min. 1:11:48, <https://www.youtube.com/watch?v=duMUvoKP-pk>; Asher y Strom, «The Role of the Department of Defense in the Development of Integrated Circuits», p. 73; Berlin, *The Man Behind the Microchip*, p. 138.

12. Berlin, *The Man Behind the Microchip*, p. 120.

13. Michael Malone, *The Intel Trinity*, Michael Collins, 2014, p. 31.

7. El Silicon Valley soviético

1. Y. Nosov, «Транзистор - наше все. К истории великого открытия», *Elektronika*, 2008, <https://www.electronics.ru/journal/article/363>; A. F. Trutko, IREX Papers, Biblioteca del Congreso, Washington; para la Crothers Memorial Hall, véase el anuario de 1960 de Stanford.

2. CIA, «Production of Semiconductor Devices in the USSR», CIA/*RR*, noviembre de 1959, pp. 59-44.

3. Entrevistas con Lev Lapkis, Valery Kotkin, Sergei Osokin y Sergey Sudjin, 2021; sobre el análisis soviético de las publicaciones en EE. UU.: N. S. Símonov, Несостоявшаяся информационная революция, Universitet Dmitriya Pozharskogo, 2013, pp. 206-207; «Automate the Boss' Office», *Business Week*, abril de 1956, p. 59; A. A. Vasenkov, «Некоторые события из истории микроэлектроники», *Virtualnyi Kompyuternyi Muzei*, 2010, <https://computer-museum.ru/books/vasenkov/vasenkov_3-1.htm>; B. Malashévich, «Первые интегральные схемы», *Virtualnyi Kompyuternyi Muzei*, 2008, <https://www.computer-museum.ru/histekb/integral_1.htm>.

4. Entrevistas con Lev Lapkis, Valery Kotkin y Sergey Sudjin.

5. A. A. Shokin, Очерки истории российской электроники, v. 6, Tehnosfera, 2014, p. 520.

6. En la Unión Soviética, Sarant se hizo pasar por Philip Staros, mientras que Barr era conocido como Joseph Berg; los detalles de sus idas y venidas se extraen principalmente de Steven T. Usdin, *Engineering Communism*, Yale University Press, 2005.

7. Usdin, *Engineering Communism*, p. 175; Símonov, Несостоявшаяся информационная революция, p. 212. Entre los expertos rusos en microelectrónica todavía se debate el grado de influencia que tuvieron Barr y Sarant. No crearon por sí solos la industria informática soviética, pero es indudable que desempeñaron un papel importante.

8. Usdin, *Engineering Communism*, pp. 203-209.

9. Shokin, Очерки истории российской электроники, v. 6, pp. 522-523, 531.

8. «Copiadlo»

1. Símonov, Несостоявшаяся информационная революция, p. 210; véase también A. A. Vasenkov, «Некоторые события из истории микроэлектроники», *Virtualnyi Kompyuternyi Muzei*, 2010, <https://computer-museum.ru/books/vasenkov/vasenkov_3-

1.htm>; archivo de Boris Malin, IREX Papers, Biblioteca del Congreso, Washington; Shokin, Очерки истории российской электроники v. 6, p. 543.

2. B. Malashévich, «Первые интегральные схемы», *Virtualnyi Kompyuternyi Muzei*, 2008, <https://www.computer-museum.ru/histekb/integral_1.htm>; Símonov, Несостоявшаяся информационная революция, p. 65; testimonio oral de Yuri R. Nosov, entrevistado por Rosemary Remackle, Computer History Museum, 17 de mayo de 2012, pp. 22-23.

3. Ronald Amann *et al.*, *The Technological Level of Soviet Industry*, Yale University Press, 1977.

4. A. A. Vasenkov, «Некоторые события из истории микроэлектроники», *Virtualnyi Kompyuternyi Muzei*, 2010, <https://computer-museum.ru/books/vasenkov/vasenkov_3-1.htm>; B. V. Malin, «Создание первой отечественной микросхемы», *Virtualnyi Kompyuternyi Muzei*, 2000, <https://www.computer-museum.ru/technlgy/su_chip.htm>.

5. Entrevista con Sergei Osokin, 2021.

9. El vendedor de transistores

1. Esta narración sobre la visita de Ikeda se extrae de fuentes japonesas traducidas por Miina Matsuyama; véase Nick Kapur, *Japan at the Crossroads After Anpo*, Harvard University Press, 2018, p. 84; Shiota Ushio, *Tokyo Wa Moetaka*, Kodansha, 1988; Shintaro Ikeda, «The Ikeda Administration's Diplomacy Toward Europe and the "Three-Pillar" Theory», *Hiroshima Journal of International Studies* 13, 2007; Kawamura Kazuhiko, *Recollections of Postwar Japan, S25*, History Study Group, 2020.

2. Office of the Historian, Departamento de Estado de EE. UU., «National Security Council Report», en David W. Mabon (ed.), *Foreign Relations of the United States, 1955-1957, Japan, Volume XXIII, Part 1*, United States Government Printing Office, 1991, <https://history.state.gov/historicaldocuments/frus1955-57v

23p1/d28>; Office of the Historian, Departamento de Estado de EE. UU., «No. 588 Note by the Executive Secretary (Lay) to the National Security Council», en David W. Mabon y Harriet D. Schwar, eds., *Foreign Relations of the United States, 1952-1954, China and Japan, Volume XIV, Part 2*, United States Government Printing Office, 1985, <https://history.state.gov/historicaldocuments/frus1952-54v14p2/d588>.

3. Office of the Historian, Departamento de Estado de EE. UU., «National Security Council Report».

4. Bob Johnstone, *We Were Burning: Japanese Entrepreneurs and the Forging of the Electronic Age*, Basic Books, 1999, p. 16; Makoto Kikuchi, testimonio oral de 1994 a cargo de William Aspray, IEEE History Center, Piscataway, Nueva Jersey, EE. UU.

5. Makoto Kikuchi, «How a Physicist Fell in Love with Silicon in the Early Years of Japanese R&D», en H. R. Huff, H. Tsuya y U. Gosele (eds.), *Silicon Materials Science and Technology*, v. 1, The Electrochemical Society, Inc., 1998, p. 126; Makoto Kikuchi, testimonio oral de 1994 a cargo de William Aspray, IEEE History Center, Piscataway, Nueva Jersey, EE. UU.; Johnstone, *We Were Burning*, p. 15.

6. Vicki Daitch y Lillian Hoddeson, *True Genius: The Life and Science of John Bardeen: The Only Winner of Two Nobel Prizes in Physics*, Joseph Henry Press, 2002, pp. 173-174.

7. Nathan, *Sony*, p. 13; Morita, *Made in Japan*, pp. 70-71.

8. Morita, *Made in Japan*, p. 1.

9. Hyungsub Choi, «Manufacturing Knowledge in Transit: Technical Practice, Organizational Change, and the Rise of the Semiconductor Industry in the United States and Japan, 1948-1960», tesis doctoral, Universidad Johns Hopkins, 2007, p. 113; Johnstone, *We Were Burning*, p. xv.

10. Simon Christopher Partner, «Manufacturing Desire: The Japanese Electrical Goods Industry in the 1950s», tesis doctoral, Universidad de Columbia, 1997, p. 296; Andrew Pollack, «Akio Morita, Co-Founder of Sony and Japanese Business Leader, Dies at 78», *The New York Times*, 4 de octubre de 1999.

11. Pirtle, *Engineering the World*, pp. 73-74; Robert J. Simcoe, «The Revolution in Your Pocket», *American Heritage* 20, núm. 2, otoño de 2004.

12. John E. Tilton, *International Diffusion of Technology: The Case of Semiconductors*, Brookings Institution, 1971, pp. 57, 141, 148; «Leo Esaki Facts», The Nobel Foundation, <https://www.nobelprize.org/prizes/physics/1973/esaki/facts/>.

13. Johnstone, *We Were Burning*, cap. 1 y pp. 40-41.

14. Kenneth Flamm, «Internationalization in the Semiconductor Industry», en Joseph Grunwald y Kenneth Flamm, eds., *The Global Factory: Foreign Assembly in International Trade*, Brookings Institution, 1985, p. 70; Bundo Yamada, «Internationalization Strategies of Japanese Electronics Companies: Implications for Asian Newly Industrializing Economies (NIEs)», Centro de Desarrollo de la OCDE, octubre de 1990, <https://www.oecd.org/japan/33750058.pdf>.

15. Choi, *Manufacturing Knowledge in Transit*, pp. 191-192.

16. «Marketing and Export: Status of Electronics Business», *Electronics*, 27 de mayo de 1960, p. 95.

17. Henry Kissinger, «Memorandum of Conversation, Washington, April 10, 1973, 11:13 a.m.-12:18 p.m.», en Bradley Lynn Coleman, David Goldman y David Nickles, eds., *Foreign Relations of the United States, 1969-1976, Volume E-12, Documents on East and Southeast Asia, 1973-1976*, Government Printing Office, 2010, <https://history.state.gov/historicaldocuments/frus1969-76ve12/d293>.

18. Entrevista con Bill Heye, 2021; entrevista con Morris Chang, 2022; J. Fred Bucy, *Dodging Elephants: The Autobiography of J. Fred Bucy*, Dog Ear Publishing, 2014, pp. 92-93.

19. Johnstone, *We Were Burning*, p. 364.

10. Las chicas del transistor

1. Paul Daniels, *The Transistor Girls*, Stag, 1964.

2. Entrevista de David C. Brock a Eugene J. Flath, Science History Institute, 28 de febrero de 2007.

3. Testimonio oral de Charlie Sporck, Computer History Museum; Sporck y Molay, *Spinoff: A Personal History of the Industry That Changed the World.*

4. Andrew Pollack, «In the Trenches of the Chip Wars, a Struggle for Survival», *The New York Times*, 2 de julio de 1989; Sporck y Molay, *Spinoff*, p. 63; testimonio oral de Charlie Sporck, Computer History Museum.

5. Glenna Matthew, *Silicon Valley, Women, and the California Dream: Gender, Class, and Opportunity in the Twentieth Century*, Stanford University Press, 2002, caps. 1-3.

6. Sporck y Molay, *Spinoff*, pp. 87-88.

7. Sporck y Molay, *Spinoff*, pp. 91-93; William F. Finan, *Matching Japan in Quality: How the Leading U.S. Semiconductor Firms Caught Up with the Best in Japan*, MIT Japan Program, 1993, p. 61; entrevista de David C. Brock a Julius Blank, Science History Institute, 20 de marzo de 2006, p. 10; testimonio oral de Julius Blank, entrevistado por Craig Addison, Computer History Museum, 25 de enero de 2008.

8. John Henderson, *The Globalisation of High Technology Production*, Routledge, 1989, p. 110; Sporck y Molay, *Spinoff*, p. 94; testimonio oral de Harry Sello en la entrevista de Craig Addison, SEMI, 2 de abril de 2004.

9. Sporck y Molay, *Spinoff*, p. 95; testimonio oral de Charlie Sporck, Computer History Museum.

10. William F. Finan, «The International Transfer of Semiconductor Technology Through U.S.-Based Firms», documento de trabajo núm. 118 de NBER, diciembre de 1975, pp. 61-62.

11. Testimonio oral de Craig Addison, entrevista de Clements E. Pausa, 17 de junio de 2004.

12. Testimonio oral de Charlie Sporck, Computer History Museum; véanse también los extensos debates sobre temas como la sindicación, las negociaciones salariales y la normativa de la Organización Internacional del Trabajo en el Computer History Museum, «Fairchild Oral History Panel: Manufacturing and Support Services», 5 de octubre de 2007.

11. Ataque de precisión

1. Entrevista con Bill Heye, 2021.

2. Samuel J. Cox, «H-017-2: Rolling Thunder—A Short Overview», Naval History and Heritage Command, 27 de marzo de 2018, <https://www.history.navy.mil/about-us/leadership/director/directors-corner/h-grams/h-gram-017/h-017-2.html#:~:text=These%20U.S.%20strikes%20dropped%20864%2C000,years%20of%20World%20War%20II>.

3. Barry Watts, *Six Decades of Guided Munitions and Battle Networks: Progress and Prospects*, Center for Strategic and Budgetary Assessments, 2007, p. 133.

4. US Government Naval Air Systems Command, «Report of the Air-to-Air Missile System Capability Review July-November 1968», AD-A955-143, Naval History and Heritage Command, 23 de abril de 2021, <https://www.history.navy.mil/research/histories/naval-aviation-history/ault-report.html>; Watts, *Six Decades of Guided Munitions*, p. 140.

5. James E. Hickey, *Precision-Guided Munitions and Human Suffering in War*, Routledge, 2016, p. 98.

6. Entrevista con Steve Roemerman, 2021; Paul G. Gillespie, «Precision Guided Munitions: Constructing a Bomb More Potent Than the A-Bomb», tesis doctoral, Universidad de Lehigh, 2002.

7. Entrevista con Steve Roemerman, 2021.

8. Entrevista con Steve Roemerman, 2021.

9. «Obituary of Colonel Joseph Davis Jr.», *Northwest Florida Daily News*, 24-26 de agosto de 2014; Gillespie, «Precision Guided Munitions», pp. 117-118; Walter J. Boyne, «Breaking the Dragon's Jaw», *Air Force Magazine*, agosto de 2011, pp. 58-60, <https://www.airforcemag.com/PDF/MagazineArchive/Documents/2011/August%202011/0811jaw.pdf>; Vernon Loeb, «Bursts of Brilliance», *The Washington Post*, 15 de diciembre de 2002.

10. Gillespie, «Precision Guided Munitions», p. 116.

11. *Ibid.*, pp. 125, 172.

12. William Beecher, «Automated Warfare Is Foreseen by

Westmoreland After Vietnam», *The New York Times*, 14 de octubre de 1969. Los teóricos de Defensa ya sabían que las armas de precisión cambiarían el arte de la guerra; véase James F. Digby, *Precision-Guided Munitions: Capabilities and Consequences*, informe de RAND P-5257, junio de 1974, y *The Technology of Precision Guidance: Changing Weapon Priorities, New Risks, New Opportunities*, informe de RAND P-5537, noviembre de 1975.

12. La mano visible en la cadena de suministro

1. «Taiwan's Development of Semiconductors Was Not Smooth Sailing», Claus Soong (trad.), *Storm Media*, 5 de junio de 2019, <https://www.storm.mg/article/1358975?mode=whole.000>.

2. «Mark Shepherd Jr. Obituary», *Dallas Morning News*, 6-8 de febrero de 2009; Ashlee Vance, «Mark Shepherd, a Force in Electronics, Dies at 86», *The New York Times*, 9 de febrero de 2009.

3. «Taiwan's Development of Semiconductors was not Smooth Sailing»; entrevista con Morris Chang, 2022.

4. David W. Chang, «U.S. Aid and Economic Progress in Taiwan», *Asian Survey* 5, núm. 3, marzo de 1965, p. 156; Nick Cullather, «"Fuel for the Good Dragon": The United States and Industrial Policy in Taiwan, 1950-1960», *Diplomatic History* 20, núm. 1, invierno de 1996, p. 1.

5. Wolfgang Saxon, «Li Kwoh-ting, 91, of Taiwan Dies; Led Effort to Transform Economy», *The New York Times*, 2 de junio de 2001.

6. «Taiwan's Development of Semiconductors was not Smooth Sailing».

7. L. Sophia Wang, *K. T. LI and the Taiwan Experience*, National Tsing Hua University Press, 2006, p. 216; «TI Taiwan Chronology», en *Far East Briefing Book*, documentos de Texas Instruments, Southern Methodist University Library, 18 de octubre de 1989.

8. Henry Kissinger, «Memorandum of Conversation, Washington, April 10, 1973, 11:13 a.m.-12:18 p.m.», en Bradley Lynn Co-

leman, David Goldman y David Nickles, eds., *Foreign Relations of the United States, 1969-1976, Volume E-12, Documents on East and Southeast Asia, 1973-1976*, Government Printing Office, 2010, <https://history.state.gov/historicaldocuments/frus1969-76ve12/d293>; Linda Lim y Pang Eng Fong, *Trade, Employment and Industrialisation in Singapore*, Organización Internacional del Trabajo, 1986, p. 156.

9. Joseph Grunwald y Kenneth Flamm, *The Global Factory: Foreign Assembly in International Trade*, Brookings Institution Press, 1994, p. 100.

10. Kenneth Flamm, «Internationalization in the Semiconductor Industry», en Grunwald y Flamm, *The Global Factory*, p. 110; Lim y Pang Eng Fong, *Trade, Employment and Industrialisation in Singapore*, p. 156; informe anual estadístico de Hong Kong, Departamento de Censos y Estadísticas, 1984, tabla 3.12, <https://www.censtatd.gov.hk/en/data/stat_report/product/B1010003/att/B10100031984AN84E0100.pdf>; G. T. Harris y Tai Shzee Yew, «Unemployment Trends in Peninsular Malaysia During the 1970s», *ASEAN Economic Bulletin* 2, núm. 2, noviembre de 1985, pp. 118-132.

11. *Meeting with Prime Minister Li, Taipei, September 23, 1977, and Reception/Buffett—Taipei. September 23, 1977. Mark Shepherd Remarks*, en la documentación de artículos, cartas, informes y discursos de Mark Shepherd, 1977, Southern Methodist University Library, sección 90-69; Associated Press, «Mark Shepherd Jr.; led Texas Instruments», *Boston Globe*, 9 de febrero de 2009.

13. Los revolucionarios de Intel

1. Marge Scandling, «2 of Founders Leave Fairchild; Form Own Electronics Firm», *Palo Alto Times*, 2 de agosto de 1968.

2. Lucien V. Auletta, Herbert J. Hallstead y Denis J. Sullivan, «Ferrite Core Planes and Arrays: IBM's Manufacturing Evolution», *IEEE Transactions on Magnetics* 5, núm. 4, diciembre de 1969;

John Markoff, «IBM's Robert H. Dennard and the Chip That Changed the World», IBM, 7 de noviembre de 2019, <https://www.ibm.com/blogs/think/2019/11/ibms-robert-h-dennard-and-the-chip-that-changed-the-world/>.

3. Emma Neiman, «A Look at Stanford Computer Science, Part I: Past and Present», *Stanford Daily*, 15 de abril de 2015; «Interview with Marcian E. Hoff, Jr., 1995 March 03», Stanford Libraries, 3 de marzo de 1995, <https://exhibits.stanford.edu/silicon-genesis/catalog/jj158jn5943>.

4. Robert N. Noyce y Marcian E. Hoff, «A History of Microprocessor Development at Intel», *IEEE Micro* 1, núm. 1, febrero de 1981; entrevista de David Laws a Ted Hoff y Stan Mazor, Computer History Museum, 20 de septiembre de 2006; «Ted Hoff: The Birth of the Microprocessor and Beyond», *Stanford Engineering*, noviembre de 2006.

5. Sarah Fallon, «The Secret History of the First Microprocessor», *Wired*, 23 de diciembre de 2020; Ken Shirriff, «The Surprising Story of the First Microprocessors», *IEEE Spectrum*, 30 de agosto de 2016.

6. Berlin, *The Man Behind the Microchip*, p. 205; Gordon Moore, «On Microprocessors», *IEEE*, 1976; Ross Knox Bassett, *To the Digital Age*, Johns Hopkins University Press, 2002, p. 281; Malone, *The Intel Trinity*, pp. 177-178; Gene Bylinsky, «How Intel Won Its Bet on Memory Chips», *Fortune*, noviembre de 1973; Fallon, «The Secret History of the First Microprocessor».

7. Entrevista con Carver Mead, 2021.

8. Carver Mead, «Computers That Put the Power Where It Belongs», *Engineering and Science* XXXVI, núm. 4, febrero de 1972.

9. Gene Bylinsky, «How Intel Won Its Bet on Memory Chips».

14. La estrategia de compensación del Pentágono

1. Entrevista de Russell Riley a William Perry, Miller Center de la Universidad de Virginia, 21 de febrero de 2006; William J.

Perry, *My Journey at the Nuclear Brink*, Stanford Security Studies, 2015, caps. 1-2.

2. Entrevista con William Perry, 2021; Zachary Wasserman, «Inventing Startup Capitalism», tesis doctoral, Universidad Yale, 2015.

3. Andrew Krepinevich y Barry Watts, *The Last Warrior: Andrew Marshall and the Shaping of Modern American Defense Strategy*, Basic Books, 2015, pp. 4, 9, 95.

4. A. W. Marshall, «Long-Term Competition with the Soviets: A Framework for Strategic Analysis», Rand Corporation, R-862-PR, abril de 1972, <https://www.rand.org/pubs/reports/R862.html>.

5. Testimonio de William Perry, Comité del Senado sobre los Servicios Armados, Departamento de Defensa, Aprobación del Presupuesto para 1979, parte 8: Investigación y Desarrollo, 96.º Congreso de Estados Unidos, 1979, pp. 5.506-5.937; Kenneth P. Werrell, *The Evolution of the Cruise Missile*, Air University Press, 1985, p. 180.

6. Richard H. van Atta, Sidney Reed y Seymour J. Deitchman, *DARPA Technical Accomplishments Volume II*, DARPA, Institute for Defense Analyses, 1991, p. 12-2.

7. Werrell, *Evolution of the Cruise Missile*, p. 136.

8. Van Atta *et al.*, *DARPA Technical Accomplishments Volume II*, DARPA, pp. 5-10.

9. Entrevista con Steve Roemerman, 2021; entrevista de Alfred Goldberg a William J. Perry, Office of the Secretary of Defense, 9 de enero de 1981.

10. Fred Kaplan, «Cruise Missiles: Wonder Weapon or Dud?», *High Technology*, febrero de 1983; James Fallows, *National Defense*, Random House, 1981, p. 55; William Perry, «Fallows' Fallacies: A Review Essay», *International Security* 6, núm. 4, primavera de 1982, p. 179.

11. Entrevista de Russell Riley a William Perry, Miller Center de la Universidad de Virginia, 21 de febrero de 2006.

15. La feroz competencia

1. Entrevista con Richard Anderson, 2021; Michael Malone, *Bill and Dave: How Hewlett and Packard Built the World's Greatest Company*, Portfolio Hardcover, 2006; «Market Conditions and International Trade in Semiconductors», vista ante el Subcomité de Comercio del Comité de Revisión de Presupuestos, Cámara de Representantes, 96.º Congreso, 28 de abril de 1980.

2. Michael Malone, *The Big Score*, Stripe Press, 2021, p. 248; Jorge Contreras, Laura Handley y Terrence Yang, «Breaking New Ground in the Law of Copyright», *Harvard Law Journal of Technology* 3, primavera de 1990.

3. Revista periódica de Rosen Electronics, 31 de marzo de 1980.

4. Malone, *The Intel Trinity*, p. 284; Fred Warshofsky, *Chip War: The Battle for the World of Tomorrow*, Scribner, 1989, p. 101.

5. *TPS-L2: User Manual*, Sony Corporation, 1981, p. 24.

6. «Vol. 20: Walkman Finds Its Way into the Global Vocabulary», Sony, <https://www.sony.com/en/SonyInfo/CorporateInfo/History/capsule/20/>.

7. Testimonio oral de Charlie Sporck, Computer History Museum.

16. «En guerra con Japón»

1. Mark Simon, «Jerry Sanders/Silicon Valley's Tough Guy», *San Francisco Chronicle*, 4 de octubre de 2001; Thomas Skornia, *A Case Study in Realizing the American Dream: Sanders and Advanced Micro Devices: The First Fifteen Years, 1969-1984*, 1984, <https://archive.computerhistory.org/resources/access/text/2019/01/102721657-05-01-acc.pdf>.

2. Testimonio oral de Charlie Sporck, Computer History Museum.

3. Michael S. Malone, «Tokyo, Calif», *The New York Times*, 1 de noviembre de 1981; testimonio oral de Charlie Sporck, Computer History Museum.

4. Thomas C. Hayes, «American Posts Bail as Details of Operation by F.B.I. Unfold», *The New York Times*, 25 de junio de 1982.

5. Wende A. Wrubel, «The Toshiba-Kongsberg Incident: Shortcomings of Cocom, and Recommendations for Increased Effectiveness of Export Controls to the East Bloc», *American University International Law Review* 4, núm. 1, 2011.

6. Stuart Auerbach, «CIA Says Toshiba Sold More to Soviet Bloc», *The Washington Post*, 15 de marzo de 1988.

7. Michael E. Porter y Mariko Sakakibara, «Competition in Japan», *Journal of Economic Perspectives* 18, núm. 1, invierno de 2004, p. 36; *The Effect of Government Targeting on World Semiconductor Competition*, Semiconductor Industry Association, 1983, pp. 69-74.

8. Kiyonari Sakakibara, «From Imitation to Innovation: The Very Large Scale Integrated (VLSI) Semiconductor Project in Japan», documento de trabajo de la MIT Sloan School of Management, octubre de 1983, <https://dspace.mit.edu/handle/1721.1/47985>.

9. Reid, *The Chip*, p. 224.

10. *The Effect of Government Targeting on World Semiconductor Competition*, p. 67.

11. Jeffrey A. Frankel, «Japanese Finance in the 1980s: A Survey», National Bureau of Economic Research, 1991; datos sobre el ahorro y consumo familiar y sobre los créditos bancarios como porcentaje del PIB, obtenidos de: data.worldbank.org.

12. P. R. Morris, *A History of the World Semiconductor Industry*, Institute of Electrical Engineers, 1990, p. 104; Robert Burgelman y Andrew S. Grove, *Strategy Is Destiny: How Strategy-Making Shapes a Company's Future*, Free Press, 2002, p. 35.

13. Scott Callan, «Japan, Disincorporated: Competition and Conflict, Success and Failure in Japanese High-Technology Consortia», tesis doctoral, Universidad Stanford, 1993, p. 188, tabla 7.14; Clair Brown y Greg Linden, *Chips and Change: How Crisis Reshapes the Semiconductor Industry*, MIT Press, 2009.

17. «Morralla»

1. Clayton Jones, «Computerized Laser Swiftly Carves Circuits for Microchips», *Christian Science Monitor*, 10 de marzo de 1981; David E. Sanger, «Big Worries Over Small GCA», *The New York Times*, 19 de enero de 1987.

2. Berlin, *The Man Behind the Microchip*, pp. 94, 119. Gracias a Chris Mack por revelarme esta información.

3. Entrevista con Chris Mack, 2021; entrevista con Dave Markle, 2021; PerkinElmer, «Micralign Projection Mask Alignment System», The Chip History Center, <https://www.chiphistory.org/154-perkin-elmer-micralign-projection-mask-alignment-system>; Daniel P. Burbank, «The Near Impossibility of Making a Microchip», *Invention and Technology*, otoño de 1999; Alexis C. Madrigal, «TOP SECRET: Your Briefing on the CIA's Cold-War Spy Satellite, "Big Bird"», *Atlantic*, 29 de diciembre de 2011; Chris Mack, «Milestones in Optical Lithography Tool Suppliers», <http://www.lithoguru.com/scientist/litho_history/milestones_tools.pdf>.

4. Entrevista de Craig Addison a James E. Gallagher, SEMI, 9 de marzo de 2005; entrevista de Craig Addison a Arthur W. Zafiropoulo, SEMI, 25 de mayo de 2006; Geophysics Corporation of America, «About Our Corporation Members», *Bulletin American Meteorological Society*, 12 de diciembre de 1962; Jones, «Computerized Laser Swiftly Carves Circuits for Microchips».

5. Entrevista con Griff Resor, 2021; «Griff Resor on Photolithography», Semihistory, vídeo de YouTube, 30 de enero de 2009, min. 2:30, <https://www.youtube.com/watch?v=OKfdHZCEfmY>.

6. «Griff Resor on Photolithography», Semihistory, vídeo de YouTube, 30 de enero de 2009, min. 2:30, <https://www.youtube.com/watch?v=OKfdHZCEfmY>; Chris Mack, «Milestones in Optical Lithography Tool Suppliers», <http://www.lithoguru.com/scientist/litho_history/milestones_tools.pdf>; «GCA Burlington Division Shipment History of All 4800 DSW's as of September 1980», p. 1, en posesión del autor.

7. Datos de ventas de Rebecca Marta Henderson, «The Failu-

re of Established Firms in the Face of Technical Change», tesis doctoral, Universidad de Harvard, 1988, p. 217; Jones, «Computerized Laser Swiftly Carves Circuits for Microchips».

8. Entrevistas con Peter Bealo, Ross Young y Bill Tobey, 2021; entrevista de Craig Addison a James E. Gallagher, SEMI, 9 de marzo de 2005.

9. Entrevistas con Bill Tobey, Jim Neroda y Peter Bealo, 2021; Ross Young, *Silicon Sumo*, Semiconductor Services, 1994, p. 279; Charles N. Pieczulewski, «Benchmarking Semiconductor Lithography Equipment Development & Sourcing Practices Among Leading Edge Manufacturers», trabajo final de máster, MIT, 1995, p. 54.

10. Entrevistas con Griff Resor, Bill Tobey, Jim Neroda y Peter Bealo, 2021; Young, *Silicon Sumo*, p. 279.

11. Entrevista con Griff Resor, 2021.

12. Robert Reich, *The Next American Frontier*, Crown, 1983, p. 159.

13. Entrevista con Gil Varnell, 2021; Rebecca Marta Henderson, «The Failure of Established Firms in the Face of Technical Change», p. 225; Departamento de Comercio de EE. UU., Bureau of Export Administration, Office of Strategic Industries and Economic Security, Strategic Analysis Division, *National Security Assessment of the U.S. Semiconductor Wafer Processing Industry Equipment*, 1991, pp. 4-10.

14. Henderson, «The Failure of Established Firms in the Face of Technical Change», pp. 220-222, 227; entrevista con exejecutivo de AMD, 2021.

15. Entrevistas con Pete Bealo y Bill Tobey, 2021; Henderson, «The Failure of Established Firms in the Face of Technical Change», pp. 222-225; Jay Stowsky, «The Weakest Link: Semiconductor Production Equipment, Linkages, and the Limits to International Trade», documento de trabajo, Universidad de California, Berkeley, septiembre de 1987, p. 2.

16. Entrevista de Craig Addison a Arthur W. Zafiropoulo, SEMI, 25 de mayo de 2006; entrevistas con Peter Bealo y Jim Neroda, 2021.

18. El crudo de los ochenta

1. Skornia, *Sanders and Advanced Micro Devices*, p. 138; Daryl Savage, «Palo Alto: Ming's Restaurant to Close Dec. 28», Palo Alto Online, 18 de diciembre de 2014, <https://www.paloaltoonline.com/news/2014/12/18/mings-restaurant-to-close-dec-28>.

2. Arthur L. Robinson, «Perilous Times for U.S. Microcircuit Makers», *Science* 208, núm. 4.444, 9 de mayo de 1980, p. 582; Skornia, *Sanders and Advanced Micro Devices*, p. 140.

3. Marvin J. Wolf, *The Japanese Conspiracy: The Plot to Dominate Industry Worldwide*, New English Library, 1984, p. 83.

4. David E. Sanger, «Big Worries Over Small GCA», *The New York Times*, 19 de enero de 1987.

5. Entrevista con Richard van Atta, 2021.

6. Defense Science Board, *Report on Defense Semiconductor Dependency—February 1987*, pp. 1-2.

7. Testimonio oral de Charlie Sporck, Computer History Museum.

19. Una vorágine mortal

1. Berlin, *The Man Behind the Microchip*, p. 264.

2. Richard Langlois y Edward Steinmueller, «Strategy and Circumstance», documento de trabajo, Universidad de Connecticut, 1999, p. 1166.

3. Clyde V. Prestowitz júnior, «Beyond Laissez Faire», *Foreign Policy*, núm. 87, verano de 1992, p. 71; intercambio de correos electrónicos con Michael Boskin, 2021; aunque estas palabras se repiten en muchos artículos, no he encontrado pruebas de que las dijera realmente.

4. Berlin, *The Man Behind the Microchip*, p. 262; John G. Rauch, «The Realities of Our Times», *Fordham Intellectual Property, Media and Entertainment Law Journal* 3, núm. 2, 1993, p. 412.

5. Wolf, *The Japanese Conspiracy*, pp. 5, 91; entrevista con Alan Wolff, 2021; Berlin, *The Man Behind the Microchip*, p. 270.

6. Doug Irwin, «Trade Politics and the Semiconductor Industry», documento de trabajo W4745 de NBER, mayo de 1994.

7. Young, *Silicon Sumo*, pp. 262-263.

8. *Ibid.*, pp. 268-269; entrevista con empleado de Intel en comisión de servicios en SEMATECH, 2021; Larry D. Browning y Judy C. Shetler, *SEMATECH: Saving the U.S. Semiconductor Industry*, Texas A&M Press, 2000.

9. Entrevista con empleado de Intel en comisión de servicios en SEMATECH, 2021.

10. Robert Noyce, testimonio ante comisión del Congreso, 8 de noviembre de 1989; Peter N. Dunn, «GCA: A Lesson in Industrial Policy», *Solid State Technology* 36, núm. 2, diciembre de 1993; Young, *Silicon Sumo*, pp. 270-276.

11. Entrevista con Peter Simone, 2021.

12. Entrevista con Peter Simone, 2021.

13. Entrevista con Tony Yen, 2021; entrevista con Peter Simone, 2021; Young, *Silicon Sumo*, p. 286.

14. Young, *Silicon Sumo*, p. 286.

15. Berlin, *The Man Behind the Microchip*, p. 304; Young, *Silicon Sumo*, pp. 294-295; Jonathan Weber, «Chip Making Pioneer GCA Corp. Closes Factory: Technology: $60 Million in Government Funds Has Failed to Restore Massachusetts Firm to Financial Health», *Los Angeles Times*, 22 de mayo de 1993.

20. El Japón que sabe decir no

1. Morita, *Made in Japan*, pp. 73, 110-120, 134.

2. Nathan, *Sony*, p. 73.

3. Morita, *Made in Japan*, pp. 193, 199, 205.

4. Ann Sherif, «The Aesthetics of Speed and the Illogicality of Politics: Ishihara Shintaro's Literary Debut», *Japan Forum* 17, núm. 2, 2005, pp. 185-211.

5. Wolf, *The Japanese Conspiracy*, p. 16.

6. Akio Morita y Shintaro Ishihara, *The Japan That Can Say No*, Konbusha Publishing Ltd., 1996.

7. Samuel Huntington, «Why International Primacy Matters», *International Security*, enero de 2009, pp. 75-76.

8. Steven L. Herman, «Bootleg Translation of Japanese Book Hot Item in Congress», Associated Press, 11 de noviembre de 1989.

9. James Flanigan, «U.S. Bashing Book by Sony's Chief Costs Him Credibility», *Los Angeles Times*, 11 de octubre de 1989.

10. Harold Brown, «The United States and Japan: High Tech Is Foreign Policy», *SAIS Review* 9, núm. 2, otoño 1989.

11. CIA, «East Asia's Economic Potential for the 1990s: A Speculative Essay», base de datos CREST, 1987.

21. El rey de los chips crujientes

1. Entrevista con empleado de Micron, 2021; George Anders, «At Potato Empire, an Heir Peels Away Years of Tradition», *The Wall Street Journal*, 7 de octubre de 2004; Laurence Zuckerman, «From Mr. Spud to Mr. Chips; The Potato Tycoon Who Is the Force Behind Micron», *The New York Times*, 8 de febrero de 1996; Andrew E. Serwer, «The Simplot Saga: How America's French Fry King Made Billions More in Semiconductors», *Fortune*, 12 de febrero de 2012.

2. Entrevista con Ward Parkinson, 2021; Luc Olivier Bauer y E. Marshall Wilder, *Microchip Revolution*, publicación independiente, 2020, pp. 279-280.

3. Entrevista con trabajador de Elmer's, 2021; entrevista con Ward Parkinson, 2021.

4. Donald Woutat, «Maverick Chip Maker Shifts Stance: Micron Backs Protectionism After Launching Price War», *Los Angeles Times*, 16 de diciembre de 1985; Peter Burrows, «Micron's Comeback Kid», *Business Week*, 14 de junio de 1997.

5. David E. Sanger, «Prospects Appear Grim for U.S. Chip Makers», *The New York Times*, 29 de octubre de 1985.

6. David Staats, «How an Executive's Hair Dryer Saved the Memory Chips—Tales of Micron's 40 Years», *Idaho Statesman*, 21 de julio de 2021.

7. Woutat, «Maverick Chip Maker Shifts Stance».

8. David E. Sanger, «Japan Chip "Dumping" Is Found», *The New York Times*, 3 de agosto de 1985.

9. Entrevistas con Ward Parkinson, Brian Shirley y Mark Durcan, 2021; Woutat, «Maverick Chip Maker Shifts Stance».

10. Entrevistas con Brian Shirley y Mark Durcan, 2021; Yoshitaka Okada, «Decline of the Japanese Semiconductor Industry», *Development of Japanese Semiconductor Industry*, enero de 2006, p. 41; Bauer y Wilder, *The Microchip Revolution*, pp. 301-302.

11. Bauer y Wilder, *The Microchip Revolution*, pp. 286, 302.

12. Entrevistas con Mark Durcan, Ward Parkinson y Brian Shirley, 2021.

22. Intel y la innovación disruptiva

1. James Allworth, «Intel's Disruption Is Now Complete», *Medium*, 11 de noviembre de 2020, <https://jamesallworth.medium.com/intels-disruption-is-now-complete-d4fa771f0f2c>.

2. Craig R. Barrett, entrevistas de Arnold Thackray y David C. Brock en Santa Clara, California, 14 de diciembre de 2005 y 23 de marzo de 2006, Filadelfia, Chemical Heritage Foundation, transcripción de testimonio oral 0324.

3. Andrew S. Grove, *Only the Paranoid Survive: How to Exploit the Crisis Points That Challenge Every Company*, Currency Press, 1999, pp. 117-118.

4. Grove, *Only the Paranoid Survive*, pp. 88-90; Robert A. Burgelman, «Fading Memories: A Process Theory of Strategic Business Exist in Dynamic Environments», *Administrative Science Quarterly* 39, núm. 1, marzo de 1994, p. 41.

5. Gerry Parker, «Intel's IBM PC Design Win», *Gerry Parker's Word Press Blog*, 20 de julio de 2014, <https://gerrythetravel

hund.wordpress.com/tag/ibm-pc/>; Jimmy Maher, «The Complete History of the IBM PC, Part One: The Deal of the Century», *Ars Technica*, 30 de junio de 2017, <https://arstechnica.com/gadgets/2017/06/ibm-pc-history-part-1/>.

6. «The Birth of the IBM PC», IBM Debut Reference Room, <https://www.ibm.com/ibm/history/exhibits/pc25/pc25_birth.html>; «IBM Personal Computer Launch», Waldorf Astoria, 23 de enero de 2019.

7. Craig R. Barrett, entrevistas de Arnold Thackray y David C. Brock en Santa Clara, California, 14 de diciembre de 2005 y 23 de marzo de 2006.

8. Grove, *Only the Paranoid Survive*, pp. 88-92.

9. Elizabeth Corcoran, «Intel CEO Andy Grove Steps Aside», *The Washington Post*, 27 de marzo de 1998; entrevista con exempleado de Intel, 2021.

10. Christophe Lecuyer, «Confronting the Japanese Challenge: The Revival of Manufacturing at Intel», *Business History Review*, julio de 2019; Berlin, *The Man Behind the Microchip*, p. 180.

11. Lecuyer, «Confronting the Japanese Challenge», pp. 363-364; Craig R. Barrett, entrevistas de Arnold Thackray y David C. Brock en Santa Clara, California, 14 de diciembre de 2005 y 23 de marzo de 2006. Richard S. Tedlow, *Andy Grove: The Life and Times of an American Business Icon*, Penguin, 2007, p. 203.

12. Lecuyer, «Confronting the Japanese Challenge», pp. 363, 364, 369, 370; Craig R. Barrett, entrevistas de Arnold Thackray y David C. Brock en Santa Clara, California, 14 de diciembre de 2005 y 23 de marzo de 2006, pp. 65, 79.

13. Therese Poletti, «Crucial Mistakes: IBM's Stumbles Opened Door for Microsoft, Intel», *Chicago Tribune*, 13 de agosto de 2001.

23. «El enemigo de mi enemigo»: el surgimiento coreano

1. Geoffrey Cain, *Samsung Rising*, Currency Press, 2020, p. 33.
2. *Ibid.*, pp. 33-41.

3. Dong-Sung Cho y John A. Mathews, *Tiger Technology*, Cambridge University Press, 2007, pp. 105-106; Cain, *Samsung Rising*, pp. 40-41, 46; sobre la riqueza de Lee, «Half a Century of Rise and Fall of the Korean Chaebol in Terms of Income and Stock Price», Yohap News Agency, 7 de noviembre de 2006, <https://www.yna.co.kr/view/AKR20110708154800008>.

4. Si-on Park, *Like Lee Byung-chul*, p. 71; Cho y Mathews, *Tiger Technology*, p. 112; Daniel Nenni y Don Dingee, *Mobile Unleashed*, SemiWiki, 2015; Kim Dong-Won y Stuart W. Leslie, «Winning Markets or Winning Nobel Prizes? KAIST and the Challenges of Late Industrialization», *Osiris* 13, 1998, pp. 167-170; Donald L. Benedict, KunMo Chung, Franklin A. Long, Thomas L. Martin y Frederick E. Terman, «Survey Report on the Establishment of the Korea Advanced Institute of Science», preparado para la Agencia de Estados Unidos para el Desarrollo Internacional, diciembre de 1970, <http://large.stanford.edu/history/kaist/docs/terman/summary/>. Sobre las dificultades iniciales de Samsung, véase el semiconductor Hankook; p. ej., Samsung Newsroom, «Semiconductor Will Be My Last Business», 30 de marzo de 2010, <https://news.samsung.com/kr/91>.

5. Park Si-on, *Like Lee Byung-chul*, pp. 399, 436.

6. Myung Oh y James F. Larson, *Digital Development in Korea: Building an Information Society*, Routledge, 2011, p. 54; Park Si-on, *Like Lee Byung-chul*, p. 386; Cho y Mathews, *Tiger Technology*, pp. 105, 119, 125; Lee Jae-goo, «Why Should We Do the Semiconductor Industry», Soyoung Oh (trad.), *ZDNET Korea*, 15 de marzo de 1983, <https://zdnet.co.kr/view/?no=20110328005714>.

7. Tedlow, *Andy Grove*, p. 218; Robert W. Crandall y Kenneth Flamm, *Changing the Rules*, Brookings Institution Press, 1989, p. 315; Susan Chira, «Korea's Chip Makers Race to Catch Up», *The New York Times*, 15 de julio de 1985; «Company News: Intel Chip Pact», *The New York Times*, 26 de junio de 1987.

8. Richard E. Baldwin, «The Impact of the 1986 US-Japan Semiconductor Agreement», *Japan and the World Economy* 6, núm. 2, junio de 1994, pp. 136-137; Douglas A. Irwin, «Trade Policies and

the Semiconductor Industry», en Anne O. Krueger (ed.), *The Political Economy of American Trade Policy*, University of Chicago Press, 1994, pp. 46-47.

9. Linsu Kim, «Imitation to Innovation: The Dynamics of Korea's Technological Learning», Columbia University East Asian Center, 1997, p. 89, cita como ejemplo la transferencia de conocimiento productivo puntero por parte de Zyrtek a cambio de 2,1 millones de dólares; entrevista con Ward Parkinson, 2021; Andrew Pollack, «U.S.-Korea Chip Ties Grow», *The New York Times*, 15 de julio de 1985.

24. «He aquí el futuro»

1. Federico Faggin, «The Making of the First Microprocessor», IEEE, 2009; Federico Faggin, *Silicon*, Waterline, 2021, especialmente el cap. 3.

2. B. Hoeneisen y C. A. Mead, «Fundamental Limitations in Microelectronics—I. MOS Technology», *Solid State Electronics* 15, núm. 7, julio de 1972, <https://authors.library.caltech.edu/54798/>.

3. Entrevista con Lynn Conway en 2021, en la que me sorprendió sacando el tema y hablando de las apreciaciones de John Gaddis, *El paisaje de la historia*, Anagrama, 2006.

4. Dianne Lynch, «Wired Women: Engineer Lynn Conway's Secret», *ABC News*, 7 de enero de 2006.

5. Entrevista con Lynn Conway, 2021.

6. «Lambda Magazine Lights the Way for VLSI Design», IEEE Silicon Valley History Videos, vídeo de YouTube, 27 de julio de 2015, min. 00:01:40, <https://www.youtube.com/watch?v=DEYbQiXvbnc>; «History of VLSI - C. Mead - 2/1/2011», California Institute of Technology, vídeo de YouTube, 29 de mayo de 2018, <https://www.youtube.com/watch?v=okZBhJ-KvaY>.

7. «1981 Electronics AWARD FOR ACHIEVEMENT», Universidad de Míchigan, <https://ai.eecs.umich.edu/people/conway/Awards/Electronics/ElectAchiev.html>; entrevistas con Lynn Conway y Carver Mead, 2021.

8. Van Atta *et al.*, *DARPA Technical Accomplishments: An Historical Review of Selected DARPA Projects II*, febrero de 1990, AD-A239 925, p. 17-5.

9. Entrevista con Paul Losleben, 2021; Van Atta *et al.*, *DARPA Technical Accomplishments*, p. 17-1.

10. Entrevistas con David Hodges, Steve Director, Aart de Geus, Alberto Sangiovanni-Vincentelli y Rob Rutenbar; «1984 Annual Report», Semiconductor Research Corporation, 1984, <https://www.src.org/src/story/timeline>.

11. Entrevista de David Morton con Irwin Jacobs, IEEE History Center, 29 de octubre de 1999.

12. Daniel J. Costello júnior y David Forney júnior, «Channel Coding: The Road to Channel Capacity», *Proceedings of the IEEE* 95, núm. 6, junio de 2007; O. Aftab, P. Cheung, A. Kim, S. Thakkar y N. Yeddanapudi, «Information Theory and the Digital Age», trabajo final 6.933, MIT, <https://web.mit.edu/6.933/www/Fall2001/Shannon2.pdf>; entrevista de Andrew Goldstein a David Forney júnior, Center for the History of Electrical Engineering, 10 de mayo de 1995; Daniel Nenni, «A Detailed History of Qualcomm», SemiWiki, 19 de marzo de 2018, <https://semiwiki.com/general/7353-a-detailed-history-of-qualcomm/>.

25. La Dirección T del KGB

1. Los detalles de la vida de Vetrov se extraen sobre todo de Sergei Kostin y Eric Raynaud, *Farewell: The Greatest Spy Story of the Twentieth Century*, Amazon Crossing, 2011.

2. CIA, «The Technology Acquisition Efforts of the Soviet Intelligence Services», 18 de junio de 1982, p. 15, <https://www.cia.gov/readingroom/docs/DOC_0000261337.pdf>; Philip Hanson, *Soviet Industrial Espionage*, Royal Institute of International Affairs, 1987.

3. Serguéi Chertoprud, Научно-техническая разведка, Olma Press, 2002, p. 283; Daniela Iacono, «A British Banker Who Plunged to His Death», United Press International, 15 de mayo de

1984; Michael S. Malone, «Going Underground in Silicon Valley», *The New York Times*, 30 de mayo de 1982.

4. Jay Tuck, *High-Tech Espionage*, St. Martin's Press, 1986, p. 107; Símonov, Несостоявшаяся информационная революция, p. 34.

5. Edgar Ulsamer, «Moscow's Technology Parasites», *Air Force Magazine*, 1 de diciembre de 1984.

6. CIA, «Soviet Acquisition of Militarily Significant Western Technology: An Update», septiembre de 1985, p. 25, <http://insidethecoldwar.org/sites/default/files/documents/CIA%20Report%20on%20Soviet%20Acquisition%20of%20Militarily%20Significant%20Western%20Technology%20September%201985.pdf>.

7. Kostin y Raynaud, *Farewell.*

8. Hanson, *Soviet Industrial Espionage*; CIA, «Soviet Acquisition of Militarily Significant Western Technology: An Update»; Kostin y Raynaud, *Farewell*; Thierry Wolton, *Le KGB en France*, Club Express, 1986.

9. CIA, «Soviet Computer Technology: Little Prospect of Catching Up», Archivo de Seguridad Nacional, marzo de 1985, p. 4, <https://nsarchive.gwu.edu/document/22579-document-02-central-intelligence-agency-soviet>; Bruce B. Weyrauch, «Operation Exodus», *Computer/Law Journal* 7, núm. 2, otoño 1986; Hanson, *Soviet Industrial Espionage*; Jon Zonderman, «Policing High-Tech Exports», *The New York Times*, 27 de noviembre de 1983.

26. «Armas de destrucción masiva», el efecto de la compensación

1. Dale Roy Herspring, *The Soviet High Command, 1967-1989*, Princeton University Press, 2016, p. 175.

2. Christopher Andrew y Oleg Gordievsky, «1983 Downing of KAL Flight Showed Soviets Lacked Skill of the Fictional 007», *Los Angeles Times*, 11 de noviembre de 1990.

3. Brian A Davenport, «The Ogarkov Ouster», *Journal of Strategic Studies* 14, núm. 2, 1991, p. 133; CIA y Departamento de Defensa, «US and Soviet Strategic Forces: Joint Net Assessment», secretario de Defensa, 14 de noviembre de 1983, <https://nsarchive2.gwu.edu/NSAEBB/NSAEBB428/docs/1.US%20and%20Soviet%20Strategic%20Forces%20Joint%20Net%20Assessment.pdf>.

4. Center for Naval Analyses, *Marshal Ogarkov on Modern War: 1977-1985*, AD-A176 138, p. 27; Dima P. Adamsky, «Through the Looking Glass: The Soviet Military-Technical Revolution and the American Revolution in Military Affairs», *Journal of Strategic Studies* 31, núm. 2, 2008.

5. Podéis encontrar una explicación excelente de las tecnologías de la compensación, todas ellas basadas en los semiconductores, en David Burbach, Brendan Rittenhouse Green y Benjamin Friedman, «The Technology of the Revolution in Military Affairs», en Harvey Sapolsky, Benjamin Friedman y Brendan Green, eds., *U.S. Military Innovation Since the Cold War: Creation Without Destruction*, Routledge, 2012, pp. 14-42; CIA, «Soviet Defense Industry: Coping with the Military-Technological Challenge», CIA Historical Review Program, julio de 1987, p. 17, <https://www.cia.gov/readingroom/docs/DOC_0000499526.pdf>; Adamsky, «Through the Looking Glass», p. 260.

6. Anatoly Krivonosov, «Khartron: Computers for Rocket Guidance Systems», en Boris Malinovsky, «History of Computer Science and Technology in Ukraine», Slava Gerovitch (trad.), *Computing in the Soviet Space Program*, 16 de diciembre de 2002, <https://web.mit.edu/slava/space/essays/essay-krivonosov.htm>; Donald MacKenzie, «The Soviet Union and Strategic Missile Guidance», *International Security* 13, núm. 2, otoño de 1988; entrevista de Slava Gerovitch a Georgii Priss, *Computing in the Soviet Space Program*, 23 de mayo de 2002, <https://web.mit.edu/slava/space/interview/interview-priss.htm#q3>.

7. MacKenzie, «The Soviet Union and Strategic Missile Guidance», pp. 30-32, 35.

8. *Ibid.*, p. 52. Allí se cita un error circular probable (CEP) de

0,06 millas náuticas; Pavel Podvig, «The Window of Opportunity That Wasn't: Soviet Military Buildup in the 1970s», *International Security*, verano de 2008, p. 129, cita un CEP de 0,35-0,43 kilómetros. Los misiles se podrían comparar usando otras variables, como el tamaño y la cantidad de ojivas y la velocidad a la que se pueden lanzar o redirigir. Pero EE.UU. mantiene la ventaja general a nivel de precisión; el 98 por ciento citado se extrae de John G. Hines, Ellis M. Mishulovich y John F. Shull, *Soviet Intentions, 1965-1985, Vol. 2*, BDM Federal, Inc., 1995, pp. 46, 90. Seguramente el porcentaje sea una exageración, pero igualmente demuestra los miedos de la URSS. Compárese con Brendan R. Green y Austin Long, «The MAD Who Wasn't There: Soviet Reactions to Late Cold War Nuclear Balance», *Security Studies* 26, núm. 4, 7 de julio de 2017.

9. Owen R. Cote júnior, «The Third Battle: Innovation in the U.S. Navy's Silent Cold War Struggle with Soviet Submarines», documentos Newport, Naval War College, 2003; Joel S. Wit, «Advances in Antisubmarine Warfare», *Scientific American* 244, núm. 2, febrero de 1981, pp. 31-41; D. L. Slotnick, «The Conception and Development of Parallel Processors: A Personal Memoir», *Annals of the History of Computing* 4, núm. 1, enero-marzo de 1982; Van Atta *et al.*, *DARPA Technical Accomplishments II*; Christopher A. Ford y David A. Rosenberg, «The Naval Intelligence Underpinnings of Reagan's Maritime Strategy», *Journal of Strategic Studies* 28, núm. 2, abril de 2005, p. 398; John G. Hines, Ellis M. Mishulovich y John F. Shull, *Soviet Intentions 1965-1985, Vol. 1*, BDM Federal, Inc., 1995, p. 75; Green y Long, «The MAD Who Wasn't There», pp. 607, 639. En los ochenta, los proyectiles soviéticos de submarinos nucleares con misiles balísticos también dieron muchos problemas; véase Steven J. Zaloga, *The Kremlin's Nuclear Sword: The Rise and Fall of Russia's Strategic Nuclear Forces 1945-2000*, Smithsonian Books, 2014, p. 188.

10. Green y Long, «The MAD Who Wasn't There», p. 617.

11. Cita de Danílevich en Hines, Mishulovich y Shull, *Soviet Intentions 1965-1985, Vol. 1*, p. 57; Dale R. Herspring, «Nikolay Ogarkov and the Scientific-Technical Revolution in Soviet Mili-

tary Affairs», *Comparative Strategy* 6, núm. 1, 1987; Mary C. Fitzgerald, «Soviet Views on Future War: The Impact of New Technologies», *Defense Analysis* 7, núms. 2-3, 1991. Los representantes soviéticos expresaron grandes dudas respecto a la posible supervivencia del mando y control y de los sistemas de comunicaciones; véase Hines, Mishulovich y Shull, *Soviet Intentions 1965-1985, Vol. 1*, p. 90; cita de 1983 del mariscal Vasili Petrov, en la que dice haber percibido un plan de la OTAN para: «Generar y utilizar el potencial de un primer ataque [convencional] para "desarmar"», en Thomas M. Nichols, *The Sacred Cause: Civil-Military Conflict over Soviet National Security, 1917-1992*, NCROL, 1993, p. 117; Mary C. Fitzgerald, «Marshal Ogarkov on the Modern Theater Operation», *Naval War College Review* 39, núm. 4, 1986; Mary C. Fitzgerald, «Marshal Ogarkov and the New Revolution in Soviet Military Affairs», *Defense Analysis* 3, núm. 1, 1987.

12. Mijaíl Gorbachov, «заседание политбюро ЦК КПСС 30 июля года», en собрание сочинений, libro 9, Ves' Mir, 2008, pp. 339-343. Traducción libre del autor.

13. Entrevista con Sergei Osokin, 2021.

14. Símonov, Несостоявшаяся информационная революция, p. 70; Seymour Goodman y William K. McHenry, «The Soviet Computer Industry: A Tale of Two Sectors», *Communications of the ACM*, enero de 1991, p. 32.

15. V. V. Zhurkin, «Использование новейших достижений науки и техники в сфере внешней политики», Archivo de la Academia de Ciencias, 7 de agosto de 1987.

16. Charles S. Maier, *Dissolution*, Princeton University Press, 1999, pp. 74-75.

27. Héroe de guerra

1. Robert D. McFadden, «Gen. H. Norman Schwarzkopf, U.S. Commander in Gulf War, Dies at 78», *The New York Times*, 27 de diciembre de 2012.

2. Rick Aktinson, *Crusade: The Untold Story of the Persian Gulf War*, Mariner Books, 1994, pp. 35-37.

3. «The Theater's Opening Act», *The Washington Post*, 1998; Aktinson, *Crusade*, p. 37.

4. Los detalles sobre la electrónica de los misiles Paveway se extraen de una entrevista con Steve Roemerman, 2021.

5. Stephen P. Rosen, «The Impact of the Office of Net Assessment on the American Military in the Matter of the Revolution of Military Affairs», *Journal of Strategic Studies* 33, núm. 4, 2010, p. 480.

6. Entrevista con Steve Roemerman, 2021.

7. Bobby R. Inman, Joseph S. Nye júnior, William J. Perry y Roger K. Smith, «Lessons from the Gulf War», *Washington Quarterly* 15, núm. 1, 1992, p. 68; Benjamin S. Lambeth, *Desert Storm and Its Meaning*, RAND Corporation, 1992.

8. William J. Broad, «War in the Gulf: High Tech; War Hero Status Possible for the Computer Chip», *The New York Times*, 21 de enero de 1991; Barry D. Watts, *Six Decades of Guided Munitions and Battle Networks: Progress and Prospects*, Center for Strategic and Budgetary Assessments, 2007, p. 146; entrevista con Steve Roemerman.

9. Mary C. Fitzgerald, «The Soviet Military and the New "Technological Operation" in the Gulf», *Naval War College Review* 44, núm. 4, otoño de 1991, pp. 16-43, <https://www.jstor.org/stable/44638558>; Stuart Kaufman, «Lessons from the 1991 Gulf War and Military Doctrine», *Journal of Slavic Military Studies* 6, núm. 3, 1993; Graham E. Fuller, «Moscow and the Gulf War», *Foreign Affairs*, verano de 1991; Gilberto Villahermosa, «Desert Storm: The Soviet View», Foreign Military Studies Office, 25 de mayo de 2005, p. 4.

28. «La Guerra Fría se ha acabado y la habéis ganado vosotros»

1. Michael Pettis, *The Great Rebalancing*, Princeton University Press, 2013.

2. Yoshitaka Okada, «Decline of the Japanese Semiconductor Industry», en Yoshitaka Okada (ed.), *Struggles for Survival*, Springer, 2006, p. 72.

3. Marie Anchordoguy, *Reprogramming Japan*, Cornell University Press, 2005, p. 192.

4. Sumio Saruyama y Peng Xu, *Excess Capacity and the Difficulty of Exit: Evidence from Japan's Electronics Industry*, Springer Singapore, 2021; «Determination Drove the Development of the CCD "Electric Eye"», Sony, <https://www.sony.com/en/SonyInfo/CorporateInfo/History/SonyHistory/2-11.html>.

5. Kenji Hall, «Fujio Masuoka: Thanks for the Memory», *Bloomberg*, 3 de abril de 2006; Falan Yinung, «The Rise of the Flash Memory Market: Its Impact on Firm Behavior and Global Semiconductor Trade Patterns», *Journal of International Commerce and Economics*, julio de 2007.

6. Andrew Pollack, «U.S. Chips' Gain Is Japan's Loss», *The New York Times*, 3 de enero de 1991; Okada, «Decline of the Japanese Semiconductor Industry», p. 41; «Trends in the Semiconductor Industry», Semiconductor History Museum of Japan, <https://www.shmj.or.jp/english/trends/trd90s.html>.

7. Ministerio de Asuntos Exteriores de Japón, «How the Gulf Crisis Began and Ended», en *Diplomatic Bluebook* 1991, <https://www.mofa.go.jp/policy/other/bluebook/1991/1991-2-1.htm>; Ministerio de Asuntos Exteriores de Japón, «Japan's Response to the Gulf Crisis», en *Diplomatic Bluebook* 1991, <https://www.mofa.go.jp/policy/other/bluebook/1991/1991-2-2.htm>; Kent E. Calder, «The United States, Japan, and the Gulf Region», The Sasakawa Peace Foundation, agosto de 2015, p. 31; T. R. Reid, «Japan's New Frustration», *The Washington Post*, 17 de marzo de 1991.

8. «G-Day: Soviet President Gorbachev Visits Stanford Business School», Stanford Graduate School of Business, septiembre de 1990, <https://www.gsb.stanford.edu/experience/news-history/history/g-day-soviet-president-gorbachev-visits-stanford-business-school>; David Remnick, «In U.S., Gorbachev Tried to Sell a Dream», *The Washington Post*, 6 de junio de 1990.

9. La primera vez que Gelb contó esta anécdota fue en 1992; mi cita es de su artículo de 2011 sobre el tema; Leslie H. Gelb, «Foreign Affairs; Who Won the Cold War?», *The New York Times*, 20 de agosto de 1992; Leslie H. Gelb, «The Forgotten Cold War: 20 Years Later, Myths About U.S. Victory Persist», *Daily Beast*, 14 de julio de 2017.

10. Entrevista con Peter Gordon, 2021.

29. «Queremos una industria de semiconductores en Taiwán»

1. Wang, *K.T. Li and the Taiwan Experience*, p. 217; testimonio oral de Morris Chang, recogido por Alan Patterson, 24 de agosto de 2007, Computer History Museum.

2. Tekla S. Perry, «Morris Chang: Foundry Father», *IEEE Spectrum*, 19 de abril de 2011; «Stanford Engineering Hero Lecture: Morris Chang in conversation with President John L. Hennessy», Stanford Online, vídeo de YouTube, 25 de abril de 2004, hacia el min. 36, <https://www.youtube.com/watch?v=wEh3ZgbvBrE>.

3. «TI Board Visit to Taiwan 1978», colección especial de TI, 90-69, visita del Consejo de Administración de TI a Taiwán, Biblioteca DeGolyer, Universidad Metodista del Sur.

4. Testimonio oral de Morris Chang, Computer History Museum.

5. «Morris Chang's Last Speech», Kevin Xu (trad.), *Interconnected Newsletter*, 12 de septiembre de 2021, <https://interconnected.blog/morris-changs-last-speech>; sobre cómo rechazó la oferta de trabajo, véase L. Sophia Wang (ed.), *K. T. Li Oral History*, segunda edición, 2001, pp. 239-240 (un agradecimiento a Mindy Tu por la traducción); «Stanford Engineering Hero Lecture: Morris Chang in conversation with President John L. Hennessy», hacia el min. 34, <https://www.youtube.com/watch?v=wEh3ZgbvBrE>. Sobre la identidad texana de Chang: entrevista con Morris Chang, 2022.

6. Testimonio oral de Morris Chang, Computer History Museum.

7. «1976 Morris Chang Planning Doc», colección especial de TI, documentos de Fred Bucy, Biblioteca DeGolyer, Universidad Metodista del Sur.

8. Entrevista de Ling-Fei Lin a Chintay Shih, Computer History Museum, 21 de febrero de 2011; National Research Council, «Appendix A3: Taiwan's Industrial Technology Research Institute», en *21st Century Manufacturing*, The National Academies Press, 2013; testimonio oral de Morris Chang, Computer History Museum.

9. Douglas B. Fuller, «Globalization for Nation Building: Industrial Policy for High-Technology Products in Taiwan», documento de trabajo, MIT, 2002.

10. Rene Raaijmakers, *ASML's Architects*, Techwatch Books, 2018, cap. 57. Sobre la transferencia de propiedad intelectual de Philips, véase John A. Mathews, «A Silicon Valley of the East», *California Management Review*, 1997, p. 36; Daniel Nenni, «A Brief History of TSMC», SemiWiki, 2 de agosto de 2012.

11. «Stanford Engineering Hero Lecture: Morris Chang in conversation with President John L. Hennessy»; entrevista de Rob Walker a Donald Brooks, Bibliotecas de la Universidad Stanford, 8 de febrero de 2000, min. 1:45, <https://exhibits.stanford.edu/silicon genesis/catalog/cj789gh7170>.

12. «TSMC Announces Resignation of Don Brooks», *EE Times*, 7 de marzo de 1997; entrevista de Rob Walker a Donald Brooks, min. 1:44; «1995 Annual Report», Taiwan Semiconductor Manufacturing, Ltd., 1995; sobre los vínculos de aprendizaje, véase Douglas B. Fuller, «The Increasing Irrelevance of Industrial Policy in Taiwan, 2016-2020», en Gunter Schubert y Chun-Yi Lee, eds., *Taiwan During the First Administration of Tsai Ing-wen: Navigating Stormy Waters*, Routledge, 2020, p. 15.

13. AnnaLee Saxenian, *Regional Advantage: Culture and Competition in Silicon Valley and Route 128*, Harvard University Press, 1994; AnnaLee Saxenian, *The New Argonauts: Regional Advantage in a Global Economy*, Harvard University Press, 2006.

30. Todo el mundo a fabricar semiconductores

1. Jonathan Pollack, «The Chinese Electronics Industry in Transition», Rand Corporation, N-2306, mayo de 1985; David Dorman, «The Military Imperative in Chinese Economic Reform: The Politics of Electronics, 1949-1999», tesis doctoral, Universidad de Maryland, College Park, 2002; sobre la DRAM de 1 KB, véase Richard Baum, «DOS ex Machina», en Denis Fred Simon y Merle Goldman, eds., *Science and Technology in Post-Mao China*, Harvard University Asia Center, 1989, p. 357.

2. Yiwei Zhu, *Essays on China's IC Industry Development*, Zoe Huang (trad.), 2006, pp. 140-144.

3. National Research Council, «Solid State Physics in the People's Republic of China: A Trip Report of the American Solid State Physics Delegation», 1976, p. 89.

4. «Shanghai Workers Vigorously Develop Electronics Industry», 9 de octubre de 1969, Renmin Ribao traduce el artículo en *Survey of the Chinese Mainland Press*, núm. 4520, 21 de octubre de 1969, pp. 11-13.

5. Denis Fred Simon y Detlef Rehn, *Technological Innovation in China: The Case of Shanghai Semiconductor Industry*, Ballinger Publishing Company, 1988, pp. 47, 50; Lowell Dittmer, «Death and Transfiguration», *Journal of Asian Studies* 40, núm. 3, mayo de 1981, p. 463.

6. Lan You Hang, «The Construction of Commercial Electron Microscopes in China», *Advances in Imaging and Electron Physics* 96, 1996, p. 821; Sungho Rho, Keun Lee y Seong Hee Kim, «Limited Catch Up in China's Semiconductor Industry: A Sectoral Innovation System Perspective», *Millennial Asia*, 19 de agosto de 2015, p. 159.

7. Hua Guafeng, 26 de septiembre de 1975, cita en Roderick MacFarquhar y Michael Schoenhals, *Mao's Last Revolution*, Belknap Press, 2008, pp. 400-401.

8. National Research Council, «Solid State Physics in the People's Republic of China», p. 151.

9. Hoddeson y Daitch, *True Genius*, p. 277.

10. Baum, «DOS ex Machina», pp. 347-348; National Research Council, «Solid State Physics in the People's Republic of China», pp. 52-53.

11. Simon y Rehn, *Technological Innovation in China*, pp. 15, 59, 66; Baum, «DOS ex Machina», pp. 347-348.

12. *Ibid.*, pp. 17, 27, 48.

31. «Compartir el amor divino con el pueblo chino»

1. Evelyn Iritani, «China's Next Challenge: Mastering the Microchip», *Los Angeles Times*, 22 de octubre de 2002.

2. Andrew Ross, *Fast Boat to China*, Vintage Books, 2007, p. 250.

3. Antonio Varas, Raj Varadarajan, Jimmy Goodrich y Falan Yinug, «Government Incentives and US Competitiveness in Semiconductor Manufacturing», Boston Consulting Group y Semiconductor Industry Association, septiembre de 2020, p. 7.

4. John A. Matthews, «A Silicon Valley of the East», *California Management Review*, 1997.

5. Entrevista con ejecutivo de Samsung, 2021.

6. Sobre las ayudas al crédito, véase S. Ran Kim, «The Korean System of Innovation and the Semiconductor Industry», *Industrial and Corporate Change* 7, núm. 2, 1 de junio de 1998, pp. 297-298.

7. Entrevista con analista de tecnología china, 2021.

8. Peter Clarke, «ST Process Technology Is Base for Chang's Next Chinese Foundry», Claus Soong (trad.), *EE News Analog*, 24 de febrero de 2020; «Business Figures Weekly: the Father of Chinese Semiconductors—Richard Chang», CCTV, vídeo de YouTube, 29 de abril de 2010, <https://www.youtube.com/watch?v=NVHAyrGRM2E>; <http://magazine.sina.com/bg/southernpeopleweekly/2009045/2009-12-09/ba80442.html>; <https://www.coolloud.org.tw/node/6695>.

9. Douglas B. Fuller, *Paper Tigers, Hidden Dragons*, Oxford University Press, 2016, pp. 122-126; John VerWey, «Chinese Se-

miconductor Industrial Policy: Past and Present», *United States International Trade Commission Journal of International Commerce and Economics*, julio de 2019, p. 11.

10. Esta es la opinión que también comparte Doug Fuller, un gran experto en la industria china de semiconductores, en *Paper Tigers, Hidden Dragons*, p. 122.

11. Fuller, *Paper Tigers, Hidden Dragons*, p. 125; Yin Li, «From Classic Failures to Global Competitors: Business Organization and Economic Development in the Chinese Semiconductor Industry», trabajo final de máster, Universidad de Massachusetts, Lowell, pp. 32-33.

12. Lee Chyen Yee y David Lin, «Hua Hong NEC, Grace Close to Merger», *Reuters*, 1 de diciembre de 2011.

13. «China's Shanghai Grace Semiconductor Breaks Ground on New Fab, Report Says», *EE Times*, 20 de noviembre de 2000; Warren Vieth y Lianne Hart, «Bush's Brother Has Contract to Help Chinese Chip Maker», *Los Angeles Times*, 27 de noviembre de 2003.

14. Ming-chin Monique Chu, *The East Asian Computer Chip War*, Routledge, 2013, pp. 212-213; «Fast-Track Success of Jiang Zemin's Eldest Son, Jiang Mianheng, Questioned by Chinese Academics for Years», *South China Morning Post*, 9 de enero de 2015. Sobre las dificultades de Grace, véase Fuller, *Paper Tigers, Hidden Dragons*, cap. 5; Michael S. Chase, Kevin L. Pollpeter y James C. Mulvenon, «Shanghaied: The Economic and Political Implications for the Flow of Information Technology and Investment Across the Taiwan Strait (Technical Report)», RAND Corporation, 26 de julio de 2004, pp. 127-135.

15. «Richard Chang: Taiwan's Silicon Invasion», *Bloomberg Businessweek*, 9 de diciembre de 2002; Ross, *Fast Boat to China*, p. 250.

16. Chase *et al.*, «Shanghaied», p. 149.

17. «Richard Chang and His SMIC Team», *Cheers Magazine*, 1 de abril de 2000, <https://www.cheers.com.tw/article/article.action?id=5053843>.

18. Fuller, *Paper Tigers, Hidden Dragons*, pp. 132, 134-135; VerWey, «Chinese Semiconductor Industrial Policy», pp. 11-12; Yin Li, «From Classic Failures to Global Competitors», pp. 45-48; Er Hao Lu, *The Developmental Model of China's Semiconductor Industry, 2000-2005, Zhongguo bandaoti chanye fazhan moshi*, tesis doctoral, Universidad Nacional de Chengchi, Taipéi, Taiwán, 2008, pp. 33-35 (un agradecimiento a Claus Soong por la traducción); Ross, *Fast Boat to China*, p. 248.

19. Yin-Yin Chen, «The Political Economy of the Development of the Semiconductor Industry in Shanghai, 1956-2006», tesis, Universidad Nacional de Taiwán, 2007, pp. 71-72; Lu, *The Developmental Model of China's Semiconductor Industry*, pp. 75-77. Un agradecimiento a Claus Soong por traducir estas fuentes.

20. Yin Li, «From Classic Failures to Global Competitors», pp. 45-48.

21. Fuller, *Paper Tigers, Hidden Dragons*, pp. 132, 136; «Semiconductor Manufacturing International Corporation Announces Proposed Dual Listing on SEHK and NYSE», SMIC, 7 de marzo de 2004, <https://www.smics.com/en/site/news_read/4212>; «Chip maker SMIC falls on debut», CNN, 18 de marzo de 2004.

32. Las guerras litográficas

1. Entrevista con John Carruthers, 2021; para este capítulo, tuve la suerte de entrevistar a Vivek Bakshi, Chris Mack, Chuck Gwyn, David Attwood, Frits van Houts, John Taylor, John Carruthers, Bill Siegle, Stefan Wurm, Tony Yen, Shang-yi Chiang y otros expertos en litografía que me pidieron no figurar en el libro. Ninguno de ellos es responsable de las conclusiones a las que llego como autor.

2. Mark L. Schattenburg, «History of the "Three Beams" Conference, the Birth of the Information and the Era of Lithography Wars», <https://eipbn.org/2020/wp-content/uploads/2015/01/EIPBN_history.pdf.>

3. Peter van den Hurk, «Farewell to a "Big Family of Top Class People"», ASML, 23 de abril de 2021, <https://www.asml.com/en/news/stories/2021/frits-van-hout-retires-from-asml>.

4. Entrevista con Frits van Hout, 2021.

5. Rene Raiijmakers, «Technology Ownership Is No Birthright», *Bits & Chips*, 24 de junio de 2021.

6. Entrevista con Fritz van Hout, 2021; «Lithography Wars (Middle): How Did TSMC's Fire Save the Lithography Giant ASML?», *iNews*, 5 de febrero de 2022, <https://inf.news/en/news/5620365e89323be6816107 33c6a32d22.html>.

7. Charles Krauthammer, «The Unipolar Moment», *Foreign Affairs*, 18 de septiembre de 1990.

8. Kenichi Ohmae, «Managing in a Borderless World», *Harvard Business Review*, mayo-junio de 1989.

9. Según datos de Bloomberg.

10. Entrevista con John Taylor, 2021.

11. Chuck Gwyn y Stefan Wurm, «EUV LLC: A Historical Perspective», en Bakshi (ed.), *EUV Lithography*, SPIE, 2008; entrevistas con John Carruthers y John Taylor, 2021.

12. Entrevistas con Kenneth Flamm y Richard van Atta, 2021.

13. David Lammers, «U.S. Gives Ok to ASML on EUV», *EE Times*, 24 de febrero de 1999; esta noticia menciona un acuerdo con el Gobierno de EE. UU. por el que ASML se comprometió a producir una parte de sus máquinas en suelo estadounidense. Fui incapaz de corroborar esa promesa en las entrevistas con representantes del Gobierno o de ASML, aunque varios antiguos colaboradores de ambas partes me confirmaron que el pacto parecía plausible y que tal vez fue algo informal. Hoy ASML produce unas cuantas piezas de cada máquina UVE en una fábrica de Connecticut, así que parece que está cumpliendo con su parte del trato, si es que realmente lo suscribió.

14. Ninguna de las personas a las que entrevisté tachó de cruciales las consideraciones de política exterior a la hora de tomar esa decisión. Muchas aseguraron que ni siquiera recordaban haber comentado el asunto.

15. Don Clark y Glenn Simpson, «Opponents of SVG Sale to Dutch Worry About Foreign Competition», *The Wall Street Journal*, 26 de abril de 2001; entrevista con experto en litografía, 2021; entrevista con Dick van Atta, 2021; entrevista con exrepresentante del Departamento de Comercio, 2021.

16. Clark y Simpson, «Opponents of SVG Sale to Dutch Worry About Foreign Competition».

17. Entrevista con John Taylor, 2021.

33. El dilema de los innovadores

1. «First Intel Mac (10 Jan 2006)», all about Steve Jobs.com, vídeo de YouTube, 18 de septiembre de 2009, <https://www.youtu be.com/watch?v=cp49Tmmtmf8>.

2. Entrevista con veterano ejecutivo de Intel, 2021.

3. Alexis C. Madrigal, «Paul Otellini's Intel: Can the Company That Built the Future Survive It?», *Atlantic*, 16 de mayo de 2013; entrevistas con cuatro exejecutivos de Intel, 2021.

4. Entrevista con Michael Bruck, 2021.

5. Kurt Shuler, «Semiconductor Slowdown? Invest!», *Semiconductor Engineering*, 26 de enero de 2012.

6. Entrevista con Robin Saxby, 2021; «Sir Robin Saxby: The ARM Architecture Was Invented Inside Acorn Computers», Anu Partha, vídeo de YouTube, 1 de junio de 2017, <https://www.you tube.com/watch?v=jxUT3wE5Kwg>; Don Dingee y Daniel Nenni, *Mobile Unleashed: The Origin and Evolution of ARM Processors in Our Devices*, SemiWiki, 2015, especialmente la p. 42; «Alumnus Receives Top Honour from Institute of Electrical and Electronics Engineers (IEEE)», Universidad de Liverpool, 17 de mayo de 2019.

7. Entrevista con exejecutivo de Intel, 2021.

8. Entrevistas con Ted Odell, 2020, y Will Swope, 2021.

9. Alexis C. Madrigal, «Paul Otellini's Intel».

10. Joel Hruska, «How Intel Lost the Mobile Market, Part 2: The Rise and Neglect of Atom», *Extreme Tech*, 3 de diciembre de

2020; Joel Hruska, «How Intel Lost $10 Billion and the Mobile Market», *Extreme Tech*, 3 de diciembre de 2020; Mark Lipacis *et al.*, «Semiconductors: The 4th Tectonic Shift in Computing: To a Parallel Processing / IoT Model», *Jeffries Research Note*, 10 de julio de 2017; acabé de concretar esta idea tras charlar con Michael Bruck y Will Swope; Varas *et al.*, «Strengthening the Global Semiconductor Supply Chain in an Uncertain Area».

11. Entrevista con exejecutivo de Intel, 2021.

34. A correr más deprisa…, ¿o no?

1. Andy Grove, «Andy Grove: How America Can Create Jobs», *Businessweek*, 1 de julio de 2010.

2. *Ibid.*

3. Jon Stokes, «Two Billion-Transistor Beasts: POWER7 and Niagara 3», *Ars Technica*, 8 de febrero de 2010.

4. Wally Rhines, «Competitive Dynamics in the Electronic Design Automation Industry», SemiWiki, 23 de agosto de 2019.

5. Mark Veverka, «Taiwan Quake Sends a Wakeup Call, But Effects May Be Short Lived», *Barron's*, 27 de septiembre de 1999.

6. Jonathan Moore, «Fast Chips, Faster Cleanup», *BusinessWeek*, 11 de octubre de 1999.

7. Baker Li, Dow Jones Newswires, «Shortage in Parts Appears to Fade Following Earthquake in Taiwan», *The Wall Street Journal*, 9 de noviembre de 1999.

8. Entrevista con ejecutivo de una empresa de diseño de chips, 2021: «20 Largest Earthquakes in the World», USGS, <https://www.usgs.gov/natural-hazards/earthquake-hazards/science/20-largest-earthquakes-world?qt-science_center_objects=0#qt-science_center_objects>.

9. Discurso de Robert Zoellick, 21 de septiembre de 2005, «Whither China? From Membership to Responsibility», Comité Nacional para las Relaciones EE. UU.-China.

10. Adam Segal, «Practical Engagement: Drawing a Fine Line

for U.S.-China Trade», *Washington Quarterly* 27, núm. 3, 7 de enero de 2010, p. 162.

11. «SMIC Attains Validated End-User Status for U.S. Government», SMIC, 19 de octubre de 2007, <https://www.smics.com/en/site/news_read/4294>.

12. La mejor fuente sobre el nacimiento de este consenso es Hugo Meijer, *Trading with the Enemy*, Oxford University Press, 2016.

13. Van Atta *et al.*, «Globalization and the US Semiconductor Industry», Institute for Defense Analyses, 20 de noviembre de 2007, pp. 2-3.

35. «Un hombre de verdad tiene fábricas»

1. Craig Addison, *Silicon Shield*, Fusion PR, 2001, p. 77.

2. Peter J. Schuyten, «The Metamorphosis of a Salesman», *The New York Times*, 25 de febrero de 1979.

3. Varas *et al.*, «Strengthening the Global Semiconductor Supply Chain in an Uncertain Era», p. 18.

4. *Ibid.*, p. 17.

5. Peter Clarke, «Top Ten Analog Chip Makers in 2020», *eeNews*, 3 de junio de 2021.

6. Joonkyu Kang, «A Study of the DRAM Industry», trabajo final de máster, MIT, 2010, p. 13.

7. Hiroko Tabuchi, «In Japan, Bankruptcy for a Builder of PC Chips», *The New York Times*, 27 de septiembre de 2012.

8. Varas *et al.*, «Strengthening the Global Semiconductor Supply Chain in an Uncertain Era», p. 18.

9. Ken Koyanagi, «SK-Intel NAND Deal Points to Wider Shake-Up of Chip Sector», *Nikkei Asia*, 23 de octubre de 2020; «Samsung Electronics Adds NAND Flash Memory Line in Pyeongtaek», *Pulse*, 1 de junio de 2020.

10. John East, «Real Men Have Fabs. Jerry Sanders, TJ Rodgers, and AMD», SemiWiki, 29 de julio de 2019.

36. La revolución del diseño

1. Paul McLellan, «A Brief History of Chips and Technologies», SemiWiki, 19 de marzo de 2013, <https://semiwiki.com/eda/2152-a-brief-history-of-chips-and-technologies/>; entrevista con Gordon Campbell, 2021.

2. Entrevista con Chris Malachowsky, 2021.

3. Steve Henn, «Tech Pioneer Channels Hard Lessons into Silicon Valley Success», NPR, 20 de febrero de 2012, <https://www.npr.org/sections/alltechconsidered/2012/02/20/147162496/tech-pioneer-channels-hard-lessons-into-silicon-valley-success>.

4. «Jen-Hsun Huang», Stanford Online, vídeo de YouTube, 23 de junio de 2011, <https://www.youtube.com/watch?v=Xn1EsFe7snQ>.

5. Ian Buck, «The Evolution of GPUs for General Purpose Computing», 20-23 de septiembre de 2010, <https://www.nvidia.com/content/GTC-2010/pdfs/2275_GTC2010.pdf>; Don Clark, «Why a 24-Year-Old Chipmaker Is One of Tech's Hot Prospects», *The New York Times*, 1 de septiembre de 2017; Pradeep Gupta, «CUDA Refresher: Reviewing the Origins of GPU Computing», Nvidia, 23 de abril de 2020, <https://developer.nvidia.com/blog/cuda-refresher-reviewing-the-origins-of-gpu-computing/>.

6. Ben Thompson, «Apple to Build Own GPU, the Evolution of GPUs, Apple and the General-Purpose GPU», *Stratechery Newsletter*, 12 de abril de 2017; Ben Thompson, «Nvidia's Integration Dreams», *Stratechery Newsletter*, 15 de septiembre de 2020.

7. Hsiao-Wen Wang, «TSMC Takes on Samsung», *CommonWealth*, 9 de mayo de 2013; Timothy B. Lee, «How Qualcomm Shook Down the Cell Phone Industry for Almost 20 years», *Ars Technica*, 30 de mayo de 2019.

8. Entrevista con Susie Armstrong, 2021.

9. Daniel Nenni, «A Detailed History of Qualcomm», SemiWiki, 9 de marzo de 2018; Joel West, «Before Qualcomm: Linkabit and the Origins of San Diego's Telecom Industry», *Journal of San*

Diego History, <https://sandiegohistory.org/journal/v55-1/pdf/v55-1west.pdf>.

10. Entrevista con dos ejecutivos de Qualcomm, 2021.

37. La gran alianza de Morris Chang

1. Michael Kanellos, «End of Era as AMD's Sanders Steps Aside», CNET, 24 de abril de 2002; Peter Bright, «AMD Completes Exit from Chip Manufacturing Biz», *Wired*, 5 de marzo de 2012.

2. Entrevista con Shang-yi Chiang, 2021.

3. Mark LaPedus, «Will GlobalFoundries Succeed or Fail?», *EE Times*, 21 de septiembre de 2010, <https://www.eetimes.com/will-globalfoundries-succeed-or-fail/>.

4. Claire Sung y Jessie Shen, «TSMC 40nm Yield Issues Resurface, CEO Promises Fix by Year-End», *Digitimes*, 30 de octubre de 2009; Mark LaPedus, «TSMC Confirms 40-nm Yield Issues, Gives Predictions», *EE Times*, 30 de abril de 2009.

5. Entrevista con Rick Cassidy, 2022.

6. Russell Flannery, «Ageless and Peerless in an Era of Fabless», *Forbes*, 9 de diciembre de 2012; Hsiao-Wen Wang, «TSMC Takes on Samsung», *CommonWealth*, 9 de mayo de 2013.

7. Wang, «TSMC Takes on Samsung».

8. Flannery, «Ageless and Peerless in an Era of Fabless».

9. Lisa Wang, «TSMC Reshuffle Stuns Analysts», *Taipei Times*, 12 de junio de 2009; Yin-chuen Wu y Jimmy Hsiung, «I'm Willing to Start from Scratch», *CommonWealth*, 18 de junio de 2009.

10. Robin Kwong, «Too Much Capacity Better Than Too Little for TSMC», *Financial Times*, 24 de junio de 2010.

11. Flannery, «Ageless and Peerless in an Era of Fabless».

38. Apple Silicon

1. Dag Spicer, «Steve Jobs: From Garage to World's Most Valuable Company», Computer History Museum, 2 de diciembre de 2011; Steve Cheney me remitió a su artículo, «1980: Steve Jobs on Hardware and Software Convergence», *Steve Cheney—Technology, Business, and Strategy*, 18 de agosto de 2013.

2. Para indagar más en los intestinos del iPhone 1, véase Jonathan Zdziarski, «Chapter 2. Understanding the iPhone», O'Reilly, <https://www.oreilly.com/library/view/iphone-forensics/9780596153588/ch02.html>; «iPhone 1st Generation Teardown», *IFIXIT*, 29 de junio de 2007.

3. Bryan Gardiner, «Four Reasons Apple Bought PA Semi», *Wired*, 23 de abril de 2000; Brad Stone, Adam Satariano y Gwen Ackerman, «The Most Important Apple Executive You've Never Heard Of», *Bloomberg*, 18 de febrero de 2016.

4. Ben Thompson, «Apple's Shifting Differentiation», *Stratechery*, 11 de noviembre de 2020; Andrei Frumusanu, «Apple Announces the Apple Silicon M1: Ditching x86—What to Expect, Based on A14», *AnandTech*, 10 de noviembre de 2020.

5. Harald Bauer, Felix Grawert y Sebastian Schink, «Semiconductors for Wireless Communications: Growth Engine of the Industry», McKinsey & Company, otoño de 2012, gráfico 2.

6. Harrison Jacobs, «Inside "iPhone City", the Massive Chinese Factory Town Where Half of the World's iPhones Are Produced», *Business Insider*, 7 de mayo de 2018.

7. Yu Nakamura, «Foxconn Set to Make iPhone 12 in India, Shifting from China», *Nikkei Asia*, 11 de marzo de 2021.

39. UVE

1. Dylan McGrath, «Intel Again Cuts Stake in ASML», *EE Times*, 12 de octubre de 2018.

2. Entrevista con John Taylor, 2021.

3. Entrevista con dos ejecutivos de Trumpf, 2021.

4. «Amplificador láser TRUMPF», Trumpf, <https://www.trumpf.com/es_ES/productos/laser/euv-drive-laser/>.

5. Entrevista con dos ejecutivos de Trumpf, 2021; Mark Lourie, «II-VI Incorporated Expands Manufacturing Capacity of Diamond Windows for TRUMPF High Power CO2 Lasers in EUV Lithography», GlobeNewswire, 19 de diciembre de 2018, <https://www.globenewswire.com/news-release/2018/12/19/1669962/11543/en/II-VI-Incorporated-Expands-Manufacturing-Capacity-of-Diamond-Windows-for-TRUMPF-High-Power-CO2-Lasers-in-EUV-Lithography.html>.

6. C. Montcalm, «Multilayer Reflective Coatings for Extreme-Ultraviolet Lithography», Departamento de Energía, Office of Scientific and Technical Information, 10 de marzo de 1998, <https://www.osti.gov/servlets/purl/310916>.

7. «Interview with Dr. Peter Kurz: "Hitting a Golf Ball on the Moon"», *World of Photonics*, <https://world-of-photonics.com/en/newsroom/photonics-industry-portal/photonics-interview/dr-peter-kuerz/>; «ZEISS—Breaking New Ground for the Microchips of Tomorrow», ZEISS Group, vídeo de YouTube, 2 de agosto de 2019, <https://www.youtube.com/watch?v=XeDCrlxBtTw>.

8. «Responsible Supply Chain: Setting the Bar Higher for the High-Tech Industry», ASML, <https://www.asml.com/en/company/sustainability/responsible-supply-chain>; entrevista con Frits van Houts, 2021.

9. «Press Release: ZEISS and ASML Strengthen Partnership for Next Generation of EUV Lithography Due in Early 2020s», ASML, 3 de noviembre de 2016, <https://www.asml.com/en/news/press-releases/2016/zeiss-and-asml-strengthen-partnership-for-next-generation-of-euv-lithography>.

10. Entrevista con ejecutivo de un proveedor de ASML, 2021.

11. Igor Fomenkov *et al.*, «Light Sources for High-Volume Manufacturing EUV Lithography: Technology, Performance, and Power Scaling», *Advanced Optical Technologies* 6, número 3-4, 8 de junio de 2017.

12. Esta descripción de la litografía computacional se extrae de

Jim Keller, «Moore's Law Is Not Dead», UC Berkeley EECS Events, vídeo de YouTube, 18 de septiembre de 2019, <https://www.youtube.com/watch?v=oIG9ztQw2Gc>.

13. «Trumpf Consolidates EUV Lithography Supply Chain with Access Laser Deal», *Optics.org*, 4 de octubre de 2017, <https://optics.org/news/8/10/6>.

40. «No tenemos plan b»

1. Anthony Yen, «Developing EUV Lithography for High Volume Manufacturing—A Personal Journey», *IEEE Technical Briefs*, <https://www.ieee.org/ns/periodicals/EDS/EDS-APRIL-2021-HTML-V2/InnerFiles/LandPage.html>.

2. Entrevista con Shang-yi Chiang, 2021.

3. Lisa Wang, «TSMC Stalwart Takes SMIC Role», *Taipei Times*, 22 de diciembre de 2016; Jimmy Hsiung, «Shang-yi Chiang: Rallying the Troops», *CommonWealth*, 5 de diciembre de 2007; entrevistas con Shang-yi Chiang y Tony Yen, 2021.

4. Timothy Prickett Morgan, «AMD's GlobalFoundries Consumes Chartered Semi Rival», *Register*, 14 de enero de 2010.

5. Entrevista con exejecutivo de IBM, 2021.

6. Entrevistas con dos ejecutivos de empresas de semiconductores, 2021.

7. «Apple Drove Entire Foundry Sales Increase at TSMC in 2015», *IC Insights*, 26 de abril de 2016.

8. «Samsung, TSMC Remain Tops in Available Wafer Fab Capacity», *IC Insights*, 6 de enero de 2016. Esta capacidad de fabricación mensual se calcula por número de obleas de 200 milímetros. En ese momento, los pioneros del sector estaban dando el salto a las obleas de 300 milímetros, que podían embutir casi el doble de chips. Por eso, cuando se calcula por número de obleas de 300 milímetros, se obtiene un número inferior.

9. Peter Bright, «AMD Completes Exit from Chip Manufacturing Biz», *Wired*, 5 de marzo de 2012.

10. Entrevistas con tres exejecutivos de GlobalFoundries, uno de ellos especializado en la tecnología UVE, 2021; para el gasto en I+D, véase el prospecto de GlobalFoundries para su salida a bolsa, SEC (la Comisión de Bolsa y Valores) de EE. UU., 4 de octubre de 2021, p. 81, <https://www.sec.gov/Archives/edgar/data/0001709048/000119312521290644/d19241idf1.htm>. Véase también Mark Gilbert, «Q4 Hiring Remains Strong Outlook for Q1 2019», SemiWiki, 4 de noviembre de 2018, <https://semiwiki.com/semiconductor-manufacturers/globalfoundries/7749-globalfoundries-pivot-explained/q>.

41. Cómo se olvidó Intel de la innovación

1. Nick Flaherty, «Top Five Chip Makers Dominate Global Wafer Capacity», *eeNews*, 11 de febrero de 2021.

2. Or Sharir, Barak Peleg y Yoav Shoham, «The Cost of Training NLP Models: A Concise Overview», *AI21 Labs*, abril de 2020.

3. Wallace Witkowski, «Nvidia Surpasses Intel as Largest U.S. Chip Maker by Market Cap», *MarketWatch*, 8 de julio de 2020.

4. «Precios de las TPU de Cloud», Google Cloud, <https://cloud.google.com/tpu/pricing?hl=es>; precios a 5 de noviembre de 2021.

5. Chris Nuttall, «Chip Off the Old Block Takes Helm at Intel», *Financial Times*, 2 de mayo de 2013.

6. Entrevista con exejecutivo de la fundición de Intel, 2021.

7. Dylan McGrath, «Intel Confirmed as Foundry for Second FPGA Startup», *EE Times*, 21 de febrero de 2012.

8. Joel Hruska, «Intel Acknowledges It Was "Too Aggressive" with Its 10nm Plans», *Extreme Tech*, 18 de julio de 2019.

9. Entrevista con Pat Gelsinger, *Bloomberg*, 19 de enero de 2021, <https://www.bloomberg.com/news/videos/2022-01-19/intel-ceo-gelsinger-on-year-ahead-for-global-business-video>.

10. Ian Cutress, «TSMC: We Have 50% of All EUV Installations, 60% Wafer Capacity», *AnandTech*, 27 de agosto de 2020.

42. *Made in China*

1. Rogier Creemers (ed.), «Central Leading Group for Internet Security and Informatization Established», *China Copyright and Media*, 1 de marzo de 2014, <https://chinacopyrightandmedia.wordpress.com/2014/03/01/central-leading-group-for-internet-security-and-informatization-established/>.

2. Evan Osnos, «Xi's American Journey», *The New Yorker*, 15 de febrero de 2012.

3. Katie Hunt y CY Xu, «China Employs 2 Million to Police Internet», CNN, 7 de octubre de 2013.

4. Rogier Creemers (ed.), Xi Jinping, «Speech at the Work Conference for Cybersecurity and Informatization», *China Copyright and Media*, 19 de abril de 2016, <https://chinacopyrightandmedia.wordpress.com/2016/04/19/speech-at-the-work-conference-for-cybersecurity-and-informatization/>, traducción adaptada>.

5. *Ibid.*

6. *Ibid.*

7. Casi todos los chips de ordenador son diseñados por las norteamericanas Intel o AMD, aunque ambas empresas fabrican sus productos fuera de Estados Unidos.

8. Véanse los datos de la plataforma Comtrade de la ONU para circuitos integrados (8.542) y para petróleo (2.709).

9. Drew Harwell y Eva Dou, «Huawei Tested AI Software That Could Recognize Uighur Minorities and Alert Police, Report Says», *The Washington Post*, 8 de diciembre de 2020.

10. Paul Mozur y Don Clark, «China's Surveillance State Sucks Up Data. U.S. Tech Is Key to Sorting It», *The New York Times*, 22 de noviembre de 2020.

11. Testimonio oral de Morris Chang, Computer History Museum.

43. «Tocar a rebato»

1. Anna Bruce-Lockhart, «Top Quotes by China President Xi Jinping at Davos 2017», Foro Económico Mundial, 17 de enero de 2017, <https://www.weforum.org/agenda/2017/01/chinas-xi-jinping-at-davos-2017-top-quotes/>.

2. «Full Text: 2017 Donald Trump Inauguration Speech Transcript», *Politico*, 20 de enero de 2017.

3. Ian Bremmer, «Xi sounding rather more presidential than US president-elect. #Davos», Twitter, 17 de enero de 2017, <https://twitter.com/ianbremmer/status/821304485226119169>.

4. Jamil Anderlini, Wang Feng y Tom Mitchell, «Xi Jinping Delivers Robust Defence of Globalisation at Davos», *Financial Times*, 17 de enero de 2017; Xi Jinping, «Full Text of Xi Jinping Keynote at the World Economic Forum», CGTN, 17 de enero de 2017, <https://america.cgtn.com/2017/01/17/full-text-of-xi-jinping-keynote-at-the-world-economic-forum>.

5. Max Ehrenfreund, «World Leaders Find Hope for Globalization in Davos Amid Populist Revolt», *The Washington Post*, 17 de enero de 2017.

6. Isaac Stone Fish, «A Communist Party Man at Davos», *Atlantic*, 18 de enero de 2017.

7. <http://politics.people.com.cn/n1/2016/0420/c1001-28291806.html>; Creemers (ed.), Xi Jinping, «Speech at the Work Conference for Cybersecurity and Informatization».

8. Sobre la impotencia de Xi respecto al *statu quo*, véase Daniel H. Rosen, «China's Economic Reckoning», *Foreign Affairs*, julio-agosto de 2021.

9. Informe del Consejo de Estado de China, «Outline for Promoting the Development of the National Integrated Circuit Industry», <http://www.csia.net.cn/Article/ShowInfo.asp?InfoID=88343>.

10. Saif M. Khan, Alexander Mann y Dahlia Peterson, «The Semiconductor Supply Chain: Assessing National Competitiveness», Center for Security and Emerging Technology, enero de

2021, p. 8, <https://cset.georgetown.edu/wp-content/uploads/The-Semiconductor-Supply-Chain-Issue-Brief.pdf>.

11. Saif M. Khan y Alexander Mann, «AI Chips: What They Are and Why They Matter», Center for Security and Emerging Technology, abril de 2020, pp. 29-31, <https://cset.georgetown.edu/publication/ai-chips-what-they-are-and-why-they-matter/>.

12. «China Forecast to Fall Far Short of Its "Made in China 2025" Goals for ICs», *IC Insights*, 6 de enero de 2021, <https://www.icinsights.com/news/bulletins/China-Forecast-To-Fall-Far-Short-Of-Its-Made-In-China-2025-Goals-For-ICs/>.

13. «Dr. Zixue Zhou Appointed as Chairman of SMIC», comunicado de prensa, SMIC, 6 de marzo de 2015, <http://www.smics.com/en/site/news_read/4539>; en *Paper Tigers, Hidden Dragons*, Oxford University Press, 2016, Doug Fuller documenta cómo fue aumentando la influencia del Gobierno.

14. Entrevista con ex director general de una fundición china, 2021; Fuller, *Paper Tigers, Hidden Dragons*.

15. Entrevista con directivo de una empresa europea de semiconductores, 2020.

16. Barry Naughton, *Rise of China's Industrial Policy, 1978 to 2020*, Academic Network of Latin America and the Caribbean on China, 2021, p. 114.

17. Arthur Kroeber, «The Venture Capitalist State», *GaveKal Dragonomics*, marzo de 2021.

18. Dieter Ernest, *From Catching Up to Forging Ahead: China's Policies for Semiconductors*, East West Center, 2015, p. 19.

19. Luffy Liu, «Countdown: How Close Is China to 40% Chip Self-Sufficiency?», *EE Times*, 11 de abril de 2019.

20. <https://www.cw.com.tw/article/5053334>; <https://www.twse.com.tw/ch/products/publication/download/0003000156.pdf>. Agradezco a Wei-Ting Chen que me ayudara a traducir estos documentos.

44. Transferencia de tecnología

1. David Wolf, «Why Buy the Hardware When China Is Getting the IP for Free?», *Foreign Policy*, 24 de abril de 2015.

2. IBM negó que hubiera entregado datos de ningún cliente suyo a la Agencia de Seguridad Nacional; Claire Cain Miller, «Revelations of N.S.A. Spying Cost U.S. Tech Companies», *The New York Times*, 21 de marzo de 2014; Sam Gustin, «IBM: We Haven't Given the NSA Any Client Data», *Time*, 14 de marzo de 2014.

3. Matthew Miller, «IBM's CEO Visits China for Trust-Building Talks with Govt Leaders: Sources», Reuters, 12 de febrero de 2014.

4. Véase el encuentro de julio de 2014 con el alcalde de Pekín, IBM News: «Today, #IBM CEO Ginni Rometty met with Beijing Mayor Wang Anshun at the Beijing Convention Center in #China. [PHOTO]», Twitter, 9 de julio de 2014, <https://mobile.twitter.com/ibmnews/status/486873143911669760>; encuentro de 2016 con Li Keqiang, «Ginni Rometty of IBM Meets Chinese Premier Li Keqiang», *Forbes*, 22 de octubre de 2016.

5. Miller, «IBM's CEO Visits China for Trust-Building Talks with Govt Leaders: Sources».

6. «Chinese Vice Premier Meets IBM President», English.People.CN, 13 de noviembre de 2014, <http://en.people.cn/n/2014/1113/c90883-8808371.html>.

7. Timothy Prickett Morgan, «X86 Servers Dominate the Datacenter—for Now», *Next Platform*, 4 de junio de 2015.

8. Paul Mozur, «IBM Venture with China Stirs Concerns», *The New York Times*, 19 de abril de 2015.

9. *Ibid.*

10. «China Deal Squeezes Royalty Cuts from Qualcomm», *EE Times*, 10 de febrero de 2015.

11. Chen Qingqing, «Qualcomm's Failed JV Reveals Poor Chipset Strategy Amid Rising Competition: Insiders», *Global Times*, 22 de abril de 2019; Aaron Tilley, Wayne Ma y Juro Osawa, «Qualcomm's China Venture Shows Risks of Beijing's Tech Ambi-

tion», *Information*, 3 de abril de 2019; Li Tao, «Qualcomm Said to End Chip Partnership with Local Government in China's Rural Guizhou Province», *South China Morning Post*, 19 de abril de 2019.

12. «Server and Cloud Leaders Collaborate to Create China-Based Green Computing Consortium», ARM, 15 de abril de 2016, <https://www.arm.com/company/news/2016/04/server-and-cloud-leaders-collaborate-to-create-china-based-green-computing-consortium>.

13. Véase «Wei Li», LinkedIn, <https://www.linkedin.com/in/wei-li-8b0490b/?originalSubdomain=cn>; Ellen Nakashima y Gerry Shih, «China Builds Advanced Weapons Systems Using American Chip Technology», *The Washington Post*, 9 de abril de 2021.

14. «AMD and Nantong Fujitsu Microelectronics Co., Ltd. Close on Semiconductor Assembly and Test Joint Venture», AMD, 29 de abril de 2016.

15. Uno de los inversores en esta unión con AMD es la Academia de las Ciencias china, una agencia estatal; véase Ian Cutress y Wendell Wilson, «Testing a Chinese x86 CPU: A Deep Dive into Zen-Based Hygon Dhyana Processors», *AnandTech*, 27 de febrero de 2020.

16. Entrevista con empleado del sector, 2021.

17. Entrevista con Stacy Rasgon, 2021.

18. Entrevistas con empleado del sector y con exrepresentante estadounidense, 2021; Don Clark, «AMD to License Chip Technology to China Chip Venture», *The Wall Street Journal*, 21 de abril de 2016; Usman Pirzada, «No, AMD Did Not Sell the Keys to the x86 Kingdom—Here's How the Chinese Joint Venture Works», *Wccftech*, 29 de junio de 2019; Cutress y Wilson, «Testing a Chinese x86 CPU»; Stewart Randall, «Did AMD Really Give Away "Keys to the Kingdom"?», *TechNode*, 10 de julio de 2019.

19. Kate O'Keeffe y Brian Spegele, «How a Big U.S. Chip Maker Gave China the "Keys to the Kingdom"», *The Wall Street Journal*, 27 de junio de 2019.

20. «AMD EPYC Momentum Grows with Datacenter Commitments from Tencent and JD.com, New Product Details from

Sugon and Lenovo», comunicado de prensa, AMD, 23 de agosto de 2017, <https://ir.amd.com/news-events/press-releases/detail/788/amd-epyc-momentum-grows-with-datacenter-commitments-from>; entrevista con exrepresentante de EE. UU., 2021.

21. Craig Timberg y Ellen Nakashima, «Supercomputing Is Latest Front in U.S.-China High-Tech Battle», *The Washington Post*, 21 de junio de 2019; Industry and Security Bureau, «Addition of Entities to the Entity List and Revision of an Entry on the Entity List», Registro Federal, 24 de junio de 2019, <https://www.federalregister.gov/documents/2019/06/24/2019-13245/addition-of-entities-to-the-entity-list-and-revision-of-an-entry-on-the-entity-list>; Michael Kan, «US Tries to Thwart China's Work on Exascale Supercomputer by Blocking Exports», *PC Mag*, 8 de abril de 2021.

22. Declaración de Elsa Kania en «Hearing on Technology, Trade, and Military-Civil Fusion: China's Pursuit of Artificial Intelligence, New Materials, and New Energy», Comité de Análisis Económico y de Seguridad EE. UU.-China, 7 de junio de 2019, p. 69, <https://www.uscc.gov/sites/default/files/2019-10/June%20 7,%202019%20Hearing%20Transcript.pdf>.

23. Anton Shilov, «Chinese Server Maker Sugon Has Its Own Radeon Instinct MI50 Compute Cards (Updated)», *Tom's Hardware*, 15 de octubre de 2020, <https://www.tomshardware.com/news/chinese-server-maker-sugon-has-its-own-radeon-instinct-mi50-compute-cards>. Un representante de AMD no quiso responder cuando le pedí información sobre sus vínculos con Sugon.

24. Alexandra Alper y Greg Roumeliotis, «Exclusive: U.S. Clears SoftBank's $2.25 Billion Investment in GM-Backed Cruise», Reuters, 5 de julio de 2019; Dan Primack, «SoftBank's CFIUS Workaround», *Axios*, 29 de noviembre de 2018; Heather Somerville, «SoftBank Picking Its Battles with U.S. National Security Committee», Reuters, 11 de abril de 2019.

25. Cheng Ting-Fang, Lauly Li y Michelle Chan, «How SoftBank's Sale of Arm China Sowed the Seeds of Discord», *Nikkei Asia*, 16 de junio de 2020; «Inside the Battle for Arm China», *Financial Times*, 26 de junio de 2020.

26. Cheng Ting-Fang y Debby Wu, «ARM in China Joint Venture to Help Foster "Secure" Chip Technology», *Nikkei Asia*, 30 de mayo de 2017.

45. «Es inevitable que se fusionen las grandes empresas»

1. Nobutaka Hirooka, «Inside Tsinghua Unigroup, a Key Play er in China's Chip Strategy», *Nikkei Asia*, 12 de noviembre de 2020; «University's Deal Spree Exposes Zhao as Chip Billionaire», *China Daily*, 25 de marzo de 2015.

2. Hirooka, «Inside Tsinghua Unigroup»; Yue Wang, «Meet Tsinghua's Zhao Weiguo, the Man Spearheading China's Chip Ambition», *Forbes*, 29 de julio de 2015.

3. Kenji Kawase, «Was Tsinghua Unigroup's Bond Default a Surprise?», *Nikkei Asia*, 4 de diciembre de 2020; Eva Dou, «China's Biggest Chip Maker's Possible Tie-Up with H-P Values Unit at Up to $5 Billion», *The Wall Street Journal*, 15 de abril de 2015; Wang, «Meet Tsinghua's Zhao Weiguo»; Yue Wang, «Tsinghua Spearheads China's Chip Drive», *Nikkei Asia*, 29 de julio de 2015.

4. Dieter Ernst, «China's Bold Strategy for Semiconductors—Zero-Sum Game or Catalyst for Cooperation?», East-West Center, septiembre de 2016; Willy Wo-Lap Lam, «Members of the Xi Jinping Clique Revealed», The Jamestown Foundation, 7 de febrero de 2014; Chen Xi renunció como rector de la Universidad de Tsinghua a finales de 2008.

5. Wang, «Meet Tsinghua's Zhao Weiguo».

6. Dou, «China's Biggest Chip Maker's Possible Tie-Up with H-P Values Unit at Up to $5 Billion».

7. Zijing Wu y Jonathan Browning, «China University Deal Spree Exposes Zhao as Chip Billionaire», *Bloomberg*, 23 de marzo de 2015.

8. Saabira Chaudhuri, «Spreadtrum Communications Agrees to $1.78 Billion Takeover», *The Wall Street Journal*, 12 de julio de 2013.

9. «Intel and Tsinghua Unigroup Collaborate to Accelerate Development and Adoption of Intel-Based Mobile Devices», comunicado de prensa, Intel Newsroom, 25 de septiembre de 2014, <https://newsroom.intel.com/news-releases/intel-and-tsinghua-unigroup-collaborate-to-accelerate-development-and-adoption-of-intel-based-mobile-devices/#gs.7y1hjm>.

10. Eva Dou y Wayne Ma, «Intel Invests $1.5 Billion for State in Chinese Chip Maker», *The Wall Street Journal*, 26 de septiembre de 2014; Cheng Ting-Fang, «Intel's 5G Modem Alliance with Beijing-Backed Chipmaker Ends», *Nikkei Asia*, 26 de febrero de 2019.

11. Paul McLellan, «Memory in China: XMC», *Cadence*, 15 de abril de 2016, <https://community.cadence.com/cadence_blogs_8/b/breakfast-bytes/posts/china-memory-2>; «China's Tsinghua Unigroup to Build $30 Billion Nanjing Chip Plant», Reuters, 19 de enero de 2017; Eva Dou, «Tsinghua Unigroup Acquires Control of XMC in Chinese-Chip Deal», *The Wall Street Journal*, 26 de julio de 2016.

12. Josh Horwitz, «Analysis: China's Would-Be Chip Darling Tsinghua Unigroup Bedevilled by Debt and Bad Bets», Reuters, 19 de enero de 2021.

13. Dou, «China's Biggest Chip Maker's Possible Tie-Up with H-P Values Unit at Up to $5 Billion».

14. Josephine Lien y Jessie Shen, «Former UMC CEO to Join Tsinghua Unigroup», *Digitimes Asia*, 10 de enero de 2017; Matthew Fulco, «Taiwan Chipmakers Eye China Market», *Taiwan Business Topics*, 8 de febrero de 2017, <https://topics.amcham.com.tw/2017/02/taiwan-chipmakers-eye-china-market/>.

15. Debby Wu y Cheng Ting-Fang, «Tsinghua Unigroup-SPIL Deal Axed on Policy Worries», *Nikkei Asia*, 28 de abril de 2016.

16. Peter Clarke, «China's Tsinghua Interested in MediaTek», *EE News*, 3 de noviembre de 2015.

17. Simon Mundy, «Taiwan's Chipmakers Push for China Thaw», *Financial Times*, 6 de diciembre de 2015; Zou Chi, TNL Media Group, 3 de noviembre de 2015, <https://www.thenewslens.com/article/30138>.

18. Cheng Ting-Fang, «Chipmaker Would Sell Stake to China "If the Price Is Right"», *Nikkei Asia*, 7 de noviembre de 2015.

19. J. R. Wu, «Chinese Investors Should Not Get Board Seats on Taiwan Chip Firms—TSMC Chief», Reuters, 7 de junio de 2016.

20. J. R. Wu, «Taiwan's Mediatek Says Open to Cooperation with China in Chip Sector», Reuters, 2 de noviembre de 2015.

21. Ben Bland y Simon Mundy, «Taiwan Considers Lifting China Semiconductor Ban», *Financial Times*, 22 de noviembre de 2015.

22. Eva Dou y Don Clark, «State-Owned Chinese Chip Maker Tsinghua Unigroup Makes $23 Billion Bid for Micron», *The Wall Street Journal*, 14 de julio de 2015.

23. Entrevistas con dos ex altos dignatarios, 2021.

24. Eva Dou y Don Clark, «Arm of China-Controlled Tsinghua to Buy 15% Stake in Western Digital», *The Wall Street Journal*, 30 de septiembre de 2015.

25. Eva Dou y Robert McMillan, «China's Tsinghua Unigroup Buys Small Stake in U.S. Chip Maker Lattice», *The Wall Street Journal*, 14 de abril de 2016.

26. Ed Lin, «China Inc. Retreats from Lattice Semiconductor», *Barron's*, 7 de octubre de 2016.

27. Liana Baker, Koh Gui Qing y Julie Zhu, «Chinese Government Money Backs Buyout Firm's Deal for U.S. Chipmaker», Reuters, 28 de noviembre de 2016. China Reform Holding, un fondo de inversión del Gobierno chino, es una de las fuentes de financiación principales de Canyon Bridge; véase Junko Yoshida, «Does China Have Imagination?», *EE Times*, 14 de abril de 2020.

28. Nick Fletcher, «Imagination Technologies Jumps 13% as Chinese Firm Takes 3% Stake», *The Guardian*, 9 de mayo de 2016.

29. «Canyon Bridge Confident Imagination Deal Satisfies UK Government», *Financial Times*, 25 de septiembre de 2017; Turner *et al.*, «Canyon Bridge Is Said to Ready Imagination Bid Minus U.S. Unit», *Bloomberg*, 7 de septiembre de 2017.

30. Nic Fides, «Chinese Move to Take Control of Imagination Technologies Stalls», *Financial Times*, 7 de abril de 2020.

31. Causa «EE. UU. contra Chow», <https://www.corporatedefensedisputes.com/wp-content/uploads/sites/19/2021/04/United-States-v.-Chow-2d-Cir.-Apr.-6-2021.pdf>; causa «EE. UU. contra Benjamin Chow», <https://www.justice.gov/usao-sdny/press-release/file/1007536/download>; Jennifer Bennett, «Canyon Bridge Founder's Insider Trading Conviction Upheld», *Bloomberg Law*, 6 de abril de 2021.

32. Wang, «Meet Tsinghua's Zhao Weiguo».

33. Sijia Jang, «China's Tsinghua Unigroup Signs Financing Deal for Up to 150 Bln Yuan», Reuters, 28 de marzo de 2017.

46. El prodigio de Huawei

1. Presidente Mike Rogers y representante de la minoría C. A. Dutch Ruppersberger, «Investigative Report on the U.S. National Security Issues Posed by Chinese Telecommunications Companies Huawei and ZTE», Comité Selecto Permanente de Inteligencia, Cámara de Representantes de EE. UU., 8 de octubre de 2012, <https://republicans-intelligence.house.gov/sites/intelligence.house.gov/files/documents/huawei-zte%20investigative%20report%20(final).pdf>, pp. 11-25.

2. William Kirby *et al.*, «Huawei: A Global Tech Giant in the Crossfire of a Digital Cold War», caso de la Harvard Business School N-1-320-089, p. 2.

3. Kirby *et al.*, «Huawei»; Jeff Black, Allen Wan y Zhu Lin, «Xi Jinping's Tech Wonderland Runs into Headwinds», *Bloomberg*, 29 de septiembre de 2020.

4. Scott Thurm, «Huawei Admits Copying Code from Cisco in Router Software», *The Wall Street Journal*, 24 de marzo de 2003.

5. Tom Blackwell, «Exclusive: Did Huawei Bring Down Nortel? Corporate Espionage, Theft, and the Parallel Rise and Fall of Two Telecom Giants», *National Post*, 20 de febrero de 2020.

6. Nathaniel Ahrens, «China's Competitiveness», Center for Strategic and International Studies, febrero de 2013, <https://csis-

website-prod.s3.amazonaws.com/s3fs-public/legacy_files/files/publication/130215_competitiveness_Huawei_casestudy_Web.pdf>.

7. Tian Tao y Wu Chunbo, *The Huawei Story*, Sage Publications Pvt. Ltd., 2016, p. 53.

8. Entrevista con exconsultor de IBM y posterior empleado de Huawei, 2021.

9. Raymond Zhong, «Huawei's "Wolf Culture" Helped It Grow, and Got It into Trouble», *The New York Times*, 18 de diciembre de 2018.

10. «Stanford Engineering Hero Lecture: Morris Chang in Conversation with President John L. Hennessy», Stanford Online, vídeo de YouTube, 25 de abril de 2014, <https://www.youtube.com/watch?v=wEh3ZgbvBrE>.

11. Chuin-Wei Yap, «State Support Helped Fuel Huawei's Global Rise», *The Wall Street Journal*, 25 de diciembre de 2019.

12. Ahrens, «China's Competitiveness».

13. Tao y Chunbo, *The Huawei Story*, p. 58; Mike Rogers y Dutch Ruppersberger, «Investigative Report on the U.S. National Security Issues Posed by Chinese Telecommunications Companies Huawei and ZTE», Cámara de Representantes de EE. UU., 8 de octubre de 2012, <https://stacks.stanford.edu/file/druid:rm226yb7473/Huawei-ZTE%20Investigative%20Report%20(FINAL).pdf>.

14. Entrevista con exconsultor de IBM y empleado de Huawei, 2021.

15. Cheng Ting-Fang y Lauly Li, «TSMC Halts New Huawei Orders After US Tightens Restrictions», *Nikkei Asia*, 18 de mayo de 2020.

47. El futuro del 5G

1. Entrevista con Ken Hunkler, 2021.

2. Entrevista con Dave Robertson, 2021.

3. Spencer Chin, «Teardown Reveals the Tesla S Resembles a Smartphone», *Power Electronics*, 28 de octubre de 2014.

4. Ray Le Maistre, «BT's McRae: Huawei Is "the Only True 5G Supplier Right Now"», *Light Reading*, 21 de noviembre de 2018.

5. Norio Matsumoto y Naoki Watanabe, «Huawei's Base Station Teardown Shows Dependence on US-Made Parts», *Nikkei Asia*, 12 de octubre de 2020.

48. La siguiente compensación

1. Liu Zhen, «China-US Rivalry: How the Gulf War Sparked Beijing's Military Revolution», *South China Morning Post*, 18 de enero de 2021; véase también Harlan W. Jencks, «Chinese Evaluations of "Desert Storm": Implications for PRC Security», *Journal of East Asian Affairs* 6, núm. 2, verano/otoño de 1992, pp. 447-477.

2. «Final Report», National Security Commission on Artificial Intelligence, p. 25.

3. Elsa B. Kania, «"AI Weapons" in China's Military Innovation», Global China, Brookings Institution, abril de 2020.

4. Ben Buchanan, «The AI Triad and What It Means for National Security Strategy», Center for Security and Emerging Technology, agosto de 2020.

5. Matt Sheehan, «Much Ado About Data: How America and China Stack Up», MacroPolo, 16 de julio de 2019, <https://macropolo.org/ai-data-us-china/?rp=e>.

6. «The Global AI Talent Tracker», MacroPolo, <https://macropolo.org/digital-projects/the-global-ai-talent-tracker/>.

7. «White Paper on China's Computing Power Development Index», Jeffrey Ding (trad.), China Academy of Information and Communications Technology, septiembre de 2021, <https://docs.google.com/document/d/1Mq5vpZQe7nrKgkYJA2-yZNV1Eo8swh_w36TUEzFWIWs/edit#>, fuente china original: <http://www.caict.ac.cn/kxyj/qwfb/bps/202109/t20210918_390058.htm>.

8. Ryan Fedasiuk, Jennifer Melot y Ben Murphy, «Harnessed Lightning: How the Chinese Military Is Adopting Artificial Intelli-

gence», CSET, octubre de 2021, <https://cset.georgetown.edu/publication/harnessed-lightning/>, especialmente la nota al final núm. 84; sobre la fusión civil-militar, véase Elsa B. Kania y Lorand Laskai, «Myths and Realities of China's Military-Civil Fusion Strategy», Center for a New American Security, 28 de enero de 2021.

9. Gian Gentile, Michael Shurkin, Alexandra T. Evans, Michelle Grise, Mark Hvizda y Rebecca Jensen, «A History of the Third Offset, 2014-2018», Rand Corporation, 2021; «Remarks by Deputy Secretary Work on Third Offset Strategy», Departamento de Defensa de EE. UU., 28 de abril de 2016.

10. «DARPA Tiles Together a Vision of Mosaic Warfare», Defense Advanced Research Projects Agency, <https://www.darpa.mil/work-with-us/darpa-tiles-together-a-vision-of-mosiac-warfare>.

11. «Designing Agile Human-Machine Teams», DARPA, 28 de noviembre de 2016, <https://www.darpa.mil/program/2016-11-28>.

12. Roger N. McDermott, «Russia's Electronic Warfare Capabilities to 2025», International Centre for Defence and Security, septiembre de 2017; «Study Maps "Extensive Russian GPS Spoofing"», *BBC News*, 2 de abril de 2019.

13. «Adaptable Navigation Systems (ANS) (Archived)», Defense Advanced Research Projects Agency, <https://www.darpa.mil/program/adaptable-navigation-systems>.

14. Bryan Clark y Dan Patt, «The US Needs a Strategy to Secure Microelectronics—Not Just Funding», Hudson Institute, 15 de marzo de 2021.

15. «DARPA Electronics Resurgence Initiative», Defense Advanced Research Projects Agency, 28 de junio de 2021, <https://www.darpa.mil/work-with-us/electronics-resurgence-initiative>.

16. Para más información sobre los transistores FinFET, véase Tekla S. Perry, «How the Father of FinFETs Helped Save Moore's Law», *IEEE Spectrum*, 21 de abril de 2020.

17. Norman J. Asher y Leland D. Strom, «The Role of the Department of Defense in the Development of Integrated Circuits», Institute for Defense Analyses, mayo de 1977, p. 74.

18. Ed Sperling, «How Much Will That Chip Cost?», *Semiconductor Engineering*, 27 de marzo de 2014.

19. Cade Metz y Nicole Perlroth, «Researchers Discover Two Major Flaws in the World's Computers», *The New York Times*, 3 de enero de 2018.

20. Robert McMillan y Liza Lin, «Intel Warned Chinese Companies of Chip Flaws Before U.S. Government», *The Wall Street Journal*, 28 de enero de 2018.

21. Serge Leef, «Supply Chain Hardware Integrity for Electronics Defense (SHIELD) (Archived)», DARPA, <https://www.darpa.mil/program/supply-chain-hardware-integrity-for-electronics-defense#:~:text=The%20goal%20of%20DARPA's%20SHIELD,consuming%20to%20be%20cost%20effective>; «A DARPA Approach to Trusted Microelectronics», <https://www.darpa.mil/attachments/ATrustthroughTechnologyApproach_FINAL.PDF>.

22. «Remarks by Deputy Secretary Work on Third Offset Strategy».

23. Entrevista con exrepresentante estadounidense, 2021; Gian Gentile, Michael Shurkin, Alexandra T. Evans, Michelle Grise, Mark Hvizda y Rebecca Jensen, «A History of the Third Offset, 2014-2018».

49. «Todos los ámbitos en los que estamos peleando»

1. Entrevista con exrepresentante estadounidense, 2021.

2. *Ibid.*

3. *Ibid.*

4. «U.S. Secretary of Commerce Penny Pritzker Delivers Major Policy Address on Semiconductors at Center for Strategic and International Studies», discurso de Penny Pritzker, Departamento de Comercio de EE. UU., 2 de noviembre de 2016.

5. «Ensuring Long-Term U.S. Leadership in Semiconductors», informe para el presidente, President's Council of Advisors on Science and Technology, enero de 2017.

6. Mike Rogers y Dutch Ruppersberger, «Investigative Report on the U.S. National Security Issues Posed by Chinese Telecommunications Companies Huawei and ZTE», Cámara de Representantes de EE. UU., 8 de octubre de 2012; Kenji Kawase, «ZTE's Less-Known Roots: Chinese Tech Company Falls from Grace», *Nikkei Asia*, 27 de abril de 2018; Nick McKenzie y Angus Grigg, «China's ZTE Was Built to Spy and Bribe, Court Documents Allege», *Sydney Morning Herald*, 31 de mayo de 2018; Nick McKenzie y Angus Grigg, «Corrupt Chinese Company on Telstra Shortlist», *Sydney Morning Herald*, 13 de mayo de 2018; «ZTE Tops 2006 International CDMA Market», CIOL Bureau, <https://web.archive.org/web/20070927230100/http://www.ciol.com/ciol-techportal/Content/Mobility/News/2007/20703081355.asp>.

7. Juro Osawa y Eva Dou, «U.S. to Place Trade Restrictions on China's ZTE», *The Wall Street Journal*, 7 de marzo de 2016; Paul Mozur, «U.S. Subpoenas Huawei Over Its Dealings in Iran and North Korea», *The New York Times*, 2 de junio de 2016.

8. Entrevistas con dos representantes de la Administración Obama, 2021; Osawa y Dou, «U.S. to Place Trade Restrictions on China's ZTE».

9. Industry and Security Bureau, «Removal of Certain Persons from the Entity List; Addition of a Person to the Entity List; and EAR Conforming Change», Registro Federal, 29 de marzo de 2017, <https://www.federalregister.gov/documents/2017/03/29/2017-06227/removal-of-certain-persons-from-the-entity-list-addition-of-a-person-to-the-entity-list-and-ear>; Brian Heater, «ZTE Pleads Guilty to Violating Iran Sanctions, Agrees to $892 Million Fine», *TechCrunch*, 7 de marzo de 2017.

10. Veronica Stracqualursi, «10 Times Trump Attacked China and Its Trade Relations with the US», ABC News, 9 de noviembre de 2017.

11. Entrevistas con cuatro ex altos dignatarios, 2021.

12. Entrevista con ex alto dignatario, 2021.

13. *Ibid.*

14. Lucinda Shen, «Donald Trump's Tweets Triggered Intel CEO's Exit from Business Council», *Fortune*, 9 de noviembre de 2017; Dawn Chmielewski e Ina Fried, «Intel's CEO Planned, Then Scrapped, a Donald Trump Fundraiser», CNBC, 1 de junio de 2016.

15. Entrevista con miembro destacado de la antigua Administración, 2021.

16. Entrevista con tres ex altos dignatarios, 2021.

17. Chad Bown, Euijin Jung y Zhiyao Lu, «Trump, China, and Tariffs: From Soybeans to Semiconductors», *Vox EU*, 19 de junio de 2018.

18. Steve Stecklow, Karen Freifeld y Sijia Jiang, «U.S. Ban on Sales to China's ZTE Opens Fresh Front as Tensions Escalate», Reuters, 16 de abril de 2018.

19. Entrevista con miembro destacado de la Administración, 2021.

20. Dan Strumpf y John D. McKinnon, «Trump Extends Lifeline to Sanctioned Tech Company ZTE», *The Wall Street Journal*, 13 de mayo de 2018; Scott Horsley y Scott Neuman, «President Trump Puts "America First" on Hold to Save Chinese Jobs», NPR, 14 de mayo de 2018.

50. Fujian Jinhua

1. Esta información se extrae de la causa «EE. UU. contra United Microelectronics Corporation *et al.*, acusado/s», Tribunal de Distrito de Estados Unidos para el Distrito Norte de California, 27 de septiembre de 2018, <https://www.justice.gov/opa/press-release/file/1107251/download>, así como de la demanda interpuesta por Micron Technology, Incorporated. UMC llegó a un acuerdo con el Gobierno de EE. UU. para declararse culpable de los cargos. Los empleados en cuestión fueron condenados por lo penal y tuvieron que abonar una multa. Además, un tribunal taiwanés les impuso una pena de prisión; Office of Public Affairs, «Taiwan Company

Pleads Guilty to Trade Secret Theft in Criminal Case Involving PRC State-Owned Company», Departamento de Justicia de EE. UU., 28 de octubre de 2020, <https://www.justice.gov/opa/pr/taiwan-company-pleads-guilty-trade-secret-theft-criminal-case-involving-prc-state-owned>.

2. Chuin-Wei Yap y Yoko Kubota, «U.S. Ban Threatens Beijing's Ambitions as Tech Power», *The Wall Street Journal*, 30 de octubre de 2018.

3. Chuin-Wei Yap, «Micron Barred from Selling Some Products in China», *The Wall Street Journal*, 4 de julio de 2018.

4. En su defensa durante la causa contra Fujian Jinhua, UMC recalcó que ya tenía conocimientos previos en materia de chips de memoria, pero su informe anual de 2016 decía a las claras: «No [...] tenemos la intención de entrar en el sector de la DRAM». Véase el formulario 20-F presentado por UMC ante la SEC, 2016, p. 27.

5. Paul Mozur, «Inside a Heist of American Chip Designs, as China Bids for Tech Power», *The New York Times*, 22 de junio de 2018.

6. *Ibid.*

7. Yap, «Micron Barred from Selling Some Products in China».

8. <https://www.storm.mg/article/1358975?mode=whole>, Wei-Ting Chen (trad.).

9. David E. Sanger y Steven Lee Meyers, «After a Hiatus, China Accelerates Cyberspying Efforts to Obtain U.S. Technology», *The New York Times*, 29 de noviembre de 2018.

10. Advanced Micro-Fabrication Equipment Inc., «AMEC Wins Injunction in Patent Infringement Dispute Involving Veeco Instruments (Shanghai) Co. Ltd.», *PR Newswire*, 8 de diciembre de 2017, <https://www.prnewswire.com/news-releases/amec-wins-injunction-in-patent-infringement-dispute-involving-veeco-instruments-shanghai-co-ltd-300569295.html>; Mark Cohen, «Semiconductor Patent Litigation Part 2: Nationalism, Transparency and Rule of Law», *China IPR*, 4 de julio de 2018, <https://chinaipr.com/2018/07/04/semiconductor-patent-litigation-part-2-nationalism-transparency-and-rule-of-law/>; «Veeco Instruments Inc., de-

mandante, contra SGL Carbon, LLC, y SGL Group SE, acusados», Tribunal del Distrito de Estados Unidos para el Distrito Este de Nueva York, <https://chinaipr2.files.wordpress.com/2018/07/uscourts-nyed-1_17-cv-02217-0.pdf>.

11. Kate O'Keeffe, «U.S. Adopts New Battle Plan to Fight China's Theft of Trade Secrets», *The Wall Street Journal*, 12 de noviembre de 2018.

12. Entrevistas con cinco integrantes del Gobierno en Washington y Tokio, 2019-2021.

13. Entrevista con ex alto dignatario, 2021.

14. James Politi, Emily Feng y Kathrin Hille, «US Targets China Chipmaker over Security Concerns», *Financial Times*, 30 de octubre de 2018.

51. El cerco a Huawei

1. Dan Strumpf y Katy Stech Ferek, «U.S. Tightens Restrictions on Huawei's Access to Chips», *The Wall Street Journal*, 17 de agosto de 2020.

2. Cita de Turpin en Elizabeth C. Economy, *The World According to China*, Wiley, 2021.

3. Entrevista con dos pesos pesados de la Administración Trump, 2021.

4. Peter Hartcher, *Red Zone: China's Challenge and Australia's Future*, Black Inc., 2021, pp. 18-19.

5. Alicja Ptak y Justyna Pawlak, «Polish Trial Begins in Huawei-Linked China Espionage Case», Reuters, 1 de junio de 2021.

6. Mathieu Rosemain y Gwenaelle Barzic, «Exclusive: French Limits on Huawei 5G Equipment Amount to De Facto Ban by 2028», Reuters, 22 de julio de 2020.

7. Katrin Bennhold y Jack Ewing, «In Huawei Battle, China Threatens Germany "Where It Hurts": Automakers», *The New York Times*, 16 de enero de 2020.

8. Gordon Corera, «Huawei "Failed to Improve UK Security Standards"», *BBC News*, 1 de octubre de 2020.

9. Robert Hannigan, «Blanket Bans on Chinese Tech Companies like Huawei Make No Sense», *Financial Times*, 12 de febrero de 2019.

10. Shayna Jacobs y Amanda Coletta, «Meng Wanzhou Can Return to China, Admits Helping Huawei Conceal Dealings in Iran», *The Washington Post*, 24 de septiembre de 2021.

11. James Politi y Kiran Stacey, «US Escalates China Tensions with Tighter Huawei Controls», *Financial Times*, 15 de mayo de 2020.

12. Henry Farrell y Abraham L. Newman, «Weaponized Interdependence: How Global Economic Networks Shape State Coercion», *International Security* 44, núm. 1, 2019, pp. 42-79.

13. «Commerce Addresses Huawei's Efforts to Undermine Entity List, Restricts Products Designed and Produced with U.S. Technologies», Departamento de Comercio de EE.UU., 15 de mayo de 2020, <https:/2017-2021.commerce.gov/news/press-releases/2020/05/commerce-addresses-huaweis-efforts-undermine-entity-list-restricts.html>.

14. Kathrin Hille y Kiran Stacey, «TSMC Falls into Line with US Export Controls on Huawei», *Financial Times*, 9 de junio de 2020.

15. «Huawei Said to Sell Key Server Division Due to U.S. Blacklisting», *Bloomberg*, 2 de noviembre de 2021.

16. Craig S. Smith, «How the Huawei Fight Is Changing the Face of 5G», *IEEE Spectrum*, 29 de septiembre de 2021.

17. Lauly Li y Kenji Kawase, «Huawei and ZTE Slow Down China 5G Rollout as US Curbs Start to Bite», *Nikkei Asia*, 19 de agosto de 2020.

18. Alexandra Alper, Toby Sterling y Stephen Nellis, «Trump Administration Pressed Dutch Hard to Cancel China Chip-Equipment Sale: Sources», Reuters, 6 de enero de 2020.

19. Industry and Security Bureau, «Addition of Entities to the Entity List and Revision of an Entry on the Entity List», Registro

Federal, 24 de junio de 2019, <https://www.federalregister.gov/documents/2019/06/24/2019-13245/addition-of-entities-to-the-entity-list-and-revision-of-an-entry-on-the-entity-list>.

20. Ellen Nakashima y Gerry Shih, «China Builds Advanced Weapons Systems Using American Chip Technology», *The Washington Post*, 9 de abril de 2021.

21. Zhong Shan, «MOFCOM Order No. 4 of 2020 on Provisions on the Unreliable Entity List», orden del Ministerio de Comercio de la República Popular China, 19 de septiembre de 2020, <http://english.mofcom.gov.cn/article/policyrelease/questions/202009/20200903002580.shtml>.

22. Entrevista con ex alto dignatario estadounidense, 2021.

52. ¿Momento Sputnik para China?

1. Cheng Ting-Fang y Lauly Li, «How China's Chip Industry Defied the Coronavirus Lockdown», *Nikkei Asia*, 18 de marzo de 2020.

2. Dan Wang, «China's Sputnik Moment?», *Foreign Affairs*, 29 de julio de 2021.

3. «Xi Jinping Picks Top Lieutenant to Lead China's Chip Battle Against U.S.», *Bloomberg*, 16 de junio de 2021.

4. No debemos tomarnos en serio las noticias que dicen que China está dispuesta a gastarse 1,4 billones de dólares en subvenciones para tecnología. Pekín ha aprobado «fondos guía» industriales con valor nominal de cerca de 1,5 billones, que principalmente recaudarán y gastarán las autoridades locales. Pero no están consagrados únicamente a tecnología; las instrucciones oficiales permiten gastar esos fondos no solo en «industrias emergentes estratégicas», sino también en infraestructura y vivienda de protección oficial. Por lo tanto, como sucede con muchos proyectos de inversión en China, es muy probable que una parte de ese dinero se acabe destinando nuevamente a desarrollar planes urbanísticos, y no a apoyar los semiconductores. Tianlei Huang, «Government-Guided Funds in

China: Financing Vehicles for State Industrial Policy», *PIIE*, 17 de junio de 2019, <https://www.piie.com/blogs/china-economic-watch/government-guided-funds-china-financing-vehicles-state-industrial-policy>; Tang Ziyi y Xue Xiaoli, «Four Things to Know About China's $670 Billion Government Guidance Funds», *Caixin Global*, 25 de febrero de 2020.

5. Investigación del caso HSMC a cargo de Qiu Xiaofen y Su Jianxun, Yang Xuan (ed.) Alexander Boyd (trad.), en Jordan Schneider, «Billion Dollar Heist: How Scammers Rode China's Chip Boom to Riches», *ChinaTalk*, 30 de marzo de 2021, <https://chinatalk.substack.com/p/billion-dollar-heist-how-scammers>; Luo Guoping y Mo Yelin, «Wuhan's Troubled $18.5 Billion Chipmaking Project Isn't as Special as Local Officials Claimed», *Caixin Global*, 4 de septiembre de 2020.

6. Toby Sterling, «Intel Orders ASML System for Well Over $340 mln in Quest for Chipmaking Edge», Reuters, 19 de enero de 2022.

7. David Manners, «RISC-V Foundation Moves to Switzerland», *Electronics Weekly*, 26 de noviembre de 2019.

8. Dylan Patel, «China Has Built the World's Most Expensive Silicon Carbide Fab, but Numbers Don't Add Up», *SemiAnalysis*, 30 de septiembre de 2021, <https://semianalysis.com/china-has-built-the-worlds-most-expensive-silicon-carbide-fab-but-numbers-dont-add-up/>.

9. Varas *et al.*, «Government Incentives and US Competitiveness in Semiconductor Manufacturing».

10. Cheng Ting-Fang y Lauly Li, «How China's Chip Industry Defied the Coronavirus Lockdown», *Nikkei Asia*, 18 de marzo de 2020.

53. Las cadenas de suministro y la escasez

1. Comentarios del presidente Biden en una cumbre virtual con directores generales sobre la resiliencia de los semiconductores

y la cadena de suministro, en la Casa Blanca, 12 de abril de 2021; Alex Fang y Yifan Yu, «US to Lead World Again, Biden Tells CEOs at Semiconductor Summit», *Nikkei Asia*, 13 de abril de 2021.

2. Informe de la AAPC para la revisión de la cadena de suministro de semiconductores del Departamento de Comercio, Bureau of Industry and Security, 5 de abril de 2021; Michael Wayland, «Chip Shortage Expected to Cost Auto Industry $210 Billion in Revenue in 2021», CNBC, 23 de septiembre de 2021.

3. «Semiconductor Units Forecast to Exceed 1 Trillion Devices Again in 2021», *IC Insights*, 7 de abril de 2021, <https://www.icinsights.com/news/bulletins/Semiconductor-Units-Forecast-To-Exceed-1-Trillion-Devices-Again-In-2021/>.

4. «Fact Sheet: Biden-Harris Administration Announces Supply Chain Disruptions Task Force», 8 de junio de 2021, <https://www.whitehouse.gov/briefing-room/statements-releases/2021/06/08/fact-sheet-biden-harris-administration-announces-supply-chain-disruptions-task-force-to-address-short-term-supply-chain-discontinuities/>.

5. Kotaro Hosokawa, «Samsung Turns South Korea Garrison City into Chipmaking Boom Town», *Nikkei Asia*, 20 de junio de 2021.

6. Jiyoung Sohn, «Samsung to Invest $205 Billion in Chip, Biotech Expansion», *The Wall Street Journal*, 24 de agosto de 2021; Song Jung-a y Edward White, «South Korean PM Backs Early Return to Work for Paroled Samsung Chief Lee Jae-yong», *Financial Times*, 30 de agosto de 2021.

7. Stephen Nellis, Joyce Lee y Toby Sterling, «Exclusive: U.S.-China Tech War Clouds SK Hynix's Plans for a Key Chip Factory», Reuters, 17 de noviembre de 2021.

8. Brad W. Setser, «Shadow FX Intervention in Taiwan: Solving a 100+ Billion Dollar Enigma (Part 1)», Council on Foreign Relations, 3 de octubre de 2019.

9. Discurso del comisario Thierry Breton en la Hannover Messe Digital Days, Comisión Europea, 15 de julio de 2020.

10. Cheng Ting-Fang y Lauly Li, «TSMC Says It Will Build First Japan Chip Plant with Sony», *Nikkei Asia*, 9 de noviembre de 2021.

11. Christiaan Hetzner, «Intel CEO Says "Big, Honkin' Fab" Planned for Europe Will Be World's Most Advanced», *Fortune*, 10 de septiembre de 2021; Leo Kelion, «Intel Chief Pat Gelsinger: Too Many Chips Made in Asia», *BBC News*, 24 de marzo de 2021.

54. El dilema de Taiwán

1. Transcripción adaptada: junta para hablar de los resultados del segundo trimestre de 2021 de la TSMC Ltd., *Refinitiv*, 15 de julio de 2021, <https://investor.tsmc.com/english/encrypt/files/encrypt_file/reports/2021-10/44ec4960f6771366a2b992ace4ae47566d7206a6/TSMC%202Q21%20transcript.pdf>.

2. Liu Xuanzun, «PLA Holds Beach Assault Drills After US Military Aircraft's Taiwan Island Landing», *Global Times*, 18 de julio de 2021.

3. Liu Xuanzun, «PLA Holds Drills in All Major Chinese Sea Areas Amid Consecutive US Military Provocations», *Global Times*, 20 de julio de 2021.

4. Chris Dougherty, Jennie Matuschak y Ripley Hunter, «The Poison Frog Strategy», Center for a New American Security, 26 de octubre de 2021.

5. «Military and Security Developments Involving the People's Republic of China», memoria anual presentada ante el Congreso, Office of the Secretary of Defense, 2020, p. 114.

6. Lonnie Henley, «PLA Operational Concepts and Centers of Gravity in a Taiwan Conflict», testimonio en la vista del Comité de Análisis Económico y de Seguridad sobre disuasión de agresiones en el estrecho, 18 de febrero de 2021.

7. Michael J. Green, «What Is the U.S. "One China" Policy, and Why Does it Matter?», Center for Strategic and International Studies, 13 de enero de 2017.

8. Debby Wu, «Chip Linchpin ASML Joins Carmakers Warning of Vicious Cycle», *Bloomberg*, 19 de enero de 2022.

9. Tsai Ing-wen, «Taiwan and the Fight for Democracy», *Foreign Affairs*, noviembre-diciembre de 2021.

10. Sherry Hsiao, «Most Say Cross-Strait War Unlikely: Poll», *Taipei Times*, 21 de octubre de 2020.

11. Iván Cheberko, «Космический масштаб импортозамещения», *Vedomosti*, 27 de septiembre de 2020.

12. Jack Watling y Nick Reynolds, «Operation Z: The Death Throes of an Imperial Delusion», Royal United Services Institute, 22 de abril de 2022, pp. 10-12.

13. Michael Simpson *et al.*, «Road to Damascus: The Russian Air Campaign in Syria», Rand Corporation, RR-A1170-1, 2022, p. 80.

14. Rebecca Shabad, «Biden Emphasizes the Need to Keep Arming Ukraine in Tour of Alabama Weapons Plant», CNBC, 3 de mayo de 2022.

15. Sebastian Moss, «Intel and AMD Halt Chip Sales to Russia, TSMC Joins in on Sanctions», Data Center Dynamics, 28 de febrero de 2022, <https://www.datacenterdynamics.com/en/news/intel-and-amd-halt-chip-sales-to-russia-tsmc-joins-in-on-sanctions/>.

16. Jeanne Whalen, «Sanctions Forcing Russia to Use Appliance Parts in Military Gear», *The Washington Post*, 11 de mayo de 2022.

17. «Top Economist Urges China to Seize TSMC if US Ramps Up Sanctions», *Bloomberg News*, 7 de junio de 2022.

18. Keoni Everington, «China Expands Its 2 Air Force Bases Closest to Taiwan», *Taiwan News*, 8 de marzo de 2021; Minnie Chan, «Upgrades for Chinese Military Airbases Facing Taiwan Hint at War Plans», *South China Morning Post*, 15 de octubre de 2021; «Major Construction Underway at Three of China's Airbases Closest to Taiwan», *Drive*, 13 de octubre de 2021.

Conclusión

1. Jack Kilby, «Invention of the Integrated Circuit», *IEEE Transactions on Electron Devices* 23, núm. 7, julio de 1976, p. 650.

2. Paul G. Gillespie, «Precision Guided Munitions: Constructing a Bomb More Potent Than the A-Bomb», tesis doctoral, Universidad de Lehigh, p. 115. Según el perfil de Word en LinkedIn, creado póstumamente, empezó a trabajar en TI en 1953. No lo he podido corroborar.

3. Gordon E. Moore, «Cramming More Components onto Integrated Circuits», *Electronics* 38, núm. 8, 19 de abril de 1965.

4. Dan Hutcheson, «Graphic: Transistor Production Has Reached Astronomical Scales», *IEEE Spectrum*, 2 de abril de 2015.

5. Michael Malone, *The Intel Trinity*, Michael Collins, 2014, p. 31.

6. John Hennessy, «The End of Moore's Law and Faster General-Purpose Processors, and a New Path Forward», National Science Foundation, CISE Distinguished Lecture, 22 de noviembre de 2019, <https://www.nsf.gov/events/event_summ.jsp?cntn_id=299531vg=NSF>.

7. Andrey Ovsyannikov, «Update from Intel: Insights into Intel Innovations for HPC and AI», Intel, 26 de septiembre de 2019, <https://www2.cisl.ucar.edu/sites/default/files/Ovsyannikov%20-%20MC9%20-%20Presentation%20Slides.pdf>.

8. Gordon E. Moore, «No Exponential Is Forever: But "Forever" Can Be Delayed!», IEEE International Solid-State Circuits Conference, 2003.

9. Hoeneisen y Mead, «Fundamental Limitations on Microelectronics», pp. 819-829; Scotten Jones, «TSMC and Samsung 5nm Comparison», SemiWiki, 3 de mayo de 2019, <https://semiwiki.com/semiconductor-manufacturers/samsung-foundry/8157-tsmc-and-samsung-5nm-comparison/>.

10. «Jim Keller: Moore's Law Is Not Dead», UC Berkeley EECS Events, vídeo de YouTube, 18 de septiembre de 2019, min. 22:00, <https://www.youtube.com/watch?v=oIG9ztQw2Gc>.

11. Neil C. Thompson y Svenja Spanuth, «The Decline of Computers as a General Purpose Technology: Why Deep Learning and the End of Moore's Law Are Fragmenting Computing», documento de trabajo, MIT, noviembre de 2018, <https://ide.mit.edu/wp-content/uploads/2018/11/SSRN-id3287769.pdf>.

12. «Heterogeneous Compute: The Paradigm Shift No One Is Talking About», *Fabricated Knowledge*, 19 de febrero de 2020, <https://www.fabricatedknowledge.com/p/heterogeneous-compute-the-paradigm>.

13. Kevin Xu, «Morris Chang's Last Speech», *Interconnected*, 12 de septiembre de 2021, <https://interconnected.blog/morris-changs-last-speech/>.

Índice analítico